D1726378

Gerhard Pretzmann (Hg.)

UMWELT ETHIK

Manifest eines verantwortungsvollen Umgangs mit der Natur

Leopold Stocker Verlag
Graz – Stuttgart

Umschlaggestaltung: Thomas Hofer, Reproteam-Druck GmbH, Graz
Umschlagfoto: Bildagentur Pix, Wien (Foto: C. Shaneff)

Gedruckt mit Unterstützung des Bundesministeriums für Bildung, Wissenschaft und Kultur.

Die Deutsche Bibliothek – CIP-Einheitsaufnahme

Umweltethik : Manifest eines verantwortungsvollen Umgangs mit der Natur /
Gerhard Pretzmann (Hg.). – Graz ; Stuttgart : Stocker, 2001
   ISBN 3-7020-0916-7

ISBN 3-7020-0916-7
Printed in Austria
Layout: Klaudia Aschbacher, A-8101 Gratkorn
Gesamtherstellung: Druckerei Theiss GmbH, A-9400 Wolfsberg

INHALT

ÖKOLOGIE UND POLITIK

RESÜMEE

VORWORT

Ziel dieses Buches ist es, Personen, Gruppen und Institutionen, die sich für die Erhaltung bzw. Verbesserung der Umweltsituation einsetzen, Argumentationshilfen zu geben. In dieser Absicht wurde der Rahmen der Beiträge weit gesteckt und reicht von einer Definition von Ethik im allgemeinen, Erkenntnis- und Wissenschaftstheorie, einer Darstellung diesbezüglicher Intentionen in verschiedenen Weltanschauungen und Religionen über ökonomisch-politische Daten und Umweltpädagogik bis hin zu möglichen Maßnahmen.

Für den Inhalt der einzelnen Artikel tragen die jeweiligen Autoren die Verantwortung.

Gerhard Pretzmann

Hans Peter Aubauer

Grundzüge einer Umweltethik – und warum wir sie brauchen

1. Überlebensnotwendigkeit neuer Werte

Entweder gelingt der Menschheit ein genügend rascher und geordneter Rückgang ihres Gesamtkonsums auf jenes sehr geringe Ausmaß, das nachhaltig (d. h. dauernd) zu verkraften ist, oder es wird zwangsläufig zu einem chaotischen Zusammenbruch, auf einen weit darunterliegenden Wert, kommen. Die Bewältigung dieser Zukunft erfordert eine völlig neue Ethik, eine Überlebensethik.

Es war der Gruppen- bzw. Artenegoismus, der die Evolution des Lebens angetrieben hat, aber nur, weil ihm sehr enge Grenzen der Naturausbeutung gesetzt waren – etwa durch das Angebot an Sonnenenergie. Warum bedroht nun aber der Gruppenegoismus[1] in Form des Betriebswirtschafts- und Lobby-Egoismus das weitere Überleben? Weil die engen Naturausbeutungsgrenzen beseitigt wurden, spätestens seit der Nutzung fossiler Energie. Zum Überleben ist daher eine Wiedereinführung dieser Grenzen durch Rahmensetzungen notwendig. Gerade dies wird aber durch Interventionen von Lobbies unterbunden und soll nun mit der angestrebten „Globalisierung" völlig unmöglich werden.[2] Der Übergang von einer gruppenegoistischen zu einer Überlebensethik muß hingegen Rahmensetzungen rechtfertigen und ermöglichen, die zu einer genügend raschen Selbstbegrenzung der Naturausbeutung auf ein nachhaltiges Ausmaß führen. Dann, und nur dann, kann nach Adam Smith der Egoismus wie in der Biologie zum Allgemeinwohl führen.[3] Zur Überlebensethik gibt es drei Zugänge:

- Ein „anthropozentrischer Zugang", der die (gewaltige) Mehrheit der potentiell zukünftig lebenden Menschen berücksichtigt.
- Ein „naturzentrierter Zugang", der sich am „Eigenwert" der Natur orientiert.
- Ein „aristotelisch-religiöser Zugang", dessen Referenz der Schöpfer der Natur und damit allen Lebens ist.

2. Zum anthropozentrischen Zugang

Natürliche Grenzen der Existenz der Menschheit auf diesem Planeten werden erst in einigen Milliarden Jahren sichtbar sein.[4] Bis dahin kann theoretisch eine überragende Mehrheit von Menschen leben. Die „Mehr-

6

heit" in der gegenwärtigen Demokratie ist im Vergleich dazu eine verschwindend kleine Minderheit. Dennoch entscheidet sie derzeit ohne Rücksicht auf die Interessen der wahren künftigen Mehrheit und zerstört deren natürliche Lebensgrundlagen wesentlich ärger als in den schlimmsten bisher bekanntgewordenen Diktaturen.

Erforderlich ist daher der demokratische Übergang von der gegenwärtigen, als Demokratie getarnten Diktatur der Lebenden gegenüber den zukünftigen Menschen zu einer Demokratie, die letztere berücksichtigt. Bewältigt werden kann dieser schwierige Wandel nur durch Änderungen des Finanz-, Rechts- und Informationsrahmens, die die Einzelinteressen mit den Gemeininteressen der derzeitigen und künftigen Mehrheit in Einklang bringen, aber auch mit der Überzeugung der gegenwärtigen Mehrheit von dieser Notwendigkeit. Andernfalls wächst die Gefahr, daß eigensüchtige Verführer eine Ökodiktatur mit dem Argument errichten, zukünftige Mehrheiten zu vertreten.[5] Dementsprechend sind alle „wertegebenden Institutionen", wie die Kirchen, Schulen und Familien, aufgerufen, dies zu begreifen und danach zu handeln!

Notwendig ist überdies der Wechsel zu einer Wirtschaft, die insofern wirklich frei ist, als sie auch die zukünftige Nachfrage berücksichtigt. Dadurch würde der „Naturverbrauch" extrem teuer[6] und auf ein erträgliches Ausmaß gesenkt; teuer besonders für die Reichen, die ihren Verbrauch pro Kopf vor allem und zuerst auf den weltweiten Mittelwert und danach auf Werte absenken müssen, die von den regionalen Ökosystemen nachhaltig getragen werden können. Daraus folgen die Grundzüge einer „weitsichtigen und damit nachhaltigen Ökonomie" im Einklang mit der Ökologie, aber in unauflösbarem Konflikt zur derzeitigen Raubbau-Ökonomie.[7] Diese orientiert sich am Wirtschaftswachstum und zerstört damit die zukünftige natürliche Produktionsbasis, die aus dem Boden, den Gewässern, den von beiden getragenen Ökosystemen sowie der menschlichen Arbeit besteht. Sie bleiben in Zukunft als einzige wirtschaftliche Produktionsfaktoren[8] übrig. Heute leben daher sehr wenige auf Kosten einer unermeßlich großen, noch ungeborenen Menschenanzahl, da deren Existenz auf intakte, tragfähige Ökosysteme angewiesen ist. Die Natur ist die Basis zukünftigen menschlichen Lebens und Wirtschaftens – auch eine noch so unnütz erscheinende Kröte.

Die in Zukunft lebende Mehrheit würde sich heftigst gegen diesen Raubbau wehren, wenn sie das könnte. Es ist an der Zeit, sich um die Zukunft zu kümmern. Hans Jonas erweitert den kategorischen Imperativ Immanuel Kants – „Handle so, daß du auch wollen kannst, daß die Maxime deines Handelns allgemeines Gesetz werde" – zu: „Handle so, daß die Wirkungen deiner Handlung die Bedingungen für den indefiniten Fortbestand der Menschheit auf Erden nicht gefährden."[9] Dementsprechend muß das ökologische Prinzip als „Baugesetz" in der Verfassung verankert werden.[10]

Der Natur und den künftigen Generationen müssen eigenständige, durchsetzbare und subjektive Rechte verliehen werden. In das wesentlichste Menschenrecht auf Leben müssen all jene eingeschlossen werden, deren Leben in Zukunft durch unsere Handlungen bedroht ist. Jeder in Zukunft Lebende muß dasselbe Anrecht auf natürliche Lebensgrundlagen erhalten wie ein gegenwärtig Lebender. Das gegenwärtige „magische Fünfeck" der Ziele der „sozialen Marktwirtschaft",[11] insbesondere das Wirtschaftswachstumsziel, ist zutiefst unethisch.[12] Es muß einem Reduktionsplan der Naturbelastung in Richtung der Nachhaltigkeit sowie einem Umstiegsplan von der Nutzung fossiler und mineralischer auf biogene Rohstoffe untergeordnet werden. Diese Pläne müßten von der Wissenschaft unter Berücksichtigung des „Sicherheitsprinzips"[13] und ohne Rücksicht auf Konsens vorgegeben werden.[14]

Auf diese Weise kann ein Minimum der Interessen zukünftig lebender Menschen berücksichtigt werden, ohne die gegenwärtige Demokratie zu gefährden. Die Gefahr einer Ökodiktatur kann minimiert und der gesellschaftliche wie betriebswirtschaftliche Spielraum und die Freiheit können maximiert werden. Auch gelingt es nur so, den Übergang zur Nachhaltigkeit mit einem Gewinn an individueller Wohlfahrt zu verbinden.

3. Zum naturzentrierten Zugang

Der anthropozentrische Zugang birgt ohne den naturzentrierten die Gefahr, die Natur nur unter dem Aspekt des Nutzens für den Menschen zu sehen und sie seinen Bedürfnissen anzupassen.[15] Es könnte unverstanden bleiben, daß eine unwesentlich erscheinende Spezies zur Stabilität eines Ökosystems unverzichtbar oder für zukünftige Generationen ganz besonders wichtig sein kann.

Der naturzentrierte Zugang geht vom Eigenwert der Tiere und Pflanzen aus. Die Überheblichkeit des Menschen gegenüber der Natur wird hier durch die Ehrfurcht vor allem Leben ersetzt. Der Mensch wird nicht, wie etwa aus christlicher Sicht, als Ebenbild Gottes gesehen, sondern wie jedes andere Geschöpf als Teil im wunderbaren Gefüge der Natur, das entweder zerstörend oder aufbauend wirken kann. Ökologisch folgt daraus, daß sich die Menschheit aus der Konkurrenz zu nahezu allen Tier- und Pflanzenarten wieder in eigene ökologische Nischen zurückziehen muß. Denn nur dann läßt sie, wie alle anderen Arten auch, ihren Mitarten genügend Lebensraum zur Entfaltung.[16] Zu dieser ganzheitlichen, ökologischen Seite kommt noch eine individuelle: Auch die nichtmenschlichen Geschöpfe werden in die Nächstenliebe des Neuen Testaments[17] einbezogen, vor allem, weil sie schwach, wehrlos und hilfebedürftig sind. Berücksichtigt wird dabei die Leidens- und Freudefähigkeit der Tiere. Die Liebe zu Haus- oder Nutztieren kann beispielsweise vor allem der zu Kindern ebenbürtig sein. Dennoch ist von der Tierliebe zum Verzicht auf Fleischnahrung zugunsten der Erhaltung von Tieren, Pflanzen oder der Biosphäre ein weiter Weg: Es ist nun einmal einfacher, sich dankbare tierische Gefährten zu halten, als Vegetarier zu werden, um sich aus der Mitschuld an der Tierschlachtung zu befreien.

Der naturzentrierte Zugang birgt ohne den anthropozentrischen zumindest zwei Gefahren:

- Er könnte als „weltfremde und menschenfeindliche Naturromantik" denunziert werden. Als solche hätte er keine Chance gegen handfeste wirtschaftliche Interessen: Jede Naturzerstörung droht zum „Kavaliersdelikt" zu werden, wenn es „um die Erhaltung von Arbeitsplätzen" geht.
- Eine möglichst rasche Selbstausrottung der Menschheit wäre der größte Gewinn für die Natur. Daher könnte sie als „naturnotwendig" oder „naturgewollt" dargestellt werden. Hans Jonas[18] argumentierte dagegen, daß eine Rettung der Natur vor allem wegen der Hoffnungen erstrebenswert ist, die in eine Entfaltung der ethischen Potentiale des Menschen gelegt werden können: So gab und gibt es immer wieder einzelne Menschen, die das Potential erahnen lassen, ein Ebenbild Gottes zu werden. Dieses Potential gilt es zu entwickeln, damit auch der „mittlere" Mensch, wie nahezu jedes andere Tier und jede Pflanze auch, zur weiteren Evolution des Lebens beiträgt und eher an Gott als an den Teufel erinnert. Der Kulturpfad wurde von Konrad Lorenz prägnant aufgezeigt: „Das lange gesuchte Zwischenglied zwischen dem Affen und dem wahrhaft humanen Menschen – das sind wir."

Albert Schweitzer verbindet den anthropozentrischen mit dem naturzentrierten Zugang: „Ich bin Leben, das leben will, inmitten von Leben, das leben will" – vor allem, wenn durch „inmitten" auch die ganze Zukunft eingeschlossen ist.

4. Zum aristotelisch-religiösen Zugang

Der einsichtigste Zugang zu einer Überlebensethik führt über den Geist hinter den Wundern der Natur und insbesondere des Lebens auf diesem Planeten. Das Wunderwerk der Schöpfung weist so auf seinen *Schöpfer*, daß *dieser* klare Vorstellungen über ein „*Soll*" gibt: *Er* bewertet einen Menschen nach dessen Beitrag für die Bewahrung der Schöpfung und deren weiterer Evolution sowie dessen Mitwirkung an der Kulturentwicklung der Menschheit. Wer, etwa als Naturwissenschaftler, das Glück hatte, die unendliche Größe dieser Wunder erahnen zu können, braucht weder den anthropozentrischen noch den naturzentrierten Zugang. Er beugt sich voller Freude demütig und ehrfürchtig vor diesem Schöpfer, auch weil er aufzeigt, wie man der eigenen Existenz Sinn geben kann.

Gott ist nicht in der Natur und nicht mit ihr identisch („deus sive natura"). Die Natur schafft sich nicht selbst („natura naturans"), und die Naturvorgänge laufen nicht deterministisch ab, wie dies im Pantheismus angenommen wurde. Das mag zur Zeit der Pantheisten Giordano Bruno oder Baruch Spinoza im 16. und 17. Jahrhundert so erschienen sein, als das Leben auf diesem Planeten noch den Anschein der Unzerstörbarkeit und Grenzenlosigkeit erwecken konnte. Heute liegt sein weiteres Schicksal in den Händen jedes einzelnen Menschen. Er wird danach gemessen, wie er mit dieser übergroßen Verantwortung umgeht. Seine Beiträge zur Naturbelastung oder gar Naturzerstörung können zu wesentlich größeren Verbrechen werden als die bisher geahndeten. Dabei bleibt der bisherige ethische Schwerpunkt auf der Befriedung zwischenmenschlichen Zusammenlebens bzw. auf der „Nächstenliebe". Denn ein effektiver Einsatz zugunsten der machtlosen Natur und ohnmächtiger zukünftiger Generationen ist mit Unfrieden im Verhältnis zu den Mitmenschen unvereinbar.[19] Umgekehrt kann aber auch kein Friede zwischen den Menschen bestehen, solange die entwürdigende Vernichtung der Natur andauert.[20]

So aktuell der Schöpfergott damit ist, so sehr wurzelt er in der antiken Denktradition: Aristoteles geht von einer „prima causa", von einem „ersten, unbewegten, göttlichen Beweger" (griechisch: „proton kinoun") aus.[21] Im Sinne von Aristoteles kann Gott weder mit den Naturgesetzen noch mit der Materie/Energie identisch sein, die der Natur nach heutigen naturwissenschaftlichen Erkenntnissen zugrunde liegen, sondern ist deren Hervorbringer, deren Schöpfer. Mit dem solcherart entstandenen freien Willen und Gestaltungsvermögen des Menschen wird diesem ein Großteil der Verantwortung über das weitere Schicksal des Lebens auf diesem Planeten übertragen. Er hat die Chance, dieser Verantwortung gerecht zu werden und seine Kultur in Richtung eines „wahrhaft humanen Menschen" im Sinne von Konrad Lorenz oder eines „ultrahumanen Menschen" in einem „Omega Punkt" entsprechend Pierre Teilhard de Chardin[22] zu entwickeln, behindert durch elende Menschen, die den Unterschied zwischen sich und Gott nicht mehr erkennen können.

Eine Brücke schlägt Leo Tolstoi in „Krieg und Frieden", wenn sein Begriff „Leben" alle gegenwärtigen und zukünftigen Geschöpfe umfaßt. Angesichts der Geisteskraft seiner Formulierung verliert deren pantheistischer Charakter an Bedeutung: „Das Schwierigste und Beseligendste ist es, das Leben zu lieben – es zu lieben, selbst wenn man leidet, denn das Leben ist alles, das Leben ist Gott, und das Leben zu lieben heißt Gott zu lieben."

Anmerkungen

[1] Nach Klaus M. Meyer-Abich (Vortrag vor dem „Renner-Institut" in Wien 1985) ist der Mensch in seiner Evolution weniger als Einzel- denn als Gruppenegoist ausselektiert worden. Als Einzelegoist hätte er nicht überleben können. Der Gruppenegoist anerkennt allein seine Freunde (ob dies Verwandte sind oder nicht) als Mitmenschen und opfert sich für sie auf. Dem Rest der Welt wird nur insofern Bedeutung zugemessen, als er diesem Freundeskreis dienen kann.

[2] Der Unionsvertrag von Amsterdam verankert nämlich die Dominanz des Gruppenegoismus auch rechtlich.

[3] Auch A. Smith sieht die Notwendigkeit eines durch vier Korrektive bestimmten Rahmens, damit das Eigen- mit dem Gemeininteresse in Einklang gebracht werden kann (Adam Smith, Der Wohlstand der Nationen, Deutscher Taschenbuch Verlag, München 1978):
   a) Das Mitgefühl („sympathy") und der „unparteiische Beobachter", die helfen, moralische Normen zu finden und zu beachten.
   b) Natürliche Regeln der Ethik, denen man freiwillig zustimmt und folgt.
   c) Positive Gesetze, deren Beachtung einen Staat (mit Zwangsgewalt) voraussetzt.
   d) Evolutorische Konkurrenz oder Rivalität der anderen Egoisten.

[4] In vier bis fünf Milliarden Jahren wird die Sonne zu einem „roten Riesen" wachsen. Dadurch wird die Temperatur auf unserem Planeten stark steigen, was das Ende allen Lebens mit sich bringen wird. Vorher sind keine naturgegebenen Grenzen der menschlichen Existenz erkennbar.

[5] Damit könnte alles, auch Massenmord, gerechtfertigt werden.

[6] Die Preisbildung begrenzter Naturgüter könnte man sich dann als Versteigerung vorstellen: Ein Liter Erdöl würde unter all jenen versteigert, die ihn auch in Zukunft nutzen könnten. Da dies sehr viele sind, würde auch der Preis auf extrem hohe Werte ansteigen.

[7] Der Amsterdamer Vertrag der Europäischen Union orientiert sich vor allem am rein materialistischen Ziel der Maximierung des Wirtschaftswachstums, herbeigeführt durch die Unterordnung allen Lebens unter die „vier Verkehrsgrundfreiheiten".

[8] Die Kapitalrendite und damit der Zinssatz werden in Zukunft so gering werden, daß der Produktionsfaktor Kapital auf die Bedeutung zurückgedrängt werden wird, die er vor der „industriellen Revolution" gehabt hat.

[9] Hans Jonas, Das Prinzip Verantwortung, Suhrkamp Taschenbuch Verlag, Frankfurt 1984, S. 1085.

[10] Peter Pernthaler in: Umweltpolitik durch Recht – Möglichkeiten und Grenzen, Manzsche Verlags- und Universitätsbuchhandlung, Wien 1992.

[11] Die Ziele sind: Wirtschaftswachstum, Geldwert- und Außenhandelsstabilität, minimale Arbeitslosigkeit und eine gerechte Einkommensverteilung.

[12] Das Ziel eines möglichst großen Bruttosozialproduktes müßte überdies durch das Ziel eines möglichst großen individuellen Wohlstandes ersetzt werden oder wenigstens auf den einzelnen Staatsbürger bezogen werden.

[13] Als Einwand wird oft die Unsicherheit wissenschaftlicher Aussagen über Umweltfolgen gegenwärtiger Entscheidungen ins Treffen geführt. Dies kann nur durch das „Sicherheitsprinzip" („in dubio pro securitate") bewältigt werden. Es schreibt vor, im Zweifelsfall auf der sicheren Seite minimaler Umweltschädigung zu bleiben. Je höher die Unsicherheit ist, um so geringer dürfen Eingriffe in das natürliche Gleichgewicht sein.

[14] Naturverbrauchsreduktionspläne ergeben sich schon jetzt aus Emissionsreduktionszielen, wie denen für CO_2 („Torontoziel"), FCKWs oder Ozonvorläufersubstanzen.

[15] Beispielsweise mit Hilfe der Gentechnik.

[16] Nach dem „Konkurrenzausschlußprinzip" der Ökologie können zwei Arten innerhalb desselben Biotops nicht dauernd koexistieren, wenn sie um dieselben Ressourcen konkurrieren.

[17] „Liebe deinen Nächsten wie dich selbst." Neues Testament: Mt. 5, 21 ff.; 5, 38 ff.; 5, 43 ff.; Mk. 12, 28 ff.; Joh. 15, 12 ff.; Röm. 13, 8; 15, 1 ff.; Kor. 13, 1 ff.; Joh. 2, 9 ff.

[18] Privates Gespräch anläßlich eines Aufenthaltes 1985 an der Universität Wien.

[19] Ist doch auch der Mitmensch ein potentieller Verbündeter bei der Rettung der Natur, die nur gemeinsam erfolgen kann.

[20] Beispielsweise ist die gegenwärtige Raubbauwirtschaft durch einen selbstzerstörerischen Verteilungskampf um die letzten Naturgüter gekennzeichnet. Er verursacht Gewalttätigkeit, Verzweiflung und Elend. K. M. Meyer-Abich weist darauf hin, daß es vor allem eine Frage der Würde des Menschen ist, wie er mit den Tieren, den Pflanzen, den Biotopen und der anorganischen Natur umgeht (K. M. Meyer-Abich, Wege zum Frieden mit der Natur, Deutscher Taschenbuch Verlag, München 1986). Immanuel Kant weist auf die Verrohung des Menschen durch Tierquälerei hin (D. Birnbacher [Hrsg.], Ökologie und Ethik, Reclam Verlag, Stuttgart 1980). Eine Hauptursache für den derzeitigen Werte- und damit Kulturverfall sowie die Rückentwicklung der Menschheit unter das tierische Niveau ist die Beschränkung der Ethik auf die des Gruppenegoismus.

[21] Am Grunde einer durch kausal aufeinander bezogene Bewegungen gekennzeichneten Natur.

[22] Pierre Teilhard de Chardin, Die Zukunft des Menschen, Walter Verlag AG, Freiburg/Breisgau 1963.

Johannes Michael Schnarrer

ETHIK

Die Ethik als System des Sollensanspruchs: Basis der praktischen Sittlichkeit und der theoretischen Wissenschaftsdisziplin

1. Hinführung

Wir leben in einer Zeit des rasanten Wandels. Wissenschaft und Technik ermöglichen heute Dinge, die noch vor wenigen Generationen für unerreichbar, ja undenkbar gehalten wurden. Dieser Wandel der Gesellschaften hat durch den Niedergang des Kommunismus nochmals eine besondere Dynamik bekommen, denn aus ehemaligen Antipoden der zwei etablierten Machtblöcke sind nun Partner geworden, wobei die einen Aufbauhilfe benötigen und die anderen diese nach dem Subsidiaritätsprinzip „Hilfe zur Selbsthilfe" gewähren sollten und deshalb ebenso zur Mitverantwortung aufgefordert sind.

Während die Menschen der ehemaligen „zweiten Welt", d. h. des kommunistischen und vor allem von Moskau gesteuerten Machtblocks, auf der Suche nach Neuorientierung in allen Ebenen des Lebens sind, ist in der sogenannten „ersten Welt", d. h. (vereinfacht) Westeuropa, Nordamerika und Japan, eine tiefe wirtschaftliche Rezession feststellbar. Lange Zeit war man im Westen der Meinung, daß die friedlichen Revolutionen im Ostblock keine durchgreifenden Veränderungen zur Folge haben würden. Doch durch den Wegfall dieser Demarkationslinie, die einst mitten durch Europa verlief, sind einseitige Probleme eines Landes plötzlich in vielerlei Hinsicht zu internationalen, meist politischen, ökologischen und wirtschaftlichen Schwierigkeiten geworden. Diese Aussage läßt sich auch besonders durch die Ökologiediskussion verifizieren, denn das Anliegen von sauberer Luft und reinen Gewässern ist nicht durch ein Land allein lösbar, sondern nur, wenn möglichst alle mithelfen, ein „global village" zu bauen.

Im Hinblick auf die Veränderungen in den verschiedensten Teilen der Erde gibt es sehr spezifische und soziokulturelle Unterschiede, die bei der Lösung zu berücksichtigen sind. Deshalb ist es wichtig, daß, wenn man Modelle zur Lösung schafft, auch sehr genau zwischen regionalen, nationalen, kontinentalen und globalen Schwierigkeiten unterschieden wird. Hier ist also eine scharfe Analyse notwendig. Aus dem Katalog der Probleme, die nationalen Charakter besitzen, aber in jedem Land in unterschiedlicher Ausprägung auftreten, ragt eines ganz besonders heraus, nämlich das der Arbeit und der Arbeitsmärkte, die nicht mehr allen Nachfragenden eine Möglichkeit zum Lohnerwerb anbieten können.

Die Zeit der kulturellen Hegemonie Europas, des Nationalstaates, ja der Isolation gehört nicht nur auf unserem Kontinent der Vergangenheit an. Es bildet sich eine Art „Weltgesellschaft", wenn auch zunächst vor allem auf den Gebieten der Technik, des Verkehrs, der Medien und der Finanztransfers. Man ringt um die Paradigmata des Aufbaus dieser globalen Gesellschaft durch Austausch, Aufeinanderhören, Dialog, Rezeption und Imitation, durch Erfahrbarmachung anderer (vielleicht früher eher geschlossener) Kulturen und mehr oder weniger friedliche Eroberungen verschiedenster Art.[1] Diese Tendenzen betreffen die Werte, den Arbeitsmarkt, den Lebensstandard, das Grundgefühl der Menschen und nicht zuletzt spezifische Einstellungen bezüglich der Grundwerte in fast allen Teilen der Erde, so auch besonders in Europa. Dahinter stehen die Fragen nach dem Umgang mit den veränderten Wertprioritäten, womit letztlich die anthropologische Dimension der Freiheit und ihre Realisierung im Spannungsverhältnis von Verantwortung und Selbstverwirklichung als Postulat ethischen Handelns hervorscheint und den Ruf nach „Mehr Ethik!" in beinahe allen Bereichen humanen Daseins und gesellschaftlichen Strukturierens einsichtig macht, denn nicht jeder darf, was er potentiell könnte – und das ist wieder stärker ins Bewußtsein der Menschen zu bringen.

Die aktuelle Grundwertedebatte macht die Brisanz des Themas deutlich, denn die Grundwerte sind es, die für die Kultur der gesellschaftlichen Lebensformen des Menschen die jeweils notwendigen Voraussetzungen darstellen, da sie den Ordnungsgrund und -bestand einer konkreten Kultur beinhalten. Außerdem bilden die Grundwerte die Basis für jede Kultur. Sie spiegeln auch die Verfaßtheit einer Gemeinschaft und einer Gesellschaft wider und sind ebenso stets Gabe und Aufgabe der weiterzuentwickelnden Lebensformen, denn während im ehemals kommunistischen Machtblock Demokratie erst wieder neu gelernt werden muß, sieht man sich im Westen einer ganz anderen Herausforderung gegenüber: der Sicherung des Fortbestandes einer über Jahrzehnte funktionierenden Gesellschaftsordnung, die vielen Menschen ein sehr hohes Lebensniveau ermöglicht.

So verdeutlicht sich die universale Geltung von kulturellen Grundwerten in der individuellen Bewußtseinsbildung und zeigt sich in den daraus folgenden sozialen Leistungen, die ganz eingebunden sind in das historisch Gewachsene dieses soziokulturellen Kontextes. Aus der sittlichen Einsicht um das Wissen von Recht und Gesetz entsteht dann die konkrete Gesellschaftsordnung, die ideologisch sehr unterschiedliche Ausprägungen haben kann. Das Wissen wiederum basiert auf dem Grundbestand von Prinzipien, die gemäß den Grundeinsichten in die Menschenwürde zu Urteilskriterien führen und damit richtiges Handeln zur Anwendung als Sollensansprüche beinhalten; dies sind die Sozialprinzipien mit universeller Gültigkeit, wie sie besonders aus dem Menschen- und Gesellschaftsbild bzw. dem Sozialhumanismus hervorgehen (z. B. in den Menschenrechten).[2]

2. Zum terminologischen Verständnis der Ethik

Was ist unter Ethos oder Ethik zu verstehen? Die Ethik als Begriff ist abgeleitet vom griechischen Terminus „ethos", was wiederum soviel wie Sitte, gewohnte Lebensart, Charakter oder Moral bedeutet. Damit ist die Ethik derjenige Teil der Philosophie, der sich mit den Gründen der Sitte und des sittlichen Handelns beschäftigt. Sie ist aber nicht nur als ein theoretischer Sollensanspruch zu verstehen, sondern ist auch Wissenschaft von der Sittlichkeit; im weiteren Sinne handelt es sich bei der Ethik um die normative philosophische Lehre von der menschlichen Handlung, sofern diese unter der moralischen Differenzierung von Gut und Böse steht. Das „Ethos" dagegen ist der konkrete Sittenkodex, z. B. in einer Gesellschaft. Das Adjektiv „ethisch" meint dann alles, was diesem spezifischen Sittenkodex entspricht. In diesem Sinne wird der Terminus „Ethik" aber in einer mehrfachen Bedeutung verwendet, nämlich zum einen als Synonym für „Ethos" und zum anderen als Wissenschaft, welche sich mit dem Ethos befaßt. Dabei ist die wissenschaftliche Ethikdisziplin unterteilt in gänzlich differente Kriterien und Ethiksichtweisen.[3]

So beschäftigt sich die normative Ethik damit, selbst Regeln und Anweisungen zu formulieren, die ein Ethos beinhalten, denn keine Gemeinschaft kann ohne Konventionen auskommen, ohne Normen leben, weil Unordnung automatisch zum Chaos führen muß. Hingegen beschreibt die deskriptive Ethik nur das vorhandene Ethos einer Gesellschaft oder von Gruppen, ohne den Anspruch zu erheben, Normen aufzustellen und diese abzugrenzen. Die Individualethik nimmt die Pflichten des einzelnen, sich selbst und der Gesellschaft bzw. der Gemeinschaft (allgemein) gegenüber, zu ihrem Hauptbetrachtungsgegenstand. Als Gegenpart zur Individualethik legt die Sozialethik ihren Schwerpunkt auf die Gestaltung der Basisinstitutionen einer Gesell-

schaft, wie z. B. Familie, Eigentum, Recht, Wirtschaft etc. Bei der
Verantwortungsethik geht es um die Folgen der Handlungen, die vorausschauend zu beachten sind und für welche die Verantwortung übernommen werden soll. Auch die Verantwortungsethik kennt ein
Gegenüber: die Gesinnungsethik, die sich – der Name sagt es bereits –
mit der Gesinnung befaßt, d. h. der persönlichen Einstellung sowie den
Absichten eines Menschen, einer ganzen Gruppe von Handlungs-
trägern, wobei allerdings die essentielle Frage nach dem Erfolg eines
Tuns oder Unterlassens bewußt ausgeblendet wird.[4] Jedoch ist die Ethik
nicht nur in unterschiedliche Kriterien[5] kategorisierbar, sondern auch in
Sachgebiete einzuteilen: Arbeitsethik[6], Wissenschaftsethik, Berufsethik
etc.

Ursprünglich arbeitet Aristoteles in seiner Nikomachischen Ethik
die Grundformen heraus. Demnach ist die Zweckgerichtetheit der
menschlichen Natur das Ziel der Sittlichkeit. Dies ist erreicht, wenn der
Mensch entsprechend den sittlichen Tugenden sein gesamtes Handeln
ausrichtet. Von Platon übernimmt Aristoteles den Gedanken, wonach
die Schlüsselrolle für die Glückseligkeit in der Herrschaft der Natur des
Menschen über dem Irrationalen liege. Dazu ist es notwendig, sich vor
Augen zu halten, daß Aristoteles das spezifische Menschsein in seiner
Vernunftnatur zum Unterschied von den physischen Substanzen und
von den Tieren sieht. Menschliche Vollkommenheit ergibt sich aus die-
ser so begründeten natürlichen Vollendung des Selbst durch die Herrschaft der Vernunft. Dadurch braucht Aristoteles im Gegensatz zu So-
krates und Platon in seiner Ethik nicht auf ein zukünftiges Leben und
Lohn oder Strafe in diesem zurückzugreifen. Er ist überzeugt, daß alles
Natürliche einem Ziel zustrebe. Dieser Prozeß ist von einer inneren
Finalität des entsprechenden Dinges und seiner Wesenheit determiniert.
Und hier wird dann auch sein Ansatz noch deutlicher sichtbar: es ist ein
teleologischer Eudämonismus.

Eudaimonia ist nach Aristoteles das Glücksverständnis ebenso wie
der richtige Geist, die vollkommene Betätigung der menschlichen
Vernunftnatur, das Gute als das dem Menschen zu eigen Seiende (also
die rechte Vernunftnatur) und die Tugend. All das entspricht durch richtige Lebensführung dem Gutsein.

Deshalb beginnt Aristoteles in seiner Nikomachischen Ethik, im
ersten Buch, folgendermaßen: „Jede Kunst und jede Lehre, ebenso wie
jede Handlung und jeder Entschluß, scheint irgendein Gut anzustreben.
Darum hat man mit Recht das Gute als dasjenige bezeichnet, wonach
alles strebt." Der Kern zur Ethik des Aristoteles ist die Theorie der
Tugenden. Zentral für dieses Leben nach der Tugend ist der Gebrauch

der Vernunft. Darum ist seine Ethik nicht eine deontologische (auf Pflichtprämissen aufgebaute), obwohl er die Bedeutung der Pflicht korrekterweise erkennt, sondern die Tugenden werden als Ziele der Selbstverwirklichung vor die Vernunft gestellt. Während die verstandesmäßige Tugend mehr durch Belehrung (wie z. B. in der Weisheit, Intelligenz, der sittlichen Einsicht) entsteht und heranwächst, ergibt sich die ethische Tugend (wie z. B. Großzügigkeit, Besonnenheit als Charakterwert) aus der Gewohnheit. Die Tugend stellt für Aristoteles immer die Mitte zwischen zwei Extremen dar (u. a. Mitte zwischen Überfluß und Mangel).

Als wichtig ist auch die Abgrenzung der Begriffe „Moral" und „Ethik" zu erachten, da sie nicht einheitlich gebraucht werden. Beide sind verschieden, obwohl man sie in der Wissenschaft oft synonym einsetzt. In der Philosophie der Gegenwart wird unter Moral das Sittliche selbst verstanden, während Ethik die Theorie darüber ausmacht.[7] Das Wort „Ethik" leitet sich vom griechischen Wort „ethos" (Brauch) ab, wie bereits oben erwähnt wurde, und ist als Terminus nahezu gleichbedeutend mit dem lateinischen „mos" und dem deutschen „Sitte". Schlüsselwort ist der Begriff der „Sitte".[8] „In der praktischen Philosophie ist die Verwendung von ‚ethisch', ‚moralisch' und ‚sittlich' nicht einheitlich geregelt."[9] Im Anschluß an Kant verwendet Anzenbacher die Termini folgendermaßen: „Moral" oder „moralisch" ist demzufolge die „reine Gewissensgemäßheit eines Handelns unabhängig vom Inhalt, der motiviert"[10]. Das Gewissen wird hier zum entscheidendsten Maßstab des Handelnden, ob eine Tat sich als moralisch erweist oder nicht. Andererseits meint das „Ethische" den Aspekt des Inhalts im Gegensatz zum „Moralischen" des Gewissens. Martin Honecker ist der Auffassung, daß Ethik und Moral ursprünglich denselben Sinn hatten, obwohl man in der Umgangssprache beide trennt. „Moral bezeichnet dabei das, was ‚man' tut, also die Konventionen, das Übliche, die Alltags- und Durchschnittsmoral, wohingegen Ethik die Reflexion darauf bezeichnet, ob das, was üblich ist, auch ‚wirklich' gut und richtig ist."[11]

3. Der anthropologische Ansatz

Zunächst ist zu klären, warum wir heutzutage vom Menschen an sich ausgehen und nicht wie in früheren Zeiten von absolut vorgegebenen, als unveränderlich geltenden Normen. Es hat sich also ein Wandel von der sich an vorgegebenen Ordnungen objektiver Weltsicht ausgehenden Argumentation (und darin ist der Blick vom Menschen enthalten) hin auf die subjektorientierten Ansatzpunkte vollzogen.

Jede Wissenschaft sieht oder untersucht einen unterschiedlichen Aspekt des Menschseins. So beschäftigen sich die Humanwissenschaften mit dem Menschen z. B. als psychologische, biologische, soziologische, genetische, chemische, ökonomische u. a. Entität. Dabei ist heute zu beobachten, daß man die praktische Erforschung des Menschen sowie deren Spaltung in Geistes-, Natur- und Sozialwissenschaften durch empirisch-theoretische Methoden zur Erfassung des Wesens der Menschen, nicht nur einer Komponente, zu überwinden versucht und auch das Verhalten der menschlichen Person mit einbezieht und berücksichtigt.[12] Die wachsende interdisziplinäre Forschungstätigkeit dürfte deshalb in der kommenden Zeit an Bedeutung gewinnen.[13]

Aber werfen wir hier einen Blick in die Geschichte, der uns einige Zusammenhänge einsichtiger macht. Wir sprechen von der Neuzeit, die sich gerade dadurch auszeichnet, daß eine Hinwendung zum Subjekt stattfand. Dieses prozeßartige Geschehen ist in den einzelnen Bereichen unterschiedlich verlaufen und läßt sich an konkreten, historisch nachvollziehbaren Ereignissen aufzeigen. Im religiösen Raum ist es die Reformation, die durch den (wissenschaftlich nicht nachgewiesenen) Thesenanschlag Luthers[14] im Jahre 1517 an die Schloßkirche zu Wittenberg eine durchgreifende Veränderung bezüglich der Sichtweise von Hierarchie und Autorität im kirchlichen Raum brachte. Geographisch waren für die neue Bewußtseinsbildung die Wiederentdeckung Amerikas durch Christoph Columbus (1492) sowie die erste Weltumsegelung durch Fernão de Magalhães und Juan Sebastiàn de Elcano (1519–1521) wichtig. Auf naturwissenschaftlicher Ebene löste mit Nikolaus Kopernikus das heliozentrische System der Planetenbestimmung Anfang des 16. Jahrhunderts das geozentrische System ab. Die Französische Revolution (1789–1794) und die darauffolgende Neuordnung Europas bzw. die Säkularisation durch Napoleon Bonaparte werden als Eckdaten im politischen Paradigmenwandel allgemein anerkannt. Wirtschaftlich gesehen, ist die industrielle Revolution in England durch Erfindung der Dampfmaschine (James Watt um 1780) und den mechanischen Webstuhl (J. Hargreaves 1764, „Spinning Jenny") als Wendepunkt anzusehen.

Allgemein läßt sich sagen, daß Menschwerdung und Menschenbild die schwierig zu erfassende Seinsweise des Menschen artikulieren, denn er braucht ein Ziel seiner selbst, das heutzutage oftmals mit der Sinnfrage umschrieben wird, um immer mehr Mensch zu werden und das, was er von Natur aus schon immer ist. Das Wesen des Menschen ist ihm gegeben (Heidegger spricht vom „In-der-Welt-Sein"[15]), so daß er stets an der Vervollkommnung seiner Fähigkeiten arbeiten soll. Schon Thomas von Aquin spricht vom „Mangelwesen Mensch"[16] (Arnold Gehlen nennt den Menschen „Mängelwesen"[17]). Vergleicht man den Menschen mit der Natur, dann ist er nach Pascal nur ein „Schilfrohr, das denkt"[18]. Somit läßt sich sagen, daß es dem Menschen einerseits an einer gewissen Perfektion stets mangelt, er aber durch die Fähigkeit des Denkens dies graduell ausgleichen kann.

Die Philosophie der Neuzeit bezüglich des Menschenbildes wird vor allem durch René Descartes (1596–1650) bestimmt. „R. Descartes gilt als der Begründer der neuzeitlichen Wende zum Subjekt."[19] Immanuel Kant (1724–1804) nimmt später vor allem den Aspekt des Denkens, der von Descartes betont wird, auf und führt ihn weiter, hauptsächlich expliziert in den drei großen Kritiken[20], wobei Kant die Vernunft betont, die jedem Menschen aufgrund seines Menschseins gegeben ist. In der Philosophie der Gegenwart, womit man die philosophischen Grundströmungen des 20. Jahrhunderts meint, gibt es vor allem drei herausragende Gruppierungen, die für das heute weithin anzutreffende Menschenbild wichtig sind:

- *„Phänomenologisch orientierte Positionen:* Hierher gehören vor allem die *klassische Phänomenologie,* der *Existentialismus* und die *hermeneutische Philosophie.*
- *Positivistisch orientierte Positionen:* Dazu zählen der *Neopositivismus,* der *kritische Rationalismus* sowie eine Vielzahl *logisch-empiristischer* und *linguistischer* Positionen im Rahmen der sogenannten *analytischen* Philosophie.
- *Marxistisch orientierte Positionen:* Hierher gehören die vielfältigen Ausformungen des *Neomarxismus* sowie der *Marxismus-Leninismus,* welcher offizielle Doktrin der kommunistischen Staaten ist."[21]

„Was ist der Mensch?" fragt der Innsbrucker Philosoph Emerich Coreth in seiner Anthropologie[22] und nimmt damit die Urfrage der Philosophie auf. Besonders für Kant ist diese Frage eine zentral zu lösende. Anzenbacher faßt Kant so zusammen: „Das Feld der Philosophie in dieser weltbürgerlichen Bedeutung läßt sich auf folgende Fragen bringen: 1. Was kann ich wissen? 2. Was soll ich tun? 3. Was darf ich hoffen? 4. Was ist der Mensch?

Die erste Frage beantwortet die Metaphysik, die zweite die Moral, die dritte die Religion und die vierte die Anthropologie. Im Grunde könnte man aber alles dies zur Anthropologie rechnen, weil sich die drei ersten Fragen auf die letzte beziehen."[23]

Der Autor des vorliegenden Beitrags faßt den Menschen folgendermaßen auf: *Der Mensch ist ein denkendes, fragendes (religiös Gebundene sagen „gottgewolltes"), sich selbst transzendierendes, reflektierendes und vollziehendes, nach Sinn suchendes, mit den Gaben des Verstandes, der Vernunft und der Einsicht ausgestattetes, permanent Erfahrungen machendes, in Raum und Zeit (durch Vergangenheit, Gegenwart und Zukunft geprägtes) lebendes, auf Communio und Kommunikation angewiesenes, (normalerweise) tätiges und bis zu einem gewissen Grade sich selbst versorgendes, innerhalb eines Systems sowohl eigenständiges als auch interdependentes Wesen.*

Auch für den Sozialwissenschaftler, Theologen und Philosophen Johannes Messner (1891–1984) ist die bereits angeschnittene Frage nach dem Wesen des Menschen von zentraler Bedeutung. In seinem „Naturrecht" widmet er im ersten Buch als Grundlegung für die weiteren Ausführungen über Gesellschafts-, Staats- und Wirtschaftsethik den ersten Teil der „Natur des Menschen".[24] Und diese Frage benötige eine „unzweideutige Antwort", wenn man „Natur, Zweck und Ordnung des gesellschaftlichen Lebens begreifen" wolle.[25] Für Messner ist die Natur der Ausgangspunkt seiner Überlegungen, denn Sein ist natürlich. Anders gesagt, ist Nichtsein außerhalb von der Natur. Hier tangieren einander christliche Existenzphilosophie und Messnersche Naturrechtslehre. Aus diesem Grund führt Messner den Terminus „existentielle Zwecke" ein.[26]

Vor allem die existentiellen Zwecke, die die Natur des Menschen bestimmen, sind Konstitutiva der Person. Da sie einerseits im Einklang mit der Erfahrung stehen und andererseits für wichtig erachtet werden, bezüglich einer Definition vom Menschen im allgemeinen, sollen hier die wichtigsten Zwecke genannt werden: „Die Selbsterhaltung, einschließlich der körperlichen Unversehrtheit und der gesellschaftlichen Achtung (persönliche Ehre); die Selbstvervollkommnung des Menschen in physischer und geistiger Hinsicht, einschließlich der Ausbildung seiner Fähigkeiten zur Verbesserung seiner Lebensbedingungen sowie der Vorsorge für seine wirtschaftliche Wohlfahrt durch Sicherung des notwendigen Eigentums oder Einkommens; die Ausweitung der Erfahrung, des Wissens und der Aufnahmefähigkeit für die Werte des Schönen; die Fortpflanzung durch Paarung und die Erziehung der daraus entspringenden Kinder; die wohlwollende Anteilnahme an der geistigen und materiellen Wohlfahrt der Mitmenschen als gleichwertiger menschlicher Wesen; gesellschaftliche Verbindung zur Förderung des allgemeinen Nutzens, der in der Sicherung von Frieden und Ordnung sowie in der Ermöglichung des vollmenschlichen Seins aller Glieder der Gesellschaft in verhältnismäßiger Anteilnahme an der ihr verfügbaren Güterfülle besteht; die Kenntnis und Verehrung Gottes und die endgültige Erfüllung der Bestimmung des Menschen durch die Vereinigung mit ihm."[27]

Auch Rudolf Weiler sieht in den existentiellen Zwecken, die für Messner das Kriterium der Sittlichkeit schlechthin sind, große Bedeutung.[28] Arthur Fridolin Utz kommt zur Überzeugung, daß Messner die Individualnatur des Menschen auf die gleiche Ebene wie die Sozialnatur[29] stellt, d. h., daß die menschliche Person in sich mindestens zwei „Naturen" vereinigt, oder anders ausgedrückt: Selbststand und Sozialstand.

Das große Anliegen der autonomen Moral[30], die die Naturrechtslehre weiterführt und differenziert, ist die Kommunikabilität und Rationalität von Normen, die ethisch begründet sind, so daß die Gestaltung der Welt mit Blick auf das Gewissen des einzelnen, die Freiheit des Menschen im Prozeß des Suchens von Wahrheit und auch im Interesse aller nach fruchtbaren, sinnvollen und zweckmäßigen Orientierungen bezüglich des individuellen Zusammenwirkens aller Menschen Suchenden, die die Vernunft akzeptieren, gelingen kann. Es geht bei diesem Ansatz um die Hervorhebung von Universalität und weltweitem Dialog.[31] Denn ethische Normen müssen stets kommunikabel, einsichtig und vermittelbar sein. Worauf es ankommt, das ist das richtige Verständnis von Autonomie, was nie Relativismus bedeuten darf.

Zusammenfassend läßt sich sagen, daß der Mensch als „Kern" der Sozialwissenschaften allgemein und der Ethik im besonderen gilt. Der Mensch ist als Geist und Leib geschaffenes Wesen, welches das Vermögen über die Erkenntnis von Wahrheit im Sinne des Guten oder Bösen besitzt, sich selbst in Geschichte und Umwelt verwirklicht, mit Erbsünde behaftet ist und eine relative Autonomie innehat, einer konkreten Gesellschaft angehört und als Geschöpf im Ruf zur Transzendenz und zur Mitgestaltung der Welt steht.[32]

4. Das menschliche Sollen in der jeweiligen spezifischen Gesellschaft: der sozialethische Ansatz

Nachdem wir uns einführend über den Menschen und die Gesellschaft kundig gemacht haben, wenden wir uns nun der Frage nach der Ethik im Sinne des zu verändernden Sollens zu, da dies ebenso eine Prämisse innerhalb ethischer Überlegungen ist wie die bereits genannten Kernelemente.

Schon Aristoteles[33] (384–322 v. Chr.), der die erste Systematik der Wissenschaften aufstellt, trennt in theoretische und praktische Disziplinen, wobei er im Rahmen der praktischen Philosophie drei Einzelwissenschaften nennt, die aber heute schon wieder sehr differenziert werden: Ethik, Ökonomie und Politik.[34] Die Ethik spielte immer eine wichtige Rolle im Leben der Menschen, denn in ihr geht es um das Verhalten einer Person in ihrem jeweiligen konkreten Kontext. Nun ist aber auch die Ethik nicht voraussetzungslos, sondern beruht wie jede andere Wissenschaft auf Grundbedingungen.

In der Ethik oder auch Moralphilosophie geht es um die Erklärung des Phänomens der Sittlichkeit.[35] Unter „Moral" ist einerseits gelebte Sittlichkeit (praktischer Aspekt) zu verstehen, als auch ein Lehrsystem vom Sittlichen (wissenschaftstheoretischer Aspekt), wie oben bereits angedeutet wurde.[36] Spricht man vom Sittlichen, meint man ein allgemeines Phänomen der Menschheit, das jedem bekannt ist. Durch das Gewissen macht der Mensch die Erfahrung, ob eine Tat gut oder böse ist, was wiederum mit Schuld zusammenhängt. Keine Kultur kommt ohne gewisse Verhaltensregeln, Normen, Prinzipien, Ge- oder Verbote, Maßstäbe aus, die Einzelhandlungen gestatten oder gar in Form einer Pflicht formulieren, andere als schlecht, einem Gesetz widersprechend oder für verwerflich halten. Sehr oft werden die Menschen nicht nach ihrer inneren Haltung gemessen, sondern an ihren Taten. Da Ethik als eine philosophische Wissenschaftsdisziplin über die beschreibenden Sozialwissenschaften (z. B. Soziologie oder Völkerkunde) hinausgeht und nach den letzten sittlichen Gründen fragt und dadurch zu einer Metaphysik der Sitten wird, erhebt sie als praktische Wissenschaft den Anspruch einer normativen Disziplin, die sowohl für die Person als auch für das Gemeinschaftsgefüge relevant ist und den Sinn bzw. die objektiv gegebene Geltung analysiert.[37] Es kann der Ethik also nicht um wertfreie Darstellung von Sachverhalten gehen, sondern auch um die Evaluierung. Methodisch ist sie eine philosophisch-kritische Reflexion über die bereits sittlich vorgegebene Erfahrung, wobei sie aber nicht nur empirisch vorgeht und auch nicht Emotionen oder Gefühlen folgt. Aus einer Vielzahl der Systeme der Ethik, die insbesondere die Verpflichtung sittlicher Natur herausstellen, sind später einige der bekannten Ansatzpunkte für die theoretische wie praktische Begründung von Sittlichkeit und ihren Systemen zu erläutern.[38]

Anzenbacher nennt einzelne Elemente eines Vorverständnisses für die Ethik, die hier erwähnt werden sollen.[39] *Erstens* spricht er die menschlichen Handlungen an, die immer bewußt oder unbewußt einer moralischen Wertung unterliegen. Die einfachste aller menschlichen Erfahrungen ist das Loben oder Tadeln, die Einschätzung von guten oder bösen Taten. Und diese Erfahrung macht jeder, selbst schon das Kleinkind. Außerdem gibt natürlich die Tat immer auch Auskunft über das innere Wesen eines Menschen und ist typisch für die Spezies des Homo sapiens.

Zweitens wissen Menschen offenbar um die Unterscheidung von Gut und Böse, was gleichsam Vernunftgebrauch und Denken voraussetzt. Dies wiederum läßt annehmen, daß es, wenn auch nicht genauer bestimmt, ein Wissen des Menschen vom Guten und Bösen gibt. Um eine Gesellschaft aufzubauen, müssen die Menschen wissen, daß das Gute ein zu Tuendes und das Böse ein zu Unterlassendes ist, was uns im Gewissen zur Bewältigung des Alltags sozusagen mitgegeben ist.

Drittens wird angenommen, daß der Mensch auch selbst Handlungsträger ist, „Herr seiner selbst", andernfalls wäre er ja auch nicht mehr verantwortlich für seine Taten.[40] Der Mensch ist weder absoluter Individualstand noch absoluter Sozialstand, sondern immer eine Mischung von beidem. Wir bestimmen selbst unser Handeln und werden gleichzeitig von anderen danach eingeschätzt. Somit kann man sagen, daß wir das „Wie" und das „Warum" einer Tat oder der Unterlassung derselben selbst wählen. Doch darf die Wahl nicht willkürlich sein, da Handlungen den Menschen selbst oder den anderen betreffen, wodurch ein Verantwortungsanspruch entsteht. Subjektives Handeln ist nicht allein naturgemäß nach „Input und Output" zu evaluieren, sondern es wird einer handelnden (oder auch unterlassenden) Person angerechnet, d. h., bei Vergehen ist der Schuldige zur Rechenschaft zu ziehen.

Viertens betont Anzenbacher die Verantwortung. Das Individuum ist in der Lage, gemäß dem Geist, der Vernunft und seinen Denkfähigkeiten eine Frage, die sein Handeln betrifft, für andere möglichst gut nachvollziehbar zu beantworten, denn ohne einleuchtende Begründung werden Taten nicht gebilligt. Offensichtlich ist die Frage nach Gut oder Böse nicht immer eindeutig zu lösen, sondern „diskursfähig". Erst die Erläuterung macht die Sicht verstehbar und führt zur Ein-Sicht. Böses wird mit „Vernunftwidrigem" gleichgesetzt, wenn man Neigungen oder Trieben folgt, obwohl wir Kenntnis davon besitzen, daß die Befriedigung dieser an sich nicht mit dem Prinzip der Verantwortung übereinstimmt. Unser Willen ist dann gewolltes, aber nicht mehr gesolltes Sein und Handeln.

Fünftens ist die Bezugnahme des Einzelmenschen in Verbindung mit dem Nächsten zu nennen, was bereits ansatzhaft unter „Drittens" aufgezeigt wurde. Kein Mensch kann ohne gewissen „sozialen Bezug" existieren, wovon wiederum die Wertung im moralisch-ethischen Bereich abhängt, denn nach Martin Buber wird der Mensch am Du zum Ich, d. h., der Mensch ist ein interdependentes und auf Gemeinschaft angewiesenes, im weitesten Sinne abhängiges Wesen.[41]

Hier ist auch die Kritik am liberalistisch-individualistischen Menschenbild anzusetzen, bei dem besonders die Einzelperson überhöht dargestellt und als alles entscheidendes Maß der Dinge betrachtet wird. Der Mensch ist zwar ein frei geschaffenes Wesen, doch darf weder die Seite des Individualstandes der Person noch die Einbettung in die Gemeinschaft (wie z. B. im Zwangskollektivismus) überbetont werden. Beide Elemente, Sozialstand wie Individualstand des Menschen, haben ihre gleichwertige Berechtigung.

Für Martin Buber ist die Geschichte der Einzelperson und der ganzen Menschheit ein wachsender Prozeß der Es-Welt, die die Gesellschaft, den Staat, die Region oder die Vereine ausmachen. Jeder ist in einen spezifisch kulturellen Kontext bzw. in eine bestimmte Umgebung hineingeboren und lernt mit der Muttersprache auch die Bräuche seiner Heimat, die einander gegenseitig bedingen und ergänzen. Deshalb ist es absolut unmöglich, daß man von einem „reinen Ich" oder einer „reinen Kultur" spricht.

Selbsterkenntnis und Erfahrung sind die Ansatzpunkte einer Persönlichkeitsethik, die wiederum als Basis für die Gesellschafts- und Kulturethik dient. Die Persönlichkeitsethik ist diejenige Ethik, die „ihre Grundlegung in der durch die geistige Seele gekennzeichneten Natur des Menschen mit ihrer Bestimmung zur wesenhaften Seinserfüllung in der Person sieht ..."[42]

Aber Messner hebt noch einen anderen Aspekt der Persönlichkeitsethik hervor, denn es handelt sich hier auch um den Teil der Ethik, „... der die vom Einzelmenschen für die Verwirklichung der sittlichen Persönlichkeit geforderten Verhaltensweisen behandelt, also die einzelnen Persönlichkeitswerte ..."[43] Und gerade diese Werte sind es, die, sozusagen angesammelt durch die Einzelmenschen, das Grundgerüst der Gesellschaft konstituieren, denn der Hauptbestimmungsfaktor der Gesellschaft ist das Einzelglied.

Der Teil der Ethik, der sich mit den gesellschaftlichen Lebensordnungen befaßt, wird „Sozialethik" genannt und umfaßt im Werk von Johannes Messner die Rechts-, Gesellschafts-, Staats- und Wirtschaftsethik.[44] Dabei ist das Verhältnis von individuellen und allgemeinen Sittengesetzen genau dasselbe wie von individueller und allgemeiner Natur des Menschen.[45] Durch die gute Tat des einzelnen gelingt es dem Handelnden, selbst auch Einsicht in das Gute schlechthin zu erhalten, welches das Gelingen von Gesellschaft voraussetzt, denn eine solche ist immer nur so gut oder so schlecht, wie es ihre Mitglieder selbst sind. Diese Aussage gilt nicht nur für die Gesellschaft allgemein, sondern für alle Zellen der Gesellschaft und des öffentlichen Lebens.

Innerhalb der Sozialethiken gibt es ebenfalls verschiedene (theologische) Richtungen. Arthur Rich nennt einige der Ansätze, die hier zwar aufgezählt werden, auf die aber nicht näher eingegangen werden kann:[46] der transzendental-eschatologische, der schöpfungstheologische, der christologische, der geschichtstheologische und der existential-eschatologische. Auch hier sind wieder nur ganz bestimmte Blickwinkel, aus denen Ethik betrieben wird, hervorgehoben, die zeigen, wie vielfältig diese Wissenschaft ist.

Am Ende dieses Unterkapitels wollen wir die Begriffe der Ethik und der Sozialethik definieren, so daß sie hier auch zur Anwendung kommen können. Für den Autor dieses Artikels ist die Ethik *ein stimmiges Konzept, Modell bzw. ein System mit Ordnungscharakter, das Seins-, Sinn- und Handlungspräferenzen in dem Maße begründet, in dem von der Idee eines menschlichen Lebens mit Wertbevorzugungen a priori auszugehen ist und wodurch Aussagen und Motivationskalküle über das Gute bzw. richtige Wirken und/oder Unterlassen für die Person so geleitet werden, daß sie unter Beachtung der entsprechenden Gesinnung sowie mit Ausrichtung auf die jeweils prägenden Strukturen und Institutionen einem würdevollen und zum Glück führenden Lebenskonzept entsprechen.*

Nach Johannes Messner wird die Ethik folgendermaßen erklärt: „Die Ethik ... untersucht die Sittlichkeit in ihrem allgemeinen Wesen und ihrem Seinsgrund; davon ausgehend sucht sie, die sittliche Ordnung in ihrer allgemeinen Gültigkeit zu begründen und ihre Verpflichtungen im einzelnen darzulegen. Mit anderen Worten, Sittlichkeit ist Leben, Ethik ist Wissenschaft, Wissenschaft im Dienste des Lebens."[47]

Da der Sozialethikbegriff ein Spezialfall der Ethik ist, muß auch dieser noch genauer erklärt werden. Denn während Ethik allgemeines Sollen sittlichen Handelns meint, geht es der christlichen Gesellschaftslehre um die Beziehungsgefüge, die soziale und gerechte Ordnung innerhalb der Gesellschaft und ihrer Einzelzellen sowie deren an *christlichen* Motiven orientierte und fundierte Organisierung. Häufig unterscheidet die Wissenschaft zwischen Individual- und Sozialethik, also auf die menschliche Person und ihre jeweilige spezifische Gesellschaft ausgerichtete Wissenschaft. Arthur Fridolin Utz bringt folgende Definition: „In der Sozialethik werden demnach jene personalen Pflichten betrachtet, die dem Menschen aufgetragen sind, insofern er Teilfunktion in einem durch das Gemeinwohl gebildeten Ganzen zu erfüllen hat."[48a]

5. Philosophische Fundamente zur Grundlegung einer ökologischen Ethik[48b]

Gegenwärtig erleben wir eine Art Aufbruch im Bewußtsein, daß Ethik und Ökologie in Verbindung mit anderen wichtigen Daseinselementen zu den Grundlagen humaner Lebensführung nicht nur dazugehören, sondern vielmehr primären Raum einnehmen, weil sie substantiell unsere Umwelt und uns selbst bestimmen. Der über viele Jahrhunderte, vor allem durch das Christentum heranwachsende und zur Priorität erhobene Anthropozentrismus wird heute stärker ergänzt durch andere Sphären, die dadurch an Stellenwert und Wichtigkeit gewinnen. So lassen sich zu einer spezifisch philosophischen bzw. juristischen Begründung der ökologischen Ethik einige Ansätze konkretisierend anführen.[49]

(I) Zunächst ist der sogenannte *strenge anthropozentrische* Ansatz zu nennen, der auf den Königsberger Philosophen Immanuel Kant verweist und auch in moralischer Hinsicht (in der Wissenschaft) übernommen wurde sowie gleichzeitig seine Anerkennung fand. Demnach hat ein Mensch keinerlei Verpflichtungen gegenüber der Natur, sondern einzig und allein den Personen gegenüber, also den Mitmenschen. „In Ansehung der Natur" gibt es sehr wohl Pflichten, aber „nie gegenüber der Natur selbst". Diese Aussage bedarf der Erläuterung. Am konkreten Beispiel heißt das, daß die Tierquälerei nicht wegen der möglichen Schmerzen des Tieres an sich als schlecht zu bezeichnen ist, sondern vielmehr deshalb, weil Tierquälerei zur sittlichen Verrohung des Einzelmenschen führt, was wiederum auf Konsequenzen verweist, die den Menschen negativieren und nur eine seiner Charaktereigenschaften betreffen, während das Tier und sein Schmerz keine Berücksichtigung erhalten.

Andererseits stellt ein radikal anthropozentrischer Ansatz die Umweltprobleme hinsichtlich des Aspektes des Überlebens der Menschen dar. Somit werden dann z. B. Umweltzerstörung und unverantwortlich schneller Verbrauch von Ressourcen nicht auf die Natur selbst hin bewertet, sondern finden vielmehr ihren Maßstab an den humanen Interessen (z. B. Überleben).

Allerdings liegt eine große Gefahrenpotentialität in einem solchen Ansatz, weil das Überleben zum Höchstwert erkoren wird, um dann in einem zweiten Schritt vereinfachterweise Lösungen auf machtpolitischer Ebene vorzuschlagen, die leicht zum Totalitarismus um der Sache willen führen können; ob dies von „rechts" oder von „links" geschieht, ist dabei sekundär. Ein solcher Ansatz ist aber auch deshalb bedenklich, weil nur ein absolut minimalistisches Postulat für den Umweltschutz zu derivieren ist. Denn das Ziel humaner Überlebenswilligkeit ist doch viel eher auf das Fundament von Würde, Freiheit, Solidarität, gesundem Gemeinwohlempfinden und Subsidiarität zu stellen als auf minimalistisches Gehabe. Außerdem ist es einer philosophischen Ethik nicht einfach anheimzustellen, allein die unbedingte Pflicht zu einer ausreichenden Begründung für die Weiterexistenz der humanen, immer komplexer und globaler werdenden Gesellschaft nach möglichst allen Seiten absichernd herauszuarbeiten.[50]

(II) Im Gegensatz dazu streicht ein *gemäßigt anthropozentrischer* Ansatz zwar richtigerweise die Sonderstellung humaner Individuen im Universum heraus, aber gleichzeitig wird bei diesem Ansatz betont, daß der Mensch selbst Natur ist und von Natur (ebenso kultivierter Natur) umgeben ist. Denn er ist in der Lage, die Naturzwecke zu erkennen und gleichzeitig das Bewußtsein zu erreichen, daß die Natur über den utilitaristischen Nutzwert des Humanums hinausgeht. Und so unterscheidet sich dieser Ansatz von einem radikalen und anthropozentrischen darin, daß er das Eingebundensein in die Dynamik der Natur ebenso betont wie die doch so relative Eigenwertigkeit der nicht menschlichen Natur. Damit ist er eine Erweiterung des bisherigen anthropozentrischen Gedankengebäudes, das dem sozialen Aspekt den wichtigen ökologischen hinzufügt, wodurch die Komponente der ethischen Verantwortung bereits im Handeln und im Umgang des Menschen mit der Natur ihren Ausdruck findet und nicht erst beim Menschen selbst.

Alle nicht anthropozentrischen Ansätze suchen hingegen nach Möglichkeiten, um die Dimension des Menschseins – ähnlich wie bei konzentrischen Kreisen – zu vergrößern. Dadurch wird die außerhalb des Menschen liegende Natur mit quasi subjektiven Merkmalen versehen. Es wäre falsch anzunehmen, daß diese Ansätze die besondere Stellung des Menschen nicht berücksichtigen, aber sie legen Wert darauf, daß die ethische Verantwortung nicht nur im Anschauen der Natur liegt, sondern auch Verantwortung gegenüber der Natur besteht, womit ihr gleichsam eine Art Eigenrecht zugestanden wird.

(III) Als dritter Ansatz ist der *pathozentrische* zu nennen. Sein Ausgangspunkt setzt bei der Leidensfähigkeit eines jeden Lebewesens an. Dabei ist wichtig hervorzuheben, daß diese Sicht der utilitaristischen Tradition entstammt, wo Ungleiches ungleich und Gleiches gleich behandelt wird, um das Wohl aller zu maximieren, bei gleichzeitiger Minimierung des Leidens. Menschen und Tiere sind aufgrund ihrer Schmerzfähigkeit gleich zu behandeln. Aus diesem Ansatz ist eine artgemäße Tierhaltung ebenso zu derivieren wie die Tötung behinderter oder leidender Menschen.[51]

(IV) In einem vierten Ansatz kommt die sogenannte *biozentrische* Sicht zum Ausdruck. Hierbei wird der Blick auf alles Lebendige gelenkt, also auch noch über die leidensfähigen Tiere hinweg. Dafür kann der berühmte Nobelpreisträger, Arzt, Philosoph und Theologe Albert Schweitzer als Beispiel angeführt werden, mit seinem programmatischen Satz: „Ich bin Leben, das leben will, inmitten von Leben, das leben will." Schweitzer nimmt die Ehrfurcht vor dem Leben nicht nur als postulathafte Grundeinstellung an, sondern macht sie zum Prinzip objektiver Basis, stellt sie so über einen bloß menschlichen Charakterzug. Problematisch dabei ist nur, daß der Anspruch als objektives Prinzip sehr hoch ist und dadurch jeder Mensch auf Schritt und Tritt schuldig wird. Denn die Personalisierung des Willens, stets und ständig jegliches Leben (und damit auch allen Lebens und aller Lebewesen) zu bejahen, ist nur ganz schwer in den letzten Konsequenzen realisierbar und lebbar. Da es abstraktes Prinzip ist, können auch keine spezifischen Entscheidungen sowie Unterscheidungskriterien zur Lösung der Konflikte aus diesem Prinzip abgeleitet werden.

(V) Zum Schluß sollen einige sogenannte *holistische* Ansätze aufgezeigt werden, welche vom größeren Ganzen ausgehen und nicht von Einzellebewesen. Allerdings sind nicht alle Sichtweisen innerhalb der Gruppe holistischer Ethik so total und radikal wie bei einigen Vertretern der Richtung vom New Age. Das allen holistischen Sichtweisen gemeinsame Grundproblem liegt in der Begründung und Bestimmung des Eigenwertes ebenso wie des Eigenrechtes von der Natur als einer ganzen (Einheit). Wenn nun aber vom Fundament eines ontischen Naturbegriffs eine Ethik abgeleitet wird, dann wird die Gefahr heraufbeschworen, daß es zum naturalistischen Fehlschluß kommt, womit gemeint ist, daß die überzeugende Begründung ausfällt, wonach vom Sein auf ein adäquates Sollen geschlossen werden kann. Fragen entstehen, ob z. B. der Einzelmensch alles tun darf, was die Natur tut oder ihm kulturell ermöglicht. Ist der Einzelmensch gezwungen, alles zuzulassen?

Die streitbaren philosophischen Punkte umfassen folgende essentielle Fragen, die rekapitulierend nochmals kurz die Problemlage verdeutlichen: Wie lassen sich konkrete Normen finden?[52] Wodurch wird die Verpflichtung zur Erhaltung der Umwelt begründet? In welchem Beziehungsgefüge sieht sich der Mensch bezüglich seiner organischen wie anorganischen Umwelt?

Das rationale Argument steht als Basis für die anthropozentrischen Ansätze im Zentrum des Interesses, hingegen gilt für all diejenigen Ansätze, die nicht anthropozentrisch sind, die Motivation der möglichst umfassenden, radikalen sowie rasch abgesicherten Umweltschutznormierung. Dabei ist in der Öffentlichkeit zu beobachten, daß ökologische Bewegungen mit Vereinfachungen der Komplexitäten und ihren vielfältigen Ebenen innerhalb der Argumentation auf beachtlichen Erfolg verweisen können, da die breite Gesellschaft bzw. die Menschen in ihr vordergründig eher beeindruckt sind von der simplen Darstellung eines Sachverhalts als durch differenzierte Argumentation. Hier kommt eine ganz große Gefahr zutage, denn wer zuviel beweisen möchte, der beweist überhaupt nichts und verliert sogar auf lange Sicht hin seine Glaubwürdigkeit, da folgendes gilt: je komplexer, um so mehr Fragen tun sich auf. Damit der Ethiker nicht in die eigene Ethikbegründungsfalle tappt, muß er sich zunächst seiner Axiome versichern, dann eine stringente und überzeugende Methode auswählen, um im nächsten Schritt Argumente zu gewichten sowie die Strukturen der Interpretamente zu synthetisieren und letztlich auf den Punkt der Sollensanspruch erhebenden Urteilsfähigkeit zu gelangen.

6. Das sittlich Richtige in ethischer Sprache: Prinzipien, Kriterien, Normen

6.1. Die Prinzipien

Konkrete Verantwortlichkeiten kommen in ethischer Terminologie mittels Prinzipien, Kriterien und Normen zum Ausdruck. Wenden wir uns zuerst dem Wesen der Prinzipien zu.

Ein Prinzip oder ein Ursprungsgrund ist das, von dem etwas in irgendeiner Art und Weise seinen Ausgang nimmt, sei es dem Sein, dem Geschehen oder auch der Erkenntnis nach. Was vom Prinzip ausgeht, das ist in ihm virtuell enthalten. Was der Seinsordnung nach Prinzip ist, muß nicht auch der Erkenntnisordnung nach Prinzip sein; in der Regel ist vielmehr das Frühere im Sein gleichzeitig das Spätere in der Erkenntnis. Erste Prinzipien sind solche, die in ihrer Ordnung nicht aus einem anderen hervorgehen; damit ist aber nicht ausgeschlossen, daß sie in einer anderen, höheren Ordnung noch Prinzipien haben. Der Begriff des Prinzips ist weiter als jener der Ursache oder des Elements. Der Begriff der Ursache schließt die Verschiedenheit des Seins und die Abhängigkeit des Verursachten von der Ursache ein; der Begriff des Elements, daß es als Bestandteil in ein Ganzes eingeht. Der Begriff des Prinzips schließt diese Bestimmungen weder ein noch aus.[53]

Der Mensch ist in der Lage, mittels seiner praktischen Vernunft nicht nur die Sachgesetzlichkeiten der Natur, sondern ebenso die sinnvermittelnden Möglichkeiten seines Tuns zu erkennen und zu bestimmen.

Dabei ist der sittliche Anspruch, den die Einzelperson mit ihrer Vernunft einsichtig erfassen kann, eine Folgerung, die sich aus jedem Wesen ergibt, das wiederum ein eigenes Gut bzw. eine eigene Qualität darstellt. Damit ist ein Anspruch erhoben, der essentiell das Wesen erfaßt und dadurch zum Motivationshintergrund für das Tun oder Unterlassen wird. Auch die Umwelt hat nämlich ihr Wesen, durch das der einzelne automatisch gefordert ist, zu ihr Bezug zu nehmen und ihr gegenüber eine Einstellung zu entwickeln. In die Argumentation wird hier auch die Liebe zu Subjekten, Objekten sowie der Umwelt einzuflechten sein. Die Liebe als ein sittliches Grundpostulat bezieht sich zwar im primären Sinne auf Personen, denn sie meint in ihrer Grundintention, daß der/die andere sein soll, in seinem/ihrem Grundbestand angenommen wird und Glück und Heil dieser Person gegenüber gewünscht wird, was aber als fundamentale Einstellung dann sekundär nicht nur für den Umgang mit Menschen gilt, sondern, wie erwähnt, eben auch für den Umgang mit Objekten, Gütern und der Umwelt.

Manche Wissenschaftler würden den Begriff der Liebe nicht mit Ethik in Verbindung bringen, aber bei genauerer Analyse sagt das Verhalten eines Menschen in Liebe sehr viel über sein ethisches Grundempfinden aus, womit Liebe und Ethik als analoge[54] Größen zu sehen sind. Dabei ist das sogenannte „bürgerliche Verständnis von Liebe" zu umreißen. Sie ist in der Aufklärung und der Romantik sowie in der sich tragenden Mehrwert-Gesellschaft verwurzelt. Liebe wird hier streng und mehr individualistisch als sich permanent steigernde Ich-Du-Beziehung gesehen. Diese Erfahrung und Deutung, ja Grundeinstellung bezüglich der Liebe hat deren Personalität hervorragenderweise zu Bewußtsein gebracht und deren Unberücksichtigung in der präneuzeitlichen, eher institutionellen Ausprägung der Sozialstrukturen aufgebrochen. Zugleich wurde allerdings auch eine radikale Bedrohung der vor allem auf sich gestellten Ich-Du-Liebe enthüllt. Wird aber Liebe auf irgendeine Weise zur gezwungenen, äußerlich determinierten, dann verliert sie auch ihren Anspruch, adäquate Analogie zur Ethik sein zu können.[55]

Sittliche Verantwortung, die auch durch Liebe zu jemandem und zu etwas sichtbar wird, zeigt sich somit in der Anerkennung der Eigenbedeutung und der Ziele einzelner Lebewesen (Tiere und Menschen) sowie der gesamten Umwelt, die in ihrer Verschiedenartigkeit im Sinne der Komplementarität ihre Akzeptanz und Anerkennung zu finden vermag. Dabei ist im Konfliktfall konträr auftretender Aktionsmaximen die Folgenabschätzung verantwortungsvoll zu praktizieren: Abwägung der möglichen Konsequenzen, die sich aus dem Tun oder Unterlassen aus ethischer Sicht ergeben. Damit wird die Beweislast umkehrbar, denn auch der Eingriff in die nichtmenschliche Natur benötigt damit die ausdrückliche Rechtfertigung. Der Kern der Umkehr der Beweislast liegt nun darin, nicht primär den Nutz- und Gebrauchswert herauszustellen, sondern vielmehr den relativen Eigenwert der Umwelt wahrzunehmen.

6.2. Die Kriterien

Wenn man das Leben ordnen möchte, muß zuerst klar sein, woher die Probleme der Unordnung kommen, wozu eine Analyse notwendig und sinnvoll ist. Dazu braucht man aber dann auch Kriterien, um die Konflikte regeln zu können, um Visionen realisieren zu können, die einen bewegen oder innerlich erschüttern. Aus den Motiven ergibt sich dann die Motivation. Zur vernünftigen sowie verantwortungsvollen Abwägung der Argumente im Konfliktfall ebenso wie dann, wenn die Probleme komplexer Natur sind, sind klare und unzweideutige Vorzugsregeln notwendig, um zur Urteilsfindung zu gelangen, die als adäquate dem Handlungsentwurf vorausgehen muß. Einige der Kriterien sollen in diesem Zusammenhang genannt werden, um die Verantwortung gegenüber der Umwelt sichtbar zu machen.

(I) Als erstes sei das *Fundierungskriterium* genannt. Damit ist gemeint, daß der Pflege und dem Schutz jener Wirklichkeiten und Objekte, welche die Basis abgeben, unter sonst gleichen Voraussetzungen ein Vorrang vor jenen einzuräumen ist, die erst darauf aufbauen. Dies geschieht gemäß dem Prinzip: zuerst das Leben, dann die Philosophie (primum vivere, deinde philosophari).

(II) Das *Integrationskriterium* besagt, daß weiterreichende Sicherungen der existentiellen Grundlagen für das Leben im Konfliktfall immer den Vorrang gegenüber solchen haben, die auf einer schmaleren Basis gründen. Aus diesem Kriterium ergibt sich die Präferenz der Verwirklichung sowie der Respektierung all jener Ansprüche, die sich aus dem System Mensch – Pflanze – Tier – Erde ableiten, vor denjenigen, die sich völlig aus den humanen Sozialsystemen und ihren Konstitutiva ergeben. Die Gesetzmäßigkeiten im ökonomischen Bereich, die allein von den menschlichen Interessen her geschaffen werden, sind im potentiellen Konfliktfall den Gesetzmäßigkeiten des ökologischen Bereichs unterzuordnen bzw. mit diesem abzustimmen. Dies sollte deshalb geschehen, weil das menschliche Individuum und alle noch so wichtigen (oder nur scheinbar wichtigen) sozialen Institutionen und Systeme nur dann eine Zukunft haben können, wenn auch die extra-humane Umwelt und Schöpfung eine Zukunft hat. Hier überschneiden sich ökonomische und ökologische Paradigmen, die nicht a priori zum Konfliktfall werden müssen, sondern sogar komplementierende Funktion haben können.[56] Damit sind ökologische Ethik und Wirtschaftsethik als jeweils den anderen Bereich ergänzende ebenso wie einander ausschließende angesprochen.

(III) Das sogenannte *Dringlichkeitskriterium* verweist auf die existentiellen Interessen der Armen in der gegenwärtigen Welt sowie den kommenden Generationen.[57] Den Interessen dieser Menschen ist der Vorrang gegenüber jenen zu gewähren, die als weniger dringliche Bedürfnisse erkannt werden und die sich die Menschen in reicheren Nationen und Erdteilen erfüllen können. Damit erhebt dieses Kriterium einen hohen Postulatsanspruch, der aber auf Ungerechtigkeiten bezüglich der ungleichen Ausgangssituationen, z. B. auf den Märkten des Welthandels, aufmerksam macht. Gemäß dem Solidaritätsprinzip wird einsichtig, daß „wir alle in einem Boot sitzen" und deshalb das eigene Wohl und Wehe auch von dem anderer abhängt.

(IV) Im vierten Kriterium wird die *Vorsorge* angesprochen. Dementsprechend hat sie zur Vermeidung von Belastungen und Umweltschäden Priorität gegenüber der nachträglichen, oft viel teureren und mühsameren sowie häufig nur sehr reduziert wirksamen Eliminierung von Schäden. Vorsorgen heißt auch, den Blick in die Zukunft werfen und abzuschätzen versuchen, was der Umwelt gerecht wird und ihr dient. Maßnahmen, die dem ökologischen Aspekt abträglich sind, können aus der Sicht der Vorsorge nicht gebilligt werden.

(V) Das *Verursacherprinzip* macht deutlich, daß diejenigen, die für die Schäden an und in der Umwelt verantwortlich sind, auch dafür die vom Recht her wirksamen Haftbarkeiten zu tragen haben und für die Wiedergutmachung sorgen müssen. So gilt, daß erst dann, wenn nach einer ernsthaften Überprüfung keine Gruppe von Verursachern als auch kein einzelner Verursacher mehr auszumachen ist, die Kosten und Lasten auf die Gemeinschaft bzw. Gesellschaft abgewälzt und übertragen werden dürfen.

(VI) Im sechsten Kriterium wird die *Kooperation* eingefordert. Umweltschäden sind häufig nicht mehr nur Sache eines Landes, einer Nation oder einer Region, denn sie (z. B. durch Chemikalien verschmutztes Wasser) machen nicht halt vor Landesgrenzen. Aus diesem Grund müssen Maßnahmen der gegenseitigen Abstimmung und der Zusammenarbeit zwischen Völkern und Staaten auch im Umweltbereich oberste Priorität genießen vor solchen, die nur einzelstaatliche Regelungen beinhalten. So ist das Ziel eine Art internationale Umweltordnung, wie sie bereits auf der Ökumenischen Versammlung in Basel (1989) im Abschlußdokument, Nummer 74, eingefordert wurde.

(VII) Das *Reversibilitätskriterium* betont, daß bei vermeidbarer In-kaufnahme von Schäden die reversiblen Maßnahmen den Vorrang vor solchen haben müssen, die langandauernde und unumkehrbare, also irreversible Folgen bewirken. Als konkretes Beispiel ist hier der Atom-müll anzuführen, für dessen Endlagerung nach wie vor noch keine wirklich verantwortungsvollen Lösungen gefunden worden sind. Aus diesem Grund ist es an sich nicht richtig und nicht verantwortbar, die Atomenergie auch (friedlich) zu nutzen, denn der Atommüll wird zur Hypothek für unsere Kinder und Enkel! Die Nutzung der Atomenergie widerspricht damit dem Reversibilitätskriterium.

(VIII) Das *Kreislaufkriterium* verweist darauf, daß bei vorhersehba-rem Anfall von Abfällen auf die Möglichkeit der Wiedereinbringung in das Rotationsprinzip der Natur zu achten ist. Denn es kann die Faust-regel aufgestellt werden, wonach die Natur so lange in Ordnung ist, solange sie sich noch selbst heilen und adäquat – also ihren Funktionen gemäß – regulieren kann. Aus diesem Grund sollten keine größeren Einheiten geschaffen werden als wiederum solche, innerhalb deren die Rückführung in die Kreisläufe der Natur möglichst vor Ort noch bewäl-tigt werden kann, ohne daß dazu größerer Transportaufwand notwen-dig wird, denn auch Transport ist immer Umweltbelastung.

(IX) Das neunte ist das *Regenerationskriterium*. Ihm entsprechend haben unter sonst gleichen Voraussetzungen die regenerierbaren Ener-gieträger gegenüber denen die Priorität, die von nicht erneuerbaren Energieträgern stammen, also gilt der Grundsatz: Regenerierbar vor nicht regenerierbar! Ebenso haben die Investitionen und Forschungen auf dem Gebiet der erneuerbaren sowie der umweltverträglichen Energie den Vorrang vor Maßnahmen, die andere Energieträger betreffen.

(X) Als letztes sei das *Sparsamkeitsprinzip* angeführt. Das Sparen von Energie hat Vorrang vor allen anderen Maßnahmen. Auch gelten Inve-stitionen für den sparsamen Umgang mit Ressourcen als nachhaltiger, wirksamer und ebenso weitreichender.

Die hier angeführten Kriterien sind durchaus nicht als vollständig zu betrachten. Die Suche und Findung weiterer zur Urteilsbildung not-wendiger Kriterien ist ein Postulat der Umweltethik.

6.3. Die Normen

Was ist eine Norm?[58] Sie ist eine Richtschnur oder Regel, die sich der Einsicht nach als richtig oder dem Willen gemäß als verbindlich aufer-legt. Aber nicht nur die Richtschnur selbst wird als Norm bezeichnet, sondern auch das, was der Regel oder der Richtschnur entspricht, das

Normatum, und selbst das, was in der Regel gilt, also im allgemeinen oder in gemeingewöhnlichen Umständen und/oder Sachverhalten, wird oft als Norm herausgestellt. Ausnahmen von der Regel werden als abnorm erfahren und gelten gleichzeitig als störende Belästigungen, die mißfällig bewertet werden.

Jede Kunstlehre, jede Wissenschaftsdisziplin und jede Institution hat ihre Normen, ihre Regeln, die gleichzeitig besagen, was als richtig, als sachgerecht und naturrichtig, als ästhetisch oder technisch zweckmäßig gilt oder zu gelten hat. Der Mensch als vernunftbegabtes Wesen hat sich an diese Normen zu halten, soweit nicht Gründe vorliegen, die im Einzelfall als Ausnahme dazu berechtigen, von ihnen abzuweichen, oder dies gar gebieten. Normen werden um der guten und gerechten Ordnung des Zusammenlebens willen aufgestellt und sind einzuhalten, weshalb sie von der Gemeinschaft auch zum Gesetz erhoben werden können. Im ethischen Sinne besagen Normen, was gut und was böse ist, womit sie das Gewissen daran binden.

Selbst wenn aber die Einsicht von den richtigen und ethisch einzufordernden Normen vorhanden wäre und das Umweltrecht wirklich bekannt zu sein schiene, selbst dann wäre unser Wissen noch nicht gleichzusetzen mit der Tugend. Denn zum Tun und Verwirklichen des Guten und Richtigen bedarf es der tragfähigen Motive. Dieser ethische Einsichtsprozeß geschieht nicht im luftleeren Raum eines Vakuums, sondern er spielt sich jeweils in einem sehr konkreten, spezifisch auszulotenden Vorverständnis vom Sinn und dessen Gehalt der Gesamtwirklichkeit ab. Diese Hoffnung im weiteren wie im engeren Sinne bewegt auch das sittliche, ökonomische, soziale, politische und kulturelle Tun, das sich in einer Art „Glauben an etwas" äußert: im Glauben an eine klassenlose Gesellschaft, im Fortschrittsglauben, im Glauben an einen Gott, an eine Karriere, an einen hohen sozialen Status, an Reichtum, an Selbstverwirklichung. Mit diesem Gedanken hat die Argumentation bezüglich der Grundlegung der Ethik einen weiteren wichtigen Punkt erreicht, den es im folgenden genauer zu beleuchten gilt: die Kategorie des Sinns, der Sinnansprüche und der Sinnstufen.

7. Die Frage nach dem Sinn als Basis für ein gelungenes Leben

7.1. Die Bedeutung des Sinnbegriffs

In unserer so postmodernen Zeit kommen viele Menschen an die Stelle ihres Lebens, an der sie sich selbst fragen oder von anderen befragt werden, *was denn Sinn ausmacht.* Damit ist eine sehr praxisrelevante Frage gestellt, die jeder für sich bewußt oder unbewußt zu beantworten hat.

Der Sinn an sich wird sowohl in einer objektiven wie in einer subjektiven Bedeutungsrichtung benutzt. Subjektiv aufgefaßt, gibt es zunächst viele Sinne als Vermögen des Menschen und des Tieres, wodurch die Erscheinungen der Körperwelt anschaulich oder unmittelbar erfaßt werden. Die Sinnfähigkeiten sind wesenhaft an körperliche Organe gebunden, weshalb sie auch zur Sinnerkenntnis führen. Auch unterscheidet man äußere Sinne, welche aus den empfangenen Eindrücken erstmals Empfindungen formen, und die inneren Sinne, welche das Material der Empfindungen weiter be- und verarbeiten. Von letzterem wiederum ist die Sinnlichkeit abgeleitet. Mit ihr ist die Gesamtheit aller sinnlichen Vermögen, und zwar außer denen der Erkenntnis- auch die der Strebeordnung, gemeint. Die sogenannte „Strebeordnung" wird als sinnlich bezeichnet, weil sie ganz und gar von den Sinnen abhängt. Nur in der engeren Bedeutung meint Sinnlichkeit die Triebe und Strebungen und schließt auch den Bereich des Geschlechtlichen mit ein.

Die bisher umrissene Bedeutung von Sinn ist in der weiteren Auslegung auch auf das Leben des Geistes anzuwenden. Denn der Mensch ist mittels seiner Sinne aufnahmefähig für die Farben, Töne etc. Aus diesem Grund heißt es, daß dann, wenn jemand empfänglich und aufgeschlossen für irgend etwas ist, also den Zugang dazu leicht bekommt: er hat einen Sinn dafür, z. B. für die Kunst. Veranlagungen solcher Art haben den Sinn des Menschen zur gemeinsamen Wurzel als ein geistiges Zentrum, durch das der Einzelmensch für all das aufgeschlossen ist und zu allem in konkreter Beziehung auf der Ebene steht, von welcher (Ebene) sein Wollen und Denken ausgeht, was der Mensch im Sinn hat.

Der Sinn als objektive Größe ist das, was im Gegenstand dem Sinn des Menschen entspricht, und das, was seinem geistigen Verstehen verwandt ist, sowie das, was das Da-Seiende verständlich und zugänglich macht. Hier zielt der Sinn zuerst darauf ab, wozu etwas da ist, und erreicht damit die teleologische Dimension. Denn das Hingeleitetwerden und Ausgerichtetsein auf ein Ziel bildet den Sinn von etwas, solcher Art entsprechend, wie dieses Ziel in seiner Eigentümlichkeit sowie im Vorhandensein verstehbar wird. Aus diesem Grund sprechen wir vom Sinn des Lebens, vom Sinn einer Handlung, vom Sinn der Geschichte und vom Sinn einer Einrichtung (z. B. lernen die jungen Menschen in der Schule, um sich für die Aufgaben des Lebens vorzubereiten). Ist der teleologische Ansatz eher ein dynamischer bezüglich des Sinns, bekommt er durch die Gestalt ein statischeres Element hinzu. So wird z. B. der Bau eines

Teils, das dem Ganzen dient, als sinnvoll genannt, da es dem je größeren Ziel entspricht. Dynamische und statische Elemente gehen in den Sinnstrukturen ineinander über, welche in den Geisteswissenschaften im Wirken sowie in den Schöpfungen des Geistes aufgedeckt werden und durch das Ziel der sie bestimmenden Werte einsichtig werden. Das teleologische Sinnerfahren muß das Ziel für anstrebenswert halten, ansonsten wäre das Streben nach dem Ziel nicht sinnvoll und lohnenswert. Ob dabei das Ziel an sich auch ein Gut ist, bleibt zunächst eine sekundäre Frage. Damit offenbart sich die letzte Tiefe des Sinns, denn Ziel und Wert erhalten ihre Sinnhaftigkeit vom Sein, das wiederum in sich und aus sich selbst einen Sinn hat, weil es sich durch sich selbst zu rechtfertigen hat und diesen Anspruch sowohl für das Verstehen als auch für das Erstreben erbringen muß.[59]

Sein und Sinn fallen immer nur im Absolutum zusammen, was mit der metaphysischen Dimension umrissen wird. So nimmt das Endliche an dieser Identität in dem Maß und in der Art und Weise teil, wie sich das Sein praktisch realisiert. Wenn das Endliche seinen Sinn nicht in sich selbst erfährt, dann kann es sich auch in einem anderen erfüllen, auf welchen es hingeordnet ist, womit das Teil zwar nicht unbedingt in sich, aber als Teil des Ganzen sehr wohl sinnvoll sein kann (und oft auch tatsächlich ist). Weil also das Sein nicht an sich sinn- und wertfrei ist, kommt ihm der Sinn nicht erst aus einem irrealen Bereich des Geltens hinzu, das vielleicht dem Sein gegenüberstehen würde. Auch wenn die Einzelperson bei ihrem kulturellen Schaffen Sinn in das Sein hineinbildet, so führt sie doch nur den im Seienden schon vorhandenen Sinn mehr oder weniger schöpferisch weiter.

Dem objektiven Sinn ähnlich und mit ihm verknüpft ist der semantische Sinn, womit der hinweisende Bezug eines Zeichens auf das Bezeichnete oder seine Bedeutung gemeint ist. Deshalb ist der Sinn, der in unseren Worten, Sätzen, Gesten, der Körperhaltung etc. liegt, sehr wichtig. Als sinnvoll oder sinnfrei wird etwas bezeichnet, das einen objektiven Sinn hat. Hingegen ist etwas sinnlos, das das Sein negiert. Es sollte Sinn vorhanden sein; und wenn nicht, dann ist es sinnlos. Mit dem Terminus „widersinnig" kommt nun zum Ausdruck, daß ein mehrfacher, aber sich widersprechender Sinn vereinigt werden soll. Als sinnwidrig wird etwas bezeichnet, das einem Sinn, der vorausgesetzt wird, doch zuwider ist. Letztlich ist mit Unsinn jede Kontradiktion zum Sinn gemeint.

Mit der Frage nach der Ethik und dem Sollen ist auch die Frage nach dem Sinn ins Zentrum der Aufmerksamkeit gerückt. Dabei steht die Erfahrung im Raum, daß jeder vorletzte Teilsinn letztlich doch im abschließenden Gesamtsinn die Erfüllung erfährt. Dieser entweicht dann, wenn das Ziel aus den Augen verloren wird. Das Ergebnis sind Sinnverlust und Sinnleere, die leicht zu Überdruß und Langeweile führen können. Von einigen Existentialisten (wie Sartre) wird der Gesamtsinn ganz abgelehnt und geleugnet. Nicht wenige Zeitgenossen werden auch vom Übermaß des Angebots und des Sinnwidrigen so verwirrt, daß sie bis zur Resignation gelangen, da das Sinnvolle anscheinend dem Sinnwidrigen nicht gewachsen sei. Hinsichtlich der Identität von Sein und Sinn kommen diese Personen leicht zur Annahme, daß diese (Identität) durch die Ereignisse widerlegt oder wenigstens ganz fraglich geworden sei. So ist der positiv denkende Mensch eher für Ethik, den Sollensanspruch im Handeln und die Transzendenz offen als jemand, der die Dinge negativ sieht.

7.2. Die Sinnansprüche und Stufen des Sinns

Wird nun der Blick auf das Sollen in der Praxis gerichtet, dann ist unter Sinn das Ausgerichtetsein auf ein Ziel zu verstehen (was im Punkt 7.1. bereits anklang). Wenn also vom Sinn des Menschen in seinem Leben und in seinem praktischen Handeln gesprochen wird, so bedeutet das, daß er ein Ziel anstrebt. Hier wird dann von einem „Sinnapriori" gesprochen, weil die Einzelperson gar nicht anders handeln kann als unter der Voraussetzung, einem Ziel tatsächlich zu folgen. Nach Thomas von Aquin ist jedes Tätige auf ein bestimmtes Ziel hin tätig: „Omne agens agit propter finem." Außerdem wird in der moralischen Handlung vorausgesetzt, daß das Ausgerichtetsein auf das konkret Anzustrebende vernünftigerweise auch gleichzeitig zu rechtfertigen ist und insofern ebenso in Verantwortung geschieht.

Innerhalb der Praxis äußert sich das theologische Element in der Terminologie der Vollkommenheit, des Glücks und der Selbstverwirklichung. Um aber über die allgemeine Bestimmung von Sinn und Sinngehalten hinauszukommen, ist die Frage nach der sittlich-normativen Differenzierung der Sinnansprüche aufzuwerfen. Unter Sinnanspruch ist dabei der bestimmte Zielbereich unseres Verlangens und Hoffens zu verstehen. Denn die Rede von den Sinnansprüchen in der Praxis entspricht denen von der natürlichen Hinordnung, den „inclinationes naturales". Wird nun nach der Architektonik der Sinnansprüche gefragt, dann führt dies direkt zur Differenzierung der sittlichen Inhalte und damit in die spezielle Lehre von den Sitten.

Kurz und umrißhaft seien einige Differenzierungen bezüglich der Sinnansprüche geklärt.[60] Die bisherigen Ausführungen leiten die Argumentation hin zur Unterscheidung von zwei Sinnstufen, in denen sich die Einzelperson a priori motiviert vorfindet: erstens die Sinnstufe der Naturalität und zweitens die Sinnstufe der Humanität. Dabei ist Aristoteles zu folgen, der in Verbindung mit der Frage nach dem Glück das eigentümlich menschliche Wirken von jenem unterscheidet, das die menschliche Person mit anderen Lebewesen gemeinsam aufweist.[61] Aber das der menschlichen Person als Mensch Eigentümliche motiviert auf der Sinnstufe der Naturalität noch nicht, denn es kann erst auf der Sinnstufe der Humanität motivieren. Doch zunächst sind die beiden Sinnstufen der Naturalität zu kennzeichnen.

(I) Der sogenannte *hedonistische* Sinnanspruch geht vollständig auf in der Lust-Unlust-Motivation. Dennoch ist vor einer zu leichtfertigen Abwertung zu warnen, da jeder vernünftige Mensch weiß, wie die Bequemlichkeiten und Vergnügungen unseres Lebens das Dasein prägen und verschönern können. Trotz aller Mehrschichtigkeit zeigt sich hier, daß es sich um den niedrigsten aller Sinnansprüche handelt, der in der Realität seine Verwirklichung findet. Dabei läßt der konsequente Hedonismus die Sinnproblematik des Personseins der menschlichen Individuen im hedonistischen Sinnanspruch aufgehen und scheitert letztlich immer an der negativen Lust-Unlust-Bilanz, denn alle Lust – und das ist eine allgemeine Erfahrungstatsache – will Ewigkeit und Dauer. Freilich ist dies ein vergebliches Unterfangen.[62] Der hedonistische Sinnanspruch ist aber insofern ebenso menschenunwürdig, als dieser Ansatz den Sinn des Menschseins auf einem Niveau festzumachen sucht, das prähumanen Charakter hat, bei gleichzeitig naturaler Basis.

(II) Der *biologische* Sinnanspruch gehört ebenso dieser ersten, naturalen Sinnstufe an. Er ist aber höher als das bloße Lust-Unlust-Motivationsprinzip zu evaluieren. Denn in diesem Ansatz motiviert das, was zur Erhaltung des physischen Lebens sowie der Gesundheit dient.[63] Max Scheler stellt in diesem Zusammenhang das Lebensgefühl der Vitalität und den Wert des Vitalen heraus. Damit Leben und Gesundheit erhalten werden können, müssen wir oftmals die Lust-Unlust-Motivation einschränken, was auch richtig und vernünftig ist, um nicht unser Dasein zu gefährden.[64] Ob hier bereits von strikter Moralität und Sitte gesprochen werden kann, ist nicht eindeutig zu klären, was allerdings heute in der Diskussion der Öffentlichkeit eine große Rolle spielt, ob nämlich der Gesundheit vor diesem oder jenem ungesunden Lustgewinn die Priorität einzuräumen ist.[65] Nicht selten fällt der Vorrang der Gesundheit in derartige Motivationen zurück, in denen der Hedonismus vorherrscht, so z. B. dann, wenn gesunde Praktiken nur unter dem Druck eingeschränkt werden, damit die „Unlust der Krankheit" vermieden werde. Besonders tragisch sind diejenigen Fälle, wo sich Menschen aus bereits vorhandenen Abhängigkeiten erneut lösen müssen (von Nikotin, Koffein, Thein u. ä. Drogen oder drogenähnlichen Mitteln). Sittlich und moralisch wird das Bemühen um das gesunde Dasein erst dann, wenn ein Sinnanspruch der Sinnstufe der Humanität zum Motivationsfaktor wird. Allerdings gilt auch, daß jeder, der die Sinnproblematik seines menschlichen Lebens ausschließlich auf den biologisch-vitalen Aspekt reduziert – genauso wie der Hedonist –, die Sinnstufe der Humanität unterbietet. Damit wird auch klar, daß der Wunsch zu Geburtstagen und zu Neujahr: „Hauptsache Gesundheit" zwar eine Basis für unser Leben darstellt, aber unser Dasein unbedingt darüber hinausgehen muß, d. h., daß dieser Wunsch nicht immer und überall ganz wörtlich zu nehmen ist.[66]

Bestimmend für unser Dasein ist sicherlich der Aspekt der Erhaltung von Leben und Gesundheit, da dies die artspezifische Weise sowie das Verhalten aller Lebewesen darstellt, denn das Verhalten aller Animalien wird durch Lust und Unlust als wechselseitige Spannung und Ergänzung determiniert. Solange sich aber die praktische Handlungsermöglichung innerhalb der praktischen Sinnansprüche bewegt, ist die der Person als Person eigentümliche Motivation und Tätigkeit, welche aus der autonomen Selbstbestimmung der Vernunft folgt, noch nicht vorhanden.

Die Sinnstufe der Humanität, die diejenige der Naturalität auf dieses dem Menschen Eigentümliche hin übersteigt, wird hier zum Merkmal des Menschen, da er sich als vernunftbegabtes Wesen von anderen absetzt. In der Anknüpfung an die Lehre Immanuel Kants läßt sich unterscheiden zwischen den beiden Zwecken, die gleichzeitig auch Pflichten sind, nämlich die *eigene Vollkommenheit* sowie das *Glück der Mitmenschen*. Es geht hier um den Gedanken der Interdependenz, wonach fremde Glückseligkeit die eigene Glückseligkeit (partiell oder gar total) mit bedingt. Weiterhin ist die eigene Vollkommenheit bzw. Vervollkommnung unserer Fähigkeiten im Sinne der lobenswerten Selbstliebe nach Aristoteles auszulegen, was auch kein Problem darstellt.[67] Es ist eine Selbstverständlichkeit, daß wir uns den Zweck der eigenen Vollkommenheit zur Pflicht machen, der aber gleichzeitig und notwendigerweise das Engagement für das Glück der Mitmenschen sowie das „Bonum Commune" einschließt. Denn im praktischen Leben können wir nur auf die Art und Weise nach Vollkommenheit streben, daß wir uns für die Sinnansprüche der Mitmenschen in den verschiedensten Bereichen, so z. B. im sozialen und politischen, engagieren, was wiederum zur Stärkung des eigenen Selbstbewußtseins beiträgt.

(I) Die *eigene Vollkommenheit als Sinnanspruch* umfaßt nach Kant wiederum zwei unterschiedliche Aspekte. Einerseits geht es um die Kultur aller Vermögen und Anlagen im menschlichen Charakter, damit die durch die Vernunft bereits vorgelegten Zwecke auch tatsächlich ihre Realisierung erhalten können. Andererseits kommt hierin auch die Pflicht des Einzelgliedes eines soziokulturellen Umfeldes zum Ausdruck, daß sich der Mensch von seiner natürlichen Roheit und aus seiner Tierheit zum eigentlichen Menschsein hin bewegen soll, um immer mehr Mensch (und damit human) zu werden. Denn durch seine Menschlichkeit allein wird er fähig, sich selbst Zwecke und Ziele zu setzen und emporzustreben, die Unwissenheit mittels der Belehrung und Bildung abzulegen und die Irrtümer nächstens nicht mehr zu begehen. Das gebietet dem Menschen nicht nur die technische und praktische Vernunft, sondern ebenso die moralische, die ihm diesen Zweck zur Pflicht auferlegt, um dieses Teiles der Menschheit würdig zu werden, der in einem jeden und einer jeden von uns vorhanden ist und wohnt. Ebenso geht es um die Kultur des Willens, der bis zur Tugendgesinnung führt oder führen kann. Im Rückgriff auf den klassischen Tugendterminus geht es um die Ausbildung und um die Erziehung der Leidenschaften, der Neigungen und Gefühle, der Affekte ... alle unter dem besonderen Aspekt ihrer Vernunftgemäßheit, wodurch die Einzelperson zum Liebhaber des Sittlichen und Guten wird. Und somit wird der Mensch auch Freude an den guten Handlungen haben. Dieser Prozeß ist einer, der durch das Lernen und Erlernen geprägt ist, womit Ethik und Moral als dynamische Vorgänge der Bildung ins Blickfeld rücken.

(II) Als zweiter *Sinnanspruch* innerhalb der Sinnstufe der Humanität ist nun der des *Glücks der Mitmenschen* zu beleuchten. Hier ist zu verweisen auf die Hilfsbereitschaft gegenüber dem anderen, dem oder der Nächsten, auf das Engagement in der Familie oder der Lebensgemeinschaft, in der Freundschaft, in der Erziehung, der Kultur, in der Wirtschaft oder der Politik.[68] Das Wirken in allen diesen Bereichen kann moralisch relevant sein, wenn es aus Pflicht geschieht. Allerdings kann es sich ebenso auf der Basis des lustbetonten (hedonistischen) Sinnanspruchs bewegen, dann ist es aber moralisch gesehen wertlos, weil es um ein utilitaristisches Vorteilskalkül geht. So gilt, daß derjenige, der in der Wirtschaft primär subjektive Interessen des Gewinns verfolgt oder in der Politik vorrangig Macht und Ansehen erreichen möchte, nicht aus Pflicht handelt, sondern sein innerer Antrieb liegt in der Lust-Unlust-Motivation: In diesem Sinne gehören Sittlichkeit und Pflichterfüllung zusammen. Und nur wer in diesen Bereichen von einer inneren Haltung her agiert, die sich aus einer objektiven, formalen, kategorischen und autonomen Verpflichtung ergibt, wie z. B. aus dem Streben nach Gerechtigkeit und Liebe, der handelt sittlich richtig und wird moralisch auch andere überzeugen. Außerdem verwirklicht er so in diesem Streben die in ihm potentiell innewohnende Freiheit der gegebenen Humanität.

Die Sinnebene der Moralität und Sittlichkeit kommt erst auf der Sinnstufe der Humanität in ihrer eigentlichen Geltung zum Vorschein, die sowohl von der hedonistischen Motivation ebenso wie von der biologischen unterboten wird. Dennoch zeigt sich der eigenständige Anspruch von Moralität als ein durch nichts anderes relativierbarer, ja als absoluter Standpunkt. Der Anspruch der Moralität übersteigt alles, was uns in diesem Dasein mißlingen oder gelingen mag, und selbst das, was wir in ihm erleiden oder bewirken. So relativiert das in der Moralität zu erreichende und zu erwirkende höchste Gut seinerseits sogar das Leben selbst, da das Leben nicht das höchste aller Güter ist, während sich die Schuld auf dieser Sinnstufe als das größte Übel erweist. Und genau in diesem Sinne legt Platon dem gefangenen Sokrates in den Mund, daß nicht das Leben als Höchstes seine Geltung hat, sondern daß es darum geht, richtig zu leben. Daraus ergibt sich, daß die Möglichkeit, sterben zu müssen oder was auch immer zu erdulden ist, niemals als Vergleichspunkt zum Unrechttun geduldet werden darf.

Der Anspruch der Moralität auf der Sinnstufe der Humanität erweist sich in dieser Sicht als absoluter. Trotzdem stellt sich die Frage, ob sich die Problematik des Sinns auf dieser Ebene abschließen läßt. Für viele Menschen in der Postmoderne scheint es zweifellos faktisch und erfüllend genug zu sein, die Sinnproblematik im Streben nach der eigenen Vollkommenheit sowie im Einsatz für das Glücklichwerden der Mitmenschen abzuschließen und immanent zu beenden. Darüber hinaus kennt die human entwickelte Kultur eine Sinnstufe, die den eigenständigen Anspruch der Moralität zwar ebenso kennt und akzeptiert, aber nochmals über diesen auf eine weitere und umfassendere hinausgreift, die sich in der Absolutheit und Unhintergehbarkeit zeigt. Dieser Sinnanspruch, der die Immanenz überschreitet, wird in der Anerkenntnis der Transzendenz ersichtlich.

8. Verschiedene Ethikbegründungen

Von den unterschiedlichen und inzwischen sehr differenzierten Ethikbegründungsmodellen sollen hier nur einige wichtige zur Sprache kommen, alles andere würde den Umfang dieses Beitrags weit übersteigen.[69]

8.1. Der Utilitarismus

Unter Utilitarismus wird die Theorie der Ethik, der Sozialphilosophie, des Rechts sowie der Nationalökonomie verstanden, gemäß der eine Handlung danach beurteilt und bewertet wird, in welchem Maß sie zur Förderung und Mehrung des Glücks der meisten Menschen nützlich ist, d. h. dazu beiträgt. Nach diesem sogenannten Nützlichkeitsprinzip wird eine Handlung oder deren Unterlassung also nicht am Motiv oder der Gesinnung, sondern an den Folgewirkungen gemessen. Als geschlossenes ethisches System wurde der Utilitarismus von Jeremy Bentham und John Stuart Mill begründet bzw. weiterentwickelt. Dieses System führte zu einem Glückskalkül, bei dem der Maximierungseffekt des gesellschaftlichen Glücks, der aus bestimmten Handlungen oder Institutionen folgt, gemessen werden sollte. Der Utilitarismus wurde damit zu einem Basistheorem der Nationalökonomie und dient(e) der Begründung wohlfahrtsstaatlicher Sozialpolitik.[70] Er zielt also auf die Nützlichkeit ab. Bentham schreibt dazu: „Die Natur hat die Menschheit unter die Herrschaft zweier souveräner Gebieter – *Leid und Freude* – gestellt. Sowohl der Maßstab für Richtig und Falsch als auch die Kette der Ursachen und Wirkungen sind an ihrem Thron festgemacht. Sie beherrschen uns in allem, was wir tun, was wir sagen, was wir denken: jegliche Anstrengung, die wir auf uns nehmen können, um unser Joch von uns zu schütteln, wird lediglich dazu dienen, es zu beweisen und es zu bestätigen. Jemand mag zwar mit Worten vorgeben, ihre Herrschaft zu leugnen, aber in Wirklichkeit wird er ihnen ständig unterworfen bleiben. Das *Prinzip der Nützlichkeit* erkennt dieses Joch an und übernimmt es für die Grundlegung jenes Systems, dessen Ziel es ist, das Gebäude der Glückseligkeit durch Vernunft und Recht zu errichten. Systeme, die es in Frage zu stellen versuchen, geben sich mit Lauten anstatt mit Sinn, mit einer Laune anstatt mit der Vernunft, mit Dunkelheit anstatt mit Licht ab."[71]

Diese Form der Ethikbegründung meint mit der maximalen Förderung von Glück und/oder Interessenbefriedigung, welche der Utilitarismus als moralkonstituierende Entscheidung in seiner Qualität heraushebt, daß der Grad der Ausprägungen sehr unterschiedlich sein kann. Die Förderung des Glücks kann dabei bedeuten: das eigene, das allgemeine und das Glück eines jeden. Aus guten Gründen verstanden die Utilitaristen das zu fördernde Glück als das allgemeine Glück.

Die Prinzipien der Moral auf die Entscheidung zu konzentrieren, das eigene Glück zu fördern, hätte den großen Vorzug, daß von jedem anderen auch die Bereitschaft dazu a priori erwartet werden könnte. Aber will man nicht vehement gegen die moralischen Intuitionen und Prinzipien verstoßen, dann ist einzugestehen, daß die Förderung des eigenen Glücks oftmals genau das ist, was die moralischen Prinzipien verbieten. Diese untersagen zwar nicht immer und notwendigerweise die Verfolgung des eigenen Glücks, limitieren sie aber auf die Kondition, andere dabei nicht verletzen zu dürfen.

Bei allem ethisch-philosophischen Diskurs wird doch deutlich, daß die Qualität und die Natur der Sache eines jeden Wollensobjektes Grund dafür ist, ob die Verbindlichkeit dieses Prinzips ihre Anerkennung findet oder nicht. Dabei spielt nicht die eigentliche Entscheidung des Subjekts die Rolle, daß es etwas gut macht, sondern vielmehr deshalb, weil etwas gut ist, sollte sich das Subjekt für dieses entscheiden. Damit werden postmoderne Begründungsversuche, in diesem Falle des Utilitarismus, auf ihr klassisches Zentrum verwiesen.[72]

8.2. Der Idealismus

Idealismus ist dem Wortsinn nach die Lehre, die den Ideen, dem Idealen und damit dem Geist im Ganzen des Seins die beherrschende Stellung zuweist. Allgemeiner gesprochen, handelt es sich beim Idealismus um das Streben nach Verwirklichung von ethischen und ästhetischen Idealen. Ebenso schließt dies die durch Ideale bestimmte Lebensführung oder Weltanschauung ein.

Im philosophischen Bereich ist „Idealismus" ein seit dem 18. Jahrhundert verwendeter Terminus zur Bezeichnung verschiedener philosophischer Grundpositionen, die im Gegensatz zum Materialismus auf der Behauptung gründen, daß alle Dinge, besonders die materiellen, durch das Nichtmaterielle, wie z. B. das Ideelle, das Geistige und das Psychische, zur Existenz gebracht worden sind und werden.

Dabei sind nun drei Arten des Idealismus zu unterscheiden. *Erstens* behauptet der *ontologische* Idealismus, daß alle materielle und geistige Wirklichkeit von einem ideellen Prinzip, dem absoluten Geist oder dem absoluten Ich, abgeleitet sei. So faßten Platon und der Platonismus diese Verursachung der Existenz als Teilhabebeziehung auf (Partizipation). Dieser Ansicht gemäß existieren die materiellen Dinge, insofern sie an den jeweiligen Ideen partizipieren. Nach dem Grad ihres Anteils an den Ideen richtet sich zudem der Grad ihrer Vollkommenheit. Diese Vorstellung ist insbesondere in der christlichen Theologie, in der an die Stelle der Ideen Gott bzw. Gottes Gedanken gesetzt werden, aufgenommen und weiterentwickelt worden.

Zweitens behauptet der *kulturelle* Idealismus die Autonomie der Kulturentwicklung, die nicht als ein Sonderfall der Naturgeschichte angesehen werden darf. Insbesondere in der an Hegels Geschichts-philosophie anknüpfenden Geistes- und Wirkungstradition werden Wert-ideen und Deutungsmodelle für die menschliche Welt als treibende Kräfte der Kulturentwicklung gesehen.

Als *dritte* Form eines idealistischen Ansatzes ist der *epistemologi-sche* Idealismus zu beleuchten. Diesen kennzeichnet die Annahme, daß die Wirklichkeit nicht unabhängig von der geistigen Leistung der er-kennenden Subjekte, insbesondere von den bei der Erkenntnis verwen-deten Unterscheidungen, vorhanden ist und generell existiert. Je nach-dem, ob die Unterscheidungsleistungen, die Kategorien, unter denen man die Wirklichkeit zuerst erfaßt, für angeboren oder erworben gel-ten, nicht empirisch oder empirisch erklärbar sind (letzteres entspricht dem transzendentalen bzw. empirischen Idealismus), für objektiv ver-bindlich oder nur subjektiv (objektiver oder subjektiver Idealismus) ge-halten werden, können recht divergierende Ansätze beim Idealismus nachgewiesen werden.

„Als umfassende Weltanschauung wirkt sich der Idealismus auch in Ethik und Gesellschaftslehre aus. Gegenüber allem Positivismus betont er die Unabhängigkeit der sittlichen Normen von bloß tatsächlichen Zuständen und Meinungen; wenn er aber die Normen von der Wesens-ordnung des Seienden löst und in inhaltsleeren, ‚formalen' Haltungen des reinen Subjekts begründet, wird er lebensfremd."[73]

8.3. Der Positivismus

Der Positivismus hat als ethische Begründungsfigur in der Philosophie und den Sozialwissenschaften seine Bedeutung erlangt. Der Begriff gilt erstens für antimetaphysische Argumentationen sowie Standpunkte, die das rationale Fundament wissenschaftlicher Theorien und institutionel-ler Orientierungen allein in Tatsachenbehauptungen bzw. streng empiri-schen Prüfungsverfahren, eben dem Positiven, sehen. Häufig wird der Terminus neuerdings auch für Formen des Empirismus (u. a. auch ana-lytische Philosophie, Empiriokritizismus und Neopositivismus) verwen-det, da in diesen neben den analytisch wahren Sätzen nur durch Erfah-rung gestützte Aussagen als intersubjektive Erkenntnisse ihre Anerken-nung und Geltung finden. So stützt der logische Empirismus seine Metaphysikkritik zusätzlich darauf, daß metaphysische Probleme weit-gehend auf mangelnde Einsicht in den logisch korrekten Gebrauch der Alltags- und Wissenschaftssprache zurückzuführen seien.

Zweitens handelt es sich um die Auffassung, die Werturteile seien keiner rationalen oder wissenschaftlichen Rechtfertigung zugänglich, was gleichzeitig für einige empirismuskritische Positionen gilt, wie z. B. für den kritischen Rationalismus, da bei diesen die normative Relevanz der Wissenschaft im wesentlichen auf technisch-rationale bzw. zweckrationale Argumente eingeschränkt ist. Hierüber wurde und wird bis heute ein Werturteilsstreit geführt. Hinsichtlich der Wurzeln des Positivismus gilt es vor allem, auf Auguste Comte (1798–1857) und seine „Drei-Stadien-Lehre" sowie Jean-Marie Guyau (1854–1888) hinzuweisen. Der Theorie von Comte entsprechend, sei die menschliche Geistesgeschichte in drei Stadien einzuteilen. Im *ersten Zeitalter*, dem mythologisch-theologischen, sieht der Mensch das Geschehen in der Natur abhängig von höheren Mächten, welche gesucht werden in den belebten „Naturdingen" (Fetischismus genannt), in einem späteren Geschichtsstadium dann in einer Anzahl von Göttern (Polytheismus) und noch später – aber immer noch innerhalb der ersten Stufe – in der Herausbildung des Glaubens an einen Gott (Monotheismus). Im *zweiten Zeitalter* geht es um die metaphysische Phase, in der, nun kritischer geworden, der Anthropomorphismus[74] eine Weiterentwicklung erfährt, durch die Übertragung der metaphysischen Vorstellungen auf innere Naturen, Wesenheiten, abstrakt gedachte Kräfte, Seelen und Formen, wobei es sich hier noch immer um „Erdichtungen" handelt, wenn sie auch nicht mehr so simplifizierte Vermenschlichungen der Natur sind, sondern bereits eine Fortentwicklung zur ersten Stufe (= Zeitalter). In der *dritten Phase* beschränkt sich der Mensch auf das Vorgegebene, das Positive, und damit auf diejenigen Seinselemente, die unmittelbar vorhanden sind, die in ihrer Äußerlichkeit wie Innerlichkeit zu erfassenden sinnlichen Erfahrungen des Gegebenen.

Damit leitet sich für die Wissenschaft, die nun positivistisch basiert und lokalisiert ist, eine zweifache Aufgabe ab. Auf der einen Seite hat sie immer das Gleiche der Erscheinungen herauszustellen, was die wissenschaftliche Begriffsbildung beinhaltet, und auf der anderen Seite geht es um die Regelmäßigkeit in der Abfolge der Erscheinungen, womit die Gesetzesbildung im Wissenschaftsbereich verbunden ist. Damit hat Comte ähnlich wie Hegel recht anregend auf die Philosophie und Soziologie des 19. Jahrhunderts gewirkt. Der Terminus des Gegebenen wollte dabei Kritik an der Erkenntnis sein, wobei aber ebenso zu vermerken ist, daß das Gegebene von Comte und seinen Zeitgenossen, den anderen Positivisten, eine recht unkritische Fassung hat und noch viel „Nichtgegebenes" enthält. Denn Comte benötigt in seinem System noch die Religion zur ästhetischen Ausschmückung, aber andererseits ist die Religion bei ihm bereits eine *positive*, vorhanden seiend mit neun Sakramenten, 84 Fest- und Feiertagen, einer Hierarchie und großem Zeremoniell, womit der (christliche) Gott zum „grand être" dieses Globus und dieser Menschheit wird.[75]

Neben Comte zählt Guyau zu den bedeutendsten französischen Positivisten. Er nun ist viel radikaler im Umgang mit der Religion, denn er möchte jegliches metaphysische Denken zerschlagen, um zu einem reinen Blick des Gegebenen zu gelangen. Dabei sollte die Sittlichkeit und ihre Begründung völlig ohne göttliche Sanktionen und Pflichten auskommen, also rein immanent und positiv begründet werden, denn die Sittlichkeit habe einzig und allein die Funktion, das positiv Vorgegebene sozialen, humanen Da-Seins zu realisieren, aber stets im Dienste des Positiven. Weil die Einzelperson wirklich und tatsächlich in der Gemeinschaft stehe, wie sie sich positiv vorfinde, habe sie auch die sittliche Auszeichnung, sich in ihr zu entfalten. Daraus ergebe sich dann die „positive Erkenntnis", daß Egoismus als Unsittlichkeit zu deklarieren sei, weil er als eine „Unnatur" gelte. Das Ziel des Fortschritts sei das anstrebenswerte Ineinssein des Menschen mit dem Gesamtkosmos, womit sich die Religionen, wie die metaphysische Ethik selbst, ad absurdum führten. „Das Leben, das das Innerste von allem sei in Natur und Welt und an die Stelle Gottes getreten sei, habe sich damit durchgesetzt."[76] Guyau hatte mit diesem Ansatz zwar einen neuen Vitalismus initiiert, aber gleichzeitig auch eine Loslösung von der Religion und Metaphysik allgemein vorangetrieben.

Hingegen schließen sich die deutschen Positivisten eher an die englische Richtung (Empirismus)[77] an. Aber die Grundansätze gleichen sich (trotz nuanciert leichter Differenzen) und sind stichpunktartig zu benennen: Vertrauen auf Entwicklung und Fortschritt, Gegensatz zur Metaphysik, Einschränkung des Geistes auf das immanent-sinnlich Gegebene, absolute Verzeitlichung des menschlichen Seins und dadurch Ablehnung von Transzendenz, Ersetzung der Religion durch Kunst, Wissenschaft und Soziologie.

In einigen Zügen überschneidet sich der Positivismus im deutschen Sprachraum mit dem Neukantianismus. Letzterer erhielt seine Bedeutung in den siebziger Jahren des 19. Jahrhunderts durch Friedrich Albert Lange (1828–1875)[78], Otto Liebmann (1840–1912)[79] u. a. Sie alle postulierten: „Zurück zu Kant!" Die philosophische Zeitsituation war eher durch Wildwuchs gekennzeichnet, denn der Popularmaterialismus hatte mit Büchner und Haeckel negative Philosophieblüten getrieben, die es zu bekämpfen galt. Und wie immer in einer Zeit der Wirren, besinnt man sich in solchen Fällen auf tradiert erprobtes und weithin anerkanntes Gedankengut.

Um diesen Auswüchsen zu begegnen, machte man wieder auf die von Kant betonten Limitierungen des humanen Erkennens aufmerksam. Damit wurde die erkenntnistheoretische Kritik bereits zu einem der dominierendsten Charakteristika des Neukantianismus, der über den Positivismus hinausgeht und somit als „Kritizismus" bezeichnet wird. Ebenso ist als ein zweites Charakteristikum festzuhalten, daß es im neukantianischen Denken eine Betonung des Formalen gibt, worin zugleich eine Differenz zum Positivismus und zum Empirismus liegt, der auf die Materie des Wissens großen Wert legt. Da aber die Beachtung des formalen Aspekts im menschlichen Geist von den Neukantianern hervorgehoben wird, gehen diese viel stärker auf Distanz zum Materialismus als die Positivisten und Empiristen, weshalb sich erstere auch eher als Idealisten bezeichnen lassen denn als Materialisten. Hiermit wird ein drittes Charakteristikum der Neukantianer deutlich: Es ist die hohe Schätzung der Ideale und der Werte des Menschen. Vor allem in der Bewertung des Formalen, der Ideale und der Grenzen menschlichen Erkennens sind somit drei wichtige Grundelemente des Neukantianismus (als weiterführende Richtung des Positivismus) angesprochen.

Heute ist der Positivismus weit verbreitet als eine Grundhaltung und eine prinzipielle Einstellung der Person zum menschlichen Da-Sein, die einen wesentlichen Aspekt für ihre Motivation darin zu sehen glaubt, daß die Vielfalt der Religionen, die sich weiter ausprägende und in die Gesellschaft hineinwirkende Säkularisierung, die Uneinigkeit über metaphysische und ethische Systeme, die recht unterschiedliche Begründung von Normen, die Unsicherheit in den exakten Wissenschaften und die Beschränkung auf das unmittelbar Vorzeigbare auf diesen eher skeptischen Ansatz unterstützend wirken.

8.4. Die Diskursethik und das Naturrecht

Daß sich der Rekurs auf Empirie nicht erst heutigem, sittlich-moralisch verpflichtetem Denken anbietet, zeigen die von der griechischen Sophistik bis in die Gegenwart hineinreichenden, meistens mit dem Leitbegriff „Naturrecht" unternommenen Versuche, materiale Gesetzlichkeiten des Sittlichen aus dem herzuleiten und zu begründen, was von sich aus schon vorhanden ist und wirkt, also *aus der Natur des Menschen*. Hier hat Thomas von Aquin mit seiner Lehre von den natürlichen Neigungen als empirischer Basis jeglicher Moralität und Sittlichkeit herausragende Bedeutung. Er ist hier wegweisend insofern, als er solche von sich aus wirkenden naturalen Komponenten (z. B. Streben nach Erkenntnis, Tendenz zur Vergesellung, Arterhaltung, Triebe etc.) nicht etwa als dem Menschen vorgegebene Normen einführt, welche die menschliche Vernunft zu einer Art „Ableseorgan" degradieren, sondern vielmehr als elementares Dispositionsfeld humanen Seinkönnens, das wiederum der praktischen Vernunft zur normativen Gestaltung aufgegeben ist, sie aber zugleich der Beliebigkeit entzieht.[80]

Im gleichen Zusammenhang nennt Thomas aber noch ein weiteres Feld empirisch vorgegebener Dispositionsgrößen, die in der Dynamik konkreter Normfindung ins Spiel zu bringen sind und diesen Prozeß essentiell mitbestimmen und -steuern. Der Aquinat kennzeichnet sie in der Begrifflichkeit der „determinationes". Mit dieser Terminologie meint Thomas all diejenigen Wirkfaktoren, die als äußere sittlich-ethische und relevante Sachgesetzlichkeiten sowie Sachnotwendigkeiten humanen Tuns oder Unterlassens immer bestimmen (= determinieren) und bestimmen müssen, wenn es sittlich vernünftiges und nachvollziehbares Handeln sein soll.[81]

Unter einem Diskurs ist eine – formal gesehen – methodisch aufgebaute Abhandlung über ein bestimmtes wissenschaftliches Thema zu verstehen. Dabei kann es sich um einen Gedankenaustausch, eine Unterhaltung, einen heftigen Wortstreit oder einen Wortwechsel handeln. Beim Diskurs handelt es sich aber auch um die vom Sprachteilnehmer auf der Basis seiner sprachlichen Kompetenz tatsächlich realisierten verbalen Äußerungen. Dabei wird von einer Vorstellung zur anderen mit logischer Notwendigkeit fortgeschritten. Der Gegenpart zum Diskurs ist die Intuition.

Im Gegensatz zum Naturrechtsdenken setzt die diskursive Ethikbegründung auf normative Konditionierung und Implizierung durch Gewichtung von Argumenten und interaktionistischer Prozeßdialektik. In der Diskursethik wird die Begründung ethisch-moralischer Grundsatznormierungen in dem Maß angestrebt, in dem der Anspruch auf Geltung so geprüft wird, daß die Übereinstimmung zum Konsens für alle Partizipierenden als die Betroffenen im Diskurs ermöglicht wird. Wie das Naturrecht (das vereinfacherweise häufig als Gegenpart zur Diskursethik gesehen wird) argumentiert auch die Diskursethik vom Menschen ausgehend, im ersten Ansatz von seiner Natur aus und im zweiten Ansatz von seiner Kommunikationsfähigkeit aus, die aber durch die Natur präkonditioniert ist. Somit sind die moralischen Sätze dann objektiv, wenn sie prozeßhaft auf dem vernünftigen und rational gesicherten Weg der Erkenntnis zum Konsens hinführen und interaktionistisch ihre Legitimation erhalten. Im Naturrecht wird die Objektivität von der Natur aus deriviert, in der Diskursethik hingegen kommt sie mittels interrelationaler Konsensualisierung zustande.[82]

Nur über das Verfahren wird die Objektivität in der Diskursethik erreicht. Mittels eines letztgültigen diskursiven Moralanspruchs wird die Begründung ebenso wie durch eine stets dynamische Reflexion (die im Verfahren stattfindet) von allen axiomatischen, ethischen wie moralischen Konditionen vollzogen, die sich wiederum an der Sinnhaftigkeit humanen Vernunftgebrauchs und Tuns messen lassen müssen. Dabei wird durch die kritische Hinterfragung der Denk- und Handlungsstrukturen und unter Einbeziehung des Zweifels nach Normen und Sachgesetzlichkeiten gefragt, die nicht innerhalb des Verfügungsraumes von kritischen Zweifeln zu lokalisieren sind oder gar über diese ihre probate Artikulation erfahren. Wichtig ist es herauszustellen, daß jeglicher Rekurs auf transzendentalpragmatische Argumentation nicht auf das ontologisch Primäre abzielt, sondern vielmehr das Axiomatische in der Methode behandelt. Es geht also um das Verfahren und nicht – wie fälschlicherweise oft angenommen wird – um die seinsgemäße Wesenheit bzw. den Bereich des durch die empirische Aussage gekennzeichneten Geltungsraumes. Vielmehr wird die Konditionierung der Ordnungselemente in einem abgesteckten Rahmen zum Thema erhoben. Der Rahmen gibt damit vor, wo der Rechtfertigung und dem Sinn entsprechendem Sehen-Urteilen-Handeln adäquater Raum gegeben wird. Ebenfalls bestimmt der Rahmen die Frage, in welcher Richtung die Normfindung zu eruieren sein dürfte. Diese Eckpunkte der strukturellen Konditionierung werden in den Ordnungen und Regeln der interrelationalen Argumentation sichtbar, wobei eine Interdependenz theoretisch zu sollender und praktisch zu vollziehender Vernunft deutlich wird. In diesem letztgenannten Prozeß versucht die Diskursethik, den naturalistischen Fehlschluß ebenso zu vermeiden wie die unberechtigte Überführung zu kurz greifender Seins- in Sollenspostulate. Das kann jedoch nur geschehen, wenn zur vernünftigen und an Regeln gebundenen Argumentationsweise ebenso die praktische Ethik mit ihren Folgerungskalkülen in der Argumentation komplementierend hinzukommt. Denn selbst die Argumentation, die die Regeln begreifbar machen möchte und erfassen will, muß auf bestimmten Prämissen und Axiomen beruhen und auf diesen aufbauen.

Durch die Anerkennung der Interdependenz von Persongemeinschaft und Vernunftprinzip gelingt der Diskursethik eine sinnvolle und in sich stimmige Argumentation. Die ethische Finalbestimmung findet in der Diskursethik durch das Aufzeigen der transzendentalpragmatisch ausgerichteten Rekonstruktion von Possibilitätskonditionierungen ihren Ausdruck. Dabei werden die *Diskurspartizipienten* ohne Über- und Unterordnung *als gleiche* Verhandlungspartner angenommen, wobei das

Prinzip der Vernunft für die axiomatische Ausrichtung und Basierung sowie Gewichtung der Argumente dient und dadurch selbst als genuines Ethikprinzip seine Anerkennung findet. Durch dieses Ethikprinzip ist nun ein Richtmaß gegeben, an dem die Konditionen ersichtlich werden, welche die Normen zu erfüllen haben, um ihre eigene Gültigkeit unter Beweis zu stellen, die andererseits aber bei Nichterfüllung ihren Gültigkeitsanspruch verlieren. Dadurch ist dieses Ethikprinzip als analoges zu den pluralistischen und wertkomplexen postmodernen Gesellschaften zu verstehen, weil es versucht, den sachlichen Zwiespalt im Gegenstandsbereich mittels der Übereinstimmung im prozeßdynamischen Voranschreiten zu bewältigen. Somit ist das Ziel der Diskursethik und ihrer prozeduralen Strukturen nicht die Eliminierung, Nivellierung oder Reduzierung der Pluralität der optionalen Möglichkeitsbedingungen in der postmodernen Gesellschaft, sondern eher ihre gute und richtig organisierte Normenbegründung, die aber weitestgehend auf Konvention beruht und damit den Maßstab objektiver Normen im Sinne der Absolutheit abzulegen scheint.[83]

Dabei wird die humane Diskursfähigkeit der Einzelperson zum eigentlichen Maßstab objektiver Normierung. Aber die/der einzelne ist als Subjekt mit relativen Wertorientierungen, die dem permanenten Wandel unterliegen, ausgestattet. Durchaus berechtigt sind einige der Anliegen unterschiedlichster Theorien der Ethik und Moral, wie sie z. B. in den Ansätzen des Kommunitarismus, des Liberalismus, der Vertragstheorie, des Utilitarismus u. a. vorkommen. Deshalb ist eine diskurstheoretische Prüfung der Normierungsanspruch erhebenden Basissätze notwendig, wonach jede Norm erst dann ihre Gültigkeit erwiesen habe, wenn die absehbaren Ergebnisse, Folgen und daraus sich entwickelten Wirkungen (auch Nebenwirkungen), welche sich immer durch die allgemeine wie die besondere Verfolgung der Interessen zeigen und an Werthaltungen zu orientieren haben, sowie von allen Involvierten, die mittelbar oder unmittelbar betroffen sind, auch ohne Zwang ihre Annahme finden, also frei akzeptierbar sind. Die Sozialphilosophie und die praktische Ethik erhalten ihre Legitimation durch die nachvollziehbare Natürlichkeit, Einsichtigkeit und den Vernunftgebrauch. Vor allem kommt es auf die soziale Bezugsfähigkeit humanen Da-Seins an, denn sie ist der Maßstab für die Basisausrichtung einer intersubjektiv-relationalen Normenethik, wie sie die Diskursethik zu sein verfolgt, denn zwischenmenschliche Kontaktfähigkeit wird so zum Bindeglied zwischen der Theorie von der Gesellschaft und dem praktisch zu Sollenden des einzelnen. Wenn die Überdenkung der Sozialität und des Sozialen allgemein (also auch der Strukturen) zur Basis der Theorie transzendentalpragmatischer Rekonstruktion humanen Tuns führen soll, dann sind die mit der Sinnerfüllung verbundenen Handlungen in dem Maß primär so zu betrachten, daß jegliche personale Selbstverwirklichung immer nur als Teil eines größeren Rahmens gelten kann, der von der Gemeinschaft seine Determination erfährt. Damit sieht die Diskursethik die *soziale Aktion* sowohl *als Grundstock* als auch als Ort des Erkennens der ethischen Normativität an. Außerdem wird durch die interdependente In-Beziehung-Setzung von Mensch und Gemeinschaft die Grundlage für Beginn, Fortführung und Ausbau der sozialen Strukturrealitäten geschaffen, die ein übergemeinschaftliches mit einem personalen Ziel der Selbstverwirklichung verbinden und verfolgen. So verwundert es nicht, daß gerade im Zeitalter der Informationen und Medien die Kommunikabilität als Voraussetzung für die Fähigkeit zum Funktionieren hochkomplexer Gesellschaften und deren gegenseitiger Bezugnahme hinsichtlich der Leistungserbringung der einzelnen Systeme zur conditio sine qua non von der Diskursethik erhoben wird.[84]

Und so ist die diskursethische Moral- und Sittlichkeitsbegründungsfigur eine, die heute zu den modernen „Konsenstheorien" bzw. zu kombinatorischen Theoriebildungen zählt, welche wiederum versuchen, verschiedene Ansätze konkludierend und synthetisierend zu einem Gesamtmodell mit neuer Problemlösungskapazität und -potentialität aufzubauen, um den postmodernen Herausforderungen einer weiterzuentwickelnden Ethik auch tatsächlich theoretische Stimmigkeit zu verleihen und der praktischen Umsetzung gerecht zu werden.

9. Schlußgedanken: Ethik unter dem Anspruch postmoderner Wissenschaftskultur

9.1. Die Interdependenz von Ethik und empirischen Wissenschaften

Die Ethik in der Gegenwart sieht sich nicht wie in vergangenen Jahrhunderten auf empirische Informationen verwiesen, die dem Zufall entsprungen sind, sondern kann in der Postmoderne im Rahmen gesicherter wissenschaftlich-rationaler Erkenntnisse fungieren und sich auf (relativ) gesicherte Daten stützen. Zwar machen gesicherte und wissenschaftlich einsichtige Informationen als solche die Ethik nicht überflüssig, verweisen sie aber stärker auf die mit ihr in Interdependenz stehenden Sozial- und Kulturwissenschaften und binden sie an deren Erkenntnisse, was sich vor allem im Bereich der konkreten ethischen Sachfragen zeigt. Denn es gilt der Grundsatz: Je mehr Ethik konkrete Ethik (Handlungsimperativ!) wird, um so mehr gewinnen auch die von den verschiedenen wissenschaftlichen Einzeldisziplinen erschlossenen Gesetzlichkeiten, welche die Ethik nicht von sich aus zu eruieren vermag, für den Normfindungsprozeß im Hinblick auf die jeweiligen Aktionsfelder an Bedeutung. Genau aus diesem Grund kommt Ethik als übergreifende Grenzwissenschaft zur eigenen Spezialisierung. Zunächst wird sie in Individual- und Sozialethik zu trennen sein. In einer weiteren Untergliederung ergeben sich wiederum Aufteilungen in: politische Ethik, Wirtschaftsethik, Sexualethik, Medien- und Kommunikationsethik[85], Rechtsethik, Ethik der Erziehung, Friedensethik, Umweltethik, Verkehrsethik, biologische Ethik und Medizinethik etc.[86] Hier wird deutlich, daß auf dem jeweiligen Gebiet qualifizierte Sachkenntnisse Voraussetzung sind, die erst eine gediegene Ethik ermöglichen.

Trotz der hier als Verweis auf die eigentlichen Wissenschaften angeführten notwendigen Kenntnisse behält die Ethik doch ihre unverwechselbare Funktion als übergreifende, am „Zielwert" Mensch orientierte und sich von ihm her begreifende, konstituierende Wissenschaft als *Integrationswissenschaft.*[87] Denn das, was die Einzelwissenschaften gerade nicht – weil es nicht ihre Aufgabe ist – systematisch in den Blick nehmen, das ist der jeweilige anthropologisch-sittliche Gesamtzusammenhang, in welchem sie sich selbst bewegen und dem auch ihre in der Regel spezifisch segmentären Erkenntnisse und Einsichten zugeordnet werden, die aber ebenso einer kritischen Einfügung und Einordnung bedürfen, wie sie zur Geltung zu bringen sind. Voraussetzung für die Erfüllung der Funktion der Ethik ist, daß sie als integrierende Wissenschaft auf Daten zurückgreifen kann, die die empirischen Wissenschaften zu leisten vermögen.

9.2. Die kombinatorische Systematik als Weg zu einer komplementierenden ethischen Theorie: Leitlinien sittlicher Begründungssysteme und -modelle in der Postmoderne

Postmoderner Ethik geht in den häufigsten Begründungszusammenhängen eine kombinatorische Theoriebildung voraus, die von dem Ziel bewegt ist, jenen Anspruch einer handlungsbezogenen Logik des Ganzen systematisch einzulösen. Dabei liegt das Spezifikum der auf eine praktisch-ethische Universalisierung hin ausgerichteten kombinatorischen Theoriebildung darin, daß sie die Vernunft humanen Wirkens von grundlegenden Bedingungszusammenhängen determiniert sieht, die in der Empirie ihre Grundlage haben. Von der Basis der empirischen Ansätze wird auf einen argumentierenden Typus von Ethik hingelenkt, der eine Reihe – vielleicht auf den ersten Blick sogar kontradiktorischer Fundamentalüberzeugungen – doch synthetisiert und so zu einem schlüssigen Ansatz werden läßt.[88]

Erstens ist zu vermerken, daß im Gegensatz zu kombinatorischen Einzelwissenschaften die kombinatorischen, auf praktisch-sittliche Universalisierung zielenden Theoriebildungen nicht nur der Gefahr möglicher sachlicher Irrtümer und Fehler an sich (in der Stringenz ihrer Beweisführung) ausgesetzt sind, sondern darüber hinaus auch der großen Gefahr potentieller ideologischer Engführungen und Mißverständnisse. Die Ideologie erreicht letztlich erst auf dieser Abstraktionsstufe ihre eigentliche Kontur. Denn genaugenommen geht es erst im Prozeß der kombinatorischen Theoriebildung und nicht schon im Entwickeln der kombinatorischen Wissenschaft um die Einlösung des hohen Anspruchs, die ethisch-moralische Vernunft humanen Wirkens (oder bewußt gewählten Unterlassens) in ihren strukturellen und konditionellen Gesetzlichkeiten von empirisch gesicherten Daten aus zu erschließen, um sie von dort wiederum nutzbar zu machen. Dieses an sich durchaus notwendige und legitime Vorgehen muß aber überall dort zur Ideologie werden, wo eine einzelne, empirisch erreichte und gewonnene Sachverhaltseinsicht eine Über- bzw. Unterinterpretation erfährt und damit zum umfassenden und Alleingültigkeitsanspruch erhebenden Deutungsschlüssel aller sich zeigenden bzw. für nachgewiesen gehaltenen Strukturgesetzlichkeiten hochstilisiert wird. Ähnliches geschieht dort, wo die Vernunft der eruierten Sachstrukturen (eingeschlossen deren ethische Relevanz) mit dem über alle Gesetzlichkeit von Strukturen hinausweisenden Grund des ethischen Anspruchs selbst ihre Gleichsetzung erfährt. Denn Vernunft der eruierten Sachstrukturen und die Strukturen des ethischen Anspruchs, die aber über die Basis hinausgehen, sind nicht identisch; werden sie identisch gesetzt, dann spricht man von Ideologie.[89]

Zweitens ist festzuhalten, daß die jeglicher kombinatorischen Theoriebildung basishaft zugrundeliegende gemeinsame Motivation der entscheidende Wille zur Humanisierung des Lebens der Einzelindividuen sowie von deren Lebensverhältnissen ist. Dieses Interesse und dieser Wille sind es gerade, die in diesem Zusammenhang alle Aufmerksamkeit auf die genuin empirische Konditionierung des Menschseins der humanen Persönlichkeiten auf sich ziehen, um dann die konkreten Wege zu der sich in der Sinnlogik dieser Vernetzungen abzeichnenden Zielgestalt des Humanen offenzulegen. Nun ist dieser Wille zum humanen Selbst freilich nicht erst das Ergebnis und die Frucht der heutigen Wissenschaftskultur. Er nährt sich vielmehr aus einer Hoffnungshaltung, in der sich die Überzeugung offenbart, daß die Einzelperson prinzipiell die Einheit mit sich selbst nicht nur als Aufgabe versteht, sondern daß sie sogar diese Einheit finden kann. Mit dieser Grundeinstellung bleibt der Mensch an einen Zielgedanken zurückverwiesen, der essentiell über viele Jahrhunderte tradierten (christlichen) Wurzeln entstammt und letztlich von diesen Prämissen her seine Deutung erfährt. Diese Wurzeln sehen aber den Grund der Einheit des Menschen mit sich selbst nicht allein im Menschen festgemacht, sondern verweisen über ihn und seine Schwächen wie Stärken hinweg. Die Hoffnungsvision zum Humanen, die sich in dieser alles bewegenden Kraft einen neuen Ausdruck und neue Entsprechungen verschafft, muß insofern in einem geistes- und entwicklungsgeschichtlichen Kulturkontext gesehen werden, der auf seine Prämissen – mag die Komplexität heute auch noch so sehr zunehmen – zurückzuverweisen hat, denn Prämissen- und Wurzellosigkeit können nicht zum erhofften Ergebnis der Sittlichkeit führen, sondern bleiben im traditionsleeren Raum wirkungslos und uneinsichtig. Und so unterscheiden sich die *kombinatorischen* Theoriebildungen zugleich ganz fundamental von den *funktionalistischen* Systembildungen, welche sowohl die Strukturlogik als auch die Zielgestalt allen humanen Wirkens einem rein mathematisch ausgerichteten Kalkül zu subsumieren versuchen und damit gleichzeitig die Eigenvernunft von empirischen Inhalten in ihrer je eigenen sittlichen und menschlichen Relevanz nivellieren und damit auswechselbar machen. Diese Denkrichtung hat ihre Systematik durch Wissenschaftler gefunden, welche die Historie des Menschen essentiell als Geschichte einer fortschreitenden rationalen Durchdringung und Ausplanung seiner spezifischen sittlichen Konditionen begreifen. Diese Geschichte, die sich schließlich in der Postmoderne einer total „durchrationalisierten" und sich selbst verwaltenden Welt gegenübersieht, kulminiert in ihrer Selbstaufhebung. Dabei ist aber bedenklich, daß diese Postmoderne (einige Philosophen sprechen schon von der „Postpostmoderne") weder von einer neuen Sinngebung noch von einem neuen Ethos getragen wird, sondern einzig und allein von jener Rationalität, die alles durchdringt und auf seine Notwendigkeit zurückführt.[90] Hier werden dann auch Gefühle rationalisiert. Rationalität ist wichtig, aber sie gehört in ihre Schranken verwiesen, und sie hat ihren Platz relational zu anderen wichtigen Begründungsebenen zugewiesen zu bekommen.

Im 20. Jahrhundert wurde dieser funktionalistische Ansatz im französischen Strukturalismus (z. B. Lévi-Strauss, Foucault), in der strukturellen und funktionalen Sozialtheorie (beispielsweise Parsons[91]) ebenso wie in der Systemtheorie (etwa Luhmann[92]) und im operationalen

Pragmatismus (z. B. Skinner[93]) aufgenommen. Skinners Hauptwerk heißt bezeichnenderweise „Jenseits von Freiheit und Würde".

All diesen (nur nuanciert veränderten) Ansätzen ist die Absicht gemeinsam, daß sie die Wirklichkeit menschlichen Handelns vor allem auf funktionale und logische Zusammenhänge paradigmatisieren und konzentrieren, wobei die Inhalte völlig auswechselbar werden. Das führt letztlich zu einer Humanität ohne Seele, da die Funktionalität die Priorität vor der Inhaltlichkeit und ihrer Kohärenz erhält.

Drittens erweist sich die Überlegenheit von kombinatorischen Theorien gegenüber rein funktionalistischen Systemansätzen gerade darin, daß sie eben nicht der Versuchung erliegen, über die Wahrheit von funktionalen Aspekten der Wirklichkeit humanen Tuns die Wahrheit von deren materialen Wert- und Sinnstrukturen zu vergessen, weil nur auf diese Art (= die Weiterentwicklung) auch die Wahrheit der sittlichen Bedeutsamkeit dieser materialen Strukturen sichergestellt werden kann. Aber auch hier muß man weiter kritisch überprüfen, inwieweit man die sittliche Bedeutsamkeit dieser materialen Strukturen mit dem Grund und dem Anspruch der Moralität selbst koinzidieren läßt, wobei in diesem Falle wiederum die Frage nach einer die Innerweltlichkeit übersteigenden Basierung des Humanum als Grund des sittlichen Sollens auftaucht. Auf der anderen Seite ist nicht mehr hinter die Erkenntnisse der Aufklärung kombinatorischer Theoriebildung und ihrer jeweils eigenen, sittlich relevanten empirischen Einsichten und Begründungen zurückzufallen.

Ethik in der Zukunft wird einen Pfad einschlagen, der immer die umfassende Sittlichkeitstheorie anzustreben hat. Und diese Theorie wird sich in allem von dem her belehren lassen müssen, was sich als empirisch nachvollziehbare Wahrheit über die Wirklichkeit und die Würde der Einzelperson sowie den wachsenden Erkenntnisstand des Menschen eröffnet, wodurch dann aus kohärenten Axiomen und gesicherten Ergebnissen sowie stringenten Methoden durchaus wieder Ethikmodelle entstehen werden.[94]

Anmerkungen

[1]   Vgl. Johannes Michael Schnarrer, Globalisierung contra Regionalisierung – Auf dem Weg zu einer neuen Weltwirtschaftsordnung, in: Wiener Blätter zur Friedensforschung, Nr. 83, Wien 2/1995, 47–59.

[2]   Leider wird es nicht möglich sein, innerhalb dieses Beitrags auch auf die Prinzipien der Soziallehre einzugehen – das wäre Thema einer weiteren Abhandlung.

[3]   Vgl. Rudolf Weiler, Fundamentalethik, 3. Auflage, Wien 1997.

[4]   Vgl. Werner Lachmann, Volkswirtschaftslehre, Teil 1 – Grundlagen, Berlin u. a. 1990, 40 f.

[5] Vgl. Punkt 6.2. in dieser Einführung zur Ethik.

[6] Vgl. Johannes Michael Schnarrer, Gemeinwohl, Arbeit und Wertewandel, in: Ders. (Hg.), Gemeinwohl und Gesellschaftsordnung, Wien 1997, 171–194.

[7] Vgl. Valentin Zsifkovits, Politik ohne Moral, Linz 1989, 13 f.

[8] Vgl. Günther Drosdowski (Hg. et al.), Duden-Etymologie, Band 7, Mannheim/Wien/Zürich 1963, 646, „Sitte *w*: Das *gemeingerm.* Substantiv *mhd.* site, *ahd.* situ, *got.* sidus, *aengl.* sidu, *aisl.* sidr. (*schwed.* sed) bezeichnete urspr. die Gewohnheit, den Brauch, die Art und Weise des Lebens. Wahrscheinlich gehört es mit der Grundbed. ‚Bindung‘ zu der unter *Seil* dargestellten Wortgruppe und steht dann mit *Saite* im Ablautsverhältnis. *Mhd.* site *m.* wird meist in der Mehrz. gebraucht, was die Entstehung der *nhd.* weibl. Form begünstigte (zuerst *mitteld.* im 14. Jh.). Aus dem Gemeinschaftscharakter der Sitte ergab sich schon früh die Bed. ‚Anstand, geziemendes Verhalten‘, die dann in neuerer Zeit ‚Sitte‘ und ‚Sittlichkeit‘ zu moralischen Begriffen werden ließ. Beachte dazu auch das Gegenwort Unsitte (*mhd.* unsite ‚üble Sitte, unfeines Benehmen‘) ... ferner ‚sittsam‘ ‚gesittet‘ (im 15. Jh. für ‚ruhig‘; *ahd.* situsam bedeutete ‚geschickt‘).“

[9] Arno Anzenbacher, Einführung in die Philosophie, Wien 1981, 249.

[10] Ebd. 249.

[11] Martin Honecker, Ethik, in: Georges Enderle (Hg. et al.), Lexikon der Wirtschaftsethik, Freiburg/Basel/Wien 1993, 249–258, hier: 249; „Gegenstand der Ethik ist das Verhalten (Leben) und Handeln des Menschen (nicht der Tiere, der Natur). Ethik bedenkt einerseits die Kunst der richtigen Lebensführung, andererseits die Regeln des Handelns. Themen der Ethik sind Fragen wie die Unterscheidung von gut und böse, die Frage nach Ziel und Sinn des Lebens, nach dem ‚guten‘ Leben, dem Glück. Ethik bedenkt die Aufgaben und Bedingungen sittlichen Handelns. Sie ist Reflexion, Theorie der menschlichen Lebensführung ...“ Ethik beschreibt somit das Sollen des Seins und der menschlichen Ordnung, die beide hingerichtet sind auf Erfüllung und Glück der humanen Existenz.

[12] Walter Brugger (Hg.), Philosophisches Wörterbuch, Freiburg 1988, 168: „So sucht man etwa in der Psychologie, Sozialpsychologie, Verhaltensforschung (Ethologie), die auch tierisches Verhalten vergleichend untersucht, und in den Sozialwissenschaften (Soziologie, Wissenschaft von der Politik und den Wirtschaftswissenschaften) nach allgemeinen Gesetzen menschlichen Verhaltens und seiner sozialen Auswirkungen. Erkenntnisse der letzten Art sind für die Philosophie von besonderer Bedeutung, aber auch methodisch besonders schwierig, weil immer die Gefahr besteht, dem nur Gewohnten, aber geschichtlich Bedingten, Kulturspezifischen vorschnell Allgemeingültigkeit und damit auch ethische Normativität zuzuschreiben. Indem die empirischen Humanwissenschaften ein umfangreiches Material zur Erkenntnis der menschlichen Wirklichkeit bereitstellen, bieten sie eine unersetzliche Grundlage für die philosophische Reflexion in Ethik, Sozialphilosophie und der philosophischen Anthropologie.“

[13] Günter Virt, Ethik darf nicht zurückbleiben, in: Wiener Blätter 03/95 der KHJÖ, 7: „Ich glaube aber, daß die Theologie eine der letzten integrativen Wissenschaften in diesem modernen Universitätsbetrieb ist. Dieses Integrative, das sich ja da und dort meldet in interdisziplinären Forschungsgebieten wie z. B. Soziopsychologie oder Heilpädagogik, Gerontologie, Ökologie, Familienforschung, soll ausgebaut werden. Mit so einem integrativen Modell wie eben der autonomen Moral im christlichen Kontext eröffnen sich große Möglichkeiten im Gespräch der Fakultäten.“

[14] Der Erfurter Kirchengeschichtler Josef Pilvousek vertritt die Auffassung, daß die 95 Thesen von Martin Luther schriftlich verfaßt wurden und nur in Briefform an den Mainzer Erzbischof gesandt wurden, ohne daß es zu einem Thesenanschlag in Wittenberg kam.

[15] Vgl. Johannes Hirschberger, Geschichte der Philosophie, Freiburg 1988, Band 2, 642 f.
[16] Vgl. Thomas von Aquin, Summa theologica, Salzburg/Graz 1933, Band 1, 393 f.
[17] Vgl. Arnold Gehlen, Der Mensch, 8. Auflage, Bonn 1966, 20, 33, 83, 354; Gehlen nimmt mit dem Terminus „Mensch als Mängelwesen" eine bereits bei Johann Gottfried Herder (1744–1803) vorhandene Begrifflichkeit auf.
[18] Vgl. Ch. Schütz (Hg. et al.), Mensch, in: Franz König/Hans Waldenfels, Lexikon der Religionen, 2. Auflage, Freiburg/Basel/Wien 1988, 405–415, hier: 405.
[19] Arno Anzenbacher, Einführung in die Philosophie, Wien 1981, 19. Auf Seite 88 ist zu lesen: „René Descartes ..., lat. Renatus Cartesius, wurde der bahnbrechende Begründer des neuzeitlichen Rationalismus. Mit seinem Rückgang vom methodischen Zweifel zum unzweifelbaren *Cogito ergo sum* (Ich denke, also bin ich) leitete er die ichphilosophische Wende zum Subjekt ein." Unter den Philosophen besteht hinsichtlich des Durchbruchs zur Subjekthinwendung keine einheitliche Meinung, denn einige schreiben Kant, andere Descartes größere Bedeutung zu.
[20] Vgl. Immanuel Kant, Kritik der reinen Vernunft (1781); Kritik der praktischen Vernunft (1788); Kritik der Urteilskraft (1790).
[21] Arno Anzenbacher, Einführung in die Philosophie, Wien 1981, 53: „Diese drei Gruppierungen umfassen allerdings nicht den Gesamtraum der Gegenwartsphilosophie. Es gibt in und außerhalb dieser drei Gruppierungen eine Vielzahl von Positionen, die sich aneignend und weiterführend an die großen Denker der Tradition anschließen. Als die wichtigsten Erneuerungsbewegungen von Hauptpositionen der Tradition gelten neben dem Neopositivismus und Neomarxismus vor allem der Neukantianismus und der Neuthomismus."
Weil Ethik und somit auch Sozialethik Teil der praktischen Philosophie (Lehre vom menschlichen Handeln und Hervorbringen) ist, erscheint es notwendig, die Strömungen der heutigen Philosophie zu nennen, denn sie bestimmen ja nicht nur den Zeitgeist an sich, sondern auch das Bild vom Menschen zu einer konkreten Zeit schlechthin.
[22] Emerich Coreth, Was ist der Mensch? – Grundzüge einer philosophischen Anthropologie, 4. Auflage, Innsbruck/Wien 1986. Auf der Rückseite des Buches wird die Grundaussage festgehalten: „In der Übersteigerung technischer Zivilisation und ihren zunehmend erkennbaren Gefahren tritt die Frage nach dem Menschen, nach seinem Wesen, dem Sinn und Ziel seines Daseins von neuem in den Vordergrund." Und das ist auch eine genuin ethische Frage.
[23] Arno Anzenbacher, Einführung in die Philosophie, Wien 1981, 40 (unter Punkt 1.6.6. Immanuel Kant, AA IX, 24 f.)
[24] Alfred Klose (Hg.), Johannes Messner 1891–1984, Paderborn/München/Wien/Zürich 1991, 15: „Für Messner hängt ‚alles gesellschaftliche Sein an den Menschen': So muß man seiner Ansicht nach von der Menschennatur ausgehen, wobei Messners empirischer Befund am Wissen des Menschen um Gut und Böse, an den Erfahrungsgegebenheiten des Gewissens ansetzt."
[25] Johannes Messner, Das Naturrecht, 7. Auflage, Berlin 1984, Kapitel 1–13.
[26] Vgl. zum Begriff der existentiellen Zwecke a. a. O. 42: „Und da die in der Natur des Menschen mit ihren körperlichen und geistigen Trieben vorgezeichneten Zwecke, als von ihm in Selbstbestimmung (Freiheit) in den jeweils gegebenen Umständen zu verwirklichend, die Eigenart der menschlichen Existenz bedingen, können wir sie die ‚existentiellen Zwecke' nennen." Dies ist nun ein Grundbegriff bei Messner. Vgl. ebenso Johannes Michael Schnarrer, Norm und Naturrecht verstehen. Eine Studie zu Herausforderungen der Fundamentalethik, Frankfurt/M. u. a. 1999, 112–144.
[27] Ebd. 42.
[28] Vgl. Rudolf Weiler, Die „existentiellen Zwecke" im Verständnis von Johannes Messner, in: Alfred Klose/Herbert Schambeck/Rudolf Weiler (Hg.), Das Neue Naturrecht – Gedächtnisschrift für Johannes Messner, Berlin 1985, 129 ff.

[29] Vgl. Arthur Fridolin Utz, Johannes Messners Konzeption der Sozialphilosophie, in: Alfred Klose/Herbert Schambeck/Rudolf Weiler (Hg.), Das Neue Naturrecht, Berlin 1985, 22 ff.

[30] Vgl. Alfons Auer, Autonome Moral und Glaube, Düsseldorf 1971, besonders 11–13.

[31] Vgl. Bernhard Häring, Autonome Moral im Glaubenshorizont, in: Freisein in Christus, Freiburg/Basel/Wien 1989, Band III, 173–176.

[32] Vgl. Rudolf Weiler, Einführung in die Katholische Soziallehre, Wien 1980, 5 f.

[33] Vgl. Johannes Hirschberger, Geschichte der Philosophie, Freiburg 1988, Band 1, 175–182. Aristoteles spricht über das Wesen der Wissenschaft folgendes: „Sie ist Erkenntnis aus den Gründen, und ihre Sätze befassen sich mit Sachverhalten, die streng notwendig sind und darum nicht anders sein können" (Anal. post. A, 2).

[34] Vgl. Dirk Berg-Schlosser/Theo Stammen, Einführung in die Politikwissenschaft, München 1992, 7. Es sind dies die „Wissenschaften vom individuellen Verhalten, vom Verhalten des Menschen in der Hausgemeinschaft (oikos) und in der Polis als alle anderen Formen menschlichen Zusammenlebens überwölbende Ordnung".

[35] Vgl. Walter Brugger, Philosophisches Wörterbuch, Freiburg 1988, 97 ff.

[36] Vgl. Günter Virt, Moraltheologie, in: Hans Rotter/Günter Virt (Hg.), Neues Lexikon der christlichen Moral, Innsbruck/Wien 1990, 522–535, 531: „Gegenstand der Moraltheologie sind die freie menschliche Handlung (actus humanus) und die Haltung, aus der die Handlung entspringt (habitus operativus). Als sittlich kann nur gelten, wozu der Mensch sich selbst in Freiheit bestimmt." Worum es letztlich geht, ist der in der Schöpfung grundgelegte Freiheitsanspruch, dem sich jeder einzelne zu stellen hat und der Basis jeder Sittlichkeit ist.

[37] Während die Ethik als Lehre von den Sitten als philosophische Disziplin zu betrachten ist, gilt das Ethos als sittliche Grundhaltung und Gesinnung bzw. als moralische Gesamtdarstellung eines einzelnen oder einer Gemeinschaft, aber eben nicht als Lehrgebäude.

[38] Vgl. dazu die Punkte 8. und 9. in diesem Artikel.

[39] Vgl. Arno Anzenbacher, Was ist Ethik?, Düsseldorf 1987, 9–11. Da nicht selten diffuse Vorstellungen über das Wesen der Ethik herrschen, erscheint es geradezu als ein Postulat, auf den Sinn und die Abgrenzung der Ethik gegenüber anderen Bereichen einzugehen und mit den Erfahrungen des Alltags im allgemeinen Vorverständnis zu beginnen.

[40] Besonders die Probleme der Manipulation (z. B. durch Werbung oder Verzerrung der Informationen), aber auch die langjährige kommunistische Indoktrination, wo die Menschen oft zum Befolgen einer uneinsichtigen Ideologie gezwungen wurden, sind hier anzuführen. Alle Menschen sind bis zu einem gewissen Maße fremdbestimmt, doch kommt es darauf an, sich über den Grad dieses bewußten und gezielten Einflusses klar zu werden, um authentischer zu leben als zuvor.

[41] Vgl. Martin Buber, Ich und Du, Heidelberg 1958, 29. Buber beschreibt hier, wie ein Ichbewußtsein erst durch andere entsteht. „Der Mensch wird am Du zum Ich. Gegenüber kommt und entschwindet, Beziehungsereignisse verdichten sich und zerstieben, und im Wechsel klärt sich, von Mal zu Mal wachsend, das Bewußtsein des gleichbleibenden Partners, das Ichbewußtsein. Zwar immer noch erscheint es nur im Gewebe der Beziehung, in der Relation zum Du, als Erkennbarwerden dessen, das nach dem Du langt und es nicht ist, aber immer kräftiger hervorbrechend, bis einmal die Bindung gesprengt ist und das Ich sich selbst, dem, dem abgelösten, einen Augenblick lang wie einem Du gegenübersteht, um alsbald von sich Besitz zu ergreifen und fortan in seiner Bewußtheit in die Beziehungen zu treten." Es geht somit um einen Prozeß, der von sich begegnenden Personen bestimmt wird. Dieser Prozeß ist sehr wichtig in einer immer flexibler werdenden Welt, denn in der Begegnung mit anderen Kulturen liegt die große Chance des Kennen- und Verstehenlernens, was durchaus zu einem globalen Menschenverständnis führen kann und soll.

[42] Johannes Messner, Kulturethik, Innsbruck 1954, 271. (Vgl. dazu auch: Hideshi Yamada/Johannes Michael Schnarrer, Zur Naturrechtslehre von Johannes Messner und ihrer Rezeption in Japan, Wien 1996, 41–44.)

[43] Vgl. ebd. 271. Das gesamte zweite Buch Messners innerhalb seiner „Kulturethik" beschäftigt sich mit den Themen der Persönlichkeitsethik. Dabei geht er ein auf die sittliche Grundhaltung des Willens zur Wahrheit; die Grundpflichten des heutigen Menschen: Selbstbesinnung, Selbsterkenntnis, Selbstzucht und Selbstlosigkeit; die Grundtugenden: Nächstenliebe, Demut, Ehrfurcht und Verantwortungsbewußtsein; die Grundgüter des Menschen: Leben in der Liebe und dem wohlgeordneten Gemeinwesen und die Grundsituationen der sittlichen Persönlichkeitserfüllung: geistig, psychologisch, biologisch und soziologisch. (Vgl. ebd. 271–327.)

[44] Vgl. Johannes Messner, Ethik, Innsbruck/Wien/München 1955, 233–482.

[45] Vgl. a. a. O. 104.

[46] Vgl. Arthur Rich, Wirtschaftsethik, 4. Auflage, Gütersloh 1991, Band 1, 63–67/269.

[47] Johannes Messner, Kulturethik, Innsbruck 1954, 361 f. Ethik hat die sittlichen Tatsachen, die sittliche Wahrheit, die sittliche Ordnung und die sittliche Erkenntnis als Hauptfragen zum Gegenstand. Außerdem sind im sittlichen Bewußtsein nur allgemeinste Prinzipien angeschnitten, nicht aber eine ins Detail gehende und alles klären wollende Moral. Die Entwicklung des Bewußtseins aller Völker mündet „in eine Einheit durchgebildeter sittlicher Prinzipien ..., deren Anerkennung sich über alle Verschiedenheiten der Ethosformen hinweg in der ganzen Menschheit durchzusetzen im Begriffe ist ..." (Vgl. a. a. O. 362 f.)

[48a] Arthur F. Utz, Die Prinzipien der Gesellschaftslehre, 2. Auflage, Freiburg/Schw. 1964, 89.

[48b] Johannes Michael Schnarrer, Anything goes? Sittlichkeit im Zeitalter der Skepsis, Wien/Tarnow 2000.

[49] Vgl. Günter Virt, Umwelt – eine Gewissensfrage?, in: W. Pillmann/S. Burgstaller (Hg.), Energieressourcen und Europäische Marktwirtschaft, Wien 1991.

[50] Vgl. Hans Kessler, Das Stöhnen der Natur, Düsseldorf 1990.

[51] Vgl. dazu die vieldiskutierten Werke des australischen Philosophen Peter Singer.

[52] Vgl. dazu: Johannes Michael Schnarrer, Norm und Naturrecht verstehen. Eine Studie zu Herausforderungen der Fundamentalethik, Frankfurt/M. u. a. 1999. In dieser ausführlichen Studie werden die aktuellen Strömungen diskurstheoretischer, philosophischer, liberaler, kommunitaristischer wie systemischer Ansätze mit der Normenbegründung und dem Naturrecht konfrontiert.

[53] Vgl. dazu: Walter Brugger, Prinzip, in: Ders. (Hg.), Philosophisches Wörterbuch. Freiburg 1988, 304 f.

[54] Analogie bedeutet in diesem Sinne nämlich, daß bei aller jeweils größeren Unähnlichkeit doch Ähnlichkeit vorliegt.

[55] Vgl. Otto Hermann Pesch, Liebe, in: Peter Eicher (Hg.), Neues Handbuch theologischer Grundbegriffe, Band 3, München 1985, 7–26. Die Liebe ist die wertbejahende und wertschöpferische Urkraft des wollenden Geistes. Wesentlich sowie in ihrem Kerngehalt ist die Liebe eine Haltung des Willens. Als Gesamterlebnis betrachtet, ist sie die bejahende, schöpferische, Einigung suchende, radikale Grundhaltung vor allem Personen gegenüber, die ja die Träger der geistigen Werte und Entscheidungen sind. Liebe führt die Einzelperson aus ihrem individuellen Grundempfinden der Vereinzelung hinaus und hin zum Wir mit anderen, also in unterschiedlichste Urformen menschlicher Gemeinschaft. Sie ist verwurzelt im Erkennen der Werte und Werthaftigkeit, womit sie über das reine Gefühlsein hinwegschreitet. Vor allem aber ist die Liebe nicht einfach mit dem Trieb gleichzusetzen. Weil jeder Mensch durch eine persönliche Hinordnung auf einen letzten Wert eine einmalige Eigenwertigkeit besitzt, solange er am Leben ist, besteht eine Pflicht zur hohen Wertschätzung des anderen sowie seiner Umwelt.

[56] Vgl. Klaus Mangold, Ökologie als Motor für Ökonomie, in: Hanns Seidel-Stiftung (Hg.), Politische Studien, Heft 3/1994, München 1994, 12–22.

[57] Vgl. Johannes Michael Schnarrer, Die Geburt: Das Wunder neuen Lebens und der Beginn von Familienpolitik, in: Dr. Karl Kummer-Institut (Hg.), Gesellschaft und Politik, Nr. 2/98, Wien, Juni 1998, 11–19.

[58] Vgl. Walter Kerber (Hg.), Sittliche Normen. Zum Problem ihrer allgemeinen und unwandelbaren Geltung, Düsseldorf 1982.

[59] Vgl. Meyers großes Taschenlexikon, Band 20, Mannheim 1987, 188.

[60] Vgl. hierzu ausführlicher Erich Heintel, Gesetz und Gewissen, in: J. Schwartländer (Hg.), Modernes Freiheitsethos und christlicher Glaube, München/Mainz 1981, 214–245.

[61] Vgl. Aristoteles, Nikomachische Ethik, I, 6, 1097b 24–1098a 5.

[62] Vgl. Erich Heintel, Gesetz und Gewissen, a. a. O. 217.

[63] Wenn z. B. jemand aktiv Sport betreibt, dann geht das über die lustbetonte Hedonismusdimension hinaus, weil es mit Anstrengung verbunden ist, während das Lustprinzip dieser aus dem Weg gehen möchte, um den Genuß auszukosten.

[64] Vgl. Max Scheler, Der Formalismus in der Ethik und die materiale Wertethik. Gesammelte Werke, Band 2, 3. Aufl., Bern 1983, besonders 126 ff.

[65] Das widerspricht nämlich dem Grundgefühl der Postmodernen, die den „Kick" brauchen und „as much fun as possible" fordern. Das Ergebnis ist eine Generation, die „Null Bock auf nichts" hat, oder anders: „Frustrierte No-future-society".

[66] Es gibt auch viele gesunde Menschen, die krank sind ... ein nur scheinbares Paradox!

[67] Schwierig wird es erst dann, wenn sich die Selbstverwirklichung gegen das Gemeinwohl richtet.

[68] Vgl. Johannes Michael Schnarrer, Aktuelle Herausforderungen der Ethik in Wirtschaft und Politik: Perspektiven für das 21. Jahrhundert, Wien 1998.

[69] Dabei wird es sich um eine Darstellung der Hauptströmungen handeln, die keinen Anspruch auf Vollständigkeit erheben darf.

[70] Vgl. dazu: Otfried Höffe (Hg.), Einführung in die utilitaristische Ethik, München 1975.

[71] Jeremy Bentham, An Introduction to the Principles of Morals and Legislation, London 1789, Kapitel I.

[72] Vgl. Ulrich Steinvorth, Klassische und moderne Ethik, Reinbek bei Hamburg 1990, 63–67.

[73] Josef de Vries, Idealismus, in: Walter Brugger (Hg.), Philosophisches Wörterbuch, Freiburg 1988, 174 f.

[74] Unter „Anthropomorphismus" wird in diesem Zusammenhang die Übertragung menschlicher Gestalt und menschlicher Verhaltensweisen auf nichtmenschliche Dinge oder Wesen, d. h. Vorstellungen von Gott, verstanden.

[75] Vgl. Johannes Hirschberger, Geschichte der Philosophie, 2. Band, Freiburg 1988, 528 f.

[76] Ebd. 529.

[77] Ein Hauptvertreter ist John Stuart Mill (1806–1873).

[78] Er zählt zu den Wegbereitern des Neukantianismus und wandte sich in seiner „Kritik des Materialismus und Kritik seiner Bedeutung in der Gegenwart" (1866) gegen den Materialismus, der wie der Idealismus die Grenzen der Wissenschaft beim Versuch überschreite, eine Gesamterklärung der Realität bzw. ein spekulatives Gesamtsystem zu geben, und deshalb nur eine partielle Funktion als naturwissenschaftliche Arbeitsmethode habe. (Vgl. Meyers großes Taschenlexikon, Band 12, Mannheim 1987, 337.)

[79] Er wiederum wurde berühmt mit seiner Schrift „Kant und die Epigonen" (1865).

[80] Vgl. Thomas von Aquin, Summa theologica, I–II q. 94 a. 2., Stuttgart 1985.

[81] Auf die verschiedenen Flügelkämpfe für oder gegen die Begründung des naturrechtlichen Ansatzes ist hier nicht einzugehen.

[82] Vgl. Johannes Michael Schnarrer, Norm und Naturrecht verstehen. Eine Studie zu Herausforderungen der Fundamentalethik, Frankfurt/M. u. a. 1999, Thesenteil, ab 22–25.

[83] Vgl. Karl-Otto Apel, Diskurs und Verantwortung, Frankfurt/Main 1992.

[84] Vgl. Jürgen Habermas, Theorie des kommunikativen Handelns, 2. 2. Aufl., Frankfurt/Main 1995.

[85] Vgl. Johannes Michael Schnarrer, Medienethik: Zwischen Humanisierung und Mißbrauch, in: Vereinigung für Medienkultur (Hg.), Standpunkte, Nr. 2, Wien, Juni 1998, 14 f.

[86] Diese Liste erhebt keinen Anspruch auf Vollständigkeit.

[87] Vgl. Alfons Auer, Autonome Moral und christlicher Glaube, Düsseldorf 1971, 44 ff. und 189 ff.

[88] Vgl. Wilhelm Korff, Wege empirischer Argumentation, in: Anselm Hertz/Wilhelm Korff/Trutz Rendtorff/Hermann Ringeling (Hg.), Handbuch der christlichen Ethik, Band 1, Freiburg/Br. 1978, 83–107, hier besonders: 104 ff.

[89] Ideologie ist zunächst wertneutral. Sie bedeutet die Wissenschaft von den Ideen. Doch schon durch Francis Bacons Lehre von den *Idolen* wird das falsche, durch gesellschaftliche Vorurteile getäuschte Bewußtsein kritisiert und so der heute gebräuchliche Ideologiebegriff zumindest sachlich vorweggenommen. Die französischen Aufklärer lehrten, daß gesellschaftliche Bewußtseinstrübungen gezielt erzeugt und zur Sicherung von Herrschaft genutzt, mittels der Vernunft aber auch überwunden werden können. Weil die bürgerliche Klasse ihre objektiv bereits überfällig gewordene Herrschaft erhalten will, muß sie, wie Karl Marx erklärt, ihre partikulären Interessen als allgemeingültig ausgeben und kann deshalb nicht zur wahren Erkenntnis über sich selbst, wie sie sich in Philosophie, Recht und Politik äußert, gelangen. Eine solche würde die Interessenbedingtheit des eigenen Denkens enthüllen und den eigenen Machtanspruch relativieren. Ihre Denkerzeugnisse sind deshalb Ideologie. Sie kann deren gesellschaftliche Bedingtheit auch deshalb nicht erkennen, weil die Trennung von geistloser Arbeit und geistlosem Schaffen dessen Vollzug als einen vom gesellschaftlichen Sein losgelösten Bereich erscheinen läßt. Der Marxismus-Leninismus nennt jedes, auch das eigene System von Anschauungen über die Gesellschaft Ideologie. Gedanken der Marxschen Kritik wurden aufgenommen durch die Wissenssoziologie, die positivistische Ideologiekritik und die dialektische Theorie der Gesellschaft. *Ideologieverdacht* geht über die Behauptung individuellen Fehlurteilens, bedingt durch Leidenschaften, beschränkte Erfahrung etc., hinaus. Der Ideologieverdacht ist dort total, wo behauptet wird, eine objektive Beurteilung der eigenen gesellschaftlichen Verfaßtheit und deren Aussage in Philosophie und Wertbewußtsein seien unmöglich. Aufgabe einer *Ideologiekritik* als Teil einer Erkenntnislehre ist es, die Abhängigkeit philosophischen Denkens von geschichtlich-gesellschaftlichen Gegebenheiten und seine mögliche Funktion als Rechtfertigung des nur faktisch Gegebenen zu untersuchen und so gerade die kritische Funktion der Philosophie gegenüber einer sich als vollendet, gerecht und frei ausgebenden gesellschaftlichen Wirklichkeit abzusichern. Daß sittlich-philosophische Erkenntnis den gesellschaftlichen Bedingungen verpflichtet ist, in denen sie vollzogen wird, ist nicht zu bestreiten. Zugleich aber gilt, daß diese gesellschaftlichen Bedingungen an Normen zu messen und auf sie hin zu verändern sind. (Vgl. Peter Ehlen, Ideologie, in: Walter Brugger [Hg.], Philosophisches Wörterbuch, Freiburg 1988, 178 f.)

[90] Vgl. Michel Foucault, Les mots et les choses, Paris 1966.

[91] Vgl. Talcott Parsons, The Social System, Glencoe/IL 1951.

[92] Aus den vielen Publikationen Luhmanns seien nur zwei ausgewählt: Niklas Luhmann, Soziale Systeme, Frankfurt/Main 1984; ebenso: Paradigm lost: Über die ethische Reflexion der Moral, Frankfurt/Main 1990.

[93] Vgl. Frederic Burrhus Skinner, Beyond Freedom and Dignity, New York 1971.

[94] Vgl. Johannes Michael Schnarrer, Anything goes? Sittlichkeit im Zeitalter der Skepsis, Wien/Tarnow 2000.

Weiterführende Literatur des Autors (Auswahl)

Bücher

– Anything goes? Sittlichkeit im Zeitalter der Skepsis, Wien/Tarnow 2000.
– Aktuelle Herausforderungen der Ethik in Wirtschaft und Politik: Perspektiven für das 21. Jahrhundert, 1. Aufl. 1998, 3. Aufl. Wien 1999.
– als Hg.: Allianz für den Sonntag, Wien 1998.
– Arbeit und Wertewandel im postmodernen Deutschland, Hamburg 1996.
– als Hg.: Gemeinwohl und Gesellschaftsordnung. The common good in our changing world, Beiträge zum Naturrecht 2, Wien 1997.
– als Hg.: Gesellschaftsordnung und Privateigentum am Beispiel der Privatisierung, insbesondere des Bankwesens, 1. Aufl. Wien 1996, 3. Aufl. Wien 1997.
– Market, Morality and Marginalization, Cambridge/MA 1994.
– Norm und Naturrecht verstehen. Eine Studie zu Herausforderungen der Fundamentalethik, Frankfurt/M. u. a. 1999.
– als Hg.: Solidarität und Sozialstaat. Wien/Budapest 2000.
– mit Hideshi Yamada: Zur Naturrechtslehre von Johannes Messner und ihrer Rezeption in Japan, Beiträge zum Naturrecht 1, Wien 1996.

Artikel

– Freiheit und Pflichtbewußtsein im post-bipolaren Demokratieverständnis der (Ost-) Deutschen: Eine Nation in Spannung überwundener Teilung, in: Ingeborg Gabriel/ Josef Steurer (Hg.), Demokratie als Herausforderung, Festgabe für Rudolf Weiler zum 70. Geburtstag, Wien 1997, 119–128.
– Die ganz unterschiedliche Vermögensbildung im Osten und Westen von Deutschland: Eine Untersuchung zu Fakten und Tendenzen als Augenblickaufnahme im Umformierungsprozeß, in: Diözesaninstitut für die Verbreitung der Soziallehre der Kirche in Brünn/Tschechien (Hg.), Die sozialethische Sicht der ökonomischen Transformation in der tschechischen Republik, Velehrad/Brünn 1998, 135–156; auf tschechisch im selben Band: Rozdílná tvorba majetku ve vychodním a západním Némecku: fakta a tendence, 47–62.
– Globalisierung contra Regionalisierung – Auf dem Weg zu einer neuen Weltwirtschaftsordnung, in: Wiener Blätter zur Friedensforschung, Nr. 83, Wien 2/1995, 47–59.
– Die humane Verantwortungskompetenz als Kulturfaktor in der Dynamik der gegenwärtigen Herausforderungen, in: Enrique Colom (Hg.), Dottrina sociale e testimonianza cristiana, Gedenkschrift für Kardinal Joseph Höffner, Vatikan 1999, 358–386.
– Theologische Grundlegung der Gerechtigkeit, in: Rudolf Weiler/Akira Mizunami (Hg.), Gerechtigkeit in der sozialen Ordnung, Berlin 1999, 57–87.
– Transformationsprobleme – aufgezeigt an der Situation in den neuen Bundesländern, in: Katholische Sozialakademie der Slowakei (Hg.), Arbeitslosigkeit in den ehemaligen sozialistischen Ländern und in den westlichen Demokratien, Bratislava 1997, 154–164; übersetzt ins Slowakische im selben Buch: Sociałna akademia (Hg.), Praca a nezamestnanost v zjednotenom Nemecku, in: Nezamestnanost v byvalych socialistickych krajinach a zapadnych demokraciach, 70–72.

- Der übergreifende Konsens von Individuen über Institutionen und Systeme in Messners Habilitationsschrift und bei John Rawls, in: Wolfgang Schmitz (Hg.), Johannes Messner – ein Pionier der Institutionen- und Systemethik, Berlin 1999, 97–120.
- Vom Wert des politischen Kompromisses, in: Ludwig-Erhard-Stiftung (Hg.), Orientierungen zur Wirtschafts- und Gesellschaftspolitik, Nr. 77, Bonn, September 1998, 85.
- Wahrheitsanspruch und Mediengesellschaft: ethische Konsequenzen, in: Dr. Karl Kummer-Institut (Hg.), Gesellschaft und Politik, 35. Jg., Wien 3/99, September 1999, 48–54.
- Was haben Bürgergesellschaft, Kommunitarismus und Katholische Soziallehre gemeinsam?, in: Dr. Karl Kummer-Institut (Hg.), Gesellschaft und Politik, 34. Jg., Wien 4/98, Dezember 1998, 28–34.
- Werteverschiebungen angesichts des europäischen Umbruchs: Wenn alte Präferenzen in neue Systeme einzubauen sind, in: Hanns Seidel-Stiftung (Hg.), Politische Studien, Nr. 364, 50. Jg., München, März/April 1999, 14–36.

Gerhard Pretzmann

KENNTNISERWERB AUS DER SICHT DER VERGLEICHENDEN VERHALTENSFORSCHUNG

In Diskussionen wird vielfach der Einwand gebracht, die Umweltschutzbewegung stelle unbeweisbare Behauptungen in den Raum, denen gegenüber Aufgaben der Ökonomie Vorrang hätten, die Forderungen würden Wachstum, Versorgung und Arbeitsplätze gefährden. Es gilt also, die Forderung nach Gültigkeit der Aussagen zu erfüllen und deren Anspruch auf Wissenschaftlichkeit zu beweisen. Darüber hinaus ist eine – gerade in diesem Zusammenhang relevante – Zurückweisung des radikalen Konstruktivismus erforderlich.

Konstruktivismus ist eine in neuerer Zeit in Mode gekommene Erkenntnistheorie, die vermutlich durch ihre enge Beziehung zur politischen Praxis an Relevanz gewonnen hat. Wenn unser Weltbild ein Entwurf unseres Gehirns ist, könnten politische Probleme einfach dadurch gelöst werden, daß man sich beispielsweise darauf einigt, daß es keine Rassen gibt; damit wären all unsere Probleme mit dem Rassismus vom Tisch. Genauso könnte man mit den Grenzen des Wachstums verfahren: wenn wir alle daran glauben, daß es keine solchen Grenzen gibt, brauchen wir unserer Ökonomie keine diesbezüglichen Auflagen zu geben. Nach Meinung des Realismus sind aber die Probleme damit nicht gelöst, sondern nur unter den Teppich gekehrt. In Anbetracht der drohenden Folgen kann sich die Menschheit ein solches Verhalten allerdings nicht leisten, und aus diesem Grunde ist nach Meinung der Autoren eine Absicherung der Umweltethik in der Erkenntnistheorie erforderlich.

Evolutionäre Erkenntnistheorie

Um diesen Begriff ist ein heftiger Streit zwischen Evolutions- und Erkenntnistheoretikern entbrannt, der im Wesen auf die gleiche Auseinandersetzung zurückgeht wie um die Jahrhundertwende der Streit zwischen Philosophie und Psychologie. Damals waren gerade die ersten umfangreicheren Ergebnisse bekannt geworden, welche die neue Richtung der experimentellen Psychologie – durch die Anwendung von Experimenten und Messungen – gewonnen hatte; also Verfahrensweisen, mit denen bis dahin vorwiegend in den Naturwissenschaften gearbeitet worden war. Naturgemäß war es vorwiegend die Wahrnehmungspsychologie, mit der begonnen wurde. Weber und Fechner sind die bekanntesten Namen. Sofort wehrte sich jedoch die Fachphilosophie, den Ergebnissen dieser Untersuchungen irgendwelche philosophischen Bedeutungen zuzumessen, denn hier (im Bereich, den die Philosophie für sich beansprucht: Ontologie, Erkenntnistheorie und Ethik) seien eben nur philosophische Methoden angebracht. Die Physiologie und Funktionsweise der Sinnesorgane und des Zentralnervensystems sei dabei völlig irrelevant. Vermutlich wirkte sich die damals noch strikte Grenze zwischen Natur- und Geisteswissenschaften aus, obwohl schon holistische Strategien entwickelt wurden – aber eben einseitig. Dabei hatte man offensichtlich völlig vergessen, daß der Skeptizismus der Antike seinen Ursprung gerade auch der Einsicht in die Relativität von Sinnesdaten verdankte! Aber offensichtlich war der Nachweis von Gesetzlichkeiten, die ins Psychische hineinwirken, dem geistigen Zugriff jedoch primär verschlossen sind, schon sehr unbequem. In gewisser Weise allerdings handelte es sich um ein Aneinander-Vorbeireden, denn die jeweils abgegrenzten Standpunkte liegen ja auf verschiedenen Funktionsebenen. Mit der Auseinandersetzung zwischen evolutionärer Erkenntnistheorie und Fachphilosophie scheinen die Dinge ähnlich zu liegen.

Der Evolutionsgedanke ist alt, die vorwissenschaftlichen Mythen sind Ausdruck dessen, und auch die Hochreligionen beschreiben eine (spiritualistisch bedingte) Entwicklung. Statisch war das Weltbild des mechanischen Materialismus und der „Aufklärung". In der neuzeitlichen Naturwissenschaft setzt der Entwicklungsgedanke – zunächst im astronomischen und geologischen Bereich – mit Kant, Laplace und Steno ein, in der Biologie erst im späten 18. Jahrhundert.

Da nun alles Evolution ist, müssen natürlich auch die Strukturen des Zentralnervensystems ein Evolutionsprodukt sein – und damit auch die von ihnen getragenen psychischen Funktionen. Diese Überlegung findet sich schon bei Charles Darwin und in der Folge bei einigen Naturwissenschaftlern, darunter Ernst Mach, als eigene Untersuchung aber erst bei Konrad Lorenz (1941); ihre weitere Fundierung dann vor allem bei Vollmer (1978) und Riedl (1980). Die Hauptfragen in diesem Zusammenhang sind:

I)   Was ist Erkenntnis?
II) Analyse des Erkenntnisapparates
III) Ethologischer Vergleich
IV) Evolutionstheoretische Begründung

Wenn man über Erkenntnis nachzudenken beginnt, hat man bereits einen beachtlichen Fundus an Informationen, Erinnerungen, Erlebnissen und daraus gezogenen Resümees, darunter auch einschlägige zum Thema. Es ist daher keinesfalls möglich, introspektiv voraussetzungslos sich dem Thema zu nähern bzw. neu, von „nichts" her, aufzubauen. Vorurteile sind nicht so einfach abzustellen, wie dies etwa der phänomenologische Ansatz fordert. Die Umweltreize werden sofort zu Wahrnehmungen verarbeitet, wobei sowohl „Apriorisches" als auch früheste Erlebnisse und Prägungen und alle späteren Erfahrungen an der Selektion und weiteren Auswertung der Sinnesdaten beteiligt sind. Dieser Erfahrungsschatz arbeitet unbewußt, und es ist introspektiv auch nicht möglich, die einzelnen angeführten Elemente zu erkennen und zu unterscheiden.

Aber auch auf höchster Ebene wird Neues und Unbekanntes von einer weitgehend ausgefeilten Weltsicht her gedeutet und aus dieser Sicht interpretiert (Gabriel 1965); und es ist hier vorausgesetzt, was gegebenenfalls überhaupt als Problem gesehen werden kann und welcher Gegenstand in welchem Zusammenhang zu untersuchen ist. Somit ist auch das Erwerben von Erfahrung bereits ein eingeübtes System, wenn man sich erstmals systematisch Gedanken über den Erkenntnisprozeß macht. Vor dieser Stufe ist jeder ein mehr oder weniger naiver Realist, der von der Voraussetzung ausgeht, als Subjekt einer Außenwelt gegenüberzustehen, wenn auch bereits eine gewisse Skepsis gegenüber dem jeweiligen Augenschein bestehen mag. Erst einem systematischen (philosophischen) Infragestellen aller bisher einfach hingenommenen Anschauungen wird auch die Realität der Objekte zum Problem. Da die von uns erlebten Begegnungen mit Objekten immer „Empfindungskomplexe" sind und die „objektive Realität", von der wir automatisch immer angenommen haben, daß sie „hinter" unseren Empfindungen steckt, niemals unmittelbar zu fassen ist, kommt man zur Annahme, die Wirklichkeit ganz einfach als eine Art Produkt unserer Phantasie aufzufassen. Die Frage nach einer außersubjektiven Realität solle daher konsequenterweise als „Scheinproblem" aus unseren Überlegungen gestrichen werden!

Da dieses Modell der Wirklichkeit den Vorteil hat, einfacher zu sein als unser herkömmliches, wäre es nach dem Prinzip der einfacheren Hypothese vorzuziehen. Die Sache hat nur einen Haken: Dieses „einfachere" Modell erfordert außerordentlich komplizierte Konstruktionen, um diverse Umstände zu erklären: So dürfte es dann eigentlich nur „mich" geben, denn alle mir begegnenden Personen treten mir ebenfalls nur als „Empfindungskomplexe" ins Bewußtsein: Solipsismus, als

Diskussionsgegenstand, hebt sich aber als solcher selbst auf. Daß es möglich ist, optische Täuschungen als solche zu erkennen, ist auch nur mit Krampf hier unterzubringen, desgleichen jegliche Aufdeckung von Irrtum oder die Irrealität der Trauminhalte, das „Woher" des Unbekannten, der Überraschung, der Untersuchungsergebnisse; Fossilien, die ganze Welt der Vorzeit oder die Existenz der Galaxien vor Erfindung der großen Spiegelteleskope ... Allen diesen Aporien gegenüber ist die Annahme der Richtigkeit der spontanen Überzeugung, in einer realen Welt zu leben, die unabhängig von jeder Registrierung durch ein „Ich" da ist, von überzeugender Einfachheit. Und dieser überzeugenden Einfachheit folgt natürlich das Konzept der evolutionären Erkenntnistheorie mit dem „hypothetischen Realismus". Auch die Frage nach Erkenntnis überhaupt ist eigentlich nur sinnvoll in einem Kontext, in dem bisher Unbekanntes in ein Bewußtsein aufgenommen wird. Man könnte natürlich auf dem Standpunkt stehen, es entstehe das Neue spontan aus dem Nichts. Damit sei eine weitere Analyse obsolet. Nur der Realismus aber zeigt hier weiterführende Erklärungsmodelle. Im Versuch können wir einem Tier ein Objekt vorsetzen, das Abbild auf der Netzhaut registrieren, die Weiterverarbeitung im Zentralnervensystem verfolgen. Auch einer menschlichen Versuchsperson können wir ein Objekt vorsetzen und die Vorgänge auf der Netzhaut und im Gehirn (neuerdings mit Computertomographie) registrieren. Das „Außerhalb" des Objekts bei Tier und Mensch, die Ähnlichkeit der Gehirne und ihrer Funktionen in beiden Fällen sind natürlich nur Analogieschlüsse, also Induktion. Unterwirft man die Erkenntnistheorie den Forderungen der Wissenschaftlichkeit, steht es ihr frei, die Analogiehypothese zu falsifizieren. Dazu ist sie natürlich nicht in der Lage. Die entgegenstehende Hypothese des subjektiven Idealismus ist mit den Mitteln der klassischen Logik gleichfalls nicht falsifizierbar. Immerhin aber ist, insbesondere im Hinblick auf die genannte Analogisierung von „außerhalb", die Hypothese des Realismus die wesentlich einfachere und daher – im Sinne von Popper – die vorzuziehende.

Die Verhaltensforschung überläßt jedenfalls den Realismusstreit den Philosophen und nimmt die objektive Realität als Arbeitshypothese auf. Man kann Erkenntnis als Prozeß in Stufen verstehen: Wahrnehmung, Alltagserkenntnis und wissenschaftliche Erkenntnis. Bei genauerer Überlegung wird man bald feststellen, daß die Grenzen auch hier fließend sind. Im Inhalt wird man Faktensammlung und funktionelles Verstehen unterscheiden. Erstere ist das Wissen, was es gibt, letzteres das Wissen, warum etwas so und nicht anders abläuft – die „Tatsachen" im Sinne von Tarsky. Beides übergreifend, läßt sich die Frage stellen, warum es dieses und jenes gibt; und hier ist eine weitere Ebene des Verstehens zu erschließen: die Begründung durch den historischen Ablauf, die „causa historica", die eine evolutionäre Erkenntnistheorie den aristotelischen Ursachen als neue Kategorie hinzufügt. Das volle Verständnis einer Bildsäule habe ich erst, wenn ich nicht nur ihre Existenz wahrnehme, nicht nur weiß, welche baulichen Maßnahmen zu ihrer Vollendung führten, sondern auch weiß, welche Ereignisse die Menschen dazu veranlaßt haben, sie gerade damals und gerade dort zu errichten. (Die hier auch vorliegende „causa finalis", also die konkrete Planung und Entscheidung zum Bau, ist in diesem Zusammenhang nur ein Teil davon!)

Träger der menschlichen Erkenntnisfähigkeit sind das höchstentwickelte Zentralnervensystem und sehr hoch entwickelte Sinnesorgane. Es gibt zwar noch größere Gehirne (z. B. bei Delphinen, Walen), aber offensichtlich ist die innere Organisation – soweit wir die Ethologie dieser Arten kennen – in der uns hier interessierenden Richtung weniger differenziert. Immerhin ist sicherlich die reine Quantität der grauen Substanz Voraussetzung für Erkenntnisleistung im engeren Sinn. An basalen Schaltelementen, den Synapsen, sind über eine Billion vorhanden, größenordnungsmäßig alle technischen Datenverarbeitungsinstrumente weit übertreffend – ihre Tätigkeit an den Ganglienzellen entspricht etwa einer Milliarde kleiner Analogrechner, die zu einem System digitaler Datenverarbeitung in Parallelarbeitsweise zusammengeschlossen sind.

Es sind fünf Gehirnabschnitte zu unterscheiden: Das (paarige) Vorderhirn, das Kleinhirn, das Zwischenhirn, das Mittelhirn und das verlängerte Mark. Letzteres setzt, wie der Name sagt, das Rückenmark fort. Die basalen Teile des Vorderhirns und die drei letztgenannten werden auch als Stammhirn bezeichnet. Die Abschnitte haben verschiedene Aufgaben:

Das Stammhirn ist Sitz von Reflexen (wie auch das Rückenmark), ferner „biologischen Uhren", Steuerungszentren für verschiedene physiologische Abläufe und Zentren für emotionale Erregung. Weiters treffen hier die Bahnen von den Sinnesorganen ein; diese Reize werden hier umgeschaltet und ins Vorderhirn weitergeleitet, ebenso Bahnen von den emotionellen Zentren. Im Vorderhirn sind Felder mit verschiedenen Aufgabenbereichen unterscheidbar: so eine Repräsentation des Körpers und die Zentren für willkürliche Bewegungen, Zentren für die Informationen der Sinnesorgane, in deren Umgebung eine Weiterverarbeitung der Erregung erfolgt, ein aktives und ein passives Sprachzentrum.

Das Zentralnervensystem ist ständig aktiv, wobei Wach-, Tiefschlaf- und Traumphasen an verschiedenartigen Hirnströmen unterschieden werden können. Auch diese ständige Aktivität ist ein wesentlicher Unterschied zu technischen Datenverarbeitungsmaschinen. Im Zentralnervensystem wird nicht erst durch Reize von außen etwas bewegt, sondern die ständige Grundaktivität wird durch die Außenreize modifiziert.

Diese Kenntnisse von Bau und Funktion des Zentralnervensystems stellen heute natürlich nur eine grob-schematische Orientierung dar. Im Einzelablauf sind diese Ereignisse nicht nachvollziehbar. Auch sind in einigen wichtigen Fragen (Gedächtnis, Denkablauf) die Funktionsstruktur und die Physiologie nicht geklärt. Die Beziehung aber zwischen den bekannten Elementen und psychischen Abläufen ist hinlänglich gesichert.

Faktisch hat es früher andere Lebewesen gegeben, und mit deren Weiterentwicklung muß sich auch das Verhalten entwickelt haben: ein Lebewesen muß in der Lage sein, Nahrung, Feinde, Geschlechtspartner zu erkennen, sich erfolgreich fortzupflanzen usw. Evolutionstheorie beruht auf einer Vielzahl verschiedenartiger Indizien, Fossilien sind wohl ein besonders wichtiges Beweismaterial. Allerdings sind auch für Bereiche, in denen Fossilien fehlen, Schlußfolgerungen aus der vergleichenden Anatomie heute lebender Tiere oder aus der Embryonalentwicklung möglich. So wissen wir, daß mit zunehmender allgemeiner Organisationshöhe auch die Organisation der Nervensysteme zunimmt, und von der Paläontologie wissen wir wiederum, daß die einfachsten Organismen zuerst auftreten und in späteren Ablagerungen immer höher entwickelte Tiere. In der Reihe der Wirbeltiere sind es zuerst die Kieferlosen, dann Fische, Reptilien, säugetierähnliche Reptilien und schließlich Säugetiere und Vögel. Auch innerhalb der Säugetiere finden sich zuerst primitive Formen, von denen die Monotremen ein Rest sind, dann ursprüngliche Beuteltiere und Insektenfresser (in der Kreidezeit), im Tertiär folgen auf Halbaffen echte Affen, ursprüngliche Menschenaffen und schließlich primitive Hominiden. Und auch innerhalb der Menschenartigen dokumentiert sich die zeitliche Reihenfolge immer höher entwickelter Typen. In der gesamten Abfolge zeigt sich eine allmähliche Zunahme des Zentralnervensystems. Zunächst sind die fünf Gehirnabschnitte nur blasige Verdickungen des Vorderendes des Rückenmarks. Alle Abschnitte vergrößern sich mit der Evolution, insbesondere aber das Vorderhirn nach Erreichen der Reptilorganisation. Daraus können wir schließen, daß reflexartige Vollzüge, Taxien, die ursprüngliche Steuerung des Organismus vollzogen. In der Wirbeltierentwicklung folgen dann komplexe Verschränkungen von Taxien, Instinktbewegungen und bedingten Reaktionen, mit zunehmender Verlagerung der Dominanz.

Es gibt eine große Zahl von Untersuchungsergebnissen betreffend die Leistungen des Systems von Empfindungen, Emotionen, Wahrnehmungen, Assoziationen, Gedächtnis, Urteilen, Schlußfolgerungen, Motivationen, Handlungen bis zu den Ergebnissen der Sozial-, Religions- und Kunstpsychologie, die in den vergangenen 150 Jahren zusammengestellt wurden. In diesem Zusammenhang ist entscheidend, daß das menschliche Zentralnervensystem in seiner Morphologie in den wesentlichen Zügen genetisch festgelegt ist und daß diese Struktur das Ergebnis einer viele hundert Millionen Jahre währenden biologischen Evolution ist, wie alle anderen biologischen Strukturen auch. Und wenn wir im Prozeß des Erkennens wesentliche Elemente konstitutioneller Art finden, ist die Frage nach der Evolution dieser Konstitution auch zugleich die Frage nach der Evolution der Erkenntnisfunktion: denn ein Organismus muß ja auf jeder Stufe seiner Entwicklung ein voll funktionsfähiger gewesen sein.

Mit der Frage nach stammesgeschichtlich relevanten Aktionssystemen treffen wir auf eine große Schwierigkeit: Fossile Dokumentationen von Verhaltensweisen sind äußerst seltene Objekte. Zumeist handelt es sich um Fuß- oder Kriechspuren, Bohrgänge, Biß- oder Fraßspuren. Indirekt lassen sich Bewegungsweisen aus der Form der Knochen und Gelenke sowie Muskelansatzstellen rekonstruieren. Die Größe von Gehirnen läßt sich ebenfalls meist ermitteln. Das alles ist für unsere Fragestellung zunächst zuwenig. Aber die evolutionäre Erkenntnistheorie braucht ja nicht die Evolution nachzuweisen, denn die Evolutionstheorie als solche ist hinlänglich indiziert.

Die Vergleichende Verhaltensforschung findet bei der Untersuchung von Organismen auf unterschiedlichen Organisationsniveaus von Wirbeltieren immer komplexere Instinktreaktionen auf der Basis immer komplexer angeordneter endogener Automatismen, gleichzeitig nimmt die Lernfähigkeit ständig zu, insbesondere bei den Höheren Säugern. Vor etwa zwei Millionen Jahren setzte dann eine Entwicklung ein, die über das Gehirnvolumen der großen Menschenaffen hinausführte und sich bis zum Homo sapiens etwa verdreifachte.

Im Erkenntnisbereich sind zwei Grundfunktionen zu unterscheiden: Orientierung und Bewertung. Im Orientierungsbereich werden Elemente der Umgebung erfaßt, die Bewertung erkennt, ob und welche Teile der Umgebung wichtig sind bzw. in welcher Hinsicht. Diese beiden Aufgaben zu trennen, ist wichtig, insbesondere auf höherer Funktionsstufe.

Der Aufgabenbereich des Bewertens wird durch die Entwicklung strukturierter „AAMs" (Angeborener Auslösender Mechanismen) ausgebaut. Einfache Schemata von bedeutsamen Umweltfaktoren lösen spezifische endogene Automatismen (Instinktbewegungen) aus. Die Auslösebereitschaft ist in ihrer Intensität (zweifach) regulierbar: erstens durch die Stärke des Auslösereizes, zweitens durch den „Stau". Die Auslösebereitschaft nimmt mit der Zeit zu. Im sogenannten Appetenzverhalten kommt es zu einer Verschränkung mit Lernen. Bei stärkerem Stau kommt es zu einem Suchen nach adäquaten Auslösern, wobei einschlägige Erfahrungen mitbestimmen. Auch bei der Ausführung von Instinktbewegungen wird Erfahrung eingeschaltet (Instinkt-Dressur-Verschränkung), hier ist das Kleinhirn stark beteiligt.

Mit der Instinktorganisation wird die Frequenz lebenswichtiger Verhaltensweisen steuerbar. Die Ausrichtung und die Objektbezogenheit der Instinktbewegung werden wiederum von Taxien gesteuert, das sind, wie erwähnt, reflexartige Orientierungsbewegungen. Alle drei Bereiche (Instinkte, Taxien, Lernen) werden im Zuge der Höherentwicklung komplexer, differenzierter und leistungsfähiger. Vergleichen wir heute lebende Tiere verschiedener Organisationshöhe, können wir diese Entwicklung als stammesgeschichtliche Evolution (in ihren allgemeinen Zügen) rekonstruieren. Kernfragen der evolutionären Erkenntnistheorie sind die Fragen nach einem angeborenen Wissen des Menschen und nach der Ursache dieses Wissens.

Eine bedeutsame Gruppe von Philosophien läßt sich unter dem Begriff „Empirismus" zusammenfassen. Nach Auffassung dieser Denker geht alles Wissen des Menschen auf Erfahrung zurück. Er wird als „weißes Blatt Papier" geboren, und die Erfahrung beginnt nun, alle Eindrücke einzutragen (laut Locke, Berkeley, Hume, Mill). In neuerer Zeit vertritt die milieutheoretische Schule, deren bekanntester Vertreter Skinner ist, diese Position.

Daß es so etwas wie angeborene Strukturen des Erfahrungsbereiches gibt, bemerkte schon Platon. Bacon, Hume, Descartes, Leibniz und Kant beschrieben jeweils verschiedene Aspekte. Von den neueren sind Helmholtz, Lorenz, Piaget, Jung, Lévi-Strauss und Chomsky zu nennen. Wie wir heute sicher wissen, sind zumindest Lerndispositionen erfahrungskonstitutiv, d. h. Voraussetzungen möglicher Erfahrung. Chomsky hat das für die Sprache nachgewiesen. Riedl (1980, S. 33) hat die Unmöglichkeit der richtigen Assoziation durch Zufall ausgerechnet.

Zu den angeborenen Formen möglicher Erfahrung gehören die Kantschen „Aprioris", die kategoriale Ordnung von Erfahrungen in ein räumliches, zeitliches und kausales Schema, die binokulare Entfernungsmessung (ein Nachweis für Anpassung: innerhalb der Lemuren, die bereits Baumlebewesen waren, bildete sich das binokulare Sehen, gleichzeitig die entsprechende Anatomie!), die Konstanzmechanismen, perspektivische Deutung. Diese Taxien arbeiten unbewußt auf „vernünftige" Weise („ratiomorpher Apparat"). Angeboren sind auch die AAMs (Kindchenschema, geschlechtsspezifische Formen, insbesondere auch die Bedeutung von Gestik und Mimik); letzterer Bereich instinktiver Mechanismen hat sich in der Evolution vom Menschenaffen zum Menschen noch weiterentwickelt! Natürlich sind die primären Zielanweisungen (primären Motivatoren) ebenfalls ein angeborenes Wissen, was gut und richtig zu tun wäre: Kinder zu pflegen, zum Partner solidarisch zu sein usw.

Literatur

Gabriel, L. (1965): Integrale Logik.

Lorenz, K. (1941): Kant's Lehre vom Apriorischen im Lichte gegenwärtiger Biologie, in: Blätter für Deutsche Philosophie 15 (1941), 94–125.

Lorenz, K. (1943): Die angeborenen Formen möglicher Erfahrung, in: Zeitschrift für Tierpsychologie 5 (1943), 234409.

Lorenz, K. (1959): Gestaltwahrnehmung als Quelle wissenschaftlicher Erkenntnis, in: Zeitschrift für experimentelle und angewandte Psychologie (4), 118–165.

Popper, K. (1974): Objektive Erkenntnis. Hoffmann u. Campe, Hamburg.

Rensch, B. (1962): Gedächtnis, Abstraktion und Generalisation bei Tieren. Paul Parey, Hamburg/Berlin.

Rensch, B. (1965): Homo sapiens. Vandenhoek, Göttingen.

Rensch, B. (1968): Biophilosophie. Fischer, Stuttgart.

Riedl, R. (1980): Biologie der Erkenntnis. Paul Parey, Hamburg/Berlin.

Vollmer, G. (1975): Evolutionäre Erkenntnistheorie. S. Hirzel, Stuttgart.

Zimmerli, W. (1990): Grenzen des evolutionären Paradigmas, in: Evolution der Biosphäre, S. Hirzel, Stuttgart.

Von Natur aus ein Kulturwesen

Dieser bekannte Satz aus Arnold Gehlens Buch „Der Mensch" ist wichtig, weil hier festgestellt wird, daß die besondere Situation des Menschen nicht bedeutet, daß Kultur und Natur zusammenhangslos und wesensfremd sind und Kultur einfach auf ein Lebewesen „aufgesetzt" ist, sondern – zunächst – daß die Biologie des Menschen bereits auf sein Potential hin, Kultur entwickeln zu können, angelegt ist.

Tatsächlich ist Kultur etwas qualitativ Neues in der Evolution: der Mensch ist das einzige Wesen, soweit bisher bekannt, das Kultur zeigt. Wesentliche Elemente der Kultur sind Tradition und Sprache. Letztere (Informationsweitergabe mittels Symbolen) ist humanspezifisch, Tradition ist aber bereits bei höher entwickelten Arten zu finden. Mit

Berufung auf Gehlen und Portmann wurde der Mensch vielfach als Mängelwesen bezeichnet, dessen biologische Konstitution ihn schwach und hilflos macht. Konrad Lorenz hat dem entgegengehalten, daß der Mensch – ganz im Gegenteil – in seiner körperlichen Leistungsfähigkeit als „Universalist" eine Kombination von Aufgaben bestens zu lösen imstande ist – etwa 500 m laufen, auf einen Baum klettern, über einen Graben springen, eine Strecke schwimmen und dabei, tauchend, etwas vom Boden aufklauben: Für jede dieser Leistungen gibt es Arten, die diese viel besser und schneller bewältigen könnten. In der Gesamtkombination aber wäre der Mensch überlegener Sieger.

Bis Ende der sechziger Jahre des 20. Jahrhunderts fehlten überdies wichtige ethologische Einsichten, insbesondere hinsichtlich der Lebensweise und Fähigkeiten der Menschenaffen sowie auch der Ethologie sozialer Räuber. Vieles am Menschen wurde als „anscheinend selbstverständlich" aufgefaßt und nicht weiter analysiert. Vieles – z. B. seine soziale Orientierung – wurde als „vernünftig", als logische Schlußfolgerung betrachtet („Gesellschaftsvertrag"), weiters auch (F. Engels folgend) der Begriff des Eigentums und die Familie als Folge dieses Eigentumsbegriffes. All diese Faktoren jedoch (soziale Lebensweise, Eigentum, Partnerbindung) sind sehr alte Verhaltensweisen, die viele Millionen Jahre zurückreichen und genetisch fixiert sind.

Das ist auch hinsichtlich der „Instinktreduktion" zu sagen: Die Fähigkeit, durch Lernen das Verhalten plastischer und somit anpassungsfähiger zu gestalten, nimmt im Zuge der Höherentwicklung der Wirbeltiere bedeutend zu, und der Rahmen des Appetenzverhaltens erweitert sich mit dem wachsenden Potential der Großhirnrinde. Insbesondere bei den in diesem Zusammenhang von Lorenz angeführten „Spezialisten auf Nichtspezialisiertsein" ist diese Auflockerung starrer, vorgegebener Reaktionen zugunsten assoziativ erworbener und schließlich einsichtiger Aktionen bedeutsam.

Die Gegenüberstellung: Tier = instinktgebunden – unfrei, Mensch = einsichtig-vernünftig – frei, ist also nicht absolut, sondern als relativ aufzufassen; im Zuge der Evolution nimmt der „Freiheitsgrad" zu, d. h. die Möglichkeit, auf eine bestimmte Situation unterschiedlich, entsprechend einer zunehmend komplexeren inneren Situation, zu reagieren. Das gilt auch für die Fähigkeit der Folgenabschätzung des Handelns, wofür sich viele Beispiele in den Büchern Jane Goodalls und Frans de Waals' finden. Nicht nur der Mensch lebt in Vergangenheit, Gegenwart und Zukunft!

Was in dieser Evolution verändert wurde, die, wie gezeigt, weit vor den Menschen zurückweist, ist die weniger strenge Abfolge von Instinktbewegungen, die zunehmende Plastik der Motorik. Die Handlungsziele jedoch, weil für die Arterhaltung unersetzlich, konnten nie reduziert werden.

Wahrnehmung ist nicht nur einfach eine Addition der Sinneseindrücke (Empfindungskomplex). Bereits im Sinnesorgan selbst – und in der Folge in allen angeschlossenen Verarbeitungsbereichen des Zentralnervensystems – findet eine Selektion der Information statt, wobei frühere Erfahrungen eine große Rolle spielen; um so stärker, je höher entwickelt ein Organismus ist. Dieser heute auch neurophysiologisch belegte Vorgang wurde auch als „Abstraktion" und „Entlastung" bezeichnet. In diesen Verarbeitungsprozeß sind stets auch jene Zentren eingebunden, in denen die endogenen Automatismen und auslösenden Schemata liegen: das sind die Stammhirnanteile und die basalen Bereiche des Cortex (Hirnrinde).

Der Mensch hat dieselbe Grundarchitektur des Gehirns wie andere Säugetiere, daher ist er keinesfalls völlig „aus der Spannung genommen"; vielmehr bekommen die Informationen über die Umgebung immer eine gewisse Einfärbung durch emotionelle Elemente und, wo wichtige Motivatoren berührt werden, entsprechende Betonung und Hervorhebung. Die – grundsätzlich zu unterscheidenden – Funktionen der Orientierung und der Bewertung gehen in eine höhere Synthese ein. Dabei ist natürlich schon die Gesamtverarbeitung beim Menschen um einiges komplexer, er vollzieht sozusagen ständig Bündel von „Umwegaufgaben"; er ist in viel höherem Maße ganzheitlich orientiert: mögliche Auswirkungen von Handlungen werden ständig, zum Teil noch vorbewußt, erwogen, und daher ist die Fähigkeit, einem unmittelbaren Impuls nicht zu folgen, entsprechend entwickelt. Hier spielt das im Instinktbereich des Imponiergehabes verwurzelte Geltungsbedürfnis eine entscheidende Rolle, und an dieser Stelle setzt daher der gesellschaftliche Einfluß an, der zum Aufbau des „Über-Ich" – in der Terminologie der Tiefenpsychologie – führt. Der Mensch ist sozusagen ein Künstler im Verschieben, Aufschieben und Sublimieren von Zielen der primären Motivatoren; er kann dies durch seine Kapazität der Assoziation und Abstraktion, die in ihrer Vielfalt jene Kultursphäre entstehen läßt, die eben nicht nur eine Summe, sondern eine hochentwickelte Ganzheit emotioneller und kognitiver Elemente darstellt.

Diese Einbindungen wurden von der Tiefenpsychologie im Bereich der Kunst und der Mythologie vielfach analysiert, allerdings zumeist nur im Hinblick auf den Geschlechtstrieb. Der Mensch verfügt aber über eine ganze Palette von primären Motivatoren, da er ja – wie jedes Lebewesen – eine Reihe von Aufgaben zu bewältigen hat. Der Geschlechtstrieb, als wesentlich für den Fortpflanzungserfolg, ist natürlich besonders stark und daher auffallend; vermutlich haben dabei auch „egoistische Gene" im Sinne der Soziobiologie eine gewichtige Rolle gespielt. Wie der balzende Pfau, ist der Mensch hier wohl auch belastet und gefährdet. Aber eine etwa ebenso starke Kraft ist das Geltungsbedürfnis, das ja auch am Fortpflanzungserfolg beteiligt ist; es gibt daher auch Querverbindungen auf mehreren Ebenen. Alfred Adler hat diesen Komplex untersucht. Allerdings ist hier zu sagen, daß die Kompensation nicht die primäre Wurzel ist, sondern eben die primäre Motivation gegebenenfalls verstärkt. Die kognitive Kapazität des Menschen ermöglicht ihm ein Gesamtbewußtsein seiner Situation und ein Verstehen der Aufgaben, die sich ihm stellen. Aus diesem Verständnis wächst die kulturative Ritualisierung der Akte, die aus der primären Motivation folgen: Riten, Gebräuche und Sitten. Das große Feld der Gestaltungsmöglichkeiten entwickelt in der Folge jene Vielfalt an Kulturen, die den Reichtum der Menschheit ausmachen. Insbesondere aber bei den ursprünglich lebenden Jägern und Sammlern lassen sich die gemeinsamen Linien dieser Kulturation nachvollziehen, wie dies die Humanethologen Irenäus Eibl-Eibesfeldt, Hans Hass und andere unternommen haben. Die Ziele sind im wesentlichen gleichartig geblieben, da jedes Lebewesen bestimmte Aufgaben zu bewältigen hat: Kenntnis des Lebensraumes, Umgang mit Artgenossen, Fortpflanzung, Revierverteidigung, Rangposition. In einigen motorischen Bereichen ist das Inventar endogener Automatismen sogar bereichert worden: in der Mimik und in der Lautformung.

Leider sind drei Zwischenstufen der Evolution vom Menschenaffen zum Menschen völlig verschwunden: Ramapithecus (mit der Entwicklung des aufrechten Ganges, möglicherweise nur konvergent), Australopithecus (mit dem Übergang vom Buschwald zum Steppenleben und zum Vorwiegen der kollektiven Jagd) und schließlich Homo erectus, der vorsprachliche Mensch. Zur Rekonstruktion dieses Weges können wir nur die Indizien der Ethologie der Anthropoiden, der sozialen Räuber, der fossilen Schädel und der Artefakte einsetzen. Immerhin erklärt heute die starke Zunahme solidarischer Motivation in der Evolution zum sozialen Jäger die Entstehungsmöglichkeit der „physiologischen Frühgeburt" bzw. des sekundären Nesthockers Mensch, denn diese verstärkte Solidarität gewährleistet den sozialen Schutz für Mutter und Kleinstkind und deren kollektive Versorgung. Diese besonders solidarische Lebensform ermöglicht jene dynamische Entwicklung von Motorik und Sensorik des Kleinkindes zur orientierten Beherrschung von Körper und Umwelt, auf die Portmann und Gehlen – im Hinblick auf die Ergebnisse Piagets – verweisen; grundsätzlich liegt eine derartige Entwicklung auch bei höheren Säugetieren vor – das Spiel- und Explorationsverhalten, das „entspannt" erfolgt, ebenso das Einüben von Bewegungskoordinationen im frühesten Stadium –, nur sind natürlich diese Phasen beim Menschen besonders ausgeprägt und vergleichsweise lange. Naturgemäß wächst ein junges Lebewesen in einem sozialen Verband in eine Lebensform hinein, in der Tradition besteht und Verhaltensmöglichkeiten erlernt werden können, sei es – im ursprünglicheren Zustand – durch die Ausbildung von Assoziationen und Erfahrungen im vorgegebenen Milieu, sei es – auf höherem Niveau – durch bewußte Nachahmung oder letztlich durch Einsicht. Erinnert sei in diesem Zusammenhang an das Erlernen des arteigenen Gesanges oder der Vogelzugroute. Tradition ist kein absoluter Vorzug des Menschen, hat aber natürlich hier wesentlich mehr Gewicht.

Daß die Verbesserung der Wahrnehmungsfähigkeit zum „vorsprachlichen Denken" führt, zu einer vorgestellten Ereignisdynamik, ist hinlänglich bewiesen. In Fortführung dieser Tendenz ist beim Menschen die Sprachentwicklung getreten, ursprünglich wohl auch mehr in Gestik und Mimik realisiert, wie wir an den erfolgreichen Versuchen zur Erzielung einer Verständigung mittels Symbolen mit Schimpansen und anderen Menschenaffen erfahren haben. Wann und wieso dann die Lautsprache diese Rolle übernommen hat, ist schwer zu sagen. Da die Lautgabe und Modulation Instinktcharakter aufweist, ist sicherlich ein längerer Zeitraum anzusetzen, offensichtlich in der Frühphase der Herausbildung des Homo sapiens in Afrika. Der zunehmende tradierte Informationsstock führte jedenfalls zu einer sich beschleunigenden Entwicklung der Kulturation, die an den Artefakten abzulesen ist. Hier tritt ein neues Element in die Welt, der überindividuelle Informationsstand, die Noosphäre (genauer gesagt Protonoosphäre, weil noch nicht die ganze Menschheit umfassend), welche die gesamte Erlebniswelt vieler Generationen umfaßt und durch deren Kontaktierung das Individuum zur geistigen Person wird.

Zunächst überformt diese geistige Sphäre das Leben der Gemeinschaft und bleibt mit ihren Inhalten dem ursprünglichen Leben eben dieser Trägergemeinschaft nahe. Die Eigenschaft der Sprache, Abstraktion zu verdichten und Denken zu präzisieren, führt zu einer wesentlichen Beschleunigung der Erfassung der Wirklichkeit und übersteigt in ihrer Fähigkeit bald das nur im engsten Sinne Notwendige und Nützliche. Der – zunächst unbenannte – Sinn für Ursache, gemeinsam mit der Motivation zur Erkundung, kann nun hypothetische Zusammenhänge konstruieren und versuchen, immer weiter gehende Erklärungen zu finden.

Mit der Entwicklung der Sprache und der Noosphäre ist ein Prozeß in Gang gekommen, der infolge der Akkumulation von Wissen immer neue Möglichkeiten aufzeigt; auch Möglichkeiten, die einzelnen primären Motivatoren widersprechen. Die erste wichtige Entdeckung war die Möglichkeit des Getreideanbaus, eine weitere die der Viehzucht. Der Übergang erfolgte wohl nicht plötzlich, sondern kontinuierlich; aber sehr rasch im Vergleich zur bisherigen Entwicklung (Phasenübergang). Im Endeffekt war ein entscheidender Wandel in der Lebensform eingetreten. Etwa zur gleichen Zeit entwickelte sich der Tauschhandel, basierend auf dem nur lokalen Vorkommen von beispielsweise Obsidian oder Bernstein. Damit war eine – vernunftbegründete – Kontaktnahme über die Stammesgrenzen hinweg gegeben. Weitere Motive waren wohl auch Bewässerungsmaßnahmen; vorher aber vermutlich schon auch Übereinkünfte hinsichtlich Grenzen und letztlich gemeinsame Verteidigung durch Kooperation, insbesondere verwandter Stämme. Auch die kulturative Weiterentwicklung der natürlichen Inzesthemmung zur Exogamie, die verwandte Stämme einschloß, mag hier beteiligt gewesen sein. Diese Herausbildung größerer Gemeinschaften, die den Umfang und die Grenze der Urhorde auflöste, erforderte eine Sublimierung der primären Motivation der Fremdablehnung durch kognitive Entwicklung.

Die stärkere Bewußtseinserweiterung in Erfassung der Zeitlichkeit ermöglichte Geschichte: das Bewußtsein der Verwandtschaft mit Stämmen, die sich aus dem Wachstum erfolgreicher Gruppen ergeben hatten, die Überlieferung gemeinsamer, mythisch überhöhter Vorfahren. Weiters hat sicherlich eine Abstrahierung und Weiterführung der ursprünglichen Gemeinschaftshierarchie mitgewirkt, für die ja ein primäres Verständnis angelegt war: das Paar, die Kleinfamilie, die Großfamilie, die durch Freundschaft verbundenen Familien und zuletzt der Stamm als Ganzes. Die weitere Entwicklung zu einer Gemeinschaft verwandter Stämme ist eine logische Folge. Und dieser Entwicklung ist erst durch die gemeinsame Sprache eine Grenze gesetzt. Diese durch Abstammung und Kulturtradition entstandene Gemeinschaft ist daher eine notwendige Folge der „Kulturwesen von Natur aus", und man kann aus diesem Blickwinkel sehr wohl von einem „Naturrecht der Nationalität" sprechen. Diese neue Gemeinschaft ist eine Gemeinschaft der Fremden, für die nun auf kulturativem Weg eine Ausweitung insbesondere der solidarischen Motivation erfolgen muß, die vorher im Rahmen der Stammesgemeinschaft durch die primäre Motivation automatisch gegeben war. Die menschliche Abstraktionsfähigkeit entwickelt Symbole dieser Verbundenheit, wie Fahnen,

Kultbauten, Gesänge usw. Nicht zufällig entstanden die Hochreligionen in dieser historischen Phase.

In diesem Zusammenhang wollen wir zur Entstehung des bewußten Bildes der Welt zurückkehren, das aus apriorischen Formen der Anschauung, Lerndispositionen, Erfahrungen und einer Folge von Erlebnissen aufgebaut ist: diese Welt, in der wir leben, ist weder eine photographische „Abbildung" der Wirklichkeit noch eine essentielle Identität – es gibt hier nur die Funktionen von Neuronen und Synapsen. Unsere Erlebniswelt ist durchaus privat. Dennoch besteht eine kontingente gesetzliche Beziehung zur Wirklichkeit, und unsere private Welt ist daher nicht restlos willkürlich und von der realen unabhängig, wie das im Konstruktivismus anklingt. Die Kybernetik setzt hier den Begriff der „Isomorphie" ein. Allerdings ist es eine Frage der Intensität der Beschäftigung mit konkreten Angelegenheiten, wie bedeutsam diese Inhalte uns jeweils erscheinen und wie sie mit den primären Motivatoren verknüpft sind. Hier liegen die großen Chancen der Pädagogik – und die Macht der Medien.

Erlebnisqualität

Im allgemeinen Sprachgebrauch wird Qualität meist synonym zu Wert, wertvoll, verwendet. Ein anderes – breiteres – Wortverständnis entspricht den Begriffen Eigenschaft, Besonderheit, Eigenart. In diesem Sinne bildet es einen Gegenbegriff zu Quantität, was Menge (des Gleichen) bedeutet. Philosophisch ist besonders dieser zweite Begriff von Qualität interessant, zumal hier auch der „Umschlag von Quantität in Qualität" (Hegel) zur Sprache kommt. Als modernstes Beispiel kann man die quantitative Veränderung des Volumens der Welt im Urknall anführen: In der ersten Phase entsteht aus dem ursprünglich einheitlichen Weltzustand die Aufspaltung in die vier Grundkräfte bei einem bestimmten Ausdehnungsgrad. Verändert sich die Wellenlänge des Lichtes quantitativ, erleben wir bei bestimmten Umschlagpunkten andere Farbqualitäten: blau, gelb, rot. Verdichtet sich durch Gravitation kosmischer Staub, beginnen sich Druck und Temperatur quantitativ zu erhöhen. Sind einige Millionen Grad erreicht, beginnt massive Heliumproduktion aus Wasserstoff, und der neue Stern beginnt zu leuchten. Fragen wir uns nun, was eigentlich das Neue ist bei einem Umschlag von Quantität in Qualität, sehen wir zunächst, daß es Reaktionsnormen sind, die sich geändert haben. Die kürzere Wellenlänge verursacht andere physiologische Reaktionen in unserem neuronalen System, die uns als Farben bewußt werden. Eine Änderung der Wirkweise ist es, was den Umschlag von Qualität in Quantität kennzeichnet: Qualität ist eine bestimmte Form von Wirkung. Auch in dieser Weise sehen wir den Satz Platons: „Wirklich ist, was wirkt" bestätigt. Andererseits wird auch Qualität etwas relativiert, weil eine quantitative Änderung von a auf A in neuer Weise anspricht, auf B jedoch nicht.

Qualität ist daher auch relational (z. B. unterschiedliche Schmelzpunkte, Entzündungstemperaturen u. a. bei verschiedenen Umgebungsbedingungen). Zweitens kann eine Qualitätsänderung ihre innere Ursache in einer Strukturänderung haben. Die Strukturänderung bewirkt dann eine andere Reaktionsweise.

Wichtiger als die Entstehung von Qualitäten durch quantitative Änderungen ist die Entstehung neuer Qualitäten durch die Vereinigung von Elementen unterschiedlicher Qualität (Integration von Qualitäten), wofür Konrad Lorenz den Begriff Fulguration geprägt hat. Vereinigen sich etwa Wasserstoff und Sauerstoff, entsteht Wasser mit durchaus anderen Eigenschaften als die beiden Elemente für sich. Auch hier ist es die Wirkweise, die die neue Qualität dokumentiert: Weder in reinem Wasserstoff noch in reinem Sauerstoff könnte ein Fisch leben. Neben der neuen Qualität als Wirkweise kommt bei Fulguration auch noch der komplexere innere Bau des neuen Qualitätsträgers dazu (Wasser ist ein Molekül, Wasserstoff und Sauerstoff sind Atome).

Im Gegensatz zum Reduktionismus, der seine Aufmerksamkeit auf die fortlaufende Analyse komplexer Strukturen auf immer einfacheren Trägerelementen richtet (Ziel: die einheitliche „Weltformel"), wäre die umgekehrte Blickrichtung als Fulgurismus zu bezeichnen, der seinen Blick auf die immer höheren Organisationsstufen, auf das Sein des Seienden, auf die Existenz und auf das Kommende richtet. Ordnung ist hier der entscheidende Faktor und Negentropie.

Zwei Hauptaufgaben müssen Organismen bewältigen, die sich als Orientierung und Bewertung definieren lassen. Für beide Aufgaben bestehen konstitutionelle Vorgaben, die Konrad Lorenz als die angeborenen Lehrmeister bezeichnet hat. Sowohl Orientierung als auch Bewertung müssen im Zusammenhang mit der jeweiligen Lebensweise, mit der Ökologie der betreffenden Organismen gesehen werden, beides als Ergebnis einer Milliarden Jahre währenden Evolution. Diese Strukturen der Informationsverarbeitung beinhalten jene Entscheidungshilfen, die ein Lebewesen braucht, um sich in seiner Umwelt erfolgreich – und mit Chance auf Reproduktion – zu behaupten. Sie sind ein Teil seiner Anpassung, wie seine Anatomie und Physiologie. Denn um eben diese als Voraussetzung für eine Existenz in einer ganz bestimmten Umwelt gegebenen körperlichen Strukturen zum richtigen Zeitpunkt und in der richtigen Weise funktionieren zu lassen, sind die richtige Orientierung, die richtige Objektwahl und die richtige Handlungsentscheidung erforderlich – auf welcher organisatorischen Höhe auch immer das Lebewesen steht.

Natürlich gibt es in jeder Art ein gewisses Ausmaß an individueller Besonderheit dieser Strukturen. Die Variabilität ist beträchtlich höher, als man vor einigen Jahrzehnten angenommen hat, wie die Populationsgenetik zeigt. In einer Umwelt, die niemals „die" idealtypische Umwelt der Art ist, ist das auch adäquat. Konkret sind natürlich Grenzen gesetzt, die sich statistisch zeigen; je erfolgreicher die betreffende Variante, desto häufiger wird sie im Artenspektrum anzutreffen sein. Und das ist vielleicht auch ein Kriterium in der Frage der Organisationshöhe: Je differenzierter eine Verhaltensstruktur ist, desto mehr Möglichkeiten erfolgreicher Antworten sind gegeben. Daher auch die Bedeutung modifikatorischer Phänomene: Die Möglichkeit zu lernen – im weitesten Sinne –, also Erfahrungen auszuwerten, beginnt im Tierreich früh mit der bedingten Reaktion und setzt sich fort über zunehmende Möglichkeiten der Umweltanalyse in zunehmend komplexeren Zentralnervensystemen bis zur bewußten Forschung. Die steigende Leistungsfähigkeit der Umweltanalyse durch steigende Situationseinsicht läßt sich am Umfang des Zentralnervensystems ablesen.

Diese angesprochene analytische Fähigkeit der Orientierung – als rationallogischer Bereich – ist für uns heute, im Zeitalter hochentwickelter Computer und diffiziler Kybernetik, relativ gut verstehbar geworden. Das kybernetische System der Ja-Nein-Schaltung in der Physiologie der Nervenzelle (digitaler output) ist bekannt. Hier nun, im Zusammenhang mit der Fragestellung „Erlebnisqualität", ist aber der zweite Funktionsbereich, die Bewertung, zuständig. Es sind unsere Emotionen, die unsere Wahrnehmungen beantworten und unsere Handlungen auslösen und begleiten. Gerade hier war es einer der großen Durchbrüche der Vergleichenden Verhaltensforschung, Bedeutung, Genese und Aufgabe dieser Strukturen zu verstehen. Die Physiologie der Emotion ist noch nicht so gut analysiert wie die logisch-kognitiven Abläufe. Aber es ist die Verhaltensforschung, die in der Erforschung angeborener auslösender Mechanismen und der Lusthaftigkeit der „consumatory action", der Instinktbewegung, unser Verständnis für den emotionalen Bereich unserer Psyche vorangebracht hat. Diese qualitativen Erlebnisse sind eben die Form, in der einer Orientierung, einer Wahrnehmung der Situation, eine Bewertung folgt und eine durch diese Bewertung gegebenenfalls ausgelöste Handlung.

Gerade hier finden wir höchst gewichtige Argumente gegen eine „Tabula rasa"-Vorstellung, gegen eine rein milieutheoretische Verhaltenstheorie. Denn logischerweise muß ja alles, was nicht gelernt werden kann, angeboren sein. Weil es uns schwerfällt, das anscheinend Selbstverständliche in Frage zu stellen, wird dieser ganze Bereich nicht beachtet. Es erscheint uns selbstverständlich, daß wir bei einem lauten Krach erschrecken. Es wird nicht beachtet, daß wir im Erschrecken eine Meldung unseres Gehörsinnes bewerten: Wenn ein Baum umbricht, ist es sinnvoll, so schnell wie möglich wegzulaufen. Es ist eben nicht nur eine quantitative, beliebige Veränderung des Geräuschpegels, ein plötzlicher Krach hat Bedeutung, und unsere Emotion des Erschreckens ist seine (zumeist) richtige Bewertung. Und das Interessante dabei ist, daß wir das Erlebnis „Erschrecken" als emotionale Qualität nicht beschreiben können. Wir können über ein Schreckerlebnis nur berichten, weil wir annehmen, daß jeder dieses Gefühl kennt. Es ist ebensowenig erlernbar wie die Empfindung „grün" oder „blau". Auf diesen Umstand hat schon Wittgenstein verwiesen, ohne daß alle daraus den Schluß gezogen hätten, daß ganz wesentliche Elemente unserer psychischen Funktionen angeboren sind.

Daß wir Lebewesen mit rundem Kopf und großen Augen als herzig erleben, ist ein angeborenes Schema (Kindchenschema), das die richtige Bewertung der Wahrnehmung „Kind" bewirkt. In analoger Weise stimuliert der Anblick des weiblichen Busens und der Hüften beim Mann sexuelles Wohlbehagen (es ist daher auch nicht egal, wie sich Mann oder Frau kleidet). Weiters ist das ganze reichhaltige Repertoire menschlicher Mimik voll von angeborenerweise verstandener Bedeutung.

Wie die Strukturen der Orientierung haben die Bewertungsmechanismen ihre Bedeutung in der Ökologie einer Art, die ihrer Lebensform entsprechend auf Details ihrer Umgebung sinnvoll reagieren muß; sie sind kennzeichnend für die Einpassung in die jeweilige Umwelt. Auch hier finden sich individuelle Variationen, insbesondere in der Intensität, denen ebenso wie bei der Orientierung mehr oder weniger enge Grenzen gesetzt sind. Kümmert sich eine Variante weniger um ihre Kinder, ist ihre Reproduktionschance geringer und ihr Anteil in der Population entsprechend kleiner. Insgesamt finden wir in der Vielfalt des Lebens jeweils einen hohen Grad an Angepaßtheit. Ändern sich die Bedingungen, so ändern sich die Anteile der entsprechenden Variablen in der Population. Diese hohe Angepaßtheit ist das Ergebnis einer langen Folge derartiger Verschiebungen. Es hat natürlich nie eine genetische „ad hoc-Anpassung" im Sinne eines Entwicklungssprunges von einem „unangepaßten" in einen komplexen „angepaßten" Zustand gegeben, da jede Population in ihrer jeweiligen Zeit und Umwelt schon (statistisch, mehr oder weniger) angepaßt war.

Da mit zunehmender Organisationshöhe adaptive (Lern-)Prozesse eine immer größere Rolle spielen, assoziieren sich erlebte Begleitumstände mit den primären Wertungsmustern in immer komplexerer Weise, gewinnen Dinge sekundär Bedeutung in mannigfachen Zusammenhängen; es entsteht ein immer reicheres qualitatives Erlebnisgefüge und mit der zunehmenden Zahl von unterschiedlichen Erlebnissen eine immer größere individuelle Vielfalt. Primäre Motivatoren stecken in unterschiedlicher Intensität und Mischung in sekundären und tertiären Strebungen.

Im Geistigen ist es das „Interesse" an bestimmten Elementen unserer persönlichen Kulturation, in dem uns diese Mischung aus rationalen und emotionalen Elementen anspricht. Und es ist eine Erfahrungstatsache, daß durch die Intensität der Befassung mit einem bestimmten Gegenstand die Intensität des Erlebens gesteigert werden kann. Im Gesamtbewußtsein der Persönlichkeit kann eine derartige Entwicklung übermächtig werden: Wir sprechen von einem Hobby, im Extremfall von einer Manie. Mit diesem Phänomen hat sich schon Thirring (Homo sapiens, 1947/49) befaßt und dafür den treffenden Namen „überwertige Ideen" eingeführt. Derartige überwertige Ideen können durchaus gefährlich werden, in Richtung „Deutschland über alles" oder „right or wrong, my country". Auch religiöser Fanatismus, der zu Steinigungen, Witwen- oder Hexenverbrennungen führt, neuestens auch zu blutigen Massakern an unschuldigen Frauen und Kindern, ist hier zu nennen; weiters die Tatsache, daß Politiker Dinge, die ihnen bekannt sind, etwa Umweltschutz, nicht in der richtigen Relation sehen, wenn sie in der „überwertigen Idee" Wirtschaftswachstum, Budgetdefizit oder was auch immer völlig eingesponnen sind.

So schwierig es wäre, dem einzelnen vorauszusagen, welche Neigungen er entwickeln wird, so deutlich zeichnen sich jedoch in der Kulturgeschichte bestimmte Trends ab, die breite Strömungen entfalten können und in deutlicher Wechselwirkung zwischen persönlichen Intentionen und gesellschaftlichen Prozessen resultieren. Hier spielen heute die Medien eine sehr wichtige Rolle, da sie nicht nur Informationen weitergeben, sondern im Angebot von Unterhaltung und Kultur Wertungen darbieten, die wesentlichen Einfluß auf die Lebenshaltung der Bevölkerung nehmen.

Mit diesem Einfluß tragen die Medien eine zunehmende Verantwortung, deren Umfang sich viele der Medienproduzenten wohl nicht voll bewußt sind. Andererseits werden Tendenzen aus bestimmten weltanschaulichen Grundhaltungen auch mit Absicht intendiert. Auf dieser Linie sind heute jene Einflüsse besonders schädlich, die den Abbau jeglicher Hemmungen und das Ausleben egoistischer, hedonistischer Ansprüche propagieren. Hier steht vielfach die „überwertige Idee" des Klassenkampfes dahinter.

Die abstrakte Eigenschaft des Geldwertes, die mit der Erfahrung, alles mögliche kaufen zu können, koinzidiert, verleitet zu der unrichtigen Einstellung, daß man wirklich alles kaufen kann, und unrichtigerweise wird nun die Wertorientierung auf das Geld selbst übertragen. Konrad Lorenz hat dagegen oft die alte Volksweisheit zitiert, daß man goldene Nockerln nicht essen kann. Kein Vermögen, kein Besitz an sich kann uns wirklich etwas geben, das einzige, was wirklich Bedeutung in unserem Leben hat, sind Erlebniswerte. Und ein Mensch, der sich an der Schönheit der Schöpfung berauschen kann, ist reich gegenüber einem abgestumpften Geldprotz, dem schon alles egal ist. Es geht heute darum, Erlebnisqualität zu entwickeln, die eine sinnvolle und tragfähige Erhaltung und Weiterentwicklung menschlicher Wertbildung bringt. Auf dieser Basis ist ein praktisch unbegrenztes Wertwachstum – ohne quantitativen Ressourcenverschleiß – wohl vorstellbar.

Werte

In den geistigen Auseinandersetzungen unserer Zeit wird der Wertbegriff zunehmend häufiger verwendet – in Zusammenhang mit gesellschaftlichen und Umweltproblemen, mit Ethik und Moral.

Dabei ist der Begriffsumfang unterschiedlich; neben Auffassungen, die Werte nur in engem Zusammenhang mit unserem Bewußtsein sehen, werden gerade diese Vorstellungen von esoterisch orientierten Kreisen als „anthropozentrisch" kritisiert. Der Gegenbegriff lautet „anthropomorph", das bedeutet, vom Menschen aus dem eigenen Erleben Bekanntes in die Natur zu projizieren. Diese kritische Revision galt seinerzeit vor allem für die naive „Tierpsychologie" eines Zell oder Alfred Brehm. Dabei wurde sogar das Wort Tierpsychologie suspekt; daher auch die Bezeichnung „Vergleichende Verhaltensforschung" – wofür aber auch die Einbeziehung des biologischen Anteils im Menschen mitbegründend war.

Wichtig im Zusammenhang ist auch Alfred North Whiteheads Kritik der Substanzmetaphysik – wobei wohl anzumerken ist, daß er, übereinstimmend mit dem allgemeinen heutigen Sprachverständnis, den Substanzbegriff enger faßte als die platonisch-aristotelische bzw. scholastisch-thomistische Auffassung. Whitehead wies auf den Ereignischarakter allen realen Seins hin; denn seit der neuen Physik können wir Materie (Masse, Substanz) als Funktion der Energie verstehen.

Auch ein Werterlebnis hat Ereignischarakter. Es tritt bei einem Kontakt unseres Wahrnehmungsapparats mit realen Gegebenheiten auf; natürlich auch im Zusammenhang mit abstrakten Vorstellungen, die sich aber von realen Wahrnehmungen ableiten. Dabei ist die Bewertung unsere eigene Leistung. Das wahrgenommene Objekt wird weder verändert, noch wird unsere Empfindung in dieses hineingetragen, vielmehr löst das Objekt das Wertgefühl in uns aus, es verursacht unser Werterlebnis. Daß das Werterlebnis durchaus subjektiv ist, beweisen die unter Umständen sehr unterschiedlichen Beurteilungen, über die wir uns sprachlich verständigen können.

Von dieser Definition her ist es nur sinnvoll, von Werten als Ergebnis der Einstellungen und Fähigkeiten wertender Subjekte zu sprechen.

In der allgemeinen Sprache ist es üblich, von Sach-, Gebrauchs-, Tausch-, Seltenheitswerten zu reden, als ob dies konkrete Eigenschaften der Objekte wären. Das ist durchaus nicht der Fall, wie wir am Beispiel des Seltenheitswertes sehen können: Eine bestimmte Briefmarke wird eingestampft, etwa weil sie ein vergangenes Regime symbolisiert. Vor dem Einstampfen gab es für diese Marke keinen Seltenheitswert, sondern durch die Vernichtung der meisten Marken werden die übriggebliebenen wertvoll, ohne daß sich an ihren konkreten Eigenschaften das Geringste geändert hätte.

Vor einem Vierteljahrhundert konnte man noch gelegentlich das Urteil hören: „Jugendstil ist mir zuwider." Mir selbst war damals noch der sogenannte „Gründerzeitstil" (Historizismus) zuwider; das hat sich aber inzwischen umgekehrt. Die entsprechenden Gebäude haben sich nicht geändert, sie sind auch nicht viel seltener geworden, aber meine Erlebnisfähigkeit hat sich gewandelt.

Was also in der objektiven Realität besteht, kann infolge seiner Eigenschaften Werterlebnisse hervorrufen, man könnte die Ursache dafür ein Wertpotential nennen. Etwas anderes ist die Wichtigkeit eines Objekts. So ist die Gravitation unerhört wichtig, denn sie ist eine Voraussetzung für die Existenz des Lebens; aber es wird niemandem einfallen, Gravitation als wertvoll zu bezeichnen. In diesem Sinne sind auch alle konkreten Dinge wichtig, die für eine Tierart Existenzgrundlage sind. Auch Parasiten können unter Umständen beispielsweise als Populationsregulatoren wichtig sein, sind aber für niemanden wertvoll – außer für Sammler und Systematiker. Aber genau das letztere ist jene ganz andere Bezugsebene, um die es in diesem Zusammenhang geht.

Werte in dem hier angesprochenen Sinn sind Elemente der höchsten Seinsstufe der Realität, nämlich der Noosphäre, der Geistwelt des Menschen; sie sind als ganzheitliches System, als Fulguration aus Elementen der primären Motivation (als biologischer Grundlage) und dem Schatz an Erfahrungen und Erlebnisfolgen der Menschen zu sehen, als Produkt der Kulturation der Gesellschaften einerseits und dem jeweils persönlichen Anteil der einzelnen Menschen andererseits. Diese funktionelle Ganzheit ist jedenfalls mehr als nur eine Summe von Assoziativem und Instruktivem.

Daß wir eine bestimmte Landschaft als lieblich, eine andere als majestätisch, wieder andere als düster, drohend oder öde erleben, liegt an unserer menschlichen Erlebnisfähigkeit. Dabei gibt es sicherlich subjektive Unterschiede und intersubjektive Ähnlichkeiten. Aber ob nun eine bestimmte Landschaft wertvoll, d. h. erhaltenswert, ist, unterliegt eben unserer Bewertung.

Ob es außer beim Menschen noch Werterlebnisse gibt – wenn wir vom Gottesbegriff zunächst absehen –, ist nicht erfahrbar; wenn, dann ansatzweise bei den höchstentwickelten Tieren. Glauben kann man natürlich an Waldgeister oder an einen Geist der Erde, im nicht metaphorischen Sinn – und esoterische Glaubensgemeinschaften sprechen auch davon. Das ist deren gutes Recht. Aber der Rahmen der Wissenschaftlichkeit ist damit eindeutig überzogen.

Für unsere Praxis heißt das: Die Rede vom Wert der Natur an sich, unabhängig von menschlichen Werterlebnissen, ist nur dann berechtigt, wenn hier ausdrücklich auf eine Glaubenshaltung hingewiesen wird. Sehr wohl ist aber auf ein Recht der Ungeborenen auf Erhaltung jener objektiven Realität hinzuweisen, die für sie einmal Potential für ihre Werterlebnisse sein wird. Hier wurde kritisch eingewendet, es sei ja nicht sicher, ob es überhaupt jene nachfolgenden Generationen geben wird. Juridisch werden aber z. B. testamentarische Verfügungen sehr wohl in dieser Weise behandelt. Absolute Gewißheit kann es grundsätzlich für nichts geben (Popper), aber bei hoher Wahrscheinlichkeit handeln wir (und müssen das auch), „als ob" es Wahrheit wäre. In gleicher Weise haben ja auch die Neuseeländer ein Recht auf die Erhaltung der Ozonschicht, obwohl deren Existenz bei einer Verhandlung über Grenzwerte einer bestimmten Anlage in Europa ja auch nur mittelbar (als „bewährte" Theorie) nachweisbar ist. Jedenfalls sind die Neuseeländer in ihrer Heimat unmittelbar betroffen. Selbstverständlich ist „Wert" an sich ideales Sein im Sinne Nicolai Hartmanns, und so können unsere Nachkommen vielleicht Werte finden, die uns heute nicht geläufig sind. Auch aus dieser Sicht hat heute das Erhalten Vorrang vor dem Verändern.

Die überwertigen Ideen

Diese Bezeichnung stammt von H. Thirring, der in seinem Buch „Homo sapiens" unmittelbar nach dem Zweiten Weltkrieg versuchte, einiges der unfaßlichen Ereignisse aufzuarbeiten. Wie schon oben ausgeführt, entwickelt der Mensch seine primären Motivatoren im Zusammenhang mit der Entwicklung seiner Erfahrungen und seines Wissens weiter; es kommt zur Bildung von fulgurativen Synthesen dieser angeborenen Elemente mit der Fülle konkreter Erfassungen von Wirklichkeit, zahlreichen Erlebnissen in den verschiedensten Zusammenhängen, die sich zu einem komplexen Bild der Welt fügen. Dabei entstehen immer wieder vielfache neue Assoziationen mit dem Bereich der angeborenen auslösenden Schemata, die ihren Emotionsgehalt in den neuen Bereich einfließen lassen und mit anderen verbinden können, so daß eine weitgefächerte Palette von Gefühlsfärbungen entsteht; in der geistigen Verarbeitung formen sich so die Werte aus.

Der Mensch erlebt seine Welt nicht als Bündel von Empfindungskomplexen, sondern als Gefüge von Wahrnehmungen. Die Wahrnehmung kommt nicht nur als passives Aufnehmen von Sinnesreizen zustande, sondern es erfolgt – schon vorbewußt – eine Verarbeitung unter Einfluß aller früheren Erfahrung. Somit ist Wahrnehmung stets mehr als nur quasiphotographische Abbildung. Es ist bekannt, wie stark Motivation und Übung das Erkennen beschleunigen und verbessern. Dabei kommt es zu einem Bewußtwerden von Faktoren, die in der akuten Situation von Sinnesdaten gar nicht gemeldet werden, älteren Assoziationen, die wir aber unbewußt festgehalten haben. Induktiv werden sie in die akute Wahrnehmung kreiert.

Wie gesagt, kommt die Bedeutung eines Gegenstandes für die primäre und sekundäre Motivation dabei mit zum Tragen; und das ist keinesfalls eine ein für allemal gefügte Konstante, sondern kommt durch Wiederholungen in einen Prozeß der Verstärkung und des Wachstums.

Da nun die Entwicklung jedes Menschen anders verläuft und er mit unterschiedlichen Dingen zu unterschiedlichen Zeiten und unter unterschiedlichen Umständen in Berührung kommt, entsteht eine Fülle von verschiedenartigen Werterlebnissen und unterschiedlicher Zuwendung hin zu jener Vielfalt von Wertbereichen, die den Reichtum unserer Kultur ausmachen. Zumeist gibt es in jeder Person eine Mehrzahl von Interessensgebieten. Vielfach kommt es dabei aber zu einer Dominanz weniger oder auch nur eines Bereiches, bei extremer Ausbildung spricht man von „Monomanie". Bestimmte Inhalte werden immer wichtiger und füllen weitgehend den Aufmerksamkeitsbereich aus; andere Elemente werden daneben klein und unbedeutend. Diese Dynamik ist klarerweise nicht nur rational, sondern in ihrer Beziehungsstruktur von nichtlogischen Faktoren mitbestimmt. Hier können wir zum Vergleich etwa byzantinische und romanische Kunst heranziehen: wenn in bestimmten Bildern wichtige Personen groß und die Mehrzahl klein dargestellt sind, abweichend von Perspektive und realer Proportion. Ein Extrembeispiel für derartige Dominanzen ist etwa starke Spielleidenschaft.

Die Menschen erleben die Realität durch einen Zerrspiegel ihrer Interessen, Motivationen und Gewohnheiten, der das Bewußtsein der realen Gegebenheiten verändert. Möglicherweise besteht hier auch ein funktioneller Zusammenhang mit den Mechanismen der Verdrängung, die von der Tiefenpsychologie beschrieben werden.

Natürlich hat dieser Effekt große gesellschaftliche Bedeutung. Auch der Politiker ist in ein System von Beziehungen eingebunden und befaßt sich zu einem großen Teil seiner Zeit mit konkreten Aufgaben, die ihn voll beanspruchen. Ein gelegentlicher Kontakt mit anderen Fragen, z. B. Umwelt, kann zumeist nicht den theoretisch zu erwartenden Effekt bringen, da die Bedeutung, auch wenn sie formal logisch eingesehen wird, im Gesamtsystem seiner Hauptprobleme eben nicht ihr objektives Gewicht erlangt.

Als dominierende überwertige Ideen unserer Zeit können wir den Wachstumswahn und die vorzügliche Orientierung auf materielle „Werte" nennen, wohingegen Werthaltungen früherer Generationen in wichtigen Bereichen heute unterentwickelt sind. Die „Umwertung aller Werte" forderte bereits Nietzsche und vor ihm – ohne diese Bezeichnung zu verwenden – die Aufklärung. Noch frühere Phasen von Wertewandel waren die Reformation, die Renaissance, das Christentum der römischen Spätantike.

Sicherlich waren in der Vorbereitung sowie in der Durchführung der genannten Umschwünge stets überwertige Ideen maßgeblich an der Kraft und Dynamik dieser Entwicklungen beteiligt. Eine überwertige Idee an sich muß noch nicht etwas Schädliches sein. Als positives Beispiel möchte ich ein biographisches Zitat von Shirley C. Strum aus ihrem Buch „Leben unter Pavianen" anführen: „Das Problem war, daß Paviane für mich zur Leidenschaft, ja beinahe zur Besessenheit geworden waren. Wenn ich nicht bei ihnen war, umgab mich ein Surrogat wie Photographien oder Tonbandaufzeichnungen. Ich fühlte mich nur wohl, wenn ich mit den wenigen Menschen, die mir zuhörten und mich auch verstanden, über mein anderes Leben, mein Leben mit den Pavianen, sprechen konnte."

Ähnliches wird wohl auch für zahlreiche andere Ethologen und überhaupt für kulturell Schaffende gelten. Anders ist die dem Außenstehenden zumeist unverständliche Einsatz- und Opferbereitschaft wohl unerklärlich. Andererseits liegt in einer daraus resultierenden „Betriebsblindheit" die Gefahr von Fehleinschätzungen darüber hinausgehender Zusammenhänge, was insbesondere im Bereich gesellschaftlich relevanter Ideen fatale Folgen haben kann. Steigert sich z. B. die an sich achtenswerte Hochschätzung nationaler Werte zum bereits erwähnten „right or wrong, my country" oder zu einem „... über alles in der Welt", zum Wunsch, alles am eigenen Wesen genesen zu lassen oder der ganzen Welt den eigenen „way of life" aufzwingen zu wollen, kann das zu entsetzlichen, letztlich rückwirkenden Katastrophen führen. Der Umschlag von Nationalismus in Chauvinismus ist allerdings nicht nur endogen bedingt.

„Das Geschehen wird immer stärker von Generaldirektoren, Präsidenten und Aufsichtsratsvorsitzenden usw. geprägt, die alle bis über die Ohren in tagespolitischer Routine stecken" (Franz Vranitzky in einem Interview mit der „Kronen Zeitung", 24. 11. 1999). – Natürlich gehen in einigen Fragen die Meinungen auseinander, im wesentlichen besteht hinsichtlich der Beteiligung der hier untersuchten Bereiche jedoch grundsätzliche Übereinstimmung.

Zur Ethologie der Naturschutzintention

Vortrag beim Seminar „Naturschutz" auf Burg Albrechtsberg/NÖ am 30. September 1994

Die Bemühungen von Menschen, bedrohte Natur zu erhalten, haben eine lange Tradition, reichen als verbreitete geistige Haltung bis zur Romantik bzw. zur „Sturm und Drang"-Strömung zurück.[1]

Insbesondere die einsetzende Industrialisierung, mit zunächst lokalen Zerstörungen, aber auch die sich ausbreitende agrarische Nutzung etwa in den USA, die zunehmend auch Naturdenkmäler bedrohte, rief schon in der Mitte des 19. Jahrhunderts Bestrebungen hervor, bestimmte Bereiche zu schützen und in ihrer Ursprünglichkeit soweit wie möglich zu bewahren. Da diese Bestrebungen zumeist kommerzielle Interessen aufzuhalten hatten, war ihre Durchsetzung schwierig und oft nicht erfolgreich. Immerhin waren doch entweder politische Entscheidungen zu erkämpfen oder entsprechende Geldmittel aufzubringen oder beides. Zumindest war es der großzügigen Bereitschaft engagierter Mäzene, entsprechende Spenden und Stiftungen einzubringen, bzw. der Einsicht politischer Verantwortungsträger zu danken, daß wir heute eine große Zahl von Nationalparks, Naturschutzgebieten, Landschaftsschutzgebieten und geschützten Einzelobjekten weltweit vorfinden.[2]

In Österreich waren es Schöffel, Rosegger[3] und Gleichgesinnte, die zu den ersten Mahnern und Aktivisten gehörten, später der Naturschutzbund. In neuerer Zeit sind es, neben den großen Organisationen, auch zahlreiche lokale Bürgerinitiativen, die sich in dieser Hinsicht bemühen, und das herausragende Ereignis der Aubesetzung bei Hainburg durch engagierte Jugendliche (und Junggebliebene) hat ein international beachtetes Zeichen gesetzt. Wesentlich ist bei all diesen Ereignissen die deutliche grundsätzliche Zustimmung breiter Kreise der Bevölkerung, sobald es gelingt, die Öffentlichkeit auf konkrete Fragen aufmerksam zu machen. In Österreich – und über die Grenzen hinauswirkend – waren es unter anderem Konrad Lorenz und Otto Koenig, die hier wesentliche Grundlagen im Bewußtsein der Bevölkerung gelegt haben.[4]

Nun läßt sich zwar rein rational sehr viel Bedeutendes für den Naturschutz sagen: Erhaltung der Genvielfalt – auch im Hinblick auf Nutztiere und Pflanzen; Erhaltung der Artenvielfalt im Hinblick auf die Stabilität der Biotope; Klimaschutz, nicht zuletzt auch hinsichtlich des Fremdenverkehrs.[5] Alle diese Faktoren sind langfristig wirksam, daher politisch in unserem Organisationssystem schwieriger durchzusetzen.[6] Aber das Entscheidende in dieser Frage ist die emotionelle Bedeutung für die meisten „normalen" Menschen.

Unter diesem Aspekt ist es die menschliche Eigenschaft, Werte zu bilden und zu erleben, die starke Motivationen bilden kann. Es ist die Eigenschaft des Menschen, „von Natur aus ein Kulturwesen"[7] zu sein: gegenüber allen anderen Lebewesen bildet er, von seinen angeborenen Triebzielen aus, wesentlich umfangreichere Assoziationen, die von den angeborenen Auslösern und Automatismen her ihre starke emotionelle Einfärbung bekommen.[8] Diese Strukturen sind auch mitteilbar, bilden Traditionen und sind durch die begriffssprachlichen Fähigkeiten des Menschen in besonderer Weise wirksam. Er ist weniger starr programmiert, weil das Vorhandensein tradierter Fertigkeiten eine spezifische Existenzsicherung ermöglicht, die den Vorteil größerer Plastizität gewährt. Der Mensch konnte sich daher in allen Biomen der Erde Existenzmöglichkeiten schaffen. Als „Spezialist auf Nichtspezialisiertsein"[9] ist er also einerseits weltoffen, andererseits aber keinesfalls ein Mängelwesen, sondern auch in seinen biologischen Fähigkeiten durchaus potent, wie Lorenz in der Diskussion mit Gehlen aufzeigte.

Die größere Plastizität der menschlichen Psyche bedeutet aber keinesfalls chaotische, absolute Freiheit: Einem Lebewesen sind bestimmte Aufgaben, wie Ernährung, Partnerwahl, Kinderaufzucht, Rangordnung, Revierverteidigung, unabdingbar – bis zum Ende der Eiszeit auch sehr strikt in der Lebensform des sozialen Räubers[10] festgelegt. Wie alle genetisch festgelegten Eigenschaften sind auch diese Zielorientierungen der natürlichen Auslese unterworfen und durch diese gefestigt. Die wenigen Generationen seit der „neolithischen Revolution" – die zu einer anderen Lebensform durch Kulturation führte – gestatten zwar, insbesondere in der städtischen Lebensform, etliche Ausfälle der biologischen Information, haben aber – infolge der im Vergleich zum Tempo biologischer Evolution sehr kurzen Zeitspanne von nur einigen tausend Jahren – sicherlich statistisch keine bedeutsamen Veränderungen der primären Motivation in nennenswertem Umfang bewirkt. Wir sind also immer noch die Steinzeitjäger im Frack, wie vielfach angemerkt wurde.[11]

Antriebe unseres Strebens und Handelns sind also primäre Motivatoren (vielfach recht intensiv) und auch sekundäre, durch Kulturation entwickelte Strebungen. Letzteren dürfte eine Selbstverstärkungstendenz innewohnen, wie z. B. bei Sammelleidenschaften. Sammeln ist beim „Jäger und Sammler" sicherlich eine primäre Motivation; die Vielfalt von möglichen Sammelobjekten ist für die Kulturation typisch. Je mehr Zeit für eine derartige Appetenz aufgewendet wird, desto stärker wird offensichtlich das Bedürfnis für diese Ziele.

Hier dürfte auch eine Verschränkung mit dem kognitiven Bereich erfolgen, die von einiger Relevanz ist: Je mehr bestimmte Fakten, Probleme, Aufgaben eines bestimmten Bereichs die Aufmerksamkeit erfordern, desto größer erscheint in der Realitätsrepräsentation das jeweilige Gebiet, und andere, objektiv möglicherweise bedeutsamere Dinge treten im subjektiven Erleben zurück. Gerade diese Eigenschaft des Menschen dürfte ein Haupthindernis für die Durchsetzung unserer Anliegen in der Politik sein.[12]

Mit der Sammelleidenschaft haben wir einen primären Motivator angesprochen, der eine der ethologischen Naturbeziehungen aufbauen kann. In meiner Jugend war ich selbst ein eifriger Käfersammler und dadurch an einer Vielfalt von Biotopen interessiert. Leider ist heute gerade dieser mögliche Bezugspunkt vielfach negativ geworden. Insbesondere das Eiersammeln gefährdet heute etliche Arten, deren Horste nun von geeigneten Personen bewacht werden müssen. Beim Menschen können sich auch verschiedene primäre Motivatoren kombinieren, und gerade beim Sammler tritt zum primären und sekundären Interesse

noch ein ganz anderer primärer Motivator dazu, nämlich das Geltungsbedürfnis. Hier kommt, in der Gruppe der Sammler, dem Besitz eines
ganz seltenen Objekts ein hoher Prestigewert zu. Interessanterweise
spielt das gesamtgesellschaftliche Desinteresse keine nennenswerte Rolle:
Unsere primäre Motivation ist auf die Kleingruppe[13] ausgerichtet, die
der urgesellschaftlichen Horde entspricht, und hier werden in geeigneten Vereinen die persönlichen Beziehungen hergestellt, für die wir angelegt sind, und das Selbstbewußtsein ist zumindest sektoriell auf diese
Rangposition hin orientiert. Artgerechte Haltung ist heute eine wichtige Forderung in unserem Umgang mit unserer Mitwelt. Wollte man den
Menschen artgerecht halten, dürfte etwa auf dem Territorium von Wien
nur eine einzige Jäger- und Sammlerhorde leben.

Was wäre die adäquate ökologische Struktur? Entstanden ist der
Mensch in der Buschsteppe Afrikas,[14] und offensichtlich ist die Appetenz
auf eine „Parklandschaft" sicherlich stark – wie auch unsere kulturativen
Tendenzen zeigen. Die „liebliche Landschaft" spricht uns besonders an.

Hier ist allerdings auch die vermutlich hohe Prägbarkeit des Menschen in bezug auf Landschaft anzuführen. Sein Eindringen in alle Bio-
me der Erde wird dadurch ermöglicht.[15] Seine Territorialität, für den sozialen Räuber besonders wichtig, bedingt eine starke Fähigkeit, Bindung
an eine ganz besondere Landschaft – seine Heimat – zu entwickeln. Diese
humane Grundtendenz sollte in den Menschenrechten ausdrücklich als
„Recht auf Heimat" festgehalten sein.

Mit dieser Prägung auf Heimat ist das Bild einer bestimmten Landschaft verbunden, in der man aufgewachsen ist und deren Erhaltung ein
starkes Anliegen ist. Bei mir persönlich waren der Wiener Prater und
die Lobau ein regelmäßig frequentiertes Ausflugsgebiet, daher ist die
Aulandschaft für mich ein besonders geliebtes Landschaftsbild.

Als Jäger hat der Mensch eine sehr starke primäre Motivation zur
Beschäftigung mit Tieren. Die Jägeranlage zeigt sich deutlich am Anteil dieser Motivatoren an den Spielen des Menschen:[16] Neben Rang-
ordnungs-(Leistungs-)Momenten spielen Fang- und Zielwurfmomente
eine große Rolle. Die kulturative Weiterentwicklung der zunächst nur
auf Beute orientierten Tendenz, Tiere zu beobachten, führt zu unserem
Bedürfnis, Tiere bei Ausflügen zu erleben, eine gewisse Artenvielfalt in
Tiergärten zu sehen, letztlich Heimtiere zu halten. Bei der Tierhaltung
kommen zumeist noch andere primäre Motivatoren dazu, insbesondere
bei Heimtierhaltung, die zum Repertoire sozialer Beziehungen gehören
und bis zu sehr starken persönlichen Bindungen reichen können.[17] Auf die
besondere Wichtigkeit dieses Bereichs in pädagogischer, sozialer und
heilender Hinsicht hat (u. a.) Konrad Lorenz mehrfach hingewiesen.[18]

Wenn wir grundsätzlich die Abdeckung der natürlichen Ansprüche einer Art als ethisch zu fordernde Bedingung akzeptieren, gilt das auf der gleichen Ebene auch für uns selbst, und wir haben – analog zu den Bedingungen für unsere Ernährung – eben auch einen naturrechtlichen Anspruch auf die Befriedigung der angeführten Bedürfnisse. In der weiteren Kulturation wird dem Menschen bewußt, daß es zur Erhaltung der Art auch der Erhaltung ausreichender Biotope bedarf[19] und daß weiters zur Erhaltung der geliebten Landschaft einer grenzenlosen kommerziellen Nutzung ein Riegel vorgeschoben werden muß.[20] Dazu genügen natürlich nicht nur einige ausgesuchte Naturschutzgebiete, sondern pflegliche Grundhaltungen im ganzen Land sind gefordert, um Heimat zu erhalten und die zerstörerische Tendenz, Forstwirtschaft zur Holz- und Papierfabrikation und Landwirtschaft zu landschafts- und boden-zerstörender Industrie degenerieren zu lassen, aufzuhalten.[21]

Hier stehen Naturschutzintentionen in Konkurrenz zu sekundären Motivationen, die zu einem guten Teil auf den Geltungstrieb zurückzuführen sind (größeres Auto, größeres Haus, weitere Auslandsreisen etc.) und zu einem guten Teil Wertbildungen enthalten, die mit einem Aufwachsen in einer denaturierten Betonwüste, in ausschließlich technikorientierten, einseitigen Ausbildungswegen zusammenhängen;[22] sicherlich auch mit der Herbeiführung einer hedonistischen, ich-orientierten gesellschaftlichen Grundhaltung. Diese ist zurückzuführen auf eine formalistisch übersteigerte, ursprünglich sozial orientierte Zielsetzung.[23] Haben und Sein sind in ein natürliches Gleichgewicht zurückzuführen, und die rücksichtslose „Ich-Verwirklichung" auf Kosten der Gemeinschaft ist als Unwert zu demaskieren.

Umgekehrt ist die kulturative Weiterentwicklung der solidarischen primären Motivatoren zu fördern, die das Erlebnis der Mitgeschöpflichkeit der zu schützenden Natur erzielt. Daß eine solche Überschreitung des ursprünglichen Rahmens der Solidarität, die auf die persönlich bekannten Mitglieder der Horde beschränkt war, erfolgreich möglich ist, wurde durch das Phänomen des Nationalismus hinlänglich bewiesen.[24]

Jedenfalls ist zu hoffen, daß aus den Quellen der primären Motivatoren des Menschen genügend Kraft strömt, daß bei entsprechender kulturativer Kanalisierung jene Hindernisse überwunden werden können, die in den eingangs gezeigten Kurzfriststrategien der nur rational begründeten Argumente gegenüberstehen.

Anmerkungen

[1] Farkas 1992, 1994; Künast 1983
[2] Riedl 1988; Spitzenberger 1988
[3] Farkas 1994; Künast 1983
[4] Gruhl 1982; Schwab 1984; Spitzenberger 1988; Koenig 1990
[5] Schwab 1984; Weish 1994
[6] Pretzmann 1992b; Raschauer 1986; Riedl 1988
[7] Gehlen 1940; Lorenz 1978a; Pretzmann 1994
[8] Lorenz 1978b; Pretzmann 1994
[9] Lorenz 1978a, b
[10] Lawick 1972; Eibl-Eibesfeldt 1988; Tiger und Fox 1971
[11] Riedl 1980, 1988; Wuketits 1990
[12] Thirring 1947/49; Wuketits 1990
[13] Eibl-Eibesfeldt 1967, 1973; Pretzmann 1992b; Maler-Sieber 1976
[14] Campbell 1985
[15] Campbell 1985
[16] Koenig 1986; Pretzmann 1992b
[17] Lorenz 1978b; Pretzmann 1992c
[18] Lorenz 1974/75
[19] Spitzenberger 1988; Gepp 1985
[20] Weber 1978; Pretzmann, 1992b; Weish 1994
[21] Pretzmann 1992b; Weish 1994
[22] Lorenz 1978b, 1973
[23] Nikodim 1993; Künast 1983
[24] Pretzmann 1994

Literatur

Campbell, B.: Ökologie des Menschen. Harnack, 1985
Eibl-Eibesfeldt, I.: Grundriß der Vergleichenden Verhaltensforschung. Piper, 1967
ders.: Der Mensch, das riskierte Wesen. Piper, 1988
ders.: Der vorprogrammierte Mensch. Molden, 1973
Farkas, R.: Grüne Wurzeln. Agemus-Nachrichten 1994
ders.: Der Heimgarten. Agemus-Nachrichten 1992
Gehlen, A.: Der Mensch. Athenaeum, 1940
Gepp, J. (Hg.): Auengewässer als Ökozellen. Bundesministerium für Gesundheit und
    Umweltschutz, 1985
Gerlach, R.: Bedrohte Tierwelt. Luchterhand, 1959
Gruhl, H.: Das irdische Gleichgewicht. Erb, 1982
Honnefelder, L. (Hg.): Sittliche Lebensform und praktische Vernunft. Schöningh, 1992
Koenig, O.: Kultur und Verhaltensforschung. dtv, 1970
ders.: Naturschutz an der Wende. Jugend und Volk, 1990
ders.: Grundriß eines Aktionssystems des Menschen. Verein für Ökologie u. Umwelt-
    forschung, 1986
Künast, R.: Umweltzerstörung und Ideologie. Grahert, 1983
Lawick, H. v.: Unschuldige Mörder. Rowohlt, 1972
Lorenz, K.: Verhaltenslehre, Bd. I., Piper, 1965
ders.: Das sogenannte Böse. Borotha-Schöler, 1963
ders.: Die acht Todsünden der zivilisierten Menschheit. Piper, 1973
ders.: Vergleichende Verhaltensforschung. Springer, 1978a

ders.: Naturschutz und Erziehung. In: Natur und Land 61/1974, 1/1975
ders.: Das Wirkungsgefüge der Natur. Piper, 1978b
ders.: Rettet die Hoffnung. Jugend und Volk, 1988
Maler-Sieber, G.: Das Verhalten des Menschen. Bertelsmann, 1976
Nikodim, G.: Politische Moral – Notstand der Gegenwart. Mensch und Umwelt 32, 1993
ders.: Verlust eines tradierten Wertesystems. Mensch und Umwelt 31/11/1993
Ott, K.: Ökologie und Ethik. Attempto, 1993
Pretzmann, G.: Forderungen zum Natur- und Landschaftsschutz. In: Mensch und Umwelt 23, 1992b
ders.: Grundzüge eines Ökologischen Humanismus. VWGÖ, 1992a
ders.: Die Liebe, Natur und Kultur. Versuch einer Synopsis. Eigenverlag, 1981
ders.: Von Natur aus ein Kulturwesen. Agemus-Nachrichten 35/11/1994
ders.: Zur evolutionären Ethiktheorie. Agemus-Nachrichten 32/11/1993
ders.: Maß aller Dinge? Agemus-Nachrichten 27/1992c
Raschauer, B.: Umweltschutzrecht. Böhlau, 1986
Reding, M.: Politische Ethik. Rombach, 1972
Riedl, R.: Der Wiederaufbau des Menschlichen. Piper, 1988
ders.: Biologie der Erkenntnis. Parey, 1980
Schwab, G.: Der Tanz mit dem Teufel. Sponholz, 1951
ders.: Verspielt die Zukunft nicht. Bergland-Buch, 1984
Spitzenberger, F. (Hg.): Artenschutz in Österreich. Herold, 1988
Thirring, H.: Homo sapiens. Ullstein, 1947/49
Tiger, L. und Fox, H.: Das Herrentier. Steinzeitjäger im Spätkapitalismus. Bertelsmann, 1971
Weber, F.: Die gerettete Landschaft. Nymphenburger, 1978
Weish, P. (Hg.): Zukunftsverträgliche Entwicklung. Umweltforum, 1994
Wuketits, F.: Gene, Kultur und Moral. Wiss. Buchgesellschaft, 1990

Wissenschaftlichkeit

Im menschlichen Geistes- und Kulturleben ist seit etwa zwei Jahrtausenden eine Spezialisierung eingetreten, in deren Folge sich insbesondere Kunst, Religion und Wissenschaft weitgehend selbständig gemacht haben. Natürlich ist der Gesamtzusammenhang menschlicher Kultur immer noch gegeben, durch gegenseitige Beeinflussung, teilweise Überschneidung und auch Zusammenarbeit dieser Bereiche. Mit Beginn der Neuzeit wurde auch die regionale Trennung (in der Hauptsache: amerikanische, südasiatische, ostasiatische, mediterran-europäische Kultur) aufgehoben. Insbesondere ist es der Sektor Wissenschaft, der seit mehreren hundert Jahren eine weltumspannende Einheit bildet. In der Kunst sind etwa seit der Wende vom 19. zum 20. Jahrhundert eine einheitliche Architektur, E-Musik und zuletzt auch bildende Kunst entstanden. Bei den Religionen gibt es immerhin Begegnungen. Aber auch im Bereich Kunst gibt es Gegensätze zwischen dem Internationalismus und nationalen Elementen.

Naturgemäß wäre Regionalisierung in den Wissenschaften unsinnig, da es hier um eine grundsätzliche Ausrichtung auf objektive Fakten geht: Die Gravitation wirkt in England genauso wie in Japan, und alle Lebewesen unterliegen überall den Gesetzlichkeiten der Ökologie und der Evolution. Jedes regional vorhandene oder entstehende besondere Wissen kann – und soll – grundsätzlich in das Gesamtwissen der Menschheit eingehen.

Diese Einheit der Wissenschaften beinhaltet natürlich nicht nur allgemeingültige Fakten, sondern, insbesondere in den noch nicht genügend erforschten Bereichen, unterschiedliche Hypothesen. Aber diese Meinungsvielfalt ist der ganzen Menschheit gemeinsam, und es ist natürlich nicht so, daß es z. B. den biologischen Faktor Anpassung in Australien gibt und in Nordamerika nicht. Die verschiedenen Meinungen darüber stehen eben weltweit zur Diskussion, und die Frage weltweiter Gültigkeit der Richtigkeit dieser oder jener Meinung kann nicht angezweifelt werden.

Über die Frage, was schön ist, muß nicht, kann es aber regional bedeutende Unterschiede geben. Noch viel schärfer regional unterschiedlich ist die Akzeptanz religiöser Dogmen.

Die gesamtmenschheitliche Einheitlichkeit ist jedenfalls eines der wichtigsten Merkmale von Wissenschaftlichkeit, und die Einschränkung dieses Prinzips seinerzeit im Ostblock wurde auch zu Recht als gewaltsame Verzerrung angesehen und der Anspruch des „Dialektischen Materialismus" in diesem Zusammenhang als unwissenschaftlich verworfen. Es mag dies auch einer der Hauptgründe für die Unterhöhlung der Basis gewesen sein: wer die mittelständische Intelligenz verloren hat, der hat keine Zukunft.

Mit diesem Wesenszug von Wissenschaftlichkeit berühren wir auch das Kapitel „Freiheit der Forschung". Grundsätzlich muß es jedem Menschen möglich sein, sich mit allen Problemen geistig auseinanderzusetzen. Das betrifft zunächst die Offenheit (Zugänglichkeit) der Ergebnisse der Forschung und den freien Meinungsaustausch aller Interessierten. Es muß auch möglich sein, die jeweiligen Schlüsse aus dem Studium der Fakten privat und öffentlich zu diskutieren.

Diese prinzipielle Forderung zeigt auch schon die Grenzen auf, die durch die Praxis gezogen werden. Einerseits gibt es einen Bereich der Forschung im Dienst der Landesverteidigung, der naturgemäß nicht öffentlich zugänglich sein kann. Und ganz privat trifft das auch manche davon betroffene Forscher, die Ergebnisse ihrer Arbeit nicht publizieren dürfen. Der Nutzen für die Allgemeinheit wird in den meisten Fällen verzögert, bis zu dem Zeitpunkt, an dem die Geheimhaltung nicht mehr sinnvoll ist. Das betrifft nicht nur rein militärische Angelegenheiten, sondern auch historisch relevante Entscheidungen, Anordnungen von

Politikern, Dokumente, die oft erst nach mehreren Jahrzehnten allgemein zugänglich werden. Man mag das bedauern, aber im gegenwärtigen Zustand der Menschheitsentwicklung ist es leider nicht anders möglich.

Eine weitere Schwierigkeit ist der Umstand, daß sich die geistigen Entwicklungen eben nicht nur im Kopf abspielen, sondern Niederschrift, Korrespondenz, Bibliotheken, Seminare erfordern, was mit einem wachsenden materiellen Aufwand verbunden ist. Dieser ganze Bereich ist dem Analphabeten verschlossen, und das ist leider immer noch ein Großteil der Menschheit. Um an die „Front" der Forschung zu gelangen, ist eine vieljährige Schulbildung erforderlich und nach dem Abschluß des Studiums noch eine – heute oft mehrjährige – Einarbeitung in das fachinterne Spezialgebiet. Autodidakten bleibt ein Großteil dieser Bemühungen auch nicht erspart, wenn ihre Arbeiten ernst genommen werden sollen. Dieser Ausbildungsweg ist nur in den Industrieländern grundsätzlich jedem offen.

Forschung, insbesondere naturwissenschaftliche, ist mit erheblichen Kosten verbunden, daher ist der Privatgelehrte fast völlig verschwunden. Der materielle Aufwand ist jetzt eine gesellschaftliche Leistung, daher auch mit Politik verbunden. Es gilt wohl an allen Universitäten das Prinzip der Freiheit der Forschung. Die meisten Projekte sind jedoch von der Bewilligung – oft sehr erheblicher – Mittel durch das jeweils zuständige Ministerium abhängig. Üblicherweise sind die Mittel immer knapp, und die Abwägung der „Nützlichkeit" der entsprechenden Ausgaben wurde ein Problem. In diesem Zusammenhang ist eine grundsätzliche Frage zu stellen: Warum soll Wissen erworben werden?

Wissenschaft, als Kulturfaktor, ist sicherlich ein Wert an sich, es ist die Befriedigung eines elementaren menschlichen Bedürfnisses. Der primäre Motivator „Neugier" ist ein a priori gegebener (angeborener) Drang, sein Ziel ist Einsicht, Verstehen, Orientierung. Naturrechtlich gesehen, hat er die Bedeutung der Existenzsicherung der Art, insbesondere bei Lebewesen unseres ökologischen Typs. Der Zusammenhang mit der Praxis ist also schon von der Natur her gegeben. Da der Mensch aber anlagemäßig ein Kulturwesen ist, mit Anspruch auf die Realisierung von Werten, ist Wissen an sich als Kulturelement einer seiner bedeutendsten Werte und daher für sich allein schon eine Rechtfertigung. Vielfach aber ist, wie gesagt, die Beziehung zur Praxis in mehrfacher Weise gegeben; als Grundvoraussetzung, wie oben ausgeführt, aber auch als Voraussetzung für unsere heutige Existenz als hochentwickelte Gesellschaft.

Die Forderung, bestimmte, vermutlich gefährliche Entwicklungen durch ein Forschungsverbot aufzuhalten, wird sich im Hinblick auf die uneinheitliche Weltsituation kaum verwirklichen lassen. Die genannten Einschränkungen sind zu berücksichtigen, wenn man von der grundsätzlichen Freiheit der Forschung spricht. Aber sie ist ein wesentliches Element in diesem Thema.

Die Offenheit der Wissenschaft steht in Zusammenhang mit der Forderung nach objektiver Überprüfbarkeit der Aussagen. Darunter ist zu verstehen: die Anführung der verwendeten Materialien und Methoden, das Zitieren von Quellen, Angaben von Zeit und Ort von Beobachtungen, des Beobachters. Weiters nach Möglichkeit die Anführung der einschlägigen Arbeiten. Nicht in allen Bereichen ist letzteres vollständig möglich. Das hängt zum Teil auch mit der Existenz oder dem Fehlen internationaler Referatenblätter zusammen. Prinzipiell ist der Wissenschafter aber verpflichtet, dem Rechnung zu tragen.

Die angeführte Objektivität ist eine Forderung, die besagt, daß das Resultat der Untersuchung nicht durch Wünsche, Ängste, Aversionen, persönliche Interessen beeinträchtigt sein soll. Das ist insbesondere dann wichtig, wenn von Interessensgruppen durch massive Drohungen oder Versprechungen versucht wird, „wissenschaftliche" Resultate zu erzielen. Diese Beeinflussungen sind vielfach nicht offensichtlich, und ihr Nachweis ist schwierig. Auch ideologische Positionen können (siehe Prozeß gegen Galilei) relevant werden. Oft sind es durchaus an sich ehrenwerte Motive, die zu einem „Wunschdenken" verführen. Soweit dabei unterbewußte Mechanismen ins Spiel kommen, wird es wohl immer derartige Störungen der Objektivität geben; grundsätzlich aber ist hier genaue Selbstkontrolle gefordert.

Natürlich ist damit nicht gemeint, daß das Resultat einer Untersuchung nicht bewertet werden soll. Im Gegenteil, hier ist der Fachmann ethisch an seine Verpflichtung gebunden, auf mögliche Gefahren hinzuweisen, da er als erster die Zusammenhänge sehen kann. Aber diese Beziehung hat mit den unterschiedlichen Aufgaben der Orientierung und der Bewertung zu tun, die als Voraussetzungen richtigen Handelns als unterscheidbare Funktionen weit in die biologische Vorgeschichte der Menschheit zurückreichen. Jedenfalls ist die möglichst objektive Orientierung eine wichtige Voraussetzung für die richtige Bewertung.

Eine weitere Forderung an die Wissenschaftlichkeit ist die Einhaltung des logischen Konzepts unseres Denkens. Alle Untersuchungen und Folgerungen müssen insofern dem „normalen" Menschenverstand zugänglich sein, als gegebenenfalls auch fachliche Voraussetzungen methodischer Art (etwa höhere Mathematik) grundsätzlich allgemein zu erarbeiten sein sollen. Damit ist eine Abgrenzung gegen esoterische Erkenntnisvorbehalte gegeben, die nur ganz bestimmten Menschen zugänglich sein sollen, oder gegenüber einmaligen historischen Ereignissen im Sinne von Offenbarung. Dadurch sind Untersuchungen über parapsychologische Phänomene oder Arbeiten über Offenbarung nicht ausgeschlossen. Diese Forschungen können, wenn sie die Rahmenbedingungen erfüllen, durchaus als wissenschaftliche Arbeiten anerkannt werden. Hingegen sind die erwähnten Phänomene selbst als außerhalb der wissenschaftlichen Methodik stehend anzusehen – was zunächst nichts für oder gegen ihre Gültigkeit aussagt.

Die Aussagen wissenschaftlicher Arbeiten müssen sprachlich richtig formuliert sein: Sie müssen – soweit es sich nicht um Zitate handelt – dem Duktus der Gegenwartssprache folgen und in ihrer Aussage eindeutig sein. Letzteres ist allerdings als Prozeß zu verstehen, da insbesondere in der Umgangssprache zahlreiche mehrdeutige Wendungen gebräuchlich sind. Auf diesem Feld hat die Sprachphilosophie wichtige Einsichten gebracht. Die einzelnen Fachdisziplinen haben daher entsprechende „Metasprachen" entwickelt, die natürlich in die Umgangssprache übersetzbar sind und entsprechende Festlegungen in der Bedeutung beinhalten.

Aus dem Kreis der Erkenntnistheoretiker wurden auch Argumente gegen eine Ontologie gebracht – Philosophie habe nur die allgemeinen Grundsätze des Erkennens und Mitteilens den einzelnen Fachdisziplinen zu vermitteln; die konkreten Aussagen seien Angelegenheiten dieser Disziplinen selbst. In der Folge wurden – insbesondere im Bereich der positivistischen Philosophie – alle Fachgrenzen überschreitenden Aussagen in ihrer Wissenschaftlichkeit eher kritisch beurteilt. Da aber in der Praxis die fachübergreifende Zusammenarbeit immer wichtiger wird, war zunächst das „Teamwork" ein reales Instrument, das beiden Forderungen nachkam. Heute wird auch im Bereich der Publizistik das Kompendium mehrerer Experten zu bestimmten Fragen immer beliebter. Der Nachteil ist meist mangelnde Konsistenz, einzelne Arbeiten stehen dann doch eher isoliert nebeneinander.

Früher wurde insbesondere eine scharfe Trennung zwischen Natur- und Geisteswissenschaften gezogen. Beide Bereiche sollen sich angeblich ganz grundsätzlich voneinander unterscheiden. Diese Trennung verliert aber gegenwärtig immer mehr an Bedeutung. Erstens gibt es schon seit langer Zeit Disziplinen (Anthropologie, Psychologie), die beide Aspekte umfassen. Zweitens wird die methodische Verflechtung immer enger, indem etwa in der Archäologie die physikalische Datierung oder die chemische Analyse als Herkunftsnachweis unentbehrlich geworden ist oder indem umgekehrt der soziologische Hintergrund beispielsweise für die spezifische Evolutionstheorie Ernst Haeckels oder für die kosmogonischen Ansichten Nikolaus von Kues' und Giordano Brunos mit zu berücksichtigen ist.

Eine der Forderungen im Bereich der Naturwissenschaften war die Nachvollziehbarkeit von Experimenten. Dieser Anspruch ist natürlich voll berechtigt, soweit es sich um experimentell zugängliche Bereiche handelt. Aber schon in der Astronomie ist es nicht möglich – von einzelnen Spezialfragen abgesehen –, Experimente durchzuführen. Das gleiche gilt für die Paläontologie, während umgekehrt in der Psychologie und Medizin sehr wohl Experimente – bzw. Experimenten entsprechende notwendige Arbeiten – erfolgen, mit Aussagen, die für die Geisteswissenschaften höchst relevant sind.

Die Frage grenzüberschreitender Arbeiten ist heute insbesondere dringlich, da wir es in der Umweltproblematik mit Aufgaben zu tun haben, die biologische, ökologische, medizinische, technische, soziologische und ökonomische Lösungen kombinieren müssen.

Die Grundzüge einer Gesellschaft sind im jeweiligen Weltbild verankert, welches das Grundwissen der Epoche zur Basis hat. Diese Erarbeitung eines Gesamtbildes der Wirklichkeit war Aufgabe der Philosophie. Da es seit der Antike verschiedene Deutungsmöglichkeiten von Fakten und Phänomenen gibt, sind natürlich auch verschiedene Philosophien entstanden, von denen jeweils eine die oben erwähnte Rolle der Begründung des gesellschaftlichen Systems spielt. Die Entscheidung wurde natürlich oft mit außerwissenschaftlichen Methoden erzielt. Aber die verschiedenen Modellvorstellungen können durchaus den Anforderungen entsprechen, die an eine wissenschaftliche Methode zu stellen sind. Die Frage nach dem „Sein des Seienden" (Ontologie) ist daher auch durchaus kein Scheinproblem, sondern sowohl interessant als auch wichtig. Sonst würden die Menschen diese Frage ja auch gar nicht stellen. Die Frage nach der Entscheidung zwischen Modellen ist eine ganz andere. Die Relevanz der Fakten ändert sich aber objektiv mit der Zunahme des Wissens.

Das Problem der Wissenschaftlichkeit stellt sich natürlich besonders dringend im Überschneidungs- bzw. Kofunktionsbereich mit anderen Kultursparten (Kunst, Politik, Religion). Eigentlich ist die Überschneidung total, denn alles kann Thema des Künstlers, Aufgabe für den Politiker und Untersuchungsfeld der Forschung sein. Dies ist durch die Fachbereiche Kunstgeschichte, Religionsgeschichte, Politikwissenschaft belegt. Weiters können sich Politiker, Repräsentanten von Religionsgemeinschaften und Künstler der Ergebnisse der Forschung bedienen, und vielfach rechtfertigen sie auch ihre Entscheidungen mit diesem Hinweis. Hier wird es nun kritisch, denn nicht alles, was in diesen

Bereichen vorgebracht wurde, entspricht auch den Kriterien der Wissenschaftlichkeit.

Als Beispiel sei der zum Schlagwort gewordene „Wissenschaftliche Sozialismus" angeführt. Dieser Begriff wurde von Marx und Engels eingeführt, um eine neue Stufe politökonomischer Arbeiten zu kennzeichnen, die sich von den bisherigen „utopischen Sozialisten" durch eine wesentlich stärkere Fundierung mit realen Fakten unterschied. Die zum „Historischen Materialismus" zusammengefaßten Thesen umfaßten zahlreiche hypothetische Konstruktionen, die sich zum Teil später als falsch erwiesen (Verelendungstheorie u. a.), aber zum Zeitpunkt ihrer Aufstellung als Diskussionsbasis gegen andere Konzeptionen Anspruch auf Wissenschaftlichkeit erheben konnten. Allerdings wurde bereits damals viel Hypothetisches als absolute Wahrheit gehandhabt. Diese Tendenz verstärkte sich bei den Epigonen und entartete schließlich im „Diamat" (Dialektischer Materialismus) des Ostblocks zu einem byzantinisch anmutenden Ritual. Damit hatte sich der sogenannte „Wissenschaftliche Sozialismus" in sein Gegenteil verwandelt.

Im Bereich Politik wird wohl der einzelne Funktionär trachten, möglichst objektiv informiert zu sein, um eben seine persönliche Position nach innen und außen optimal zu festigen. Damit ist im Ergebnis bereits ein mögliches Auseinanderdriften eingeschlossen. Denn die Realität des Politikers beinhaltet einen Umgang mit Machtfaktoren, die auch die Möglichkeit des Manipulierens von Fakten einschließen. Aber bereits beim Orientieren treten hier Schwierigkeiten auf; etwa werden bei Projekten wie Kraftwerksbauten oder städtebaulichen Großunternehmungen die Politiker mit „Gutachten" von Fachleuten überschwemmt, die im Auftrag der Interessentengruppen auf deren Interessen hin angelegt sind. In neuerer Zeit ist es besonders beliebt geworden, Einzelaussagen anerkannter und unbestechlicher Forscher heranzuziehen und zu einem Gefüge zusammenzubauen, dessen einzelne Elemente meist wissenschaftlich einwandfrei zustande kamen, dessen ganze Konstruktion jedoch eine schiefe Manipulation bildet. Insbesondere bei ökologischen Problemen (Staustufe Wien, Kraftwerksprojekt Hainburg, Kraftwerk beim Nationalpark Hohe Tauern) wurde diese Taktik eingesetzt. Auch die umgekehrte Masche wird angewandt, indem man dem Gegner Unwissenschaftlichkeit vorwirft, wo dieser Vorwurf völlig unberechtigt ist.

In der Beziehung Religion – Wissenschaft besteht ebenfalls eine ganzheitliche Überschneidung. Denn die Religion erhebt ebenso den Anspruch, den Gesamtbereich von Mensch und Schöpfung abzudecken, insbesondere hinsichtlich ethisch relevanter Fragen; hierbei ist der

Versuch, mit dem Wissensstand der jeweiligen Zeit positiv zu korrespondieren, bis in die Antike zurückverfolgbar. Dabei ist die Wechselwirkung mit Politik nicht zu übersehen. Hier setzten sich offensichtlich außerwissenschaftliche Kräfte mehrfach durch. Zweitens ist Religion in den Wurzeln in einem Zeithorizont verankert, der als „vorwissenschaftlich" zu bezeichnen ist. Auch die Mythenbildung bemühte sich um Einsicht und Verständnis, wobei aber andere Methoden wirkten, als wir heute unter Wissenschaft verstehen. Damit ist nicht gesagt, daß Einsichten auf diesem Weg ausgeschlossen sind.

In der gesamten Kulturentwicklung war Religion stets bemüht, auch diese Grundlagen mit wissenschaftlichen Methoden zu sichern (Theologie). Insbesondere sind in der Neuzeit Altphilologie, Archäologie, Hermeneutik, Soziologie und andere Sparten angewandt worden. Objektiv betrachtet, hat es daher auch einen beachtlichen Wandel insbesondere bei den christlichen Religionen gegeben. Dennoch ist ein entscheidendes Element im Religiösen bestimmend, das ist die Kraft des Glaubens, ohne den ja Religion als solche überflüssig wäre. Religion ist ein ganzheitliches Erfassen der Wirklichkeit mit (mehr oder weniger) bewußter Überschreitung dessen, was Kant als „reine Vernunft" bezeichnet. Aber auch das Weltbild aller Menschen, die sich zu keiner Religion bekennen, vollzieht zumeist eine analoge Grenzüberschreitung. Was unsere heutige Situation kennzeichnet, ist die Tatsache, daß (im Gegensatz zur rein positivistischen Haltung) immer mehr anerkannt wird, daß es außerhalb des Bereichs des Gewußten (und wissenschaftlich Bestätigten) ein Sein gibt, das von großer Relevanz für unsere Existenz ist. Auch die möglicherweise gegebene Zugänglichkeit dieses Seins mit außerwissenschaftlichen Methoden ist eine Frage, die daher mit wissenschaftlichen Methoden weder bewiesen noch widerlegt werden kann.

Literatur

Diese Literaturhinweise beziehen sich auf das gesamte Kapitel „Kenntniserwerb aus der Sicht der Vergleichenden Verhaltensforschung".

Adler, A. (1971): Der Sinn des Lebens. (Rowohlt)
Ardrey, R. (1977): Der Wolf in uns. (Krüber)
Bader, E. (1990): Karl Vogelsang.
Boelsche, W. (1921): Das Liebesleben in der Natur. (Diedrichs)
Buidenbrock W. (1953): Das Liebesleben der Tiere. (Kremayr & Scheriau)
Dann, H. D. (1972): Aggression und Leistung. (Klett)
Darlington, C. (1971): Die Entwicklung des Menschen und der Gesellschaft. (Econ)
Darwin, C. (1872): The Expression of Emotions in Man and Animals. (Murray)

Dawkins, R. (1987): Der blinde Uhrmacher. (Kindler)
Djilas, M. (1965): Die neue Klasse. (Kindler)
dtv-Atlas zur Biologie (1996).
Dürkheim, E. (1973): Erziehung, Moral und Gesellschaft.
Eccles, J. C. (1975): Das Gehirn des Menschen. (Piper)
Edlinger, K. (Hg.; 1989): Form und Funktion. (Universitätsverlag Wien)
Eibl, H. (1949): Delphi und Sokrates.
Eibl-Eibesfeldt, I. (1967): Grundriß der Vergleichenden Verhaltensforschung. (Piper)
Eibl-Eibesfeldt, I. (1970): Liebe und Haß. (Piper)
Eibl-Eibesfeldt, I. (1972): Die !KO Buschmanngesellschaft. (Piper)
Eibl-Eibesfeldt, I. (1975): Krieg und Frieden. (Piper)
Eibl-Eibesfeldt, I. (1984): Die Biologie des menschlichen Verhaltens. (Seehamer)
Fetscher, I. (1968): Politikwissenschaft. (Fischer)
Frankl, V. (1971): Der Mensch auf der Suche nach Sinn. (Herder)
Freud, S. (1978): Werkausgabe. (Fischer)
Fried, M. et al. (1971): Der Krieg. (Fischer)
Frischauer, P. (1968): Sittengeschichte der Welt. (Droemer & Knaur)
Fromm, E. (1976): Haben oder Sein. (dtv)
Gabor, D. et al. (1978): Das Ende der Verschwendung. (Rowohlt)
Galtbraith, J. (1959): Gesellschaft im Überfluß. (Knaur)
Gehlen, A. (1940): Der Mensch. (Athenaeum)
Gehlen, A. (1969): Moral und Hypermoral. (Athenaeum)
Giese H. et al. (1968): Das Geschlechtsleben unserer Zeit. (Goldmann)
Gleichen-Rußwurm: Kultur und Sittengeschichte. (Gutenberg)
Goodall, J. (1971): Wilde Schimpansen. (Rowohlt)
Goodall, J. (1991): Ein Herz für Schimpansen. (Rowohlt)
Grzimeks Tierleben (1964–1974). (Kindler)
Hacker, F. (1971): Aggression.
Hartmann, N. (1949): Das Problem des geistigen Seins. (de Gruyter)
Hartmann, N. (1962): Ethik. (de Gruyter)
Hartmann, N. (1964): Der Aufbau der Realen Welt. (Weltkultur)
Heer, F. (Hg.; 1974–1978): Kulturgeschichte des Abendlandes. (Kindler)
Hofstätter, P. (1954): Einführung in die Sozialpsychologie. (Kröner)
Jonas, H. (1979): Das Prinzip Verantwortung. (Insel)
Kant, I. (1785): Grundlegung zur Moral der Sitten. (J. F. Hartknoch)
Kant, I. (1781): Kritik der praktischen Vernunft. (J. F. Hartknoch)
Kinsey, A. et al. (1955): Das sexuelle Verhalten der Frau. (Fischer)
Kinsey, A. (1968): Das sexuelle Verhalten des Mannes. (Fischer)
Koenig, O. (1970): Kultur und Verhaltensforschung. (dtv)
Kortland, A. u. Kodicj, M. (1963): Protohomid Behavior. (Zoological Society of London 10)
Kretschmer, E. (1921): Körperbau und Charakter. (Springer)
Lagerspiz, K. u. L. (1971): Changes in the Aggressiveness of Mice, Resulting from
    Selective Breeding (Scandinavian Journal of Psychology).
Lawick, H. v. (1972): Unschuldige Mörder. (Rowohlt)
Linden, E. (1980): Die Kolonie der sprechenden Schimpansen. (Meyster)
Lorenz, K. (1965): Verhaltenslehre. (Piper)
Lorenz, K. (1943): Die angeborenen Formen möglicher Erfahrung. (Zeitschrift f. Tier-
    psychologie)
Lorenz, K. (1950): Ganzheit und Teil. (Stud. Generale 3)
Lorenz, K. (1963): Das sogenannte Böse. (Borotha-Schöler)
Lorenz, K. (1973): Die Rückseite des Spiegels. (Piper)
Lorenz, K. (1973): Die acht Todsünden der zivilisierten Menschheit. (Piper)

Lorenz, K. (1978): Vergleichende Verhaltensforschung. (Springer)
Lorenz, K. (1983): Der Abbau des Menschlichen. (Piper)
Lorenz, K. (1978): Das Wirkungsgefüge der Natur. (Piper)
Maler-Sieber, G. (1976): Das Verhalten des Menschen. (Bertelsmann)
Marcuse, H. (1969): Triebstruktur und Gesellschaft. (Suhrkamp)
Marcuse, H. (1946): Der eindimensionale Mensch. (Luchterhand)
Masters, J. u. Johnson, V. E. (1967): Die sexuelle Reaktion. (Rowohlt)
Mayr, E. (1967): Artbildung und Evolution (Parey)
Meves, Ch. (1971): Manipulierte Maßlosigkeit.
Meves, Ch. (1998): Trotzdem: Mut zur Zukunft. (Resch)
Morris, D. (1962): Biologie der Kunst. (Rauch)
Morris, D. (1972): Liebe geht durch die Haut. (Knaur)
Morris, D. (1968): Der nackte Affe. (Droemer & Knaur)
Morris, D. (1963): Der Menschenzoo. (Droemer & Knaur)
Morris, D. (1983): Das Tier als Mensch. (VGS)
Pietropinto, A. u. Siemenauer, J. (1978): Abschied vom Mythos Mann. (Fischer)
Polt, R. (1999): Der Mensch in seiner Welt. (Kremayr & Scheriau)
Popper, K. (1966): Logik der Forschung. (Mohr)
Popper, K. (1957): Die offene Gesellschaft. (Francke)
Popper, K. (1979): Ausgangspunkte. (Hoffmann und Campe)
Popper, K. u. Eccles, J. C. (1982): Das Ich und sein Gehirn. (Piper)
Pretzmann, G. (1981): Die Liebe, Natur und Kultur. Versuch einer Synopsis. (Eigen-
    verlag)
Pretzmann, G. (1988–89): Ethik. (in: Mensch und Umwelt 9, 10, 11)
Pretzmann, G. (1992): Grundzüge eines Ökologischen Humanismus. (VWGÖ)
Pretzmann, G. (1999): Abschied von Illusionen. (Agemus-Nachrichten)
Prigogine, I. (1979): Vom Sein zum Werden. (Piper)
Riedl, R. (1975): Die Ordnung des Lebendigen. (Parey)
Riedl, R. (1976): Die Strategie der Genesis. (Piper)
Riedl, R. (1980): Biologie der Erkenntnis. (Parey)
Riedl, R. (1983): Evolution und Erkenntnis. (Piper)
Riedl, R. (1985): Die Spaltung des Weltbildes. (Parey)
Riedl, R. (1988): Der Wiederaufbau des Menschlichen. (Piper)
Riedl, R. (1987): Kultur – Spätzündung der Evolution? (Piper)
Riedl, R. (1992): Wahrheit und Wahrscheinlichkeit. (Parey)
Riedl, R. et al. (1996): Die Ursachen des Wachstums. (Kremayr & Scheriau)
Riedl, R. u. Wuketits, F. (1987): Die evolutionäre Erkenntnistheorie. (Parey)
Rohracher, H. (1946): Einführung in die Psychologie. (Urban u. Schwarzenberg)
Rohracher, H. (1969): Kleine Charakterkunde. (Urban u. Schwarzenberg)
Russel, B. (1952): Mystik und Logik. (Humboldt)
Russel, B. (1952): Dictionary of Mind, Matter and Morals.
Russel, B. (1947): Macht und Persönlichkeit. (Europa-Verlag)
Schaller, G. B. (1965): Unsere nächsten Verwandten. (Scherz)
Schaller, F. (2000): Was ist Biologismus? (Agemus-Nachrichten 56, 57)
Scheler, M. (1921): Der Formalismus in der Ethik. (Max Niemeyer)
Schelsky, H. (1959): Soziologie der Sexualität. (Rowohlt)
Schlegel, W. S. (1962): Die Sexualinstinkte des Menschen. (Rütten-Loening)
Schleiermacher, F. (1803): Grundlagen einer Kritik der bisherigen Sittenlehre.
Schlick, M. (1927): Vom Sinn des Lebens. (Vlien)
Schwab, G. (1984): Verspielt die Zukunft nicht. (Bergland-Buch)
Schweitzer, A. (1950): Denken und Tat.
Schwidetzky, I. (1971): Hauptprobleme der Anthropologie. (Rombach)

Skinner, B. F. (1971): Beyond Freedom and Dignity. (Knopf)
Spengler, O. (1918/22): Der Untergang des Abendlandes. (Beck)
Spinoza, B. (1677): Ethica ordine geometrico demonstrata. (Kroner)
Strum, S. C.: Leben unter Pavianen.
Szczesny, G. (1971): Das sogenannte Gute. (Rowohlt)
Szczesny, G. (1971): Die Antwort der Religionen. (Rowohlt)
Taylor, G. R. (1955): Kulturgeschichte der Sexualität. (Fischer)
Teilhard de Chardin, P. (1959): Der Mensch im Kosmos. (Beck)
Tinbergen, N. (1951): The Study of Instinct. (Oxford University Press)
Tinbergen, N. (1971): Das Tier in seiner Welt. (Piper)
Washtun, S. L. (Hg.; 1961): Social Life of Early Man. (Aldine)
Wickler, W. (1971): Die Biologie der 10 Gebote. (Piper)
Wickler, W. (1977): Das Prinzip Eigennutz. (Hoffmann und Campe)
Wuketits, F. (1981): Biologie und Kausalität. (Parey)
Wuketits, F. (1999): Die Selbstzerstörung der Natur. (Patmos)
Wuketits, F. (1998): Naturkatastrophe Mensch. (Patmos)

UMWELTETHISCH RELEVANTE INHALTE IN BESTEHENDEN WERTSYSTEMEN

Gerhard Pretzmann

Welt und Weltanschauung

Die Welt ist alles, was ist. Man könnte auch „das Seiende" sagen oder „die Wirklichkeit". Zu dieser Wirklichkeit gehören natürlich auch unsere Gedanken, Gefühle, Erlebnisse.

Weltanschauung beinhaltet auch „Weltbild", das heißt die Vorstellung, die wir uns von der Welt machen, insbesondere von der Art der Beziehungen, die die einzelnen Elemente der Welt untereinander haben; und natürlich auch die Frage, ob außerhalb dessen, was wir kennen, Seiendes anzunehmen ist.

Was wir unter Weltanschauung verstehen, geht aber über ein Weltbild hinaus, bedeutet zunächst auch eine bestimmte Wertung von Inhalten dieses Weltbildes und sich daraus ergebende Konsequenzen. Zu einer Weltanschauung gehört auch die mehr oder weniger ausgeprägte Überzeugung, daß die hier relevanten Teile des Weltbildes richtig sind.

Diese Konstellation von Überzeugung und Wertung verursacht Handlungsweisen, die unter Umständen fatal werden können, etwa wenn sich Menschen verschiedener Weltanschauungen begegnen. Der Umstand allein, daß es eben verschiedene, zum Teil auch gegensätzliche Weltanschauungen gibt, macht es evident, daß nicht alle richtig sein können; daß es Irrtümer geben muß und daher Weltbilder in vielen Teilen nicht mit der Wirklichkeit übereinstimmen können.

Das Problem beginnt schon mit der Frage, ob Welt und Weltbild wesensgleich sind (Monismus/Dualismus). Wir nähern uns dem Kern dieser Fragestellung, wenn wir einige Darstellungsvorgänge aus der Praxis näher beleuchten:

Wenn ich ein Gipsrelief in eine Schüssel mit angerührtem Gips eintauche und der Abdruck dann fest wird, ist ein Negativabbild des Reliefs entstanden, das mit dem Original wesensgleich ist. Wenn ich das Relief photographiere, entsteht eine Abbildung, die auch materiell ist, aber zwei Unterschiede aufweist: Erstens sind die Moleküle, die hier vorliegen, andere chemische Verbindungen als Gips. Zweitens ist die Abbildung eine Fläche, während das Relief plastisch ist. Ist die Aufnahme gelungen, etwa auch infolge geeigneter Beleuchtung, so daß die Schatten auch die räumliche Struktur wiedergeben, wird niemand daran zweifeln, daß die Abbildung „richtig" ist. Das heißt, in uns entsteht genaues Wissen um die Struktur des Reliefs, wenn wir das Bild betrachten. Dieses Erlebnis zeigt uns aber auch, daß das Photo und das Relief als materielle Gegenstände einander wesensverwandter sind als beides mit unserem betrachtenden Geist. Dieser Unterschied ist in der auf Descartes gestützten Philosophie ein grundlegender, absoluter.

Scanne ich aber das Photo in einen Computer ein, werden alle Merkmale des Reliefs gleichfalls gespeichert, man kann die Abbildung jederzeit über Bildschirm oder Ausdruck abrufen – die gespeicherte Information ist aber nicht mehr korpuskuläre Materie, sondern durch eine geordnete, unterscheidbare Abfolge elektromagnetischer Ladungszustände bestimmter Stellen der Diskette oder der Festplatte gegeben. Die Anordnung der Zustände der lokalen Ladung entspricht der Ordnung der Details des Reliefs – der Kybernetiker spricht von Isomorphie –, und somit besteht ein beträchtlicher Wesensunterschied zwischen dem Original und der Darstellung. Der Unterschied zu unserem Erlebnis besteht nun darin, daß das Erlebnis in einem Funktionszusammenhang mit einem komplexen Bewußtsein besteht, was bei der Information im Computer nicht der Fall ist.

Immerhin aber können innerhalb des Computers die Informationen gezielt bearbeitet werden, was etwa bei der Auswertung von astronomischen Bilddaten erfolgen kann. Die Darstellung wird verbessert, und die für diese Leistung verantwortlichen Strukturen haben große Ähnlichkeit mit den Ganglienverschaltungen in unserer Netzhaut. Man könnte noch weitere Fakten anführen, wie fortführende Informationsverarbeitung im Computer, die vielfach analog unserer psychischen Informationsverarbeitung erfolgt. Natürlich sind diese Schritte des Computers vom Hersteller vorprogrammiert. Dies gilt aber weitgehend auch für uns selbst.

Trotz der genannten Relativierungen und der Ergebnisse der Hirnforschung wird vielfach – etwa von Eccles – das Psychische für grundsätzlich wesensdifferent zur übrigen Realität gehalten. Meist wird „Seele" als eine andere Art von Substanz angesehen („feinstoffliche Materie"), homogen, etwa wie ein Bronzedenkmal durch und durch aus Bronze besteht. Aber ebensowenig wie eine Bronzeplastik in der Lage ist, die Lebensfunktionen eines Menschen hervorzubringen, ebensowenig wäre eine homogene „Seelensubstanz" in der Lage, die komplexen Ereignisse unseres Bewußtseins zu erzeugen.

Auf der anderen Seite hält sich flacher Reduktionismus mit der Aussage: „Es ist alles nur Energie." Letztlich sind beide Anschauungen in der genannten Hinsicht einander irgendwie sehr ähnlich und befähigen jedenfalls nicht, alles Seiende zu verstehen.

Grundsätzlich anders als Spiritualismus und Materialismus geht der subjektive Idealismus an diese Fragen heran. Er geht von der Grundtatsache aus, daß unser Bewußtsein immer in sich selbst ruht, niemals von einem „Ding an sich" unmittelbar berührt werden kann – wir leben immer nur in unseren aus Empfindungen aufgebauten Wahrnehmungen. In totaler Konsequenz ergäbe sich daraus Solipsismus. Ich kann mir aber nicht vorstellen, daß mir jemand beweisen könnte, ich sei nur ein Produkt seiner Vorstellungen. In abgeschwächter Form besagt diese Erkenntnistheorie, die Welt sei ein Produkt der kommunizierenden Subjekte, oder aber die Frage nach einem Sein außerhalb von Bewußtsein sei sinnlos, zumindest unwissenschaftlich.

Aus dieser Position heraus (heute vom radikalen Konstruktivismus vertreten) wäre die Lebenspraxis noch viel bedeutsamer als für realistische Weltbilder, und gerade an diesem Punkt scheitert der subjektive Idealismus – ein konsequent lebender Solipsist hätte die Lebenserwartung eines Affen ohne Raumrepräsentation. Vielleicht glauben aber wirklich manche Vertreter, man könne jedes Rassenproblem dadurch lösen, daß man allen Menschen einredet, es gebe gar keine.

Eine andere, heute etwas vergessene Form der Erkenntnistheorie hat die Phänomenologie entwickelt. Hier soll eine „eidetische Reduktion" die Aufmerksamkeit vom konkreten, realen Gegenstand wegführen und in einer intuitiven „geistigen Wesensschau" den Blick auf den „Wesenskern" eröffnen.

Man kann von konkretem Detailwissen wohl absehen, es aber nicht „auf Kommando" vergessen, denn es wirkt über die unbewußten Wege der Wahrnehmung immer mit. Verstärkt wird allerdings mit dieser Methode die Einflußnahme von Wertungen in den Erkenntnisprozeß hinein, was letztlich zu sehr unterschiedlichen Meinungen über einen jeweiligen „Wesenskern" führen muß.

Diese Vorstellung ist sicherlich verwandt mit dem Begriff der „Offenbarung", der in Systemen des objektiven Idealismus bedeutsam sein kann. Hier ist ein transzendentales Ereignis gemeint, durch das einem Menschen etwas bewußt wird: Fakten, Wertungen, Forderungen – einer jenseitigen, spirituellen Macht entstammend. Zumeist gründen Religionen (die sogenannten Offenbarungsreligionen) auf derartigen, über Jahrtausende tradierten Ereignissen. Dabei muß uns natürlich klar sein: Nur das kann einem Menschen offenbar werden, was an seinem vorhandenen Wissen anknüpfen kann. Folglich kann man daher von der Genesis nichts über Gene, Atome oder Dinosaurier erwarten – unabhängig davon, wie man sich Offenbarung vorstellt. Rein sprachlich genommen, ist eine Offenbarung jeder Prozeß, bei dem jemandem etwas offenbar wird, wobei wir auch sehen müssen, daß unsere Kenntnis, die eben Voraussetzung für diesen nächsten Schritt ist, ja nur zum allerkleinsten Teil sozusagen eigenes Verdienst ist und vorwiegend aus „angeborenen Lehrmeistern" und Prägungen einerseits sowie jenem gewaltigen Informationsstrom andererseits besteht, der aus dem Reichtum der menschlichen Geistwelt (Noosphäre) stammt, welcher uns persönlich tradiert wurde. Jede Wahrheit, die uns zuteil wird, ist also gewissermaßen ein Geschenk.

Eine bis in die vorsokratische Antike zurückreichende Vorstellung ist die totale Skepsis, der Standpunkt, daß der Mensch überhaupt keinen Zugang zur Wahrheit hat. Und schon in der Antike war das als Aporie erkannt: Wenn der Satz wahr ist, daß der Mensch die Wahrheit nicht erkennen kann, muß auch dieser Satz selbst unwahr sein. Heute werden – soweit jemand Realist ist – unsere Vorstellungen von der Wirklichkeit als Modelle betrachtet, deren Struktur (über Wesensverwandtschaft haben wir oben gesprochen) mit der Realität mehr oder weniger isomorph ist. Wenn ein Maler etwas darstellt, ist das Produkt Leinen mit Ölfarbe (oder eine andere Technik). Dennoch können wir beurteilen, ob die Abbildung gelungen ist oder nicht. Der Maler könnte etwas Wesentliches weggelassen haben.

Er kann aber auch durch Veränderung der Formen oder Farben etwas über die Bedeutung ausdrücken. Und damit kommen wir zu einem wichtigen Kapitel unserer Fragestellung: In unserem Verhalten gibt es zwei wichtige Aufgaben: Orientieren und Bewerten. Diese funktionelle Unterscheidung geht bis in die erste Entstehung von Steuerungssystemen vielzelliger Organismen zurück. Schon in der Entstehung von Sinneszellen ist ein Bewertungsfaktor enthalten: Aus der Fülle der Einflüsse werden bestimmte ausgewählt, die für die jeweilige Lebensweise als Information relevant sind, etwa der Spektralbereich des sichtbaren Lichtes aus der wesentlich umfangreicheren Bandbreite der elektromagnetischen Wellen; auf höherer Stufe von Informationsverarbeitung Gestalten, etwa das Augenmotiv; oder der aufgerissene Schnabel des Jungvogels. Obwohl also Orientieren und Bewerten zwei unterschiedliche Funktionen sind, ist ihre wechselseitige Kooperation notwendig, um zu den lebenswichtigen Informationen zu gelangen. Uns wird dieser Umstand bewußt, wenn der Unterschied zwischen Sehen und Wahrnehmen erlebt wird, wenn etwa ein Gegenstand, der in unserem Sehraum liegt, nicht sofort „ins Auge springt". Die oberste Instanz unseres Bewußtseins entscheidet über etwaige Handlungen – als einfacher Fall z. B. das Aufheben einer Münze vom Boden. Erfahren – Bewerten – Handeln bildet also ein ganzheitliches System, dessen Struktur eine viele hundert Millionen Jahre alte Geschichte hat; man kann nicht einen Teil davon absolut heraustrennen, ohne das Verständnis des Systems zu verlieren. Nur die Evolutionstheorie ist in der Lage, auch das Evidenzerlebnis zu begründen, das für jede logische Analyse Voraussetzung (Axiom) ist.

Ontologisch fallen die Axiome unseres Denkens mit den Axiomen des Seins zusammen (Konstanz, Kausalität, Vielheit, Bezüglichkeit, Dimensionalität).

Der Erfolg der Evolution, letztlich auch des Menschen, ist der Erfolg richtigen Handelns. In der menschlichen Dimension ist Verstehen eine Voraussetzung des Erfolges; natürlich gibt es Irrtümer. Aber diese werden früher oder später von der Evolution eliminiert. Als Beispiel für die erfolgreiche Weltbildentwicklung sei die Ansicht über die Erdgestalt angeführt. Für den begrenzten Bewegungsraum des Urmenschen war die Erde eine unbegrenzte Scheibe. Aus astronomischen Beobachtungen wurde die Kugelgestalt postuliert. Es folgte der Gedanke, daß die Sonne den Mittelpunkt des Planetensystems bildet. Die Welt als Ganzes wurde später als unendlich betrachtet, schließlich als unbegrenzt, aber endlich.

Entsprechend dem Prozeßcharakter der Gesamtwirklichkeit ist die Arbeit am Weltbild ebenso im Fluß und in ständiger Verbesserung der Isomorphie der Modelle.

Wesentlich für die Entwicklung eines Weltverständnisses, das weit über den Rahmen der unmittelbaren Ansicht und Einsicht hinausgeht, war die Entwicklung einer abstrakten Symbolsprache, die eine beträchtliche Verkürzung der vorsprachlichen Denkprozesse brachte. Die Verwendung von Worten für Gruppen von Dingen und Ereignissen, die damit verbundene grundsätzliche Abstraktion, ist die Voraussetzung für jenes Wechselspiel von Induktion und Deduktion, das die Nachteile beider Schlußformen in der Synthese überwinden kann (als Prozeß).

Diese Form der Aneignung und Weiterentwicklung von Wissen ist für den Homo sapiens charakteristisch. Neugier ist die primäre Motivation dazu. Die Erweiterung des Appetenzverhaltens bringt sekundäre und tertiäre Motive ins Spiel, die – fulgurativ – eine Kombination der assoziativen Vielfalt mit der emotionalen Einfärbung hervorbringen. Wissenschaft ist letztlich die Akkumulierung und Systematisierung dieser grundlegenden Wesensbeschaffenheit des Menschen. Das aufgezeigte Wechselspiel von Induktion und Deduktion bringt den Prozeß Hypothese – Experiment – korrigierte Hypothese ins Laufen. Es entstehen fundierte Theorien, die der gleichen Konfrontation mit der Realität unterworfen sind. Der oft zitierte „Paradigmenwechsel" mag wohl gelegentlich psychologischen Einflüssen („Modetrends") und anderem unterworfen sein. Er vollzieht sich aber immer nur auf der Basis erweiterter Information, bringt daher langfristig die angesprochene Verbesserung isomorpher Strukturen. Ein Zurück von Einstein zu Newton oder noch weiter zu Aristoteles ist daher grundsätzlich unmöglich.

Die Ansicht Poppers, daß der Fortschritt der Forschung vorwiegend durch Falsifizierung unrichtiger Ansichten erfolgt, hat zwar ihre Berechtigung. Insgesamt aber führt dieser Prozeß zu einer Vermehrung von Wahrheit und Verständnis, wie Popper selbst in seiner Darstellung von „Welt III" ausführt. Mag man auch sagen, streng logisch gibt es für jede einzelne Einsicht keine absolute Garantie ihrer Wahrheit, im Gesamtbild unseres Realitätsverständnisses ist aber zwischen einem Kernbereich des Wissens, in dem sich kaum grundlegende Änderungen ergeben, einem Mittelbereich, in dem gelegentlich Falsifikationen auftreten, einem Randbereich, in dem sich richtige und falsche Hypothesen die Waage halten, und dem Unbekannten, über das sich (noch) keine wissenschaftlichen Aussagen machen lassen, zu unterscheiden. Aus dieser Perspektive hat die angestrebte Wertfreiheit der Forschung durchaus ihren Sinn, denn eine Vermischung von Orientierung und Bewertung kann auf dieser Ebene ein Verstehen nur behindern. Daß Wissen und Macht eine besondere Beziehung haben, ist dabei natürlich nicht ausgeschlossen. Daß Forschungsziele und -ergebnisse potenten Interessensvertretungen untergeordnet sein können, ist bekannt. Das reicht vom Schierlingsbecher für Sokrates über die frühchristlichen und mittelalterlichen Konzile bis zum Prozeß gegen Galilei, und die Machenschaften gegen die Evolutionstheorie gewinnen gegenwärtig sogar wieder neuen Auftrieb. Der Versuch fundamentalistischer Sekten, auf das US-Unterrichtswesen Einfluß zu nehmen, ist hierfür Beweis – der Weg von der Einflußnahme auf das Weltbild zu ideologisierten Weltanschauungen. Die bewußte Emotionalisierung bestimmter Forderungen trägt vielfach zur Herausbildung feindlicher Lager bei, deren inhumane Entgleisungen leider traurige Realität sind.

Einen wesentlichen Beitrag zum Verständnis derartiger Ereignisse hat H. Thirring mit dem Begriff der „überwertigen Ideen" geleistet. Dabei kommt es auch zum Phänomen des Wunschdenkens, in dem bestimmte Zusammenhänge über- oder unterschätzt werden, um den zentralen Strebungen ein stärkeres Fundament zu geben. Da unser Wissen Wahrscheinlichkeitscharakter hat, sind derartige Entwicklungen psychologisch möglich. Dabei kann es zur „Umwertung aller Werte" kommen, wie das in der Geschichte mehrfach geschehen ist. Dazu kommen natürlich auch soziale Phänomene; es ist eben in einer Interessensgemeinschaft inopportun, unangenehme Wahrheiten zu verbreiten, während der umgekehrte Weg die Rangposition stärkt. Faktisch müssen wir mit einer gleichzeitigen Existenz unterschiedlicher Weltanschauungen rechnen, denn „die letzten Dinge" sind uns unzugänglich, und wessen System nun Fehler hat, ist daher nicht beweisbar. Für ein möglichst harmonisches Zusammenleben der Menschen und ein Bewahren vor immer schmerzlicheren Sünden ist daher ein höchstmögliches Maß an Toleranz, ein größtmögliches gegenseitiges Verstehenwollen zu fordern – aber auch kritische Einstellung gegenüber eigenen überwertigen Ideen.

Wesentlich für unsere Fragestellung ist aber der Umstand, daß es in allen Weltanschauungen Wertungen gibt, die – zumindest in ihrer Konsequenz – umweltethisch bedeutsam sind, was in den folgenden Beiträgen noch dargestellt wird.

Gerhard Pretzmann

Zur evolutionären Ethiktheorie

Bei der Ausbildung ethischer Inhalte sind, wie in der biologischen
Evolution, zwei verschiedene Begriffe von Entwicklung zu unterscheiden: die individuelle Entwicklung des einzelnen Menschen und die kollektive Entwicklung, die in ihren Wurzeln bis in die biologische
Evolution zurückreicht.

Die These der evolutionären Ethiktheorie besteht in der Aussage,
daß die gesellschaftlich-historischen Fakten allein nicht ausreichen, die
Entstehung von ethischen Normen zu erklären. Sie steht damit im
Gegensatz zu den Behauptungen sowohl des dialektisch-historischen
Materialismus als auch zu jenen der liberalen, an der Milieutheorie
orientierten Schulen.

Sowohl ontologisch als auch historisch finden wir einen dialektischen Wechsel von rationalen (bzw. ratiomorphen) und irrationalen
Faktoren, die zum Phänomen Ethik führen und nur in einer ganzheitlichen Synthese realistisch dargestellt werden können.

Gehen wir von einer rationalen Analyse des gegenwärtigen Gesell-
schaftsbildes aus, können wir die Situation von einem Kontext historischer Bedingungen ableiten, der letztlich bis zur Urgesellschaft der
Jäger- und Sammlerhorden zurückreicht. In dieser Urkultur finden wir
nun eine enge Überformung der Kulturschicht über angeborene Aus-
lösemechanismen und primäre Motivatoren, die wohl weitgehend in
rationalem Zusammenhang mit der konkreten Lebenssituation dieser
Gruppen stehen, in ihrer Unmittelbarkeit aber emotionale, also nicht
rationale Kräfte darstellen. Die Herausbildung eben dieser primären
Motivatoren reicht nun in die lange biologische Evolution zurück, die
die Gattung Homo hervorgebracht hat und deren älteste hier relevante
Elemente noch ins frühe Mesozoikum, vielleicht sogar ins obere Paläo-
zoikum zurückreichen. Diese Entwicklung war „ratiomorph", bestimmt
durch die funktionellen Notwendigkeiten der Evolution.

Andererseits sehen wir auch in der individuellen Entwicklung einen
Motivationsansatz, der auf apriorische Elemente zurückgeht und eben
diese Irrationalität des emotionalen Bereichs darstellt. Diese Motiva-
tionsstruktur kommt in ein „übernatürliches" Spannungsfeld der Auseinandersetzung der individuellen Wünsche mit den gegebenen Forderungen einer konkreten Gesellschaft und ihren kulturellen Ansprüchen.
Bei gesunder Entwicklung erfolgen die Verinnerlichung dieser Forderungen und der Aufbau des „Über-Ich" als innere Gewissensinstanz.

In der persönlichen Entwicklung erfolgt eine weitere Zunahme des
Informationsschatzes, der vielfach Faktoren enthält, die im Widerspruch

zur – semirationalen – ursprünglichen Orientierung stehen können. Diese Entwicklung fällt häufig mit den – an sich irrationalen – Tendenzen der Pubertät zusammen, mit der biologisch sinnvollen Ablöse des Herangereiften von der (Klein-)Familie. Man kann hier auch von „Aufklärung" sprechen, vom Generationenkonflikt usw.

Jedenfalls kommt es meist zur Etablierung „neuer Werte" in der nächsten Generation; diese „neuen Werte" können durchaus in einer Renaissance der zuerst entwickelten, im Sinne einer Verwirklichung gegen eine sogenannte „Pseudomoral" der älteren Generation bestehen oder in einer Umwertung bzw. neuen Rangliste der Werte. Diese Vorgänge sind an sich semirational, das heißt, sie bringen logische Verknüpfungen von Elementen mit Anteilen primärer Motivatoren mit daraus abgeleiteten Folgerungen. Auch diese „Aufklärung" soll in eine ganzheitlich orientierte Synthese münden: nicht eine rein gefühlsmäßige Ablehnung und Kritik am Hergekommenen, sondern das Wertvolle bewahren und das historisch Überholte modifizieren.

Gerhard Pretzmann

Realismus und Existentialismus

Der Existentialismus ist neben dem Neopositivismus die bekannteste neue Philosophie des 20. Jahrhunderts. Seine Wurzeln reichen in die Lebensphilosophie und zu Nietzsche zurück. Während diese auch noch ontologische Elemente enthielten, befaßt sich der Existentialismus vorwiegend oder ausschließlich mit der Perspektive des Subjekts in sein reales Dasein als Person, mit dem Erleben der zwischenmenschlichen Beziehungen, den daraus erwachsenden Aufgaben, Problemen und Erlebnissen. Soweit Bezüge zu ontologischen Positionen aufscheinen, mögen diese durchaus divergieren: etwa bei Jaspers, Sartre oder Heidegger. Charakteristisch dafür sind auch die poetische Ausdrucksweise Heideggers und die dichterische Aktivität Sartres.

Ursache mag wohl die Diskrepanz zwischen den anwachsenden naturwissenschaftlichen Fakten und der vorwiegend spiritualistischen Grundhaltung der Geisteswissenschaften sowie der humanistischen Bildung überhaupt gewesen sein. Der naturwissenschaftliche Fachmann ist eng an ein spezielles Fach gebunden und scheut zumeist fachübergreifende Verallgemeinerungen, während umgekehrt dem Fachphilosophen eine wirklich fundierte Orientierung in den relevanten Bereichen der Quantenphysik, Relativitätstheorie und Kosmogonie, Chemie, Physiologie, Genetik, Paläontologie etc. schwerfällt. Die Ausklammerung einer Ontologie und das Beziehen einer Ausweichposition sind daher für die neuere Philosophie typisch.

Im 19. Jahrhundert war man hier mutiger. Die aus den angeführten Schwierigkeiten erwachsenden Fehlhaltungen stellten sich natürlich prompt ein – auf der einen Seite Reduktionismus, auf der anderen Anthropomorphismus: das Hineinsehen von aus dem Selbsterlebnis gegebenen Elementen in Systeme, denen sie objektiv fehlen. Erinnert sei nur an die alte „Tierpsychologie" oder die vitalistische Lebensauffassung. Dennoch hat es ganzheitlich orientierte Denker gegeben, wie etwa Teilhard de Chardin, Hartmann oder Whitehead; gegenwärtig sind es Systemtheorie, Strukturalismus und Konstruktivismus, die sich, wenn auch manchmal mit Schlagseite, mit den realen Bezügen zwischen Mensch und Welt befassen. Diese Fragestellungen, die für den Realismus relevant sind, beziehen sich auf die Unterschiede zwischen materiellen Gebilden chemischer Art, den Körpern der Lebewesen und ihren psychischen Funktionen sowie unserem Denken und Erleben; die Fragen nach dem Warum und Wie dieser Fähigkeiten und nach dem Woher der entsprechenden Ordnungsmuster.

Erwin Bader

Evolution und Umwelt aus christlich-religionsphilosophischer Sicht

Der Mensch ist ein religiöses Wesen, also ein Wesen, das seinen natürlichen Körper mit Hilfe seines Geistes erkennen, erfühlen und willentlich steuern kann und dadurch nicht nur Verantwortung für die Natur übernimmt („Macht euch die Erde untertan!"), sondern auch in der Religion die Befähigung und Richtungsweisung für das verantwortliche Verhalten erhalten kann. Der Geist des Menschen verweist ihn ja schon auf die Existenz einer spezifischen, nämlich geistigen Dimension, wodurch er zu einem genuin geistigen Leben, im besonderen zur Religion befähigt wird, aber auch zur Formung einer spezifischen, geistig-integrierenden Einheit von Geist und Körper, welche wiederum eine dem Menschen vorbehaltene, beurteilend-verstehende und zugleich verantwortlich-verändernde Perspektive im Umgang mit der körperlichen Welt ermöglicht, nämlich die Wissenschaft. Es gilt zu fragen, ob die Religion nicht nur zeitlich, sondern auch ontologisch vor der Wissenschaft steht.

Die Wissenschaft ermöglichte einerseits die Veränderung der Umwelt, sei es zum Vorteil, sei es aber auch zum Nachteil des Lebens, andererseits eine fortschreitende Beurteilung der auch das menschliche Leben bedingenden Grundlagen der Umwelt. Den Höhepunkt der Wissenschaft bildet wohl jene Art Philosophie und Anthropologie, welche das Geistige als Ort des Wissens und Handelns reintegriert und so den Bogen von der Religion bis hin zur Naturwissenschaft und zurück zu spannen vermag. Der Höhepunkt der Wissenschaft greift also die Wurzeln des Menschen auf, nicht nur die materiellen, sondern auch die geistigen. Darüber hinaus bedarf es einer Perspektive, welche die zoologischen Grundlagen des Menschen mit geistig-seelischen Perspektiven, einschließlich der Religion und Moral, in Einklang bringt.

Vorauszuschicken ist, daß die Naturwissenschaft, welche die materiell-biologischen Voraussetzungen der geistigen Denk- und Schaffensprozesse des Menschen zu erforschen strebt, ihrem eigenen Wesen nach weniger der biologisch-materiellen, sondern eher der geistigen Dimension zuzuordnen ist. Diese beiden Dimensionen sind allerdings nicht als streng voneinander getrennt aufzufassen, sondern als in Wechselbeziehung zueinander stehend.

Die evolutionstheoretische Erkenntnistheorie und Ethik einschließlich des eine radikale Position einnehmenden Richard Dawkins bewegen sich mit ihrer Forschung also insofern in die richtige Richtung, als sie dazu anregen, sich mit der Integration dieser beiden Dimensionen auseinanderzusetzen. Insbesondere Dawkins' These von den egoistischen Genen bedarf freilich einer nicht unbedeutenden Differenzierung, denn der Egoismus als moralisch abwertende Kategorie ist nicht geeignet, die naturwissenschaftlichen Vorgänge der Genetik zu beschreiben. Richtig ist, daß die Gene so eingerichtet sind, daß sie den Selbsterhalt und insofern den (eigenen) Nutzen des Lebens schützen; dies ist aber nicht der Sinn des Begriffes Egoismus, mit welchem eine moralisch verkehrte und intellektuell kurzsichtige, ausschließlich eigennützige, den Schaden der Umwelt im weitesten Sinn (also anderer Menschen und der Natur) einkalkulierende Strebenshaltung des Menschen gemeint ist. Denn der Egoismus ist eine Normabweichung, welche im durchschnittlichen Urteil ausdrücklich als Mangel angesehen wird. Die Natur befähigt den Menschen vielmehr zu einem Streben nach Sinnerfüllung, und der religiöse Mensch deutet dieses Sinnstreben vor dem Hintergrund seiner Religion.

Die Integration der geistigen und materiellen Ebene bedarf einer komplexeren Auseinandersetzung unter Berücksichtigung nicht nur der zoologisch-naturwissenschaftlichen, sondern auch der geisteswissenschaftlichen und nicht zuletzt der philosophisch-theologischen Forschungsergebnisse und Einsichten. Von der zoologischen Grundlage ausgehend, muß freilich konstatiert werden, daß die höhere Lebewesen motivierenden Kräfte wie die Erregung, die Erwartung und die Furcht in der Strebenshaltung des Menschen ihre Fortsetzung finden, wenn auch in veränderter Weise. Der Mensch erkennt natürlich nicht nur seine biologisch motivierenden Kräfte als solche, sondern erkennt in seinem Bewußtsein auch die Möglichkeit des geistig bestimmten Eingreifens, wenngleich diesem allzuoft Barrieren im Weg zu stehen scheinen. Von diesem geistig bestimmten Eingreifen handelt die Religion, indem sowohl das vom jeweiligen Selbst gewollte Handeln als auch dessen Voraussetzungen sowie Widrigkeiten nicht nur als Naturvorgänge, also nicht ohne geistigen Bezug gedeutet werden, sondern als Willensvorgänge, auf der animistischen Stufe noch als Hervorrufungen der Geister, auf der monotheistischen Stufe als von einem Schöpfer gesetzte „Gesetze", denen die Natur gehorcht wie der Bürger jenen des Staates. Da der Mensch selbst seine geistigen Fähigkeiten als Ursache von verändernden Eingriffen in die Natur reflektiert und erlebt, wie er diese Fähigkeiten in geordneten Gemeinschaftsgebilden auf enorme Weise planvoll steigern kann, unterwirft er sich freiwillig den Gesetzen des Gemeinschaftslebens, wie er sich auch den seine Existenz begründenden Gesetzen zu unterwerfen bestrebt ist. Die Geltung aller Gesetze verweist den Menschen auf deren Urheber. Grundlegend ist dabei die Perspektive, daß alle Wirklichkeit nicht nur im Spiegel des menschlichen Geistes erst als solche wahrgenommen wird, sondern auch als von einem übergeordneten Geist bewirkt erfahrbar wird, denn wie im Zuge des eigenen Handelns, so erahnt der Mensch auch in der Ermöglichung des menschlichen Handelns überhaupt sowie in den konkreten Begleitumständen das Dasein geistiger Energien.

Religion wird in diesem Sinne nicht nur als historische Vorstufe des wissenschaftlichen Denkens verstanden, sondern auch als ihr unverzichtbarer, wesensmäßiger Hintergrund.

Die Frage ist: Was bewegt eigentlich den Menschen? Warum erhebt er sich über die Natur, sei es zum Nutzen oder zum Schaden derselben? Welche Kraft ist es, die dem Menschen die Fähigkeit zu all den technisch-wissenschaftlichen Errungenschaften gibt, die das Antlitz der Erde in unserem Äon so entscheidend verändert haben? Inwieweit handelt es sich dabei um Naturkräfte, also dem System der Natur immanente, ihr als Ganzheit allein untergeordnete Teile, und inwieweit verfügt der Mensch über Kräfte, die auf die Harmonie der Natur gleichsam von außen, störend oder auch pflegend, einwirken können?

Nun zu den biologischen Grundlagen: Was den Menschen in unverfälschter Weise biologisch motiviert, muß ihn wohl mit der Natur verbinden und scheint im wesentlichen dem Kreislauf verpflichtet zu sein. Diese Kräfte versetzen den Menschen aber allein nicht in die Lage, gegenüber der Erde aktiv zu werden, und vor allem nicht, der Natur insgesamt Gewalt anzutun, sondern sie beziehen sich nur reaktiv auf die Umwelt, wie es bei den verwandten Lebewesen auch der Fall ist. Diese Kräfte sind: die Erregung, die Erwartung und die Furcht.

Unter Erregung verstehe ich hier die teils durch Reize ausgelösten, teils spontan auftretenden Impulse, welche eine reguläre Aktivierung der latenten Lebenskräfte ermöglichen. Mit Erwartung meine ich die latent verbleibenden Lebenskräfte, welche auf ihre Aktivierung warten. Mit Furcht bezeichne ich hier schließlich eine lähmende oder zu Überschußhandlungen motivierende irreguläre Beeinflussung des Energieflusses. – Soweit die biologische Grundausstattung, welche im Menschen zwar vorliegt, aber das Wesen des Menschen nicht erschöpft, ja den spezifischen Kern noch nicht berührt. Diese erste, mit den Tieren gemeinsame Ebene ist die der Triebe. Mir scheinen nun zu diesen drei Grundmotivationskräften im Menschen auf zwei höheren Ebenen jeweils ähnliche, äquivalente, wenngleich wesentlich modifizierte Energien aufzutreten, und zwar in der zweiten Ebene der personalen Gefühle und in der dritten Ebene der Religion. Ob es sich nun um eine evolutionäre Weiterentwicklung handelt oder um einen Qualitäts-sprung, ist vielleicht insofern eine fehlerhafte Frage, als die beiden Aspekte einander ja nicht widersprechen müssen, da im Sinne von Teilhard de Chardin die Evolution nur dasjenige entrollt oder entfaltet, was schon vorher eingerollt, eingefaltet war – und wurde.

Beginnend mit der Triebebene, ermöglicht die Furcht, wie beim Tier, so auch beim Menschen, eine geordnete Begegnung zwischen Individuen unterschiedlicher Arten, aber auch der gleichen Art, wobei ein gehöriger, situationsbedingt variierender Respektsabstand gewahrt wird. Furcht führt zu Respekt – und dieser spielt besonders bei in Gruppen lebenden Tieren und letztlich beim Menschen eine große Rolle. Der Mensch überträgt ihn auf alle möglichen sozialen Phäno-mene und entwickelt damit die Ehrfurcht als ein personales Grund-gefühl, welches auch eine ethische Relevanz besitzt, also auch den Handlungsablauf im Leben der Person beeinflußt.

Zweitens die Erwartung: Der Mensch erwartet triebbedingt wie das Tier Vorräte zur Stillung seines Hungers und Durstes, aber fernerhin hungert und dürstet ihn nach Gerechtigkeit sowie nach anderen höhe-ren Werten, etwa nach Schönheit, er sehnt sich nach dem, was seine Erwartungen zu erfüllen verspricht, nach Personen, Erlebnissen, er sehnt sich nach Wunscherfüllung, nach Glück. Der vitalen Erwartung im Bereich der biologischen Vorgänge entspricht auf personaler Ebene das Gefühl der Sehnsucht.

Drittens die Erregung, welche zunächst wie bei allen Tieren auch beim Menschen zum Vorschein kommt, sei es in der Art des Kampfes, also der Aggression, aber auch einer gewissen Opferbereitschaft, ana-log dem von Freud so bezeichneten Todestrieb, sei es außerdem in der Sexualität, die ja von ihren zoologischen Wurzeln mit Aggression ver-knüpft ist, nicht nur gegen den Sexualpartner, sondern vor allem gegen den Konkurrenten. Auf personaler Ebene treten analoge Kräfte als Leidenschaft wieder auf den Plan, und die Grenzen scheinen gerade in diesem Bereich fließend zu sein, so daß viele die Leidenschaft als nicht spezifisch für die Personalität des Menschen, sondern als gleichsam inferior abtun, was allerdings hier nicht gutgeheißen wird. Denn gera-de die Leidenschaft ist, mit Konrad Lorenz gesprochen, der biologische Ansatzpunkt, wo auf der nächsthöheren Ebene die oberste Spitze er-reicht werden wird, nämlich die Liebe.

Die Liebe ist im Sinne des Christentums die höchste der drei als göttliche Tugenden bezeichneten obersten Motivationskräfte des Men-schen. Diese drei, der Glaube, die Hoffnung und die Liebe, bezeichnen den energetischen Kern der Religiosität des Menschen.

Der Glaube überhöht die personale Ehrfurcht, da sich der Mensch nicht nur ängstlich vor seinesgleichen verbeugt, sondern staunend und zitternd vor dem über allem Menschlichen Stehenden erschaudert, da er sich mit dem alles Sein Umfassenden in vertrauter Einheit fühlen kann, da er sich letztlich an den die ganze Natur als sein Werk Einschließenden vertrauend um Beistand zur Bewältigung der großen Probleme des Lebens wenden kann. Der Glaube versetzt Berge, das heißt, der Mensch vermag durch diese Kraft des Glaubens selbst die Naturverhältnisse nach seinem Willen zu formen. Der Glaube ist somit auch eine Voraussetzung für die wissenschaftlich-technischen Eingriffe des Menschen in die Umwelt, aber gerade deshalb ist auch die Frage zu stellen, wie und woran der Mensch glaubt. Auch der trockene Wissenschaftsglaube ist ein gewisser Glaube, auch der Glaube an Adolf Hitler war eine Art davon, aber beides ist noch nicht der wahre Glaube. Denn dieser ist dort zu finden, wo die eigentlichen Adressaten des Glaubens nicht mehr Menschen, seien es Wissenschaftler, Politiker, Priester oder sonstige Menschen, sind, sondern wo der Glaube sich – über die vermittelnden transparenten Chiffren und Formeln hinweg – auf die Transzendenz selbst bezieht, wie Karl Jaspers es ausspricht, wo der Glaube in den existentiellen Grenzsituationen den Menschen trägt und führt, wohl auch im Sinne dessen, was Max Scheler das Heilswissen nennt.

Die Hoffnung ist schließlich mehr als nur eine Erwartung dessen, was das biologische Leben selbst zu bieten hat, mehr als Erwartung nach Stillung der körperlichen Bedürfnisse, wie wichtig und legitim dies im konkreten menschlichen Leben auch ist. Sie ist auch mehr als nur die Sehnsucht nach dem Mehr, nach dem Wesentlichen, dem Glück oder der Seligkeit, sondern sie ist eine vorweggefaßte und als wohlbegründet geltende Annahme, daß diese Sehnsucht auch dereinst gestillt werde. Der Hunger hört erst dort auf, wo die Hoffnung auf den Plan tritt.

Immanuel Kant sagte mit Recht, daß die Frage des Menschen: Was soll ich hoffen? von der Religion beantwortet wird, denn die Antwort auf diese Frage ergibt sich dort von selbst, wo echte Hoffnung aufkommt. Die Unsicherheit des Noch-nicht-fest-genug-Glaubenden ist gleich der Fragwürdigkeit desselben. Freilich wird der Mensch im konkreten Leben wohl niemals ein perfekt Glaubender, ebensowenig ein absolut fest Hoffender.

Am höchsten aber ist die Liebe. Der Mensch erfährt die Erhabenheit des Geistigen im Menschen am direktesten dort, wo er die echte liebende Zuwendung eines Mitmenschen in wirklicher Not erlebt. Dies ist der Kern der Samariter-Erzählung in der Heiligen Schrift. Es bedarf nicht vieler Worte, um dies begreiflich zu machen. Aber es bedarf einer eigenen Erklärung, wie sich die Liebe nicht nur auf den Mitmenschen, sondern auch auf die Natur und Umwelt beziehen kann und sollte. Denn darum geht es ja in unserer Zeit in besonderer Weise. Die Antwort weist in verschiedene Richtungen: Die Natur ist dem Gläubigen ein Werk Gottes, und in die Ehrfurcht vor Gott bezieht der Christ auch die Ehrfurcht vor der Schöpfung mit ein, da sonst die Ehrfurcht vor Gott zu einer hohlen Behauptung werden könnte. Schon lange vor dem Virulentwerden der Umweltprobleme hat der vorbildliche evangelische Theologe und Arzt Albert Schweitzer in Tat, Wort und Schrift auf die Notwendigkeit einer Ehrfurcht vor dem Leben hingewiesen und damit auf besondere Weise jenen Impuls erneuert, der schon vom bedeutendsten Heiligen des Mittelalters, Franziskus von Assisi, gesetzt wurde. Die Liebe ist immer konkret, und wie die Liebe zum Mitmenschen nur dann echt ist, wenn sie sich in konkreten Handlungen äußert, so ist die Liebe zu Gott nur dann echt, wenn sie sich auf seine Werke, also auf die Geschöpfe insgesamt, freilich einschließlich aller Menschen, bezieht und dem Menschen seinen gebührenden Platz in der Schöpfung läßt, als verantwortlicher Pfleger der Natur. Wir haben kein Recht, die Arten sterben zu lassen, ohne etwas dagegen zu unternehmen, so wie wir kein Recht haben, die Mitmenschen leiden zu lassen, ohne etwas dagegen zu unternehmen.

Die Religion kann in dieser Betrachtungsweise wieder mehr als das Zentrale im Leben des Menschen erfahren werden, und auch die Vielheit der Religionen kann dabei ihre Widrigkeit langsam verlieren. Je mehr wir die Transzendenzbezogenheit der jeweilig-menschlichen Religiosität als den Kern der Religion ansehen, den zu entfalten die Aufgabe der konkreten Religionssysteme und Glaubensgemeinschaften ist, desto weniger spielt die Unterschiedlichkeit eine störende Rolle, sofern der Respekt vor dem anderen und die Möglichkeit der stets widerruflichen, das heißt freien Wahl eines religiösen Weges gegeben sind. Denn das Sektenhafte im Bereich der Religion wird ja nur dadurch zum Problem, daß es mit einer Ausschließlichkeit der anderen Wege verbunden wird; sicherlich fließen hier die Grenzen, und auch den Institutionen und Lehrsystemen der großen Hochreligionen kann diesbezüglich keine Unschuld attestiert werden. Im letzten entscheidet, ob ein Religionssystem seine Zugehörigen beim Verlassen der eigenen Gemeinschaft und beim Wunsch nach Übertritt zu einer anderen Gemeinschaft vitalen und sozialen Sanktionen und Pressionen aussetzt oder nicht.

Die großen Religionen werden von Glasenapp unterschieden in jene, die sich auf die Offenbarung des alleinigen Gottes berufen, und jene, die gleichsam das ewige Weltgesetz zu ergründen versuchen. Die großen monotheistischen Religionen, also das Christentum, das Judentum und der Islam, berufen sich gemeinsam auf die Tradition der jüdischen Propheten, bekennen sich also auf eine gemeinsame Wurzel in Abraham, wenn auch die Weiterentwicklung und Deutung in unterschiedliche Richtung erfolgte, da Jesus nur im Christentum und Islam sowie Mohammed nur im Islam anerkannt wird. Die östlichen Religionen haben wiederum unterschiedlichere Wurzeln, sie kennen teilweise die vedisch-indische Vorkultur als gemeinsame Wurzel, was für die Hindu-Religionen, den Jainismus und die Formen des Buddhismus zutrifft, andererseits die frühen chinesischen Weisheitslehren, was für den Taoismus, den Konfuzianismus und gewisse Formen des Buddhismus wie den Zen-Buddhismus zutrifft, sie haben aber auch andere Wurzeln, wie der Shintoismus, dessen Bedeutung Glasenapp nicht genügend anerkennt.

In ethischer Hinsicht unterscheiden sich diese zwei großen Religionsgruppen, nennen wir sie hier die monotheistischen und die östlichen Religionen, durchaus gemäß ihrem unterschiedlichen Hintergrund, indem entweder die Schuld oder die Scham eine zentrale Rolle spielt. Verständlicherweise ist der Schuldgedanke bei jenen Religionen ausgeprägt, wo der persönliche Bezug zu einem sich offenbarenden einzigen Gott im Zentrum der Glaubenslehren steht, während bei den Religionen des anonymen Weltgesetzes und der Vielfalt der Gottheiten analog der Beziehung zu einer anonymen Vielheit der Mitmenschen die Scham eine zentrale Rolle spielt. Beide ethischen Gefühle, Schuld und Scham, entspringen aber einem noch tiefer verankerten Gefühl, nämlich der Ehrfurcht, denn nur wo Ehrfurcht herrscht, können sowohl Schuld als auch Scham aufkommen. So scheint sich auch der Begriff der Ehrfurcht, insbesondere auch vor der gesamten Schöpfung – oder gemäß der religiösen Verstehensweise aller Religionen einschließlich des Ostens eben die Ehrfurcht vor der lebendigen Welt –, als Schlüsselbegriff für die Fundierung einer interreligiösen Umweltethik zu eignen.

Freilich ist mit der Ehrfurcht allein noch nicht gewährleistet, daß nicht die Leidenschaft in andere Richtungen ausschlägt, und es wäre wohl nicht lebensbejahend, also noch keine umfassende Liebe zum Leben, wenn der Leidenschaft ihre Existenzberechtigung abgesprochen würde. Außerdem bleiben die Träume des Menschen als treibende Kräfte, und bei aller Ehrfurcht ist es eine Frage, wovon letztlich der Mensch träumt, was er von der Zukunft erhofft, was er vom Leben überhaupt und vom Dasein erwartet; und bei aller Ehrfurcht vor dem Leben können seine Handlungen letztlich das Leben schädigen, wenn er nicht auch seine Träume kritisch betrachtet, wenn er Wünsche in sich unkontrolliert aufsteigen läßt, die ihn letztlich überwältigen und sein Handeln unfrei werden lassen.

Also bleiben die Aspekte von Glaube, Liebe und Hoffnung in diesem Sinn als reinigende Energien, welche den Energien der anderen Stufen des menschlichen Lebens entsprechen; die Kräfte der dritten, der religiösen Stufe im Bewußtsein des Menschen können seine Triebe veredeln und seine Persönlichkeit läutern. Die Religion kann daher in summa die Menschheit in die Lage versetzen, die richtigen Wege zu finden und zum Ausgang aus der ökologischen Sackgasse zu gelangen.

Johannes Michael Schnarrer

Umweltfragen im ethischen Diskurs: Aspekte der Nutzung unveräußerlicher Güter

1. Einleitung – zur Problemstellung

Die Debatte um die unveräußerlichen Güter zählt in der heutigen Gesellschaft zu denjenigen, die uns alle betreffen, obwohl eine ganze Reihe von Mitmenschen nach wie vor so tut, als ob es sich hier um ein Thema ausschließlich der Politiker oder Wirtschaftler handle. Bei der Bewußtseinserhellung und Schärfung des Blicks für die Ressourcen, die weder „bezahlbar" noch „erneuerbar" sind, beginnt bereits die Verantwortung eines jeden einzelnen von uns, der Teil dieser Wohlstandsgesellschaft ist.

Über Jahrtausende hinweg bedrohte die Natur die Existenz des Menschen. Doch das Blatt scheint sich diametral gewendet zu haben, nicht zuletzt durch die größer werdenden technischen Möglichkeiten. So ist es an der Zeit, immer die Auswirkungen, die ein Eingriff in die Natur mit sich bringt, zu berücksichtigen. In den folgenden Überlegungen stütze ich mich auf die Umweltethik von Alfons Auer (Düsseldorf 1984) und auf Günter Virts Artikel „Umwelt – eine Gewissensfrage?" (in: Pillmann/Burgstaller, Energieressourcen und Europäische Marktwirtschaft, Wien 1991).

Der Begriff „Ökologie" stammt von Ernst Haeckel (1866) und bekam durch die Entwicklung in den sechziger Jahren des 20. Jahrhunderts einen neuen Aufschwung, wobei die Bewegung der Grünen besonders von Carsons 1962 verfaßtem Werk „Der stumme Frühling" geprägt wurde. Lange Zeit war die Ökologie, verstanden als Lehre der Beziehungen und Verbindungen von Lebewesen, eine Unterabteilung der empirischen Biologie, doch sie löste sich von ihr und wurde transformiert auf menschliches Tun und dessen Auswirkungen auf die Biosphäre. Definiert man Ökologie ganz allgemein, dann handelt es sich also um Aspekte von Umwelt, Natur und Biosphäre.

2. Schöpfungstheologische Gesichtspunkte in der Ökologie – religiöse Aspekte

Jeder Mensch ist zur Mitgestaltung der Schöpfung berufen, aber in Verantwortung. Immer wieder wird den Christen vorgeworfen, daß sie ja nach Gen. 1, 28 („... bevölkert die Erde, unterwerft sie euch") schuld an der Ausbeutung der Natur, ja sogar der Zerstörung derselben seien. Virt sieht darin aber kein explizit anzuerkennendes Gebot, sondern vielmehr einen Segen, wobei allerdings auch ein Segen mißbrauchbar ist (vgl. Waffensegen im Zweiten Weltkrieg). Man muß also sehr wohl abschätzen, was gut für die Erde und ihre Bewohner ist. Hier kommt die Tugend des Maßhaltens ins Spiel, denn wir sind aufgerufen, das Gute auf der Welt und in der Natur zu kultivieren, jedoch nicht so, daß die kommenden Generationen vor irreversiblen Schäden stehen (vergiftete Flüsse usw.). Auch ist der in der Bibel mitbegründete Schöpfungsauftrag für jede(n), der/die sich Christ(in) nennt, eine Aufgabe nicht in Verbindung mit Willkür, sondern mit Ge- und Verbrauch von Ressourcen in Verantwortung.

Zwei Argumente sind den Vorwürfen, daß die Christen hauptverantwortlich für die gegenwärtige Umweltmisere seien, entgegenzuhalten: einerseits gab es eine gänzlich unterschiedliche Entwicklung im christlichen Osten und im Westen, wobei der Westen wiederum seit der Reformation besondere Akzente erhielt, und andererseits hat gerade das Mönchtum große Verdienste auf dem Gebiet der Kultivierung und beim Vorantreiben der Wissenschaft. So wurde das Arbeitsethos im Abendland durch mönchische Verhaltensweisen – vor allem im Mittelalter – ganz wesentlich mitgeprägt. Heute erleben wir gerade einen Sinnverlust durch das Ausbleiben von Kontemplation, die früher über die Aktion gestellt wurde, da der Utilitarismus mit seinem ständigen Abwägen von Aufwand und Nutzen, dem permanenten Berechnen, die Vorherrschaft übernommen hat. So führt die Überbetonung einer Seite – Arbeit (workaholism) und Nutzen (utility) – in der Postmoderne (post modern age) zum Verlust von Abstand (distance) und Stille (silence). Eine sinnvolle Alternative sollte die Besinnung auf die Tugenden sein.

3. Die Tugenden als Orientierungsgeber der Handlung – der sittliche Aspekt

Ethisch verantwortlich und dem guten Gewissen entsprechend sind es die Tugenden, die uns Richtschnur unseres Handelns sind. Nach der Schichtungstheorie von Aristoteles und Platon ist die „Schichtung" primär im Wirklichen und im Menschen selbst vorgegeben. Nach Platon birgt jeder Mensch in sich alle „Lagen", doch nur eine wird vom jeweiligen Individuum personifiziert. Tut er/sie das und steht dann alles miteinander in wesensmäßiger Übereinstimmung, so herrscht Gerechtigkeit, die Grundtugend des griechischen Denkens. Die anderen drei der insgesamt vier Kardinaltugenden sind Maßhalten, Tapferkeit und Klugheit. Sie sind komplementiert durch die drei göttlichen Tugenden:

Glaube, Hoffnung und Liebe. Alle diese genannten Begriffe (die, jeder für sich, einer Eigenhermeneutik bedürften, was aber den Rahmen der hier auszuführenden Überlegungen weit übersteigen würde) sind auch im Umgang mit der Natur notwendig.

Der Gegensatz zu Tugenden, d. h. einer positiv balancierten Haltung, ist die Sünde, wo wiederum, je nach ausgebildetem Gewissen, die Einzelperson sich selbst, ihre Freiheit, Subjekte oder Objekte mißbraucht, also ein Gut pervertiert. So kann z. B. eine Tugend negativ werden, wenn Tapferkeit mit einem Ziel, das in sich böse ist, verbunden wird (vgl. „Tapferkeit" der US-Soldaten im Vietnamkrieg).

Auf die Ökologie im analogen Sinne ist diese Argumentation leicht transformierbar. Gerechtigkeit meint Solidarität mit anderen, impliziert auch den schöpferischen Umgang und nicht den Mißbrauch der Biosphäre. Vor allem auf Sekundärfolgen, z. B. in der dritten Welt durch Raubbau etc. um der ersten Welt willen, ist hinzuweisen und auf die Ungerechtigkeiten aufmerksam zu machen.

Maßhalten heißt: Energieverbrauch minimieren und so verantwortungsvoll nutzen, daß auch die nächsten Generationen an den Gütern der Erde partizipieren können. Übermäßiger Verbrauch von Ressourcen ist zu verhindern. Tapferkeit besagt: couragiertes Engagement, auf Fehlleistungen hinweisen und Aktionen setzen. Umweltorganisationen brauchen immer wieder Menschen, die den Mut zur Aktion aufbringen und nicht selten sogar ihre Person existentiell in Gefahr bringen um einer guten Sache willen. Klugheit bedeutet in diesem Zusammenhang: Bewahrung des Realitätssinnes, Schärfung des Blicks für drohende Gefahren in der Umwelt sowie Besonnenheit und Nutzung eines gesunden Menschenverstandes. Doch wo finden wir die Tugenden und Richtlinien?

4. Die Wirklichkeit als Prüfstein des Tuns und Denkens – der Aspekt des Realitätsbezugs

Auer fragt: Wo ist der Maßstab für das Richtige zu suchen? Die Antwort lautet unkompliziert: in der Wirklichkeit selbst. Nun könnte man annehmen – und viele Kritiker der Ethik tun dies auch –, daß das Sittliche nur graue Theorie sei. Ganz und gar nicht: Da es eine konkrete Seite des Sachverhalts hat, leitet die theoretische Einsicht in sittliche Kategorien hin zur Aktion. Würde Umweltethik rein erkenntnisorientiert in der Gedankenwelt von Wissenschaftlern verharren, hätte sie ihr Ziel verfehlt. In den Begriffen der Ethik ist deshalb das Postulat zu etablieren, nicht nur gut zu handeln, sondern auch sittlich richtig, da nur beides gemeinsam zu einem sinnvollen Ganzen verbunden werden kann. Sittlich gut zu handeln, wäre zunächst nur der Gesinnung entsprechend, das Richtige betrifft die Seite des konkreten Sachverhalts, das heißt, Ethik muß sich stets an empirischen Wissenschaften und Erkenntnissen der Gegenwart orientieren, an der von Gott mitgegebenen Verantwortung gegenüber sich selbst, dem Nächsten und den Gütern der Erde im weitesten Sinne, ansonsten steht sie in der Gefahr, um ihrer selbst willen dazusein, und verliert so ihre Berechtigung.

Eine weitere Frage der Ökologie ist nun, wenn man sich auf Experten beruft, ob nicht auch Meinungen von diesen, die z. B. für oder gegen die Fertigstellung eines Atomkraftwerkes plädieren, manipulierbar sind. Auch hier ist mit dem kategorischen „Ja" zu antworten. Manipulation heißt ja gerade Fremdbestimmung, Steuerung von außen. Leider lassen sich offensichtlich immer mehr Wissenschaftler vor den Karren einer bestimmten Interessensgruppe spannen, so daß eine oder mehrere schwer zu entflechtende Lobbies entstehen. Das Meinungsmonopol des ORF, bereits negativ in der Abstimmungsdebatte zum EU-Beitritt Österreichs sichtbar, trägt sicher nicht dazu bei, wenigstens asymptotisch eine gewisse Beschäftigung beispielsweise mit dem Atomkraftwerk Mochovce zu ermöglichen. Gesundes Mißtrauen, übrigens ein ethisches Gebot bei ungenügender Evidenz im Argumentationsgang prinzipiell, dürfte somit nicht nur berechtigt, sondern geradezu gefordert sein.

Die Hauptfrage für oder gegen den Bau eines Atomkraftwerks und generell zur Verwendung umweltverträglicher Technologie ist das Nachdenken, was den nächsten Generationen zugemutet wird und ob sie mit den Altlasten und Schulden allein gelassen werden dürfen, denn Ethik ist nicht nur historisch begründend, um in der Gegenwart verantwortungsvoll handeln zu können, sondern muß gerade futurologisch Primär- und Sekundärfolgen von Handlungen oder deren Unterlassung ins Kalkül ziehen.

Ich möchte hier die These aufstellen, daß man zu lange an guten oder bösen Taten gemessen hat, während in der Zukunft noch viel mehr die sogenannten Unterlassungssünden, das heißt, Dinge nicht getan zu haben, ins Blickfeld der Kritik rücken werden. Sogenannte Präventivmaßnahmen sind gefragt, die das Schlechte verhindern. Deshalb sollte die moderne Anklageformel nicht mehr nur: „Was hast du getan?" beinhalten. Gerade bezüglich der Ökologie geschehen immer wieder irreparable Umweltsünden, die nicht tolerierbar sind: „Was hast du unterlassen?"

5. Angedachte Schlußbemerkungen

Häufig fühlt sich das postmoderne Individuum trotz angestrengtester Diskussionen, Meinungsvielfalt und Informationsflut ob der Komplexität eines Sachverhaltes nicht mehr in der Lage, die Probleme zu durchdringen, und schon gar nicht zu entscheiden.

Spätestens an diesem Punkt müßte das „Gewissen schlagen", und dann sind wenigstens zwei Vorgangsweisen möglich:

1. Ich beende das Polemisieren (höre auf zu reden um des Redens willen), könnte mich aber der Untätigkeit schuldig machen und versuche deshalb möglichst gut, ungefilterte Informationen zu erhalten.

2. Ich entscheide mich durch die Unsicherheit über die zu verantwortenden Folgen zunächst dagegen (gegen ein möglicherweise umweltgefährdendes Projekt), denn erst bei Ausschaltung der Risken und hoher Evidenz der Sicherheit ist eine Zustimmung möglich. Besonders kritisch ist das immer größer werdende Heer der Desinteressierten zu bewerten, das sich, oft durch Enttäuschung bedingt, aus dem Meinungsbildungsprozeß – auch im umweltethischen Bereich – zurückzieht und „wertneutral-unpolitisch" sein will, was sich aber doch als Illusion herausstellen muß.

Der Kampf zwischen Gegnern und Befürwortern von Atomkraftwerken (nicht nur in der Slowakei oder Tschechien) oder Atomtests (nicht nur von französischen und amerikanischen, sondern auch von chinesischen usw.) geht weiter, und jede(r) Verantwortliche hat eine fundierte Position zu vertreten. Doch neben der Bewußtseinsbildung ist nur gelebtes, von konsistenten sittlichen Einstellungen geprägtes Ethos, das an Tugenden und Normen orientiert ist, überzeugungskräftig. Diese Einstellung muß zur Aktion führen. Zwar ist auch im Bereich der Ökologie nicht alles – und unmittelbar – als Gewissensfrage zu deklarieren, wenn es aber um das Essentielle, das Sein oder Nichtsein, geht, ist es nicht nur angebracht, sondern sogar ausdrücklich verlangt, ja postuliert.

Gerhard Pretzmann

Anthroposophen und Esoteriker

Obwohl die anthroposophischen Theosophen – und noch viel weniger die diffuse esoterische Strömung – größenordnungsmäßig mit den hier besprochenen Weltreligionen nicht auch nur annähernd vergleichbar sind, so ist doch durch die Person Rudolf Steiners und sein Werk gerade für die Umweltbewegung eine starke Ausstrahlung erfolgt. Steiner – 1861 geboren, Abitur 1879, 1891 promoviert – hatte zwar Technik studiert, war aber stets schöngeistig-philosophisch orientiert und auch als Künstler (Architektur, Malerei, Dichtung) aktiv. Seine Intentionen hatten um die Wende vom 19. zum 20. Jahrhundert und in der Zwischenkriegszeit eine beachtliche Wirkung. Obwohl er einen „Import" östlicher Geistigkeit ausdrücklich ablehnte und die Notwendigkeit einer eigenständigen Entwicklung Europas betonte, entstand eine synkretistische Tendenz zur Verschmelzung genuin christlicher Inhalte und hinduistischer Elemente, insbesondere der Wiedergeburtslehre.

Steiner betonte stets den Anspruch auf Wissenschaftlichkeit. In seiner Forderung aber, die Seele des Menschen introspektiv zu erforschen – es bestand wohl auch eine gewisse Einflußnahme des positivistischen Zeitgeistes –, öffnete er jedem Aberglauben, bis zum ausdrücklichen Spiritismus, die Tür. Er lehnte die Ergebnisse der Naturwissenschaft nicht ab, sondern meinte, daß zu diesen Fakten noch das Spirituelle (auch als tiefere Schau verstanden) kommen müsse. In diesem Zusammenhang ist auch seine gute Beziehung zu Ernst Haeckel interessant. Steiner befaßte sich von dieser Grundposition aus mit allen Bereichen des menschlichen Lebens. Im eingangs erwähnten Zusammenhang sind besonders seine pädagogischen Tendenzen (Freie Waldorfschulen) wichtig sowie seine Bestrebungen zu einem naturnahen, biologischen Landbau. Hier wurden wertvolle Anregungen gegeben und auch der Boden für ökologisches Denken vorbereitet.

In der esoterischen Szene wiederum gibt es Strömungen, vielfach als „Geheimwissenschaften" bezeichnet, die ins Mittelalter und weiter zurückreichen, zum Teil Traditionen der Rosenkreuzer und anderer, seinerzeit von der Kirche verfolgter Organisationen: auch Querverbindungen zu Teilen der Freimaurer mag es gegeben haben.

Verwunderlich ist auch eine Beziehung zu deutschnationalen Kreisen, die hier wohl mit antiklerikalen Tendenzen zu tun hat.

Aus neuerer Zeit ist auch das Werk „Wendezeit" von F. Capra zu nennen, der versuchte, neueste naturwissenschaftliche Ergebnisse und Fragestellungen mit alten chinesischen, indischen und auch europäischen Traditionen in Beziehung zu setzen. „Wendezeit" wurde in gewisser

Weise zu einem Idol dieser Strömungen. Von extremen Auslegungen hat sich später Capra selbst entschieden distanziert. Als weitere Vertreter dieser Strömungen wären auch Vandela und Maturana sowie Sheldrake zu nennen. Die erstaunliche Wende im Denken A. Tollmanns sei in diesem Zusammenhang erwähnt.

Die hier angesprochenen Strömungen sind kaum begrifflich eindeutig zuzuordnen, es gibt hier viele Überschneidungen und zum Teil auch grundlegende Differenzen. Das Gemeinsame sind eine Ablehnung des klassischen wissenschaftlichen Denkens, des theoretischen wie praktischen Materialismus sowie auch der etablierten Religionen und das Bemühen, zu einer neuen Geistigkeit vorzustoßen, die stets im Zusammenhang mit einer Forderung nach einer neuen Ethik als Basis für umweltgerechtes Leben steht.

Helmut Kinzel / Gerhard Pretzmann

Konkrete Moral aus christlichem Glauben

Ursprünglich entfaltet sich der ethische Bezug der Hochreligionen aus einer alles durchwaltenden numinosen Intentionalität, einem religiös erfaßten Physiozentrismus. Der neue Begriff des Rechtsvertrages – auf Basis der „Imago Dei" – hat die doppelte Konsequenz, Teilhabe an der schöpferischen Tätigkeit (Herrschaftsauftrag in Gen. 1, 82, Gärtnerauftrag in Gen. 15) wie das zwischenmenschliche Verhältnis. Hier erhält der ethische Anspruch den Charakter der Unbedingtheit. Damit gewinnt die umweltethische Diskussion um Anthropozentrik und Physiozentrik erneut Aktualität.

Andererseits besteht die Gefahr einer Degeneration zum Legalismus, zur „Vergesetzlichung". Hier hilft die Unterscheidung zwischen göttlichem und profanem Recht, wobei ersteres auf wenige Grundnormen beschränkt ist, letzteres rationalpragmatisch begründet wird.

Wichtig ist die Rückführung der vielen Normen, wie es im Prinzip schon im Dekalog gegeben ist. Darüber hinaus sind die Hauptgebote der Gottes- und Nächstenliebe des Alten Testaments von Jesus als Doppelgebot zusammengefaßt („das ganze Gesetz und die Propheten", Mt. 22, 40). Hier zeigt sich die vorausliegende Liebe Gottes zur Welt, er will die Welt und steht für ihren Sinn ein. Die Kenosis Christi: bis zum Tod am Kreuz bezeugt diese absolute Liebe und rettet und rechtfertigt darin den Menschen in seiner Würde. Diese Liebe gibt menschlichem Handeln seine universale Form, Richtmaß und Ziel alles Sittlichen des Menschen als Person. Das Ethos der Bergpredigt will dies konsequent entfalten: Hierzu wird die überkommene Gesetzessprache überfremdet, sie durchstößt die gesetzliche Ebene und deckt damit den Anspruch der Liebe für die konkreten zwischenmenschlichen Beziehungen auf, ohne einen neuen Legalismus aufzustellen – gerade durch die provokante Einkleidung in kasuistische Rechtssätze (Verbot des Schwörens, des Zürnens, der Wiedervergeltung, des Begehrens als „Ehebruch im Herzen", mit dem Höhepunkt im Gebot der Feindesliebe). Nun muß jede konkrete Moral, die für sich den Anspruch erhebt, christliche Moral zu sein, von eben diesem Geist getragen sein.

Aus dem Glauben an die Zuwendung Gottes zum Menschen ergibt sich die Forderung nach der Hinwendung des Menschen zu seinesgleichen, keineswegs als christliche Sondermoral, sondern als allgemein konsensfähige Konsequenz einer heilsgeschichtlich verstandenen Natur, grundsätzlich für das zwischenmenschliche Leben aller offen. Fragen der Arbeit, der Technikanwendung, der Wirtschaftsordnung, der Umwelt, der menschlichen Sexualität, der Familie, der Stellung der Frau, der Ordnungsgrundlagen des Staates, der dritten Welt, der Friedenssicherung, der Menschenrechte, der Freiheit, Mitwirkung und des sozialen Anspruchs sind neuzeitliche Fragen, die in der Folge der Ausweitung der instrumentellen Vernunft und ihrer technisch-wissenschaftlichen Kultur sowie der Ausweitung der ethischen Vernunft auf die Ordnung oder gesellschaftliche Strukturen entstanden. Müssen wir nicht vieles davon als Folge des biblischen Menschen- und Weltverständnisses sehen? Daß hier ein grundsätzlicher Wirkungszusammenhang besteht, ist anzunehmen. Aus den Voraussetzungen der Akzeptanz von Wissenschaft und Technik – unabdingbare Grundlage der gegebenen Lebenswelt – und von den am Prinzip der Personenwürde ausgerichteten Menschenrechten ergibt sich erstmalig die Möglichkeit einer instrumentellen und ethischen Verständigung, die universalisierbar ist.

Was sich also heute als mögliches Gesamtethos der Menschheit anbahnt, hat so gesehen (auch) christliche Wurzeln.

Das bedeutet natürlich noch längst nicht, daß die weitere Entwicklung sich selbst überlassen werden könnte. Der Christ sieht sich vielmehr genötigt, seine genuinen Impulse immer neu einzubringen, um die – den Intentionen Gottes entsprechenden – wahrhaft humanen Gestaltungen zu verwirklichen. Über die Verwirklichung von Tugenden hinaus gilt es heute, die Zustände und Strukturen, bis in die politische, ökonomische und ökologische Ordnung hinein, aus diesem Geist zu verändern. Dieser Geist muß an der Gestaltung des Allgemeinmenschlichen erweisen, daß er dem Menschen als Person gerecht wird. Damit löst sich das Problem der Zusammenwirkung von christlichem Anspruch und mundaner, rational begründeter Moral von selbst.

Fundamentalistische Position, die nicht aus Einsicht, sondern aus Gehorsam Ausgangspunkt sittlicher Zustimmung ist und die Komplexität der christlichen Lebenswelt und ihre Bedingungszusammenhänge übersieht, steht einer Verwirklichung human lebbarer Ordnung entgegen. Der Prüfstand der Kommunikabilität – „an ihren Früchten sollt ihr sie erkennen" – trifft Christlichkeit als Anspruch.

Wo liegen die entscheidenden Weichenstellungen, die zu einem neuzeitlichen Verständnis geführt haben, und wie war die frühere Zuordnung von christlicher Moral und konkreter Moral?

Von Anfang an haben Christen ihre ganze moralische Kreativität entfaltet und zur Humanisierung menschlicher Beziehungen maßgeblich beigetragen – immer in den jeweils gegebenen Ordnungsstrukturen. Diese blieben unangefochten und als natur- oder gottgewollt in Geltung. So wurde die Beziehung vom Herrn zum Sklaven im Philemon-Brief des Neuen Testaments so dargestellt, daß beide in Christus einander zum Bruder werden. Die Liebe des gemeinsamen Herrn stellte das Verhältnis auf eine völlig neue moralische Grundlage, was die Härte der Struktur wesentlich milderte. In Gal. 3, 28 heißt es: „Da ist nicht mehr Jude noch Grieche, nicht mehr Mann noch Frau, denn ihr alle seid einer in Christus Jesus." Somit ist die vorneuzeitliche Ethik wesentlich Tugendethik, und so sucht Thomas von Aquin „den ganzen Bereich des Sittlichen" aus der Analyse der Tugenden zu erschließen. Durch entsprechende Standesethiken soll strukturgerechtes Handeln sichergestellt werden. Auch eine dezidierte Kasuistik, welche die konkrete Bedingtheit vermittelt – oft in durchaus humanisierender Funktion –, berührt damit noch nicht die Frage nach der Gültigkeit der Strukturen selbst.

Die sozialstrukturelle Sichtweise der Unterscheidung von „vita activa" und „vita contemplativa" beruht zwar (Gen. 1) auf der vorgegebenen Differenz von Tätigkeit und Ruhe, mündet aber über die Heiligung des Sonntags in einen „status perfectionis" als höhere Lebensform. So droht der Lebensvollzug der Arbeit als etwas Minderes bewertet zu werden. Mit „ora et labora" knüpft dagegen Benedikt von Nursia an die anthropologische Grundaussage der Bibel an. Dennoch ist die mönchische Lebensform vielfach von Weltdistanz geprägt, die das Verständnis christlicher Heiligkeit mitbestimmt. Auch bei Augustinus darf erfüllender Seinsbezug nur in der auf Gott gerichteten „fruitio" erwartet werden. Neugierspiel der Vernunft ist Laster – Gotteserkenntnis wird gegen Welterkenntnis ausgespielt. Auch Thomas von Aquin liegt mit dem Rückgriff auf Aristoteles („bios theoretikos" überragt „bios politikos") auf der Linie einer Höherrangigkeit der „vita contemplativa".

Gerade das aber läßt sich vom biblischen Grundsatz der Komplementarität nicht rechtfertigen. Das eine mag der Intention der Liebe förderlicher sein als das andere, je nach Umständen; daher ist es abwegig, beide Lebensformen gegeneinander auszuspielen. Als „Stand wider den göttlichen Willen" bezeichnete Luther den Mönchsstand, der sich zu seiner Zeit weitgehend esoterisch verstand. Die Heilschance des Menschen liegt in seinem Leben in der Welt, so wird seine Stellung gleichsam „christlich zurechtgerückt". Das weltkritische Erbe findet seinen Ausdruck bei dem Reformator jedoch in einer Abgrenzung des Heilsgeschehens: Das Heil geschieht zwar in der Welt, aber nicht mit ihr. Gerechtigkeit folgt nur aus dem Glauben. Die zerstörerische Macht der Sünde erzeugt die ständige Heilsbedürftigkeit durch Gott. Sobald mönchische Existenz überflüssig erscheint, gewinnt der rechtfertigende Glaube sein theologisch zureichendes Korrelat in dem gegebenen irdischen Beruf und den daraus erwachsenden Aufgaben, die „vita activa" und die Berufswelt werden struktureller Rahmen der „vita christiana".

Noch stärker ist dies bei Calvin der Fall: Sichere Zeichen für die Erwählung des vom Heilswillen Gottes Erfaßten sind der Berufseifer des Christen, seine innerweltliche Askese in Hingabe an die Berufspflicht, aber auch der darin zutage tretende Erfolg! Derartige theologische Begründung muß auf den ökonomischen Mentalitätsgrund wirken, der diesen Erfolg verstärkt und ein gutes Gewissen verschafft (Max Weber, Die protestantische Ethik und der Geist des Kapitalismus). Diese Beziehung mag bestehen, ist jedoch sicherlich nicht ausreichend (Werner Sombart). Immerhin steht auf jeder ersten Seite der Geschäftsbücher von F. Marco Datini (1335–1410) „Im Namen Gottes und des Geschäfts" als Motto. Die Ausarbeitung des moralischen Subjektsstatus, analog zum Menschenrechtsentwicklungsprozeß, entspricht nicht nur einem aktualen Geist des Christentums, sondern hat ihre Wurzeln in Vorkämpfern – katholischen wie protestantischen (etwa spanische Spätscholastik: B. de las Casas, F. de Vitoria, betreffend soziale Anspruchsrechte). Auch die „Virginian Bill of Rights" hat eigene amerikanische christliche Ursprünge. Hegels Meinung, daß das „protestantische Prinzip" allein als „Prinzip des freien Geistes" anzusehen sei, wird den offensichtlich weitaus komplizierteren und verschlungeneren Wegen, die zum heutigen Verständnis von Religion und Ethos führten, nicht gerecht. Vieles an Weichenstellungen hat für uns heute nur mehr historische Bedeutung. Liebesgebot und Menschenrechte gehören zusammen. Es geht um die theologische Einordnung und ethische Bewältigung des gewaltigen instrumentellen Potentials, das sich der neuzeitliche Mensch mit seiner technisch-wissenschaftlichen Kultur geschaffen hat. Eine der Intention des Evangeliums entsprechende sozialstrukturelle Solidarität der Menschheit ist möglich geworden.

Wenn man davon ausgeht, daß der Mensch durch die Sünde und ihre Folgen zutiefst versehrt ist, wie das die evangelische Theologie sieht, wird das Mißtrauen in der Risikoabschätzung evident. Der Verweis auf Kompromißlösungen – aus anderer Sicht durch die Kontingenzstruktur der Schöpfung gefordert – wird selbst zum Zeichen dafür, daß die Welt im argen liegt. Nach evangelischem Verständnis bedeutet Kompromiß notwendig Teilhabe am Schuldzusammenhang des Äons, Tribut, der an die gefallene Welt zu entrichten ist. G. Altner: „Güterabwägung liegt unterhalb des Anspruchs der Ethik."

Der von Spaniern und Portugiesen geprägte lateinamerikanische Kontinent ist noch immer unterentwickelt. Es bleibt zu fragen, inwiefern der iberisch geprägte Katholizismus die Entwicklung entscheidend aufgehalten hat. Korrespondierte eine Mystik der Unterwerfung und Leidensbereitschaft, aus der Conquista folgend? Subordination und soziale sowie ökonomische Immobilität? Im Konflikt entsteht die völlig neue theologische Konzeption, entsteht auch die „Theologie der Befreiung"; die marxistische Geschichtsanalyse mit ihren Krisentheorien bietet keinen Ersatz für eine Einbeziehung der Fülle der drängenden strukturellen Probleme.

Schöpfungsordnung und Heilsordnung sind keine getrennten Größen. Das Zuordnungsverhältnis von christlichem Glauben und konkreter Moral erweist sich im Grunde als eine Frage der theologischen Anthropologie. Thomas von Aquin bezieht jegliche Entfaltung des Sittlichen auf die schöpfungsmäßige Bestimmung des Menschen als Bild Gottes zurück. Die Welt hängt nicht im Leeren. Sie hat Gott im Rücken und vor sich. Wir arbeiten nicht im Nichts.

Silvia Adam

Religion und Umweltethik

Zur Klärung des Religionsbegriffes

Religion und Spiritualität, Ausdruck unserer Fähigkeit, (an etwas) zu glauben, sind ein grundlegender Bestandteil unseres Lebens, unseres Ich-Gefühls und der geistig-seelischen Dimension unseres Bildes von der Welt. Menschen haben ein tiefverwurzeltes Bedürfnis nach Transzendenz und die Fähigkeit, über die Grenzen des Sichtbaren hinaus eine spirituelle Dimension zu erfahren. Unterscheiden kann man zwischen dem persönlichen Glauben und dem offiziell praktizierten Glauben. Glaube und Religiosität setzen den Menschen in Beziehung zu seiner Mitwelt, den anderen Geschöpfen und dem Göttlich-Heiligen, helfen ihm beim Finden und Klären seines Wertesystems und prägen somit sein Weltbild entscheidend mit. Letztlich entscheiden der Glaube und die spirituelle Erfahrung, ob und in welcher Form ein Mensch seine Lebensaufgaben wahrnimmt, an eine transzendente Welt glaubt und ein Leben nach dem Tod für sich in Erwägung zieht.

Innerhalb jedes religiösen Systems bilden sich Kirchen heraus, die für die Verbreitung und die Erhaltung dieser speziellen Glaubensrichtung sorgen, missionieren, die Gläubigen betreuen, religiöse Forschung betreiben und, in vielen Fällen, auch sozial-karitative Aufgaben übernehmen.

Zu beobachten ist der immer wieder auftretende Konflikt zwischen religiös begründetem Weltbild und naturwissenschaftlich fundierten Ansätzen, der durch gegenseitige Ignoranz bestenfalls nicht gelöst oder durch den Vorwurf der Ketzerei bzw. Ungläubigkeit einerseits und den der Dummheit und Naivität andererseits verschärft wird.

Die Notwendigkeit ganzheitlichen Denkens, um das Wesentliche der Schöpfung und des Seins erfassen zu können, soweit es dem Menschen überhaupt zugänglich ist, ist Teil aller großen religiösen und spirituellen Strömungen menschlicher Kultur.

In der indischen Kultur durchströmt die göttliche Kraft des „Prana" alles Existierende, gleichzusetzen mit dem „Ch'i" der chinesischen Auffassung oder der Energie des „Ki" im japanischen Kulturkreis. Diese Kraft entspricht wiederum dem „Pneuma" der Stoiker, der „Weltseele" bei Bruno und der „Monade" bei Leibniz.

Es wird oft vorausgesetzt, daß jedermann weiß, was unter Glaube, Spiritualität und Religiosität zu verstehen wäre, in der Diskussion zeigen sich aber rasch große Auffassungsunterschiede. Die nachfolgenden Definitionen setzen sich aus einer eigenen Beschreibung und der

Definition aus dem „Neuen Dudenlexikon" zusammen, um eine persönliche und eine offizielle Seite wiederzugeben.

1. Religion (von lat. „religio" = zurückbezogen auf ...) ist die institutionale Ausprägung eines spirituellen (seelischen, psychischen) Bedürfnisses des Menschen und repräsentiert die Ansichten einer bestimmten Gruppe. Die religiöse Auseinandersetzung mit der geistigen und materiellen Welt führt zu einem Konsensmodell über unsere sinnlichen Erfahrungen und intellektuellen Erkenntnisse:

- Sie vermittelt dem Menschen das Wissen über die Entstehung der Welt, der Dinge und des Menschen selbst, gibt ihm seine Stellung und Bedeutung in der Schöpfung, aber auch seine Aufgabe in der Welt.
- Sie soll ein Bild vom Jenseits vermitteln und damit ein Vorbild für die Gestaltung der materiellen Welt geben.
- Sie hat die Aufgabe, Anleitungen zu geben,
  - für ein Leben in Gottgefälligkeit,
  - für das Erreichen eines präzisierten Zieles des Seelenheils nach diesem Leben, das folgendes sein kann: Befreiung vom Kreislauf des Leids; in den Himmel zu kommen, um dort Gott schauen zu können; ins Paradies einzugehen und dort mit allem versorgt zu sein, was zu Lebzeiten nicht erreichbar war.
- Sie soll den Menschen die Botschaft des einen Gottes/der Götter, Engel, Propheten (viele Variationen möglich) bringen, was die Vermittlung bestimmter höchster Ziele, Werte und Wahrheiten beinhaltet.
- Sie stabilisiert, durch ihren besonderen Einfluß auf die allgemeine Sitte und Moral, den gesellschaftlichen Frieden und Zusammenhalt.

2. „Religion: weltweit verbreitete und in allen Gesellschaften sowie aus vorgeschichtlicher Zeit zu erschließende kollektive Verhaltensweise von Menschen angesichts einer jeweils unterschiedlich ausgeprägten, in der jeweiligen Gesellschaft bedeutsamen und das Schicksal des einzelnen prägenden Objektivation des für den einzelnen und die Gesellschaft Heiligen und des Erlebnisses der Überwertigkeit des Heiligen gegenüber dem Menschen. Daraus entwickeln sich Formen der Verehrung und des Versuchs der Kontaktaufnahme mit dem Heiligen, wie das Gebet, Kult und Opfer.

Je nach Definition des Heiligen kommt es zu *theistischen* (Gottglaube) Religionsformen, wobei hier weiter zwischen *Monotheismus* und *Polytheismus* (Existenz eines oder mehrerer Götter) unterschieden wird, bzw. zu *nichttheistischen* (Machtglaube). Die Ausprägungsformen zeigen sich als Offenbarungsreligion, prophetische oder mystische Religion. Der Geltungsanspruch unterscheidet weiter: Stammesreligion, National- und Universalreligion. Diese Unterscheidungen sind Inhalt und Ziel der Religionswissenschaft, insbesondere auch die zahlreichen religiösen Phänomene und Begriffe, die oft mit verwandten Bereichen korrespondieren, wie der Parapsychologie und Metaphysik." (Aus: Das Neue Dudenlexikon; Dudenverlag, 2., akt. Ausgabe 1991.)

Die vedische Kultur

Die religiöse Grundlage des asiatischen Kulturraumes ist die vedische Kultur, eine rein landwirtschaftliche Gesellschaft, die sich vor ungefähr 3.000 Jahren etablierte. Den hohen ethischen Idealen der vedischen Lehre und ihrer Folgereligionen, allen voran des Hinduismus, ist eines gemeinsam: Sie streben nach einer Harmonie des Menschen inmitten göttlicher, kosmischer, geistiger Kräfte und nach Ausgleich oder Überwindung menschlicher Schwächen.

Die „indischen Veden"[1] beschreiben die göttliche Kraft (Energie) als lebendig in allem Existenten, sie wird in allem, was ist, erlebbar und heiligt es. Für alle Lebewesen gab es nur einen Ausdruck: „prajah" (= jemand, der im Staat geboren ist). Aus der Sicht des Königs waren alle seine Diener, egal, ob pflanzlich, menschlich oder tierisch, in gleicher Weise berechtigt, friedvoll zu leben.

Das Töten lehnen die vedischen Schriften aber noch aus anderen Gründen ab:

- Um negatives Karma zu verhindern und um kein Leid anzuziehen.
- Weil das Töten einem barbarischen, brutalen Zustand geistiger Dunkelheit zugeschrieben wird.
- Nahrung, die aus getöteten Tieren besteht, vergiftet Körper, Geist und Seele und verschlechtert den Zustand des Menschen.
- Jeder Seele soll das volle Maß ihrer Lebenszeit zugestanden werden, damit sie der Erlösung näher kommen kann. Durch Tötung hindert man die Seele an der Entwicklung. Jedes Tier könnte eine inkarnierte Seele im Zustand der Devolution sein.
- Jeder Mensch soll danach trachten, keiner anderen Seele oder Kreatur Qualen und Leid zuzufügen.

Aus dem „Srimad-Bhagavatam"[2] geht hervor, daß die erste Form, welche die spirituelle Seele annimmt, wenn sie in den Kreislauf der Geburten eintritt, die menschliche ist. Erst aufgrund des Einflusses der drei Erscheinungsweisen der materiellen Natur und der sich entwickelnden Wünsche verstrickt sich die Seele allmählich in alle möglichen Lebensformen.

Sämtliche Wesen, die sich nicht in der menschlichen Lebensform befinden, unterstehen vollständig der Kontrolle der höheren Naturgesetze und haben keine Wahl, als sich an die Gesetze zu halten. Ist die Seele wieder in einem menschlichen Körper angelangt, so hat sie ihr Bewußtsein und ihre Handlungsfreiheit wieder voll entwickelt, denn nur der Mensch ist im Besitz des freien Willens. Es ist ihm freigestellt, weiterhin im Einklang mit den für ihn geltenden Naturgesetzen zu leben oder diese durch Mißbrauch des freien Willens bewußt zu brechen. Dann muß er sich aber vor dem Naturgesetz des Karma für seine Entscheidungen verantworten. Prinzipiell gilt die spirituelle Gleichheit aller Seelen. Daher ist der Zugang zur Welt und den Mitgeschöpfen schon von Beginn an ein anderer.[3]

„Ayur-Veda" ist die Lehre vom Wirken der verschiedenen Energien auf den Menschen. Hier werden Handlungsanleitungen für das Umsetzen des alten Wissens im täglichen Gebrauch gegeben. Sowohl meditative und medizinische als auch Aspekte alltäglicher Verrichtungen werden behandelt, ebenso der Gebrauch der verschiedenen Arten von Speisen zum Wohl der Menschen(-typen) und zur Verbesserung ihres Zustandes. Die Reinigung des Körpers und des Geistes und das Schaffen von Voraussetzungen für die Weiterentwicklung in innerem Frieden sind das Ziel.

Die „Bhagavad-Gita"[4], Teil des „Mahabharata"[5], behandelt viele Aspekte des menschlichen Verhaltens gegenüber dem Göttlichen, der Welt, der Natur und den anderen Geschöpfen. Dabei ist das Alltagsleben untrennbar von religiöser Handlung, jede Betätigung im Leben hat Wirkung im geistig-spirituellen Bereich und spiegelt sich erneut im materiellen Leben durch neue Pflichten, Leid oder Fülle und eine bessere Stellung. Nichts geschieht zufällig – jede Erscheinung in dieser Welt hat ihren Ursprung in Gedanken und Taten, die man einmal selbst gesetzt hat, jede neue Handlung bewirkt neues Karma, das zu einem späteren Zeitpunkt auf einen selbst zurückkommt.

Das 17. Kapitel, Vers 7–10, dieses Werks weist darauf hin, daß die Funktion der Nahrung darin besteht, die Lebensdauer zu verlängern, den Geist zu läutern und dem Körper Kraft zu geben. Dabei wird ausdrücklich auf die drei Zustände eingegangen, in denen sich der Mensch befinden kann: in dem der Tugend, dem der Leidenschaft oder dem der Unwissenheit. Hier wird auch explizit vor dem Töten unschuldiger Geschöpfe gewarnt.

Die Kaste der Brahmanen lehnt den Verzehr von Fleisch bis heute als nicht zuträglich ab. Fleisch hätte durch die Anhaftung an das irdische Leid negative Auswirkungen auf den Menschen, außerdem sollte kein Tier für den Menschen sterben müssen.

Hinduismus

„Man sollte niemals den von Gott gegebenen Körper dazu verwenden, Gottes Kreaturen zu töten, mögen diese menschlich oder tierisch oder sonstige sein." (Yajur-veda 12.32)

Der Hinduismus kann als die Form heutiger asiatischer Religionen, die der vedischen Lehre am nächsten ist, bezeichnet werden. Daher gilt für ihn sinngemäß das gleiche, wie zuvor bei der vedischen Lehre beschrieben. Eine der bis heute reinsten Übereinstimmungen mit ihr ist der strikte Vegetarismus.

In der Schrift „manu-samhita" wird unterstrichen, daß jeder ein Mörder ist, der sich in irgendeiner Weise mit dem Tod einer Kreatur befleckt. In den Veden kam die Bezeichnung Vegetarier nicht vor, weil das die normale innere Haltung des Gläubigen darstellte, der Fleischesser jedoch wurde in vielen, zumeist herabwürdigenden Ausdrücken extra benannt: die Bezeichnung „pasu-ghna" bezeichnet sowohl einen Selbstmörder wie den Tiertöter, und der Begriff für Fleisch, „mamsa", bedeutet: „So, wie ich dich heute esse, wirst du mich morgen töten."

Buddhismus

„Alle Lebewesen fürchten den Tod und Schmerzen, Leben ist allen das Nächste; deswegen tötet ein Weiser nicht, noch ist er Ursache davon, daß ein Lebewesen getötet wird." (Dhammapada, 129–130)

Der Buddhismus entstand in der Regierungszeit Kaiser Ashokas (ca. 268–263 v. Chr.), der diese Religion unterstützte und Missionare in alle Teile Indiens, nach Griechenland, Syrien, Ägypten und Ceylon entsandte, von wo sie sich dann in die umliegenden Länder verbreitete, um schließlich auch China und Japan zu erreichen. Der Begründer der Lehre, Buddha Gautama, wird als der höchste Erleuchtete angesehen. Seine Lehre richtete Barmherzigkeit auf alles Lebende. Daraus entstanden die „zwei Säulen des Buddhismus": „Maha-Prajna", die große Weisheit, und „Maha-Karuna", das große Mitleid. Diese zwei Prinzipien sind nicht voneinander zu trennen, daraus ergibt sich der Hauptsatz des Buddhismus: „Töte nicht, sondern erhalte und kümmere dich um alles Leben!" Das ursprünglich gelehrte „ahimsa"-Prinzip der Gewaltlosigkeit verlangte eindeutig: „Nichts tun, was anderen Leid bringt!"

Die heilige Schrift „Lankavatara" bezeichnet Fleisch als nicht geeignete Nahrung und verbietet darüber hinaus bedingungslos das Töten.

In Ceylon, Burma, Thailand, Laos und Kambodscha wird der „Hinayana-Buddhismus" gelehrt und in Japan, China, Tibet, Vietnam und Korea der „Mahayana-Buddhismus". Beide verbieten aus vorgenannten Gründen den Verzehr von Fleisch. Der „Bodhisattva" (jemand, der Erfahrungen der Erleuchtung gemacht hat) sollte vermeiden, einem Wesen Schrecken einzujagen, und sich disziplinieren, mitleidsvoll zu handeln. Diese Grundeinstellung hindert viele Buddhisten daran, andere Wesen zu quälen und zu töten – und Fleisch zu verzehren.

Ähnlich der Entwicklung, die das Christentum im Laufe der Jahrhunderte durchgemacht hat, sind auch im Buddhismus viele Kompromisse mit der Bequemlichkeit der Anhänger einerseits und den Gewohnheiten und Traditionen der missionierten Länder andererseits eingegangen worden. Im ursprünglichen Sinne praktizierende Buddhisten gibt es als Bewegungen allerdings in vielen Ländern, wie beispielsweise die ceylonesischen „Theravada-Buddhisten" oder die „Cao Dai-Bewegung" in Indien.

Nicht unerwähnt bleiben darf, daß sich gerade der Buddhismus als eine der friedfertigsten Religionen erwiesen hat. Von Buddhisten ist bekannt, daß sie sich auf die Ausübung ihres Glaubens beschränken und die Verbreitung ihrer Überzeugung nicht mit Feuer und Schwert forcieren. Besonders im Hinblick auf die Auseinandersetzung mit der chinesischen Regierung hat Tibet, vertreten durch das geistige Oberhaupt der Buddhisten, den Dalai-Lama, ein Weltbeispiel friedlichen Widerstandes gegeben, darauf vertrauend, daß die Gerechtigkeit zum Zug kommen wird.

Taoismus

Die Wurzeln des Tao sind einerseits in einer archaischen Beziehung zur Erde zu suchen, die eine Tradition schamanischer Strukturen hervorgebracht hat, andererseits gibt es einen starken Einfluß von seiten derjenigen Philosophen, welche die Abgeschiedenheit der Natur bevorzugten und dort eine Heilung für das unheile Wesen Mensch suchten. Sie liebten die Erde und wollten in Einklang mit ihr leben. Dadurch entstand ein System, das die Einheit und den rechten Weg, nicht nur auf die Menschen bezogen, sondern darüber hinaus auf die Schöpfung erweitert, suchte. Tao versucht, das Ganze zu verstehen und, darauf bezogen, richtig zu leben.

„Tao Te King", der „Kanon der Macht des Tao", beschreibt die unauslotbaren Tiefen des „Großen Einklangs". Dabei werden niemals vorgegebene Wege angeboten, es gibt keine Einschränkungen und Mindesterfordernisse, nur den Weg an sich, den zu gehen jedem selbst überlassen bleibt.

Etwa 300 n. Chr. entstand ein Kommentar zum „Dschuang Dsi" von Kou Hsiang, in dem er schreibt: „Nicht-Tun bedeutet nicht, nichts zu tun und still zu bleiben. Laßt allem erlaubt sein zu tun, was es natürlicherweise tut, damit seine Natur befriedigt wird."

Daraus entstand die Tradition des „Wu Wei", das „Prinzip des Nicht-Tuns". Ich würde dies sinngemäß mit „(die Dinge) so sein lassen" übersetzen, denn letztlich geht es einfach um das Mitschwingen, Hineingleiten in das Geschehen, anstatt allem den Stempel aufdrücken zu wollen. – Es geht darum, darauf zu verzichten, sich aufzudrängen, den gegebenen Dingen ihre eigene Natur zu rauben, sie zu vergewaltigen.

Werner Müller[6] beschreibt die Grundidee des alten China, er meint hier die Epoche der Shang und Chou als eine des „Entsprechens": „Der chinesische Denker erblickt im Leben vor allem die Aufgabe des Antwortens." Hier steht der Mensch im Spannungsfeld eines Dualismus des Geschaffenen und muß mit den Erfordernissen und Gegebenheiten des Lebens mitgehen.

„Dem Chaos der zehntausend Dinge entrangen sich die Doppelheiten Licht-Dunkel, Oben-Unten, Yin-Yang. Solange diese Polaritäten im harmonischen Pulsieren miteinander wechseln, bleibt die Welt in Ordnung."[7]

Alle Dinge bedingen einander, sind im Wechselspiel miteinander, geben einander Antwort, so auch der Mensch. Auch er muß antworten, er hat nicht nur den Dingen zu entsprechen, er ist auch direkter Gegenpol zum Himmel und hat den Gegebenheiten dieser Beziehung zu entsprechen.

Hermann Köster[8] hat die Aufgabe des altchinesischen Menschen so beschrieben: „Wie entspreche ich dem All, dem Himmel, der Erde, dem Gang der Sonne in rechter Weise?" Dieses Denken ist bis zum heutigen Tag aktuell. Logische Folge und dabei wesentlicher Teil ist das Eingehen auf die Gegebenheiten des Landes, der Natur in allen ihren Ausformungen. Die chinesische Geomantie „feng-shui" erforschte diese Verhältnisse, und je nach den gefundenen Verhältnissen der Kräfte zueinander und den zu beachtenden Geboten wurden Häuser, Straßen oder Gärten angelegt – was sich bis heute nicht geändert hat. So antwortet der Mensch dem Himmel und vermeidet Unglück, das einer herbeigeführten Disharmonie sonst folgen müßte. Das chinesische Denken ist davon geprägt, daß Harmonie und Einklang nur durch dieses stete lebendige Neu-Finden eines Verhältnisses zueinander entstehen können. Keiner der Teile ist besser, stärker oder größer, die Teile brauchen einander und erfüllen nur zusammen die Aufgabe des rechten Maßes.

Davon war jeder Teil des „Offiziellen Jahres" bis hin zur Lebensführung der einfachen Menschen geprägt. Der chinesische Kaiser regierte gemäß dem Lauf der Dinge und der Zeit.

Hermann Köster gibt dafür ein anschauliches Beispiel in seiner Arbeit (siehe [8]) über die Besonderheiten und die Symbolik chinesischer Religiosität: „Die Halle des Lichts (ming t'ang) war eine genaue Nachbildung des Welthauses, deren neun, nach den Kardinalpunkten angelegte Zimmer der Herrscher im Rhythmus der Jahreszeiten bezog."

Entsprechungen zu diesem einfühlsamen, den natürlichen Gegebenheiten entsprechenden Denken und Handeln finden sich in den Traditionen der indianischen Völker wieder: wie ihre Gebete, Gesänge und Rituale zeigen, besteht eine große erdumspannende Übereinstimmung zwischen diesen nur scheinbar so unterschiedlichen Menschengruppen. Sie alle kennen das Feiern des Wechsels der Jahreszeiten, den Kontakt mit ihren Ahnen, deren Rat sie noch generationenlang in ihre Entscheidungen mit einbeziehen. Sie sehen die Notwendigkeit, sich selbst als Teil von allem einzubringen und den anderen Teilen zu entsprechen. Deshalb wurde ein Neugeborenes der Erde, dem Himmel und den Großen Kräften angekündigt und vorgestellt,[9] damit es angenommen wurde, seinen besonderen Platz und seine Aufgabe im großen Ganzen bekommen konnte. Die Menschen der alten chinesischen Kultur fühlten sich eingebunden und geborgen in einer kosmischen Familie, sie erfüllten, was im Zyklus des allgemeinen Handelns notwendig war, indem sie antworteten.

Köster sagt dazu, daß „die chinesische Malerei den Menschen nur als einen Ton in der Symphonie der Landschaft auffaßt, durch nichts unterschieden von Berg, Baum und Fels".

Das Göttliche war nicht menschenähnlich, es wurde in den Erscheinungen der Natur, der Erde und des Himmels gefunden, es war größer als der Mensch, umgab ihn täglich und begleitete ihn durchs ganze Leben. Auch hier sind die Übereinstimmungen mit der Weltsicht indianischer Volksgruppen offensichtlich: „Die Erde nährt uns, die Sonne wärmt uns, wir sind geborgen in einem immer wechselnden und dabei stets gleichen Rhythmus."

Der Einfluß dieser im Irdischen ständig merkbaren göttlichen Ströme wurde in allen Dingen wiedergefunden. Der Glaube im alten China hatte das Gesicht des vertrauten, bekannten Landes, und der Mensch inmitten des Flusses der Dinge fand seine höchste Aufgabe im Erhalt des Gleichgewichtes.

Wie bei den verschiedenen Volksgruppen im indischen Raum, so entwickelte sich bei den Chinesen ein Lebensstil, der darauf beruht, daß die fünf Elemente und sechs Richtungen des Weltgebäudes mit den natürlichen Gegebenheiten des Menschen in Einklang gebracht werden sollen – beim Kochen, Atmen, Kleiden, Arbeiten und allen anderen Dingen des täglichen Lebens, so auch beim Heilen[10].

Ein weiterer Ausdruck der Suche nach der Mitte sind eine Reihe heute auch bei uns bekanntgewordener Meditationen und Bewegungsübungen, die alle zu einer Stärkung der Lebenskraft „Ch'i" und der inneren Mitte „Tan Tien" führen und die innere Harmonie der Säfte und Ströme im Körper gewährleisten sollen. „Tai Ch'i", „Qi Gong" u. a. Übungen sind auch bei der Bevölkerung des heutigen China in den Alltag integriert und Bestandteil der Gesundheitsvorsorge.

Alles Denken und Handeln, das einer solchen Grundhaltung entspringt, bleibt immer auf dem Boden tatsächlich erlebter und erlebbarer Wirklichkeit und hat unsere sinnliche Wahrnehmung als Grundlage. Sehr deutlich ist das bei den chinesischen Schriftzeichen zu sehen, die eine Bildersprache wiedergeben. Hier wird nicht abstrahiert und versucht, eine objektive, entpersönlichte Wiedergabe anzubieten – ein Haus, ein Hund, ein Baum etc. sind die Bestandteile und die Basis dieses Kommunikationsmittels.

Shintoismus

Der „Fuji-no-yama" (verehrungswürdiger Berg der Feuergöttin) ist eine Berggottheit in Japan, er wird auch heute noch jährlich von Hunderttausenden Menschen besucht. Das Feuer ist das reinigende Element der Götter, alles Unwürdige verglüht im Angesicht der Sonnengöttin. Die Japaner leben in einer beengten Welt mit unglaublichen Naturgewalten, die keine Distanz zuläßt. Menschen untereinander und in ihrem Zusammenleben mit der Natur gehen fast ineinander über. Diese Menschen haben daher gelernt, das Leben in großer Intensität zu führen und den Tod mit Gleichmut zu sehen. „Das irdische Leben ist die erstrebte Befriedigung für den göttlichen Geist."

Das japanische Königshaus bezieht seine Stellung aus der Überlieferung, nach der es von der Sonnengöttin „Amaterasu" abstammt. Der japanische Herrscher ist zugleich weltliches wie geistiges Oberhaupt. Wenn im Frühjahr die ersten frischen Wildkräuter sprießen, sammelt das Herrscherpaar zusammen mit anderen die Zeichen des wiedererwachenden Lebens, um das Leben zu ehren und seine Bedeutung zu unterstreichen. Diesbezüglich konnte die scheinbare Demokratisierung der japanischen Gesellschaft wenig ändern, in den Herzen der Japaner leben die Mythen, aus denen sie ihre innere Stärke beziehen, weiter. Auch wenn sie heute mittels Handy und Modem kommunizieren, mit ihren Göttern sprechen sie weiterhin in hergebrachter Weise, durch Glocken, Händeklatschen und Räucheropfer.

Die Staatsreligion Japans, der Shintoismus, ist eine animistische Religion, die von einer belebten Natur ausgeht und den im folgenden beschriebenen Stammesreligionen der indianischen Völker und den bereits beschriebenen Naturansichten Chinas über weite Strecken entspricht. Auch hier ist die gesamte sichtbare Welt mit der unsichtbaren verwoben, die Ahnen und Götter sind im Leben der Menschen allgegenwärtig. Noch heute hat ein großer Teil der japanischen Bevölkerung einen Familienschrein bzw. einen Hausaltar in der Wohnung, zu klein kann diese gar nicht sein, sie beherbergt auch immer die gegangenen Familienmitglieder. Aber hier gehen die Wurzeln noch tiefer. Jeder Stein, jeder Bach, jeder Baum ist ein Gott – Kami –, sie sind so wirklich wie die Menschen und leben unter ihnen. Der Mensch gilt in Japan als „Kami" (Geist) und hat Einfluß auf die „Kami-Stoffe" (geistige, göttliche Dinge) der Welt. Das Universum und alles, was geschieht, ist göttlicher Schöpfergeist, alles initiiert sich selbst. Hier kann keine Trennung, kein Dualismus entstehen, da alles, was ist, aus sich selbst heraus und göttlich ist. Auch die dunkle Seite ist dieselbe göttliche Seite, „das sog. Böse entsteht aus den Schwierigkeiten, denen die Kreativität der göttlichen Geister beim Wagen neuer Lebensweisen begegnet". Um das fehlende Gleichgewicht auszugleichen, gibt es die Reinigungszeremonien.

Es gibt ein Sprichwort in Japan: „Der Buddhismus ist dafür da, darin zu sterben, Shinto ist für das Leben."

„Kami" sind der göttliche Geist. Die Chinesen haben den ursprünglichen Namen „Kami Nagara" (das, was ist wie göttlicher Geist) in „Shin" (göttlicher Geist) und „Tao" (Weg) umbenannt.

In Japan ist die Tradition des „Shinto" ungebrochen und lebt wie ein lebendiger Fels in der Brandung von Raum und Zeit der Geschichte. Nichts konnte den Japanern etwas anhaben, ihre wahre Natur verformen. Nicht der enorme kulturelle Einfluß Chinas, nicht der Kontakt zum Westen, nicht der Zweite Weltkrieg. Sie haben alles genommen – und es ihrem Wesen angepaßt.

Der japanische Weg ist einer der Vervollkommnung, „Shinto" ist der „Weg der Götter". Die Schreine sind Orte des Energieaufladens, es gibt

keine Gebete an sich, nur die alten Formeln, „Norito", werden dem
göttlichen Geist als Dank gespendet. Entsprechend der japanischen
Persönlichkeit sind die religiösen Handlungen von großer Ästhetik
geprägt und stark ritualisiert, aber immer sind sie heiter, das Leben und
der Geist werden gefeiert. Zum Fest des „Nifo Miojun" ruft der Dorf-
vorsteher an der Spitze der Prozession aus: „Unserem alljährlichen
Brauch gemäß, laßt uns alle lachen!"[11]

Intensives Leben und das Befriedigen des „Kami" lassen keinen Raum
für Schwermut, Schrecken und Sorgen um die Aufgabe des Lebens oder
den Tod. Das Hier ist das Jetzt, und es ist „Trinken aus der unsterblichen
Essenz des Lebens".

Stammesreligionen

Alle Stammesreligionen der indianischen und afrikanischen Völker,
der Aborigines und Buschmänner basieren auf einer ganzheitlichen und
lebendigen Beziehung zur Natur, zu den Göttern und den Ahnen. Die
Toten und die Lebenden nehmen gemeinsam am Alltag teil, die Ahnen
beraten ihre Verwandten in wichtigen Fragen, zu bestimmten Zeiten
werden ihnen Opfer gebracht, sie werden zum Essen eingeladen und
sind bei gesellschaftlichen Feiern gegenwärtig. Die Menschen werden
als Teil der Natur gesehen, die wiederum Teil des Göttlichen ist, letztlich ergibt dieses Weltbild eine umfassende Gemeinschaft – nichts ist
jemals wirklich tot, alles hat Wirkung und reflektiert sich in allem
anderen.

Es darf nicht vergessen werden, daß der Mensch überall auf der Welt
dieselbe Entwicklung durchgemacht hat und noch durchmacht. Auch
heute noch gibt es Restpopulationen steinzeitlicher Kulturen, die uns
einen Blick in unsere eigene Vergangenheit gestatten. Anhand des Ver-
gleichs der Völkerentwicklung ist zu beobachten, daß diese animistische Phase in jeder Kultur ihren Platz gefunden hat und in bestimmten
Bereichen bis heute nachwirkt.

Ebenso eindeutig kommen alle Volksgruppen zu gleichen Lösungs-
modellen für ihre Fragen nach dem Woher und Wohin menschlicher
Existenz, die wiederum in der Religion, Politik, den sozialen Strukturen und der Erziehung ihren Widerhall finden. Ich möchte hier noch
einmal auf das bereits zitierte Werk von Müller hinweisen, der heraus-
gearbeitet hat, daß aufgrund der vergleichbaren Elemente der chinesischen und indianischen Weltsicht Rückschlüsse darüber möglich sind,
wie sich die indianische Kultur weiterentwickeln hätte können, wäre sie
nicht fast ausgerottet bzw. in ihrer freien Entfaltung gehindert worden.

Dolores La Chapelle schreibt in „Weisheit der Erde": „Die Prärie-indianer waren Jäger wie alle unsere Ahnen, und bei den Jäger-und-Sammler-Kulturen müssen wir nach Beispielen für eine ‚gewahre Kultur' suchen. Der Kulturmensch ist seit etwa zwei Millionen Jahren auf der Erde, über 99 % dieser Zeitspanne hat er als Jäger und Sammler zugebracht. Erst in den letzten 10.000 Jahren hat der Mensch begonnen, Pflanzen zu kultivieren und Tiere zu zähmen. 10.000 Jahre sind nur 400 Generationen, zu wenige, als daß merkliche genetische Veränderungen hätten stattfinden können ... wir und unsere Ahnen sind ein und dasselbe Volk."

Sie verweist auf den Anthropologen Carleton Coon, der sein gesamtes Leben Feldstudien über diese Kultur widmete und meinte: „Dieselben körperlichen und seelischen Strukturen bilden unsere Verhaltensmuster, deswegen sind es die Jäger- und Sammler-Kulturen, denen wir uns zuwenden müssen, um zu erfahren, wie die Natur zu leben uns bestimmt hat."

Der gleichen Auffassung ist auch Felicitas Goodman, die meint, daß der moderne Mensch über dieselben physiologischen Voraussetzungen verfügt wie die Jäger und Sammler und zu prinzipiell gleichen Erfahrungen fähig ist. Meiner persönlichen Meinung nach begehen wir alle eine fatale Unterlassung, nämlich diesen Bereich auszugrenzen und mit intellektueller Verachtung zu strafen, da wir ihn für unser gesundes Selbstempfinden brauchen.

Die Spiritualität der indianischen Völker

Indianischer Glaube ist zutiefst spirituell, gleichzeitig jedoch immer auf das Diesseits gerichtet. Bei der Betrachtung von monotheistischen Glaubensrichtungen, wie beispielsweise dem Katholizismus, fällt eine Tendenz zum Weltabgewandten, Jenseitigen auf, was zu einer Ablehnung der Fröhlichkeit und Sinnlichkeit des irdischen Lebens führt, wohingegen im Vergleich dazu beim indianischen Weg alles Göttliche Anteil am irdischen Leben hat, Teil des lebendigen Laufs und der Entwicklung von Geburt zum Tod ist und stete Anleitung für den Menschen anbietet, um seinen jeweils richtigen Pfad im Leben zu finden.

Helfend kommt hinzu, daß in der alltäglichen Erscheinung der Dinge die Kraft des „Großen Geistes" manifestiert ist, überall finden sich göttliche Anleitung und Aussage, „soferne ein Mensch die Zeichen zu lesen imstande ist, ist er nie allein gelassen mit seinen Fragen und Nöten". Der Gott bzw. die Götter indianischer Völker sind sprechend und sichtbar allgegenwärtig, und die spirituellen Kräfte, die Helfer, stehen jedem zur Verfügung, der bereit für sie ist. Instrument zum Verständnis dieser Erscheinungswelt sind unsere fünf Sinne.

Viele der mesoamerikanischen Völker, wie beispielsweise die Maya, Tolteken oder Azteken, verehrten doppelgeschlechtliche Gottheiten. Bei den Zuni (New Mexico) beginnt die Schöpfung mit „Awonawilona" (Er-Sie), daraus gehen der Allesbedeckende-Himmelsvater und die Vierfache-Behälter-Erdmutter hervor, die miteinander alle weiteren Wesen schaffen.

Auch im täglichen Sprachgebrauch zeigte sich die Dualität und Paarung von Inhalten in Begriffen und Metaphern, beispielsweise bei den Azteken, die das Wahre suchten, die Wurzeln, das, was hinter der Alltäglichkeit steht. Aber bei allem Annähern-Wollen an das Metaphysische verloren diese Menschen niemals den Boden unter den Füßen, nie den Bezug zu ihrer Lebenswelt. Ihre Sprache war die der Poesie, der Poesie der Erde:

> *Mein Herz sehnt sich nach Blumen!*
> *Ich ertrage meine Sehnsucht mit Liedern,*
> *Ich leide und singe.*
> *Durch Lieder schaffe ich Blumen auf Erden,*
> *Ich, Cuacuauhtzin.*
> *Ich flehe um Blumen, die nicht in meiner Hand vertrocknen![12]*

Die Blumen und Gesänge sind eine Metapher für Poesie und Dichtung einer neuen Qualität der Wirklichkeit, ein Tor zur anderen Seite der Welt.

In der Alltagssprache drückt sich das gegenseitige Durchdringen von Realität und Spiritualität, Materie und Geist-Seele fortwährend aus, und zwar in den bilderreichen, farbenfrohen, intensiven Beschreibungen aller Dinge, die das Leben und Träumen ausmachen.

Die Sprache

Die indianische Sprache versucht die Einmaligkeit, das Besondere hervorzuheben, im speziellen auch die Beziehung zu einem bestimmten Menschen, einem Ort, einer Bedeutung oder Aufgabe.

Dies gilt auch für die Inuit (Eskimos), die gleich viele Namen für Eis kennen, wie es Eigenschaften und Beziehungen haben kann, die für dieses Volk von Bedeutung sind. Die Dakota-Indianer haben acht Bezeichnungen für Gehen, je nach Richtung, Zielort und Stadium der Bewegung.

Diese Sprache ist sinnlich, wirklichkeitsbezogen, persönlich und präzise. Sie drückt nicht nur die Funktion und den Vorgang von etwas aus, sondern beschreibt darüber hinaus die Form der Beziehungen und die Art der Abläufe und vieles mehr, was dem Zuhörer hilft, die Situation möglichst konkret und in der rechten Weise zu verstehen und sie auf seine eigene spezielle Weise wiederzuerleben. Sie ist ein lebendiger Bestandteil einer Welt voller Komplexität und Differenzierung, oft wird sie sogar in dem Augenblick neu geschaffen, aus der konkreten Situation, um ihr gerecht werden zu können.

Unsere Sprache verwischt die Konturen, verschleiert die Details, beschreibt, abstrahiert, objektiviert, reflektiert – sie geht den entgegengesetzten Weg, indem sie Informationen möglichst leicht verständlich aufbereitet, sie filtert, vorbewertet und in einfach zu verarbeitenden Portionen anbietet. Aber sie ist kaum jemals Teil des Lebens, des Erlebens, bewältigt keine Umstände.

Unsere Alltagssprache ist eine der Worte, die archaische Sprache eine der Bilder und Symbole. In der Art der Poeten und Künstler dringt in ihr die ursprüngliche Bedeutung von gesellschaftlicher Verständigung und persönlichem Mitteilungsbedürfnis hervor, sie zeigt Phantasie, Gefühle, Träume, Bedürfnisse und verarbeitet, was die Sinne aufgenommen haben. Es ist auch die Sprache der Visionäre, Verzückten, der alten Weisen, der Narren und Kinder, die Sprache der Ekstase, des Mythos und der Poesie, die Sprache der höchsten Wahrheit. Nur die Blumen und Gesänge überdauern.

Ein besonderes Merkmal des indianischen Lebens war bzw. ist das Vorhandensein einer Lebensvision, eines „Großen Traumes". Die Kinder wurden darauf von den alten Stammesmitgliedern vorbereitet, und meist war die Traumsuche Teil von Initiationsriten bei der Einführung von Jugendlichen in den Kreis der Erwachsenen. Mit dem uns geläufigen Träumen hat dieser Vorgang nichts zu tun. Dieser Traum ist ein Hilfsmittel zur Lebensfindung bzw. -führung und wird durch Fasten, Reinigen, die Einnahme bestimmter Nahrung oder Kräuter, den Aufenthalt in Einsamkeit für eine bestimmte Zeitspanne und gezielte Vorbereitung mit der Bitte um den Traum herbeigeführt. Ein zweiter Umstand kann ebenfalls zu einer Lebensvision führen: eine schwere Krankheit oder Krise, die oft nahe zum Tod hinführt. In jedem Fall prägt dieses Erlebnis den Träumenden fürs ganze Leben. Die seelisch-psychischen Kräfte, die hinter diesen Vorgängen stecken, sind enorm, diese Träume sind so mächtig, daß sie sich auch gegen den Willen des Betroffenen verwirklichen können oder schwere Krankheiten auslösen, wenn er sich weigert, seiner Berufung zu folgen.

Die Bilder dieser „anderen Wirklichkeit" wurden immer wieder als derart intensiv und die durchlebten Gefühle als so stark beschrieben, daß es von den zurückgekehrten Träumern oft als Strafe empfunden wurde, wieder in der banalen Wirklichkeit leben zu müssen, weshalb viele auch alles taten, um ihren Traum umzusetzen.

Die Aborigines nennen die „Traumzeit" das wirkliche Leben und sehen in der von westlichen Menschen als Realität anerkannten Erscheinungswelt nur eine Illusion vom Leben. Träume galten (gelten) als mächtige Ratgeber aus der spirituellen Seite[13] der Welt. Auf die Traumsuche, „Walkabout", begeben sich noch heute viele Heranwachsende, um ihre Lebensleite (Initiation) zu erfahren.

Wenn die Bilder mächtig sind und die Vision groß ist, dann werden diese unter Umständen zu einer Sprache in Stein oder Holz. Felsbilder, Sandbilder, Totems geben Zeugnis von solchen besonderen Momenten, über das Gesehene sprechen die Träumer nur das Notwendige, das der Stamm wissen muß, um die Bedeutung erkennen zu können.

Den indianischen Völkern ist die Erde heilig, sie ist ihre Mutter, die Nährerin, die Beschützende – so ist ihre Spiritualität immer geprägt von der Verehrung des Lebens, voll Frohsinn und Fülle. Der indianische Mensch wird in die Welt eingeführt, in ihre Ordnung und ihren Ablauf eingebunden – diese irdische Ordnung ist zugleich Abbild für die größere kosmische Ordnung.

Der „Sonnentanz", der bis heute als große Zeremonie erhalten geblieben und mittlerweile auch unter westlichen Menschen bekannt ist, kann als Beispiel für diese Einbindung gesehen werden. Menschen bilden einen Kreis des Lebens, Pfähle symbolisieren die Eckpfeiler des kosmischen Hauses, die göttlichen Kräfte werden eingeladen, ebenso die Helfer aus dem Reich der Geister. Ein oder mehrere Mitglieder der Stämme lassen sich, stellvertretend für alle, mittels Lederriemen und Haken mit der Erde (hier sind es Bäume oder Pfähle) verbinden und begeben sich in Trance auf ihre große Reise, auf die Suche nach einer Vision, die ihren persönlichen Lebensweg oder Hilfe für alle zeigen kann. Der Sonnentanz heißt das Leben als Ganzes willkommen und feiert seine Kraft im Kreis der Menschen – und er zelebriert die Bindung der Menschen an die Kräfte des Kosmos, vertreten durch die Natur und ihre Erscheinungswelt.

Kein Indianer, gleich welchen Volks, fühlt die Welt als grundsätzlich feindlich gesinnt und sich selbst als ihr ausgeliefert. Die tiefe seelisch-religiöse Bindung erzeugt ein Gefühl der Geborgenheit im Schoß der Erdmutter und eine tiefe Ehrfurcht vor allem Seienden. Der Mensch ist das Kind der Erde, und die „Große Mutter" sorgt für ihn, stellt ihm alles Nötige zur Verfügung.

Als ein Beispiel für viele soll der Gesang der Tahltan[14] (Westkanada) stehen: „Die Erde lebt und ist dasselbe wie unsere Mutter. Denn bestünde die Erde nicht, gäbe es keine Menschen. Die Menschen sind ihre Kinder und ebenso die Tiere. Sie achtet auf sie alle und versorgt sie mit Nahrung. Die Steine sind ihre Knochen und das Wasser ihre Milch ... Die Tiere sind dasselbe wie die Menschen; sie sind von gleichem Blut; sie sind Verwandte."

Das Besondere an der Weltsicht indianischer Völker ist ihre geschwisterliche Beziehung zu allem Lebendigen: „Wir sind alle Kinder der Erde, der ‚Großen Mutter', wir sind Teil des großen Kreises." Die Liebe zur „Großen Mutter" und ihren anderen Kindern führte zu einem sehr behutsamen Umgang mit Pflanzen und Tieren. Jede Jagd war von Zeremonien der Ehrung der ausgewählten Opfer und der Beschwichtigung ihrer Gruppenseele begleitet. Die Unverletzlichkeit der Weltordnung mußte immer gewahrt bleiben – die Erde und ihre Kinder waren heilig.[15]

Die innere und äußere Trennung von der Welt und ihren Erscheinungen ist ein Ergebnis des analytisch-separativen Denkens und des daraus resultierenden mechanistischen Weltbildes.

Die Anrufung der Elemente und Wesen bei der Geburt eines Kindes der Omaha soll hier stellvertretend für die Gewißheit indianischer Völker über Eingebundensein und Verflechtung des Menschen in das Naturgeschehen angeführt werden.[16] Sie hat die gleichen Hintergründe wie die zuvor erwähnte Zeremonie in China.

Ho! Sonne, Mond und Sterne, ihr alle, die ihr im Himmel wandert,
Ich bitte euch, hört auf mich!
In eure Mitte ist ein neues Leben gekommen.
Stimmt zu, ich flehe euch an!
Macht seinen Pfad glatt, damit es den Rand des ersten Berges erreicht!

Ho! Ihr Winde, Wolken, Regen, Nebel, die ihr alle in den Lüften wandert,
Ich bitte euch, hört auf mich!
In eure Mitte ist ein neues Leben gekommen.
Stimmt zu, ich flehe euch an!
Macht seinen Pfad glatt, damit es den Rand des zweiten Berges erreicht!

Ho! Ihr Hügel, Täler, Flüsse, Seen, Bäume, Gräser, ihr alle auf der Erde,
Ich bitte euch, hört auf mich!
In eure Mitte ist ein neues Leben gekommen.
Stimmt zu, ich flehe euch an!
Macht seinen Pfad glatt, damit es den Rand des dritten Berges erreicht!

Ho! Ihr Vögel, groß und klein, die ihr wohnt im Wald,
Ho! Du kleines Gewürm, das kriecht im Gras und gräbt im Grund,
Ich bitte euch, hört auf mich!
In eure Mitte ist ein neues Leben gekommen.
Stimmt zu, ich flehe euch an!
Macht seinen Pfad glatt, damit es den Rand des vierten Berges erreicht!

Ho! Ihr alle im Himmel, in der Luft und auf Erden:
Ich bitte euch alle, hört auf mich!
In eure Mitte ist ein neues Leben gekommen.
Stimmt zu, stimmt zu, ihr alle, ich flehe euch an!
Macht seinen Pfad glatt, damit es ungehindert wandern mag über die
vier Berge!

Die umfassende Berücksichtigung der Bedürfnisse der Natur und ihrer Geschöpfe prägt den alltäglichen Umgang mit ihnen und läßt sich in der Erziehung der Kinder wiederfinden, die im Zeichen von Rücksicht und Bescheidenheit stand und sinngemäß bei traditionell lebenden Indianern noch heute steht.

Die Vorstellungswelt indianischer Völker kennt keinen Begriff „Umwelt", weil das Ganze nicht gespalten werden darf ohne katastrophale Verletzungen der Mutter Erde. Die Schöpfung ist nur dann heil, wenn alle Teile existent und vereint sind, die Vorstellung, einen Teil dieser Gesamtheit zu zerstören oder auszurotten, führt zur Zerstörung der Einheit des kosmischen Weltgebäudes. Dies macht den ununterbrochenen Kampf indianischer Bürgerbewegungen gegen die Vorgangsweise multinationaler Konzerne auf dem Gebiet des Bergbaues und der Holzgewinnung durch Rodung riesiger Waldflächen um so verständlicher.

Das Leben in ständiger Auseinandersetzung mit den Herausforderungen täglicher Arbeit und den Fährnissen des Wetters ist kein einfaches und leichtes. Aus unterschiedlichen Gründen waren die Stämme immer wieder gezwungen, für uns heute unbegreifliche Traditionen einzuführen, wie das Zurücklassen oder „Weggehen" von alten, nicht mehr gehfähigen Mitgliedern, die keine Angehörigen mehr hatten, die sich um sie kümmern konnten. Auch Tötung von Neugeborenen, wenn der Stamm sie nicht ernähren konnte, gehörte dazu. Doch trotz alledem war der Tag erfüllt von Lachen, gemeinsamem Jagen, Essen, Singen, wann immer es möglich war, und alle Mitglieder, vom Kind bis zum Alten, hatten einen Platz im Stamm, ihren Anteil und ihre Würde.

Allerdings ist auch unser heutiges, durchaus legitimiertes Vorgehen gegenüber Mitgliedern der Gesellschaft, die nicht erwünscht oder produktiv sind und nur Arbeit für andere bedeuten, ethisch anzweifelbar und durchaus kein Ausdruck einer barmherzigen, toleranten Gesellschaft. Wir legen unsere unpassenden Mitmenschen einfach weg, weil wir über ausreichend Geld dazu verfügen. Unsere „Toten" und Ausgestoßenen befinden sich in Altersheimen, Krankenstationen, Ambulanzen für Geburtenregelung, Behindertenanstalten und Heimen für Schwererziehbare.

Das alte Europa

Vergleichbar der Kulturstufe dieser Völker, finden wir im europäischen Raum die entsprechende Erlebnis- und Erkenntniswelt bei unseren Vorfahren. Nicht allein die indianischen Völker agieren im Bewußtsein der Notwendigkeit von angemessenem Handeln. Auch im europäischen Raum war der Grundsatz der Angemessenheit in der Rechtsauffassung der alten Kulturen verankert. Am Beispiel der indogermanischen und noch stärker der keltischen (u. v. a.) Volksgruppen kann man anhand der überlieferten mündlichen und – wenn auch spärlichen – schriftlichen Hinterlassenschaft nachvollziehen, daß das Prinzip von „Geben und Nehmen" ein natürliches war.

Nichts wurde als selbstverständlich hingenommen. Zuviel Reichtum war genauso verdächtig wie anhaltende Armut. In dieser Zeit wurden die Gewalten der Natur, die Anforderungen des Landes und die Wechsel des Wetters als machtvolle, starke, bisweilen lebendige, eigenständige oder göttliche Mächte interpretiert. Das (Über-)Leben war oft schwierig, jeder Erfolg ein kleiner Sieg: die Geburt eines gesunden Kindes, die erfolgreiche Ernte – und die Menschen lernten, mit der Erde und den Erfordernissen des Lebens ständig um ein Gleichgewicht zu ringen.

Wollte der Mensch eine Gunstbezeigung der alten Mächte, so war ihm bewußt, daß dafür auch eine Gegengabe anzubieten war. Nichts war umsonst – sollten die Götter wohlwollend gestimmt werden, sollte der Segen auf dem Stamm, der Familie ruhen, mußte man ihre Aufmerksamkeit erringen und entsprechende Worte und Taten setzen.

Auch die gesellschaftlichen Regeln waren ein lebendiges Bild der Sippe, abgestimmt auf Abstammung, Klima, Stellung der Gruppe usw. Es gab Richtlinien für das sittliche Verhalten und das soziale Zusammenleben, überall aber war ein Verhandlungsspielraum gegeben, um die Gebote dem Anlaß anpassen zu können. Nichts war starr genormt, vom menschlichen und natürlichen Maß entfernt, es mußte abgewogen, an den Fall und das Individuum angepaßt und die Sache stets neu bedacht werden. Damals galt das Hauptaugenmerk dem Überleben der Sippe, was an den einzelnen immer wieder große Anforderungen bezüglich Anpassungsfähigkeit, Verzicht und Mitverantwortung stellte.

Ähnlich der „Give-Away-Zeremonie" der Indianer hatten unsere germanischen und keltischen Vorfahren bestimmte Anlässe im Jahr, zu denen den wenig bemittelten Mitgliedern der Gesellschaft Geschenke, wie Kleidung, Essen, Brennholz, gegeben wurden, um einen gewissen Ausgleich im sozialen Gefüge zu schaffen. Besitz brachte auch Aufgaben mit sich. Schon lange vor unseren christianisierten Weihnachtsfest-Gewohnheiten wurde die Wiederkehr des Lichts am 21. Dezember, die Rückkehr des Lebens in die Natur und zu den Menschen, dadurch gefeiert, daß Kinder und Bedürftige eingeladen und beschenkt wurden.

Jedem Mitglied der keltischen Stämme war bewußt, daß es allein nicht so einfach durchs Leben kommt wie im Schutz der Gemeinschaft, in den dunklen Monaten des Jahres war es selbstverständlich, daß der Schutz der Hütte, eine Mahlzeit und das Willkommen jedem Fremden offen standen. In den „Lehren des Loddfafnir", Vers 24, steht geschrieben:

Stark sei die Tür
soll sie stets sich drehen, allen sich auftun;
gib einen Ring, sonst ruft man Dir alles Böse herbei!

Freundschaft, Gefolgschaft und Solidarität waren wichtige Voraussetzungen für das Überleben. „Das Alte Sittengedicht", Vers 33, der nordischen germanischen Stämme gibt das einprägsam wieder:

Mit Waffen soll man Freunde und mit Gewanden erfreuen,
das sieht man an sich selbst:
Geber und Vergelter bleiben gute Freunde;
Ist ihnen günstig das Glück.

Überall gab es diese Grundregeln, aber immer mußte die tatsächliche Entscheidung an die aktuellen Erfordernisse angepaßt werden. Die Erfahrung, die auf der unmittelbaren sinnlichen Naturerfahrung beruht, machte ein sicheres instinktives Wahrnehmen momentaner Bedürfnisse und notwendiger Maßnahmen und somit lebendige Entscheidungen möglich.

Das anglikanische Recht unterscheidet sich in diesem Punkt heute noch von der römischen Rechtsprechung. Es ist kein Diktat abgehobenen, unter Umständen nicht mehr anwendbaren Rechts, kein Entpersonalisieren, Objektivieren um den Preis der Berücksichtigung individueller Voraussetzungen.

Das Weltbild der keltischen, germanischen und anderen Stämme, die im europäischen Raum auf dieser Kulturstufe zu finden waren, unterschied sich nur in Details von dem der indianischen Völker. Die höchste Position in der Gesellschaft hatten diejenigen Menschen inne, welche die Kunst des Sehens, des Gesanges und des Geschichtenerzählens beherrschten. Sie waren die Träger der gemeinsamen Geschichte, des Rechts, der Heilung und waren Bindeglied zwischen der göttlich-spirituellen Welt und der Menschenwelt. Das Leben von Druiden, Barden und Priestern war heilig. Sie führten mehrheitlich ein Wanderleben, zogen von Clan zu Clan und von einer Burg zur anderen. Im Sinne der inneren Stabilität sprachen sie Recht und leiteten entscheidende Zeremonien.

Die Natur und alle anderen Wesen waren eine Familie im großen Gewebe des Lebens. In diesem Denkgebäude gab es keinen Raum für Raubbau, Verschwendung von Leben oder lebensnotwendigen Mitteln war verpönt. Hier hatte die Natur Gewicht, Tiere und Pflanzen galten als ihre Kinder, waren oft sogar heilig, wegen ihres ehrfurchtgebietenden Alters, ihrer Zähigkeit oder einer besonderen, für den Menschen wichtigen Eigenschaft. Es gab eine Reihe von Bäumen, für die das galt, Heilpflanzen oder auch Tiere, wie die Wildsau, die als Gestalt der Muttergöttin galt, oder der Hirsch, der den Herrn des Waldes repräsentierte.

Ein Merkreim, der in dieser und ähnlicher Form bei den germanischen Stämmen, als Teil der Sittenlehre, zur Richtungsweisung angemessenen Verhaltens vorgebracht worden ist, lautet:

> *Besser nichts erfleht, als zuviel geopfert,*
> *Auf Vergeltung die Gabe schaut,*
> *Besser nichts gegeben, als zu Großes gespendet,*
> *Eitel manch' Opfer bleibt.*

Dieses Gott-Mensch-Natur-Verständnis fußt auf der Annahme gegenseitiger Leistungen, nichts ist umsonst. Jede Gabe erfordert eine Gegengabe – Großes erfordert Großes und Kleines eben Kleines: „Wenn du etwas willst, mußt du bereit sein, den Preis zu bezahlen." Unter Opfer verstand man die notwendigen Rückgaben und Anzahlungen an die große Mutter, die Verteilung der Dinge mußte ein ausgewogenes Verhältnis aufweisen. Immer wieder tauchen Beispiele dafür auf, daß es auf die Angemessenheit des Handelns ankommt.

Die alten Lehren erzählen vom Ursprung der Menschen, der Dreiteilung der Schöpfung, und auch hier ist die Verwobenheit der verschiedenen Weltenebenen wiederzufinden. Asgard, die Welt der Götter, Midgard, die der Menschen, und Utgard, die Unterwelt, stehen durch die Weltenesche Yggdrasil in Verbindung, und es herrscht eine rege „Reisetätigkeit" zwischen den Welten. Den Menschen ist das Wissen, nach entsprechender Vorbereitung und wenn sie sich als reif erweisen, zugänglich. Im Gegensatz zur christlichen Lehre ist es hier erlaubt, der Weisheit der Götter zu lauschen.

Ein Aspekt, der allen Kulturen von der Steinzeit bis ins 19. Jahrhundert gemein ist und erst durch die Technokratisierung und Aufklärung verschwindet und an Bedeutung verliert, ist das Wissen um die Bedeutung der Fruchtbarkeit der Erde und der Frauen für den Weiterbestand des Lebens. Daraus haben sich überall großartige Riten und Feste entwickelt: im bäuerlichen Bereich der Alpen, wo Feldumgang, Erntedankfest und die Weihe der Feldfrucht begegnen, ebenso wie bei den Pawnees, die die Maismutter besangen, oder bei den antiken Griechen, die mit den Eleusinischen Mysterien das „Wunder des Lebens aus der Erde" begingen.

Quellen von Umweltverständnis und Mitgeschöpflichkeit der monotheistischen Religionen[17]

Diese Religionen gehören zu den zeitlich jüngsten unserer spirituellen Zeitreise. Grundsätzlich bekennen sich alle semitischstämmigen religiösen Richtungen zum Wert des Lebens und dessen Erhaltung, zur Schönheit der Schöpfung und ihrer Verehrung sowie zu Mitgefühl und Barmherzigkeit. Die Ursprünge und Zeugnisse ihres Glaubens finden sich vielfach in denselben heiligen Schriften, historischen Personen und Geschehnissen, allerdings trennen sich die Überzeugungen in den Auslegungen derselben und werden unterschiedliche Schwerpunkte gesetzt. Besonders die jüdische und die christliche Tradition teilen viele Gemeinsamkeiten.

Der Schöpfungsmythos ist älter als die Bibel.[18] Diese entstand später als viel ältere Schriften von Sumer und Babylon, die ein kosmisches System beschreiben, in dem alle Wesen ein verwandtschaftliches Verhältnis haben, die Menschen in ein großes Ganzes eingebunden sind. Die Natur ist heilig und das Leben aller Geschöpfe unberührbar. Die Götter herrschen zwischen Himmel und Erde und bieten der Schöpfung Schutz, dafür fordern sie, daß die Schöpfung ihnen dient. Die Welt ist voll lebendiger Zeichen der Göttlichkeit, magischer und großer Kraft.

Noch ist der Mensch nicht getrennt von seinen Wurzeln. Daher kann er sich auch nicht emanzipieren, er bleibt in anbetender Abhängigkeit, wohlgeborgen, aber unfrei. Die feste Bindung an die Natur behindert die Ausbildung von Individualität, Vernunft, Gestaltungswillen und Verantwortungsgefühl.

Der Jahwist weiß von dieser Geborgenheit, rechnet sie aber der Vergangenheit zu. Tatsächlich spiegeln die nachfolgenden Schöpfungsberichte die Trennung von der intensiven affektiven Einbindung in den mütterlichen Lebenszyklus und den Aufbruch zu aktiver Gestaltung der Umwelt wider. Die Genesis (2, 4b; 3, 24) des jahwistischen Geschichtswerks entstand zur Regierungszeit Salomos um 950 v. Chr.

Mensch und Tier werden aus der gleichen Ackererde geformt. Das hebräische „ruarch" bezeichnet Mensch und Tier, als gleiche Seele, von Jahwe mit demselben Atem belebt. Jahwe setzt sie in den Garten Eden, „auf daß er (der Mensch; Anm.) ihn bediene und behüte!" Die Mitte des Gartens bleibt Gott vorbehalten. Der Mensch lauscht den Tieren, nach der alten Vorstellung ihrem „Selbstsein". Als er die Himmelsmitte verletzt, die die Erde mit dem Reich Gottes verbindet, geht er seiner Rechte verlustig und wird aus dem Paradies ausgestoßen.

Lassen sich hier auch Auslöser oder Mitfaktoren der aktuellen ökologischen (gesellschaftlichen) Krise finden? Das Urdokument der Christen und Juden, die Bibel, ist eine zwiespältige Quelle für die Beantwortung der Frage nach Auslösern, Rechtfertigung und Besinnung im Angesicht der aktuellen Krise. Die unterschiedliche Botschaft des Alten und des Neuen Testaments fällt aber in jedem Fall ins Auge: Zitate wie „Macht euch die Erde untertan", „Auge um Auge und Zahn um Zahn", aber auch „Du sollst nicht töten" entstammen alle dem Alten Testament, welches einen rächenden, strengen Gott beschreibt, der seine Macht zeigt und harte, aber klare Richtlinien für den Gottgefälligen ausgibt. Dabei ist allerdings zu bedenken, für welche Menschen diese Sprache gedacht war.

Roland Steidl schreibt: „Indem es die mystische Verschmolzenheit von Gott, Mensch und Natur sprengt, bricht das Schöpfungsverständnis biblisch mit dem animistischen Naturglauben." Über die Israeliten und ihre Wandlung während der Fluchtzeit: „Der Gott Israels, eines meist nomadischen Volkes, kann nicht lozierbar sein; das ‚numen locale', die Baale Kanaas (Baal: Herr des Ortes; Anm.), muß ... dem Gott der Sippe weichen. So wird Jahwe selbst von der Erde losgelöst, transzendiert, kann nicht mehr gebunden sein, zieht mit ‚Seiner' Sippe mit."

Die Intention der priesterlichen Schreiber war, den Menschen auf einen neuen Weg zu führen, weg von der Abhängigkeit einer Menschheit, die die Natur voll Ehrfurcht betrachtet und nicht wagt, ihre Geschöpfe anzutasten, die den Ort, an dem sie wohnt, heiligt und als

Wohnstatt Gottes ansieht. Die jüngsten Teile der Bücher Moses wollen dem Menschen eine neue Identität geben, ihn von Abhängigkeiten lösen, ihm zu neuer Freiheit verhelfen. Zunehmend werden die Erscheinungen der sichtbaren Welt wohl auf göttliches Wirken zurückgeführt, aber rational erklärt, bekommen menschlich faßbare Dimensionen und verlieren dadurch ihre Divinität. Damit kann der Mensch ein Zugriffs- und Verfügungsrecht ableiten, nach eigener Zweckdienlichkeit.

Das Leben des einzelnen wird unter die Gebote einer Kirche gestellt, welche bezüglich Erlösung und Verantwortung jenseitsorientiert handelt. Das Bekenntnis zu Transzendenz und Reinheit birgt aber auch die Gefahr einer naturfernen und leibfeindlichen Gesinnung, die allen sinnlichen Eindrücken und naturnahen Lebensweisen mißtraut – eine Bekräftigung für jede Tendenz, die Natur und ihre Kreaturen zu benutzen und zu unterjochen, ohne Gedanken an deren mögliche Eigenrechte, und damit eine reale Gefahr für unsere Umwelt.

Der Mensch hat seine Geborgenheit verloren und steht nun allein in der Welt, die Tiere sind nicht mehr seine Geschwister, die Erde ist keine Mutter mehr. Dieser Mensch hat seinen Platz verloren, er fühlt sich keinem Ort mehr verpflichtet, ist losgerissen von seinen Wurzeln. In dieser Isolation beginnt er zunehmend all seine Fähigkeiten auf einen Überlebenskampf in einer ihm immer fremder und feindlicher erscheinenden Welt auszurichten, und er gestaltet die Erde nach seinem Bild um. Aus der Not geboren, entwickelt er einen übertriebenen Optimismus bezüglich seiner Rechte und Fähigkeiten.

Das in den religionsbegründenden Schriften dargestellte Gottesbild reflektiert sich in der Anthropozentrik des Menschenbildes, führt zur Hierarchisierung der Gesellschaft mit den damit verbundenen sozialen Schattenbereichen und legt die Wichtigkeit der weltlichen (damit auch politischen) Interessen fest, beginnend mit denen des Menschen und absteigend bis zu denen der seelenlosen Kreatur.

Der Mensch setzt sich selbst in die Mitte der Schöpfung und will sein wie Gott (Gen. 3, 5), dadurch zerbricht die Einheit mit der Natur ebenso wie der Dialog mit Jahwe und dem Mitmenschen – eine Trennung, die durch die gesamte Schöpfung geht. Die Intention der Schöpfungszusage scheitert an den Defiziten des Menschen, der sich der ihm vom Schöpfer gesetzten Verantwortung wieder und wieder entzieht. Die Entwicklung des biblischen Menschen ist eine Chronik des Ungehorsams (beginnend beim Pentateuch und endend in der heutigen Geschichte).

Sobald im Neuen Testament Jesus, der Sohn Gottes, auftritt, werden die kalten, starren, strafenden Richtlinien durch das Feuer der Liebe, die Möglichkeit der Gnade und ein komplexes Modell des bewußten Sich-selbst-Annehmens und der Liebe zum anderen (dafür, daß auch er ein Bruder ist) abgelöst: „Liebe den anderen wie dich selbst" – wobei hier andere Geschöpfe als der Mensch nicht explizit ausgenommen sind.

Das Judentum[19]

Die Thora (die fünf Bücher Moses, den Christen als Pentateuch geläufig) stellt für die Juden die Grundlage ihrer religiösen, sittlichen und ethischen Regeln dar. Hier wird wiederholt darauf hingewiesen, daß die Herrschaft des Menschen über das Tier nicht die pervertierte Form der Ausbeutung annehmen darf, daß Mensch und Tier in gegenseitiger Wertschätzung zusammenleben sollen, denn Gott gab den Menschen und Tieren den gleichen Atem des Lebens (Gen. 7, 15, 22).

Das hebräische Wort „nephesch" meint die Geist-Seele, die die Geschöpfe belebt und sie verläßt, wenn sie sterben. Im Pentateuch werden das Vergießen von Menschenblut und das Verzehren von Tierblut wiederholt verboten, weil das Blut „nephesch" ist. In der Schöpfungsgeschichte sind „nephesch" und Blut dasselbe. Der Ausdruck „nephesch chayah" ist die hebräische Bezeichnung für Tiere, die Übersetzung ist unmißverständlich: „Lebende Seele".

So durften Tiere lediglich zur Arbeit verwendet, jedoch weder gezüchtet noch geschlachtet werden. In der Genesis (1, 29) wird speziell von Feldpflanzen und Gemüse als empfohlenen Nahrungsmitteln gesprochen. So angeleitet, lebten die israelitischen Völker Hunderte Jahre lang streng vegetarisch.

Im „Sefer Chasidim" (dem Buch der Frommen), einem mittelalterlichen jüdischen Schriftwerk, wird gelehrt: „Sei freundlich und barmherzig zu allen Geschöpfen des Höchsten, die er in dieser Welt geschaffen hat. Schlage niemals ein Tier oder sei Ursache für Schmerzen für jegliches Tier."

In der Genesis wird immer wieder darauf hingewiesen, daß Jahwe seine Propheten und die Führer des israelitischen Volkes auch danach erwählte, wie sie sich gegenüber Tieren verhielten, denn es wird in den Büchern beschrieben, daß sich Gott „eine neue Erde, einen neuen Himmel wünschte, ... wo nichts Böses und nichts Schlechtes getan wird" (nach Jesaja 65, 17, 21, 25).

In der Zeit Noahs (in der Bibel als Zeit der Sünde bezeichnet) veränderte sich der Umgang mit den Tieren, sie wurden zunehmend abgewertet, brutal behandelt, geschlachtet.

Nach Sadhusangananda Das[20] weisen jüdische Philosophen wie Moses Maimonides (1135–1204) darauf hin, daß die Einführung von Tieropfern die davor gebräuchlichen Kinderopfer ablösen sollte. Diese waren noch bis in die Zeit der Könige in Israel und Judäa üblich.

Die strengen Gesetze der Genesis verloren zunehmend an Bedeutung, und der Fleischgenuß wurde erlaubt, solange man die recht aufwendige Prozedur des „schechitah" einhielt, das verzehrte Fleisch also „kosher" (rein) war. Was den Tieren während des Tötens widerfährt, kann man sicher nicht als Akt der Barmherzigkeit einstufen, wie Sadhusangananda Das ganz richtig bemerkt, und er führt weiter aus, „daß die Juden sich auf kabbalistische Texte berufen, die besagen, daß das Töten von Tieren einen höheren Zweck erfüllt, weil es den Bedürfnissen von Heiligen dient und die Tiere durch diesen Tod eine bessere Destination bekommen würden".

Dieser Logik zu folgen, fällt schwer, egal, ob man der Frage nach der Person der fleischessenden Heiligen nachgeht oder der Übereinstimmung solcher Praktiken mit der Forderung der Thora und anderer religiöser Schriften nach dem friedfertigen, barmherzigen Menschen, der andere Geschöpfe wertschätzen soll. Auch im jüdischen Glauben sind dieselben Tendenzen zur Erstarrung in Ritualen und Gesetzen zu beobachten wie bei den anderen großen Religionen dieser Welt.

Das Christentum

Über die längste Zeit hinweg wurde das Alte Testament und damit auch die „Imago Dei" des Menschen tradiert, aus machtpolitischen Gründen und in Übereinstimmung mit dem herrschenden Königtum[21] innerhalb der christlichen Gebiete.

„Du sollst nicht töten" wird im hebräischen Originaltext ausgedrückt mit: „Io tirtzach" (Exod. 20, 13) und bedeutet: „Du sollst keine nur erdenkliche Art des Tötens ausüben."[22] Die Umsetzung des Gebotes folgte allerdings der jeweiligen Intention und Auslegung, auf Tiere wurde sie im Zuge der Religionsausübung jedenfalls seit Kaiser Konstantin[23] nicht mehr angewandt.

Christliche Geistliche sprechen sich nicht nachdrücklich gegen Qualen und Tod von Tieren aus, welche aus Profitgier und Eitelkeit der Menschen leiden müssen, wie es für die Pelztiere und die Opfer der Massentierhaltung gilt, wodurch sie dieses System mit unterstützen. 1985 hat der Papst der römisch-katholischen Kirche, Johannes Paul II., in seiner Rede vor Biologen zum Thema Tierversuch gesagt: „... daß es gewiß ist, daß Tiere zum Nutzen der Menschen geschaffen wurden und sie somit auch für Experimente benutzt werden können".

Aufgrund der intensiven ideologischen Überzeugungsarbeit der christlichen Mönche, die in starker Konkurrenz zu den Vertretern der vormals beherrschenden Naturreligionen standen, bildeten sich Tabus heraus, welche sich gegen Natur- und Fruchtbarkeitsverehrung richteten und in der Folge zu einem mangelnden Verständnis für natürliche Vorgänge und Bedingungen führten oder zu angstbesetztem Umgang mit der (ursprünglichen, ungezähmten) Natur selbst.

Wie in allen Religionen sind auch im Christentum viele Strömungen zu beobachten. Unter den Vertretern, die Respekt gegenüber der Welt und ihren Lebewesen bezeugen, seien nur zwei erwähnt. Franz von Assisi, der von glühender Liebe zur Schöpfung und seinen Mitgeschöpfen, den Tieren, erfüllt war und dessen wunderschönes Sonnengebet eine Hymne der Geschwisterlichkeit und Verehrung darstellt, und Hildegard von Bingen (1098–1179), eine Vertreterin der deutschen Naturmystik. Sie vertrat eine Verantwortungsethik des Menschen. Ihre Schriften erleben heute eine Renaissance. Sie beschreibt eine Schöpfung, in der alles Geschaffene miteinander in Berührung ist („creatura per creaturam continetur"), aber dem Menschen besondere Bedeutung aufgrund seiner Stellung zukommt. In ihm vereinigt sich Gottes Werk, er spiegelt alles Geschaffene wider. Dadurch ist er einerseits von der Natur abhängig, andererseits ist es ihm als einzigem Lebewesen möglich, in die Schöpfung einzugreifen und deren Ordnung zu stören und zu schädigen. Dies bedeutet eine große Verantwortung.

In ihren Schriften beschreibt Hildegard von Bingen unter anderem die Verseuchung der Umwelt und deren Folgen für alle Geschöpfe. Die Schöpfung wendet sich hilfesuchend an Gott: „Der Schrei der Elemente (an den Mann, Gott, gewandt): Wir stinken schon wie die Pest und vergehen vor Hunger nach der vollen Gerechtigkeit, denn die Menschen kehren uns mit ihren schlechten Taten wie in einer Mühle von unterst zu oberst", und der Mann (Gott) entgegnet: „Doch nun sind alle Winde voll vom Moder des Laubes, und die Luft speit Schmutz aus, sodaß die Menschen nicht einmal mehr recht ihren Mund aufzumachen wagen. Auch welkte die grüne Lebenskraft durch den gottlosen Irrwahn der verblendeten Menschenseelen. Nur ihrer eigenen Lust folgen sie und lärmen: ,Wo ist denn der Gott, den wir niemals zu sehen bekommen?' Ihnen sage ich: Seht ihr mich denn nicht Tag und Nacht, wenn ihr sät und wenn die Saat aufgeht, von meinem Regen benetzt? Diese Erde ist der Grundstoff des Werkes Gottes am Menschen. Die ganze Natur sollte dem Menschen zur Verfügung stehen, auf daß er mit ihr wirke, weil ja der Mensch ohne sie weder leben noch bestehen kann. Nur der Mensch ist ein Rebell. Er zerreißt seinen Schöpfer in die Vielzahl der Geschöpfe."

In ihren Anschauungen und ihrem eigenen religiösen Verständnis sieht Hildegard die Menschen eingebettet in eine von Gott geschaffene Welt, die alles bereithält, was notwendig ist, um den Menschen gesund zu erhalten, in Harmonie und innerem Frieden leben zu lassen. Diese Welt ist voller Eigenleben, auch sie hat Bedürfnisse und braucht bestimmte Voraussetzungen, um überleben zu können. Sie fordert die Dankbarkeit und Verantwortlichkeit des Menschen gegenüber der Schöpfung – als notwendige Folge für die Fürsorge, die der Herr dem Menschen angedeihen läßt – und prangert die Unvernunft und Undankbarkeit an, die der Mensch an den Tag legt.

Die katholische Mystikerin zeichnet ein Bild, das die heutige Situation des Menschen in seiner Welt anschaulich beschreibt: seine Entfremdung, seine Ziellosigkeit, den Verlust an Werten, die Schäden, die er anrichtet und die sich letztlich gegen ihn selbst richten. Für Hildegard ist es unausweichlich, daß der Mensch dafür von Gott selbst bestraft wird, ein Gefühl, das heute eine wachsende Zahl an Menschen teilt, was viele auf die Suche nach einem Ausweg aus der drohenden Katastrophe gehen läßt.

Der Islam[24]

Der Autor von „Vegetarismus in den Weltreligionen", Sadhusangananda Das, weist darauf hin, daß in dieser jüngsten der Weltreligionen keine vegetarische Tradition gefunden werden kann und generell eine große Diskrepanz zwischen den Aussagen des Begründers Mohammed (des Propheten), den Gebräuchen in Mekka sowie während einer Pilgerreise einerseits und der alltäglichen Einstellung von Moslems den Tieren gegenüber andererseits festzustellen ist.

Am Geburtsort Mohammeds ist das Schlachten jedes Geschöpfes verboten, hier soll Harmonie zwischen allen Lebewesen herrschen. Während eines „Hadsch" vermeiden es die Pilger, auch nur das kleinste Wesen zu töten (Koran, 9. 1).

Mohammed selbst gab viele Anleitungen zum friedvollen Umgang mit Tieren, verbot die Mißhandlung von Nutztieren und leitete zum Genuß von Früchten, Nüssen und Getreide an. Er selbst ernährte sich am liebsten vegetarisch und zeigte oft seine barmherzige Einstellung gegenüber anderen Wesen. Mizra Nadarbeg zitiert Mohammed in „The Sayings of Mohammed": „Eines habe ich gelehrt, aber wenn ich sie auch das andere gelehrt hätte, wäre es zuviel für ihre Kehle gewesen."

Der Koran gibt durchaus Anleitungen zu barmherzigem und gottgefälligem (Gott dadurch Ehre erweisendem) Verhalten gegenüber unseren Mitgeschöpfen. Die am häufigsten gebrauchten Namen für Allah im Koran sind „al-Rahim", der „All-Mitleidsvolle", und „al-Raham", der „All-Barmherzige". Seine Anhänger werden ermutigt, gesunde und nahrhafte Speisen zu sich zu nehmen. Der moslemische Philosoph al Ghazzali (1058–1111) schreibt in seinem Buch „ihya ulum ul-din": „Mitfühlendes Essen führt zu mitfühlendem Leben." Alle im Koran gebräuchlichen Einschränkungen im Bereich der Ernährung beziehen sich auf den Fleischkonsum.

Unter den verschiedenen Gruppierungen zeichnen sich vor allem die Schiiten und die Sufis durch ihren Verzicht auf Fleischkonsum aus. In verschiedenen Geschichten wird auf das Heil, das durch den liebevollen Umgang mit Tieren erwächst, hingewiesen.

Der Alltag sieht, wie überall sonst, auch im islamischen Leben anders aus: Auch hier gibt es Schlachthäuser und werden Mitgeschöpfe getötet, ohne wirkliche Überlebensnotwendigkeit, und auch hier zeichnet sich die gängige Praxis nicht durch besondere Barmherzigkeit und Fürsorge für diese Erde aus.

Anmerkungen

[1] Die Veden gehören zu den ältesten heiligen Schriften der Welt, vor ca. 3.000 Jahren in Sanskrit niedergeschrieben.

[2] Ein Buch der Veden; hier verwendete Quelle: Zürrer, Ronald; Reinkarnation; Sentinent Press, 1989.

[3] Was z. B. den hohen Stellenwert der Kuh in der indischen Gesellschaft erklärt.

[4] His Divine Grace, A. C. Bhaktivedanta Swami Prabhupada; Bhagavad-Gita, wie sie ist; The Bhaktivedanta Book-Trust; Heidelberg/Zürich 1987.

[5] Ein Teil der Veden, das Gespräch zwischen Arjuna und Krishna über das Rad des Schicksals.

[6] Müller, Werner; Indianische Welterfahrung; Klett-Cotta, Stuttgart 1991.

[7] Ewige Hüter der Schönheit und Harmonie waren die fünf heiligen Berge. Sie begründeten auch das Haus der Welt und waren je einem Element (Energie) zugeordnet. Der Pfad hinauf wurde Himmelsstraße genannt, auf ihr konnte sich der Mensch dem Himmel annähern, was noch in der ersten Hälfte des 20. Jahrhunderts 10.000 Menschen pro Tag taten. Auf den Gipfeln befindet sich ein Stürze-den-Leib-Abgrund, wo Pilger sich in Ekstase in das Paradies hineinwarfen. Der Kaiser vollzog jedes Jahr auf diesen fünf Bergen Riten, um die Harmonie zwischen den Menschen und dem Himmel herzustellen und die Kräfte auf der Erde wirksam werden zu lassen.

[8] Köster, Hermann; Symbolik des chinesischen Universums; Hiersemann-Verlag, Stuttgart 1958.

[9] Eine Vorgangsweise, die auch Teil der Mensch-Natur-Beziehung der indianischen Völker ist, siehe ebendort.

[10] Die chinesischen Ärzte messen die drei Pulse in drei unterschiedlichen Tiefen und wissen danach, was den Menschen aus dem Gleichgewicht, aus seiner Mitte, gebracht hat. Danach werden eine Reihe von Zutaten für eine individuell gestaltete Medizin ausgewählt, die den bestehenden Zustand der Disharmonie zwischen Leere und Fülle aufheben helfen sollen.

[11] Aston, G. W.; Shinto, The Way Of The Gods; Longmans, Green & Co., London 1905.

[12] Quelle der Zitate: Müller, Werner; Indianische Welterfahrung; Klett-Cotta, Stuttgart 1991.

[13] Siehe auch die Erklärungen des „Don Juan" über das „Tonal" und das „Nagual", gerichtet an Castaneda in verschiedenen Titeln der Serie: „Die Lehren des Don Juan".

[14] Ich verweise wieder auf das Werk Müllers über die indianische Weltsicht.

[15] Ein Kind der Omaha beispielsweise wurde als lebendiges Wesen betrachtet, das erst in die Welt eingeführt werden mußte. Bis die Ankündigung und Einführung vollzogen war, hatte es keine Zugehörigkeit, keinen Platz im Gefüge der Schöpfung. Die Anerkennung gaben ihm nicht die Menschen, sondern die Schöpfung selbst.

[16] Fletcher, Alice und La Flesche, Francis; The Omaha Tribe; Bureau of American Ethnology, Twentyseventh Annual Report 1911.

[17] Die verwendeten Daten stammen von Zacharia Sitchin, Der zwölfte Planet, Knaur Verlag 1979; hier sind vor allem die sumerischen, akkadischen und hebräischen Textübersetzungen verwendet worden; weiters von Roland Steidl aus seiner Arbeit: Bericht zur Ökologie und Ethik aus theologischer Sicht, 1982, woraus vor allem die Texte biblischer Schriftgelehrter stammen und die theologische Bewertung; ergänzt wurde durch Originalzitate aus der Bibel selbst.

[18] Die Genesis ist dem jüngsten Teil des Pentateuch zuzuordnen, der in Babylonien in der Zeit um 550 v. Chr. entstanden ist.

[19] Die ausgewählten Zitate stammen aus: Sitchin, Zacharia; Der zwölfte Planet, Knaur Verlag 1979. Hier wurden vor allem die Übersetzungen der hebräischen Originaltexte herangezogen; weiters: Sadhusangananda Das, Vegetarismus in den Weltreligionen; Eigenverlag der ISCOM.

[20] Sadhusangananda Das (wie oben).

[21] Die Könige Babylons, Sumers, Ägyptens usw. vertraten, als oberstes Glied einer Gesellschaftspyramide, stets Gott in Menschengestalt, waren damit sein menschliches Abbild, sichtbar und begreifbar geworden für den Gemeinen aus dem Volk. In Ägypten war es Amun-Re, aber auch später fundierten Herrscher ihre weltliche Macht und den Anspruch auf die Krone mit göttlicher Zustimmung, indem sie sich direkt von einem Göttergeschlecht herleiteten oder vom Papst krönen und bestätigen ließen.

[22] Alcalay, Reuben; The Complete Hebrew/English Dictionary. Wer interessiert ist, kann sich die aktuelle Auslegung der christlichen Kirchen von „Du sollst nicht töten" in Zusammenhang mit der Todesstrafe und Kriegen ansehen.

[23] Zur Zeit Kaiser Konstantins (280–337) verweigerten die Christen den Wehrdienst, lebten vegetarisch und hatten ein noch ganzheitliches spirituelles Weltbild, das den Glauben an die Reinkarnation mit einschloß.

[24] Alle diesbezüglichen Informationen stammen aus: Sadhusangananda Das (siehe oben).

Karl Edlinger

Umweltanpassung oder Autonomie?
Kognition und Ethik beim Menschen

Einleitung

Angesichts sich häufender Katastrophen stellt sich jedem interessierten Beobachter die Frage, ob hier eine biologische Spezies dabei ist, sich in absehbarer Zeit selbst auszulöschen und noch zahlreiche andere Arten mit sich in den Abgrund zu ziehen. Es stellt sich auch die Frage, ob jene, die diese Prozesse kurzsichtig vorantreiben, jedem Ethos entsagt haben, um sich, quasi aus dem Augenblick heraus lebend, einer hemmungslosen Gier nach mehr Wohlstand, Gewinn und Kapital anheimzugeben; und – wenn diese Frage bejaht werden sollte – ob der Mensch durch seinen Umgang mit natürlichen Ressourcen, mit in Jahrmillionen gewachsenen Ökosystemen nicht schon den Beweis angetreten hat, daß ihm von seiner natürlichen Ausstattung her einfach die Fähigkeit fehlt, das zu entwickeln, was man als verantwortliche Einstellung gegenüber der Welt, der Natur und der Umwelt, als Umweltethos bezeichnen könnte.

Stimmt also die Konrad Lorenz zugeschriebene Metapher, daß der heutige Mensch eigentlich nur ein Zwischenglied in der Entwicklung des wahren Menschen sein, in einer Entwicklung, allerdings sehr schnell enden könnte, ohne an das von Lorenz womöglich vermutete Ziel zu gelangen?

Oder aber ist die Frage anders zu stellen? Hat womöglich der Problemkreis Ethik und Moral, auch des ethisch motivierten Umgangs mit Natur und Umwelt, mit der natürlichen Ausstattung des Menschen wenig oder gar nichts zu tun, weil er nur im Rahmen der Kulturwissenschaften sinnvoll diskutierbar ist?

Die Probleme der Ethik, des Verhaltens des Menschen nach den Regeln bestimmter Normen, die entweder von einem allgemeinen Konsens getragen oder durch religiöse oder politische Autoritäten festgelegt sind, waren, seit sie auf religiöser, philosophischer oder juristischer Ebene diskutiert werden, eng mit Problemen der Erkenntnis verschränkt. Einerseits galt schon im Alten Testament, das ja auch zum religiösen Kanon der europäischen Menschheit gehört, der Verzehr der Frucht der Erkenntnis von Gut und Böse als jener Sündenfall, der das Problem des Bösen überhaupt erst ins Bewußtsein der Menschen dringen ließ, andererseits ist es seit jeher juristischer Standard, die Beurteilung einer Tat auch von der Urteilsfähigkeit des Täters und damit von seiner Kognitionsfähigkeit abhängig zu machen.

Diese Sicht wurde vor allem in der sokratisch-platonischen Tradition auf den Punkt gebracht, wo an mehreren Stellen die Ansicht vertreten wird, daß der Mensch das Gute, dem eine eigene Wesenheit, zumindest aber der Status einer Idee zuerkannt wird, nur zu erkennen brauche, um es auch zu tun.

Nun lehrt uns aber gerade die Geschichte der Justiz, und zwar auch bereits im antiken Griechenland, daß für Verurteilung und Bestrafung von Rechtsbrechern ausgerechnet das Handeln wider besseres Wissen nicht nur allgemein als strafverschärfend gilt, sondern, um überhaupt in die Begründung eines Urteils einzugehen, erst einmal als Möglichkeit akzeptiert sein muß.

Es kann also von einem allgemeinen Konsens darüber ausgegangen werden, daß Erkenntnis des Guten, soweit es als eigene Denkkategorie akzeptiert ist, noch nicht vor der bösen Handlung schützt. Dieses Postulat hat weitreichende Konsequenzen und kann in zweierlei Hinsicht diskutiert werden:

Entweder kann von der Voraussetzung ausgegangen werden, daß es ethische Qualitäten an sich nicht gibt, daß also jede moralische Regel und jede Handlungsnorm in menschlichen Sozietäten durch bestimmte, gerade einflußreiche und mächtige Autoritäten festgelegt werden, durch Konsens bestimmt oder durch rationale Diskussion erarbeitet werden.

Oder es gibt solche Regeln und Normen als natürliche Setzungen, doch sind im Sinne der sokratisch-platonischen Tradition diese Normen nicht allgemein bekannt bzw. durch jeweils aktuelle Herrschaftsverhältnisse überdeckt und behindert.

Das Problem der Kognition

Ein großer Teil der Philosophie europäischen Zuschnitts widmet sich dem Thema des kognitiven Zugangs zur uns umgebenden Wirklichkeit und damit der Frage, ob eine Isomorphie zwischen dieser Wirklichkeit und den durch den Menschen in intensiver Reflexion erzeugten „Weltbildern" besteht. Seit die Philosophie die Entwicklungsstufe des naiven Realismus verlassen hat, kreist die Diskussion um dieses Problem, das am prägnantesten schließlich durch Kant (1976a) formuliert wurde und trotz mannigfacher Lösungsversuche für viele nach wie vor offen zu sein scheint.

Was aber in vergangenen Zeiten als Leistung einer geistigen Seele galt, die mit dem biologischen Unterbau des Menschen eine vorübergehende Verbindung eingegangen ist, wurde durch das Aufkommen einer materialistisch ausgerichteten Naturwissenschaft und Biologie, die sich in zunehmendem Ausmaß auch des Menschen annahm, zu einem Resultat von biologisch interpretierbaren Prozessen und vor allem zum Resultat einer langen evolutiven Entwicklung. Psychische Prozesse und Fähigkeiten, Kognition und auch ethisches Verhalten bzw. Versagen werden mit dem Siegeszug der Naturwissenschaften, und hier vor allem der Biologie, in zunehmendem Maße auch biologisch interpretiert und begründet. Waren es in vergangenen Zeiten die Moraltheologie und die Philosophie, die den Anspruch auf den Primat gegenüber den Naturwissenschaften erhoben und die von ihnen erarbeiteten Normen aus göttlicher Offenbarung oder aus philosophischen Prämissen herleiteten, so versucht man, vor allem seit der Ablösung des Schöpfungsglaubens durch die inzwischen nicht mehr ernsthaft angezweifelte Ansicht der natürlichen Entstehung und evolutiven Weiterentwicklung der Organismenwelt, auch die Verhaltensweisen der Menschen als Evolutionsprodukte zu behandeln und zu begründen. Durch die Etablierung einer auf darwinistischen Grundlagen aufbauenden Ethologie (Lorenz 1965) setzte sich weitgehend die Ansicht durch, sowohl Kognitionsprozesse und die Entstehung von Weltbildern als auch die in menschlichen Sozietäten gültigen moralischen und ethischen Normen seien auf allmähliche (Fehl-)Anpassungsprozesse zurückzuführen (Wilson 1975; Betzig [Hg.] 1997; Wuketits 1998).

Als das Überleben einer Stammeslinie fördernd und damit evolutionär bewährt soll das gelten, was eben die zahlreichen Herausforderungen durch verschiedene Lebensumstände, durch die Welt und Umwelt allgemein bestanden hat und somit gleichsam als wert empfunden wurde, durch Fortpflanzung und Vererbung an spätere Generationen weitergegeben zu werden.

Somit kann die Frage, ob Erkenntnis, Verhalten und auch ethische Einstellungen des Menschen biologisch oder aber gesellschaftlich-kulturell festgelegt und determiniert sind, auf einer anderen Ebene neu gestellt werden. Die Problematik impliziert nämlich die Frage nach der Validität der biologischen Prinzipien, von denen die Verfechter der natürlichen Determination ausgehen, und ob sie etwa auch andere Schlußfolgerungen offen lassen sowie die Frage nach möglichen zwingenden Alternativen.

Auch wenn die Evolution als gegeben akzeptiert wird, wogegen nichts spricht und sich außer aus kreationistischen Kreisen, die zur Wissenschaftlichkeit generell ein problematisches Verhältnis pflegen, kein Protest mehr erhebt, bleibt dennoch die Frage der Validität von biologischen Prämissen, in erster Linie die Entscheidung darüber, durch welchen Evolutionsmodus die stammesgeschichtliche Veränderung vorangetrieben wurde und wird.

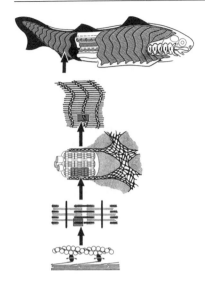

Abb. 1: Organismen sind Energiewandler. Energie wird von einer molekularen Ebene wie hier im Falle des Muskelapparates über zahlreiche Zwischenstufen in gesamtorganismische Aktion hochtransformiert. Dazu bedarf es einer präzisen Abstimmung der verschiedenen Teilsysteme und der verschiedenen Ebenen vom Molekül bis zum Gesamtorganismus. Alle Organsysteme und Organe, Gewebe, Zellen, Interzellularräume, Organellen und Moleküle arbeiten im organismischen Verband streng koordiniert zusammen.

Vor allem aber stellt sich, wenn der Entwicklungsmodus zur Diskussion steht, die Frage nach den relevanten Auffassungen vom lebenden Organismus selbst, der evoluiert. Denn letztlich entscheidet ja die Beschaffenheit eines Gegenstands oder einer Gegenstandsklasse auch darüber, durch welche Prozesse Änderungen und Entwicklungen möglich sind und in welche Richtungen sie prinzipiell gehen können.

Die Frage, ob Evolution als permanenter Anpassungsprozeß der Lebewesen aufgefaßt werden muß oder nicht, entscheidet schließlich eine der wichtigsten Fragen der Umweltethik, nämlich ob Lebewesen und damit auch der Mensch als eine Art Blaupausen der Außen- und Umwelt in totaler Abhängigkeit von dieser stehen oder ob sie gegenüber der Außenwelt autonom sind und sich ihre „Umwelt" gleichsam nach inneren Bedürfnissen selbst schaffen.

Biologische Erkenntnistheorien

Durch Autoren wie Spencer (1901), Haeckel (1906), Lorenz (1941, 1965, 1977), Campbell (1974, 1984) und Wilson (1975) wurde die darwinistische Evolutionstheorie mit ihrem Anpassungsdenken auf Wahrnehmungs- und Kognitionsprozesse, schließlich auch auf ethisches Verhalten und ethische Normen (de Waal 2000) ausgedehnt und wurden z. B. die für die neuzeitliche Physik spezifische Art der Erfassung der Welt, der „Natur" und ihrer regelhaften Abläufe sowie auch verschiedene

Verhaltensweisen gegenüber Artgenossen oder gegenüber der Umwelt allgemein zu Produkten biologischer Anpassung erklärt. Schon aufgrund des Überlebens ihrer Träger in einer Welt, in die sie eben „passen", kämen das Attribut der Wahrheit sowie der Anspruch zu, biologische Gesetzlichkeiten widerzuspiegeln, die mit Zweckmäßigkeit oder gar mit Absichten einer personifiziert gedachten Natur und Evolution gleichgesetzt werden.

Eine Isomorphie zwischen der Welt und den intern erzeugten Weltbildern wurde postuliert und die Welt, die solcherart abgebildet werden soll, mit der newtonschen gleichgesetzt, die schon für Kant, auf den man sich dabei beruft, die einzige vernünftig denkbare ist (Edlinger, Gutmann und Weingarten 1989). Da die Implikationen, die für eine solche Sicht durch die neuen Entwicklungen der Physik entstanden, niemandem verborgen bleiben konnten, wurde diese Art realistischer Welterkenntnis auf den „Mesokosmos" (Vollmer 1975, 1985/86) beschränkt, der als Größendimension verstanden werden will und, grob gesagt, die dem Menschen unmittelbar wahrnehmbaren Größenordnungen umfaßt, also die kosmischen und submikroskopischen Dimensionen ausschließt und somit auch die durch die relativistische Physik und die Quantenmechanik verursachten Schwierigkeiten nicht enthält. In diesem Mesokosmos sollen aber nicht nur der dreidimensionale homogene Raum und eine kontinuierlich, überall gleich ablaufende Zeit gelten, sondern auch, und daraus herleitbar, eine streng lineare Kausalität. Daß die Sache nicht so einfach ist, klingt bei Riedl (1980, 1985, 2000) schon sehr deutlich durch und ergibt sich zwingend aus vielen leicht nachvollziehbaren biologischen und historischen Erwägungen.

Anpassungshypothesen

Wie eine kritische Untersuchung der den darwinistischen Gedanken zugrundeliegenden Fakten und Theorien zeigt (Edlinger, Gutmann und Weingarten 1989, 1991), beruht die Anpassungshypothese auf einer weitgehend unkritischen Übertragung von Züchtererfahrungen durch Darwin (1899) und Wallace (1891) auf die vom Menschen unbeeinflußte lebende Natur. Die Natur übernimmt die Funktionen des Züchters, natürliche Zuchtwahl verändert die Lebewesen allmählich gemäß den Erfordernissen des Überlebens in einer bestimmten Umwelt.

Nun läßt sich aber zeigen, daß diese Ansicht nur dann aufrechterhalten werden kann, wenn lebende Organismen auf Einzelaspekte reduziert werden (Schaxel 1922) und vor allem das komplexe interne Wechselspiel zwischen verschiedenen mechanischen und chemischen

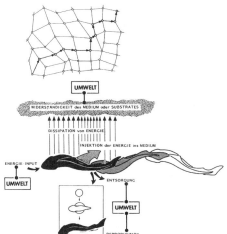

Abb. 2: Die Beziehungen der Organismen zur Umwelt sind primär durch Austausch von Energie und Material geprägt. Tierische Organismen bewegen sich durch rhythmische Verformung, die bei Kontakt mit der Widerständigkeit der Außenwelt moduliert wird. Durch Modulation und Abgleichung verschiedener Bewegungsmuster wird die von den Organismen konstruierte Umwelt zunehmend differenziert.

Teilsystemen, das von der Außenwelt weitgehend unbeeinflußten Notwendigkeiten folgt, unter den Tisch fällt (Edlinger 1994a, 1995). Denn nur dann ist es möglich, von der Spontaneität und den internen Antrieben der Organismen zu abstrahieren, die ihnen ein aktives, eigenen Bedürfnissen folgendes Erschließen von Lebensräumen oder Umwelten zwingend auferlegen, so daß Anpassung, wenn sie überhaupt stattfinden sollte, diesem Erschließen hoffnungslos hinterherhinken würde. Die Tatsache, daß Lebewesen in bestimmten Lebensräumen existieren können, sagt nichts über etwaige vorangegangene Adaptationsprozesse aus. Und Angepaßtheit auf Lebensfähigkeit einzugrenzen, wie dies oft geschieht, würde eine reductio ad absurdum bedeuten, die nur mehr Aussagen über die theoretische Unhaltbarkeit der Anpassungshypothesen zuläßt.

Autonome Organismische Konstruktionen

Fällt aber die biologische Anpassungshypothese, wofür bei Edlinger, Gutmann und Weingarten (1991) sowie bei Reichholf (1993) zahlreiche Gründe angegeben werden, dann können weder Organismen noch ihre speziellen Leistungen weiter als Abdruck oder Knet ihrer speziellen Umwelten aufgefaßt werden, die übrigens so speziell oft gar nicht sind. Eine neue Theorie des Organismus, wie sie v. a. durch die Organismische Konstruktionslehre vorgestellt wird, enthält zwingend die Voraussetzung der internen Steuerung des Energiewandels nach konstruk-

169

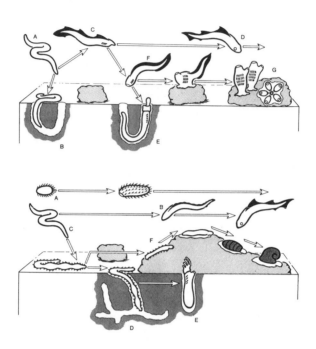

Abb. 3: Entsprechend internen Zwängen und Notwendigkeiten, die sich aus dem Betrieb der Organismischen Konstruktion ergeben, können von den Lebewesen verschiedene Teile der Außenwelt erschlossen werden. Der stammesgeschichtliche Wandel ermöglicht und erzwingt manchmal auch den Wechsel der Lebensräume.

tiv notwendigen Gesichtspunkten. Umwelt stellt sich als aktiv erschlossen dar, und auch die Tätigkeit kognitiver Strukturen, der tierischen Nervensysteme im allgemeinen, folgt primär internen Zwängen.

Lebewesen sind nach der Organismischen Konstruktionslehre Energiewandler, die durch eine mechanische Konstruktion den Rahmen für alle die Lebensprozesse sichernden chemischen und physikalischen Prozesse bilden. Die Formsicherung, die das reibungslose Funktionieren garantiert, erfolgt durch Antagonismen zwischen hydraulischen Füllungen und verspannenden oder vergurtenden Fasersystemen, oftmals auch mit Hartteilen. Diese für eine erfolgreiche Medizin selbstverständlichen Prämissen werden auch jene Diskrepanzen lösen, die sich derzeit durch das reduktionistische Vorgehen der Biologie zwischen der Theorie und dem behandelten Gegenstand auftun. Dazu allerdings bedarf es einer klaren Entscheidung für eine wissenschaftliche Konzeption, die eben sowohl den Aspekt der theoretischen Konstituierung des behandelten Gegenstands als auch die handlungstheoretischen Implikationen bei der Anwendung der vorab erfolgten Theorienbildung enthält. Diese für die Physik, wie noch zu zeigen sein wird, bereits weithin akzeptierte Voraussetzung muß in der Biologie erst Fuß fassen und wird dies um so leichter tun, je eher man sich mit den meist zwingenden Handlungssequenzen bei medizinischen Interventionen auseinandersetzt. Denn diese gehen gerade von den Prinzipien aus, die auch in der Organismischen Konstruktionslehre die wichtigste Rolle spielen. Erhaltung des Lebens bedeutet primär immer Aufrechterhaltung von Innendrücken, Kreislauf, rhythmischen Bewegungen und mechanischem Funktionieren sowie Perpetuierung chemischer Abläufe in Übereinstimmung mit mechanischen Notwendigkeiten. Gutmann und Bonik (1981) beziehen sich daher bei ihrer ersten Erörterung des Konstruktionsaspekts der Lebewesen auch konsequent auf die Medizin.

Die naturwissenschaftlich zwingende Betrachtung der Organismen als Energiewandler impliziert vor allem energetische Beziehungen zur Außenwelt. Lebewesen nehmen Energie und Materie auf, wandeln und nutzen sie im Innenbetrieb und entsorgen schließlich ihre Stoffwechselprodukte nach außen. Durch die Aktionen der Organismen, die meist in Verformungen bestehen, wird Energie nach außen, in die Umwelt, injiziert.

Umweltbeziehungen

Die Beziehungen zur Außenwelt basieren grundsätzlich auf den internen konstruktiven Zwängen der Organismen sowie auf ihren energetischen und materiellen Bedürfnissen. Lebewesen klinken sich aktiv in Materie- und Energieströme der Außenwelt ein und stellen selektiv en-

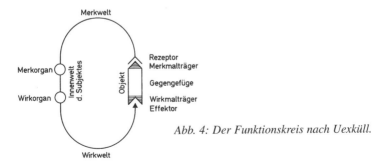

Abb. 4: Der Funktionskreis nach Uexküll.

171

gere oder lockerere Beziehungen zu Teilen derselben her. Dadurch konstituieren sie Ausschnitte der Außenwelt als ihre Umwelt. Die oft konstatierte enge Beziehung zwischen Organismen und ihrer Umwelt, die scheinbar feine Abstimmung, die man häufig feststellen zu können glaubt, beruht also auf aktiver Erschließung und teilweise auf Beeinflussung der verschiedenen Umwelten durch autonome Lebewesen.

Nervensysteme als Teile der mechanischen Konstruktionen

Wie gezeigt werden kann, sind der Aufbau und die Funktionen von Nervensystemen durch die mechanische Konstruktion vor allem des Bewegungsapparats bedingt, und diese Bedingungen schlagen in jede Ebene und Größendimension durch (Edlinger 1992, 1994b). Nervensysteme sind primär rhythmische Impulsgeber und Koordinationssysteme für die Muskulatur. Auch wenn es an mechanisch ruhiggestellten Arealen zur Anhäufung nervösen Materials und zur Verschaltung zu komplexeren nervösen Aggregaten kommt, werden durch neue Verschaltungsmuster und -kreise primär die auf den Bewegungsapparat ausgerichteten Rhythmen und Erregungsmuster überlagert und moduliert.

Sinneswahrnehmung

Moduliert werden sie vor allem nach aktivem Einschalten des Organismus in äußere Energieströme, die zurückwirken und durch Störungen (Perturbationen) eine kompensatorische Veränderung der selbstgenerierten Erregungsmuster nötig machen. Erst durch die neuronal übermittelten funktionellen Beziehungen zwischen sensorischen Strukturen, neuronalen Impulsgebern und Bewegungsapparat kommt es zu spezifischen Ausprägungen von speziellen Sinnesmodalitäten (Edlinger 1992). Zusätzlich werden schon die externen Einflüsse auf den Organismus durch den Aufbau der sensorischen Strukturen hochgradig selektiert und erst dadurch zu spezifischen Reizen. Als Reiz zugelassen wird nur das, was sich auch tatsächlich gemäß der internen Konstruktion verwenden läßt.

„Innere Repräsentationen"

Somit stellen sich Wahrnehmung und deren „Verarbeitung" nicht als passive Berieselung durch die Außenwelt, sondern als autonome, spontane und hochgradig selektive Aktivität dar. Wahrnehmungen und „Weltbilder" sind, auch wenn sie das Überleben des Organismus fördern,

Ausfluß interner Aktivität, die sich aktiv an Einzelkomponenten der Außenwelt moduliert. Es wäre wohl auch gar nicht erklärbar, wie es anders sein sollte. Denn auf welche Weise sollten die Abbilder und innere Repräsentanzen der äußeren physikalischen Welt im Organismus existieren? Vor allem aber: Welchen Sinn hätte ein solches Abbild, das der externen Wirklichkeit und den handelnden und agierenden Instanzen der Nervensysteme zwischengeschaltet würde? Es müßte dann das realistische Abbild des Abbilds erzeugt werden usw. ad infinitum.

Schließt man sich hier der humorvollen Bemerkung von G. Roth (1987a) an, der meint, die Sprache des Nervensystems bestehe nur aus „click-click" und darauf würden sich alle weiteren Leistungen aufbauen, dann ergibt sich die Unhaltbarkeit der Abbild-Hypothesen von selbst, denn Isomorphie zwischen einem ganzen Kosmos von physikalischen, chemischen oder biologischen Fakten und elektrischen Schalt- oder Aktivitätsmustern in Systemen relativ geringer Kapazität kann schon aus Gründen der Logik nicht bestehen. Dies ist für Tiere mit vergleichsweise einfach aufgebauten Nervensystemen wohl auch unmittelbar evident. Wenn aber der Mensch als Ergebnis eines – wenn auch nicht-adaptiven – Evolutionsprozesses aufgefaßt wird, dann muß auch sein Nervensystem mit seiner Konstruktionsbezogenheit auf Wurzeln im Tierreich zurückgeführt werden, und Isomorphie zwischen Außenwelt und neuronalen Mustern zu behaupten, ist ebenso sinnlos wie für die stammesgeschichtlichen Vorläufer. Diese Muster sind auf jeder Komplexitätsstufe durch die Konstruktion bedingt, und wenn es über die neuronalen Prozesse, auf ihnen aufbauend, zu abstrahierendem Empfinden und Reflektieren kommt, muß dieser Konstruktionsbezug weiter gelten.

Es kann mit E. Cassirer (1990b) die These vertreten werden, daß sich in die oft sehr kurzgeschlossenen Wechselwirkungsmechanismen zwischen Außenwelt und nervösem Apparat – oder, wie Cassirer mit Uexküll (1973, 1983) sagt, zwischen Merk- und Wirkwelt – neue Instanzen einschieben, die vor allem unser bewußtes Erleben und auch Denken ermöglichen. Dessen Inhalte aber sind grundsätzlich, da es ja die direkte Abbildungsmöglichkeit gar nicht gibt, symbolischer Natur. Wobei es symbolische Formen unterschiedlicher Art und Komplexität gibt, die aber immer auf die (menschlichen) Organismen bezogen sind.

Die allmähliche Ausformung der Menschen aus anderen Primaten-Vorläufern vorausgesetzt, kann allerdings diese Fähigkeit zu symbolhaftem Erfassen der Welt im Unterschied zu Cassirer (1990a) nicht als exklusive Fähigkeit des ersteren aufrechterhalten werden. Zahlreiche Ergebnisse der modernen Ethologie bestätigen dies.

Die Entstehung einer Symbolwelt, die in Wechselwirkung mit der realen Außenwelt, aber immer nach intern, konstruktiv und organisatorisch gegebenen Zwängen des Organismus geformt wird, ist damit als Konstrukt definiert. Als Konstrukt allerdings, das nicht als reine Erfindung der Organismen oder ihrer Gehirne gelten darf, wie dies manche Interpretationen des radikalen Konstruktivismus nahelegen könnten, sondern als eines, das durch die ständige Arbeit an der Widerständigkeit der Außenwelt mitgeprägt ist und im besten Fall Handlungskompetenz verleiht. Ungeachtet dieser Handlungskompetenz von Organismen, v. a. des Menschen, muß aber, um es nochmals klar auszudrücken, die Vermutung einer isomorphen Abbildung der äußeren Welt kategorisch ausgeschlossen und zurückgewiesen werden.

Hierzu ein Zitat Rupert Riedls (2000), der die evolutionäre Erkenntnistheorie in den letzten Jahren aus der Erstarrung platten Anpassungsdenkens und des daraus resultierenden naiven Realismus herausführte: „Alle für die Interpretation der Wirklichkeit entwickelten Symbole sind Erfindungen der Evolution, wenn man will: Konstruktionen. Und es wäre unsinnig zu behaupten, daß die von uns applizierte Interpretationsweise die einzig mögliche oder auch nur die beste wäre. Aber zu erwarten, daß aus diesem Grunde unser Weltbild mit der Wirklichkeit nichts zu tun haben könne, wie die Konstruktivisten meinen (z. B. von Förster, Glasersfeld, Maturana; als ‚radikaler Konstruktivismus‘ zusammengestellt von Schmidt 1987), kann auch nicht richtig sein.

Dabei steckt unsere Organisation, wie die jedes Organismus, gewiß voll der Konstruktionen, welche keineswegs als Anpassung an die Bedingungen unseres gegenwärtigen Daseins als vielmehr aus den Constraints, Umwegen und Kompromissen unserer Stammesgeschichte zu verstehen sind. Unsere Vorfahren sind zur Torpedoform konstruiert worden, diese zur Brückenkonstruktion auf vier Beine gestellt, und die Torpedo-Brücken wurden zum bipeden Turm aufgerichtet, alles typisch für den allgegenwärtigen ‚evolutionären Pfusch‘. So ist es auch mit unseren Sinnen und dem Gehirn. Und es kann sein, daß unsere geistigen Flüge so unbeholfen sind wie die einer Schnake. Aber auch die Schnake fliegt und erhält ihre Art."

Drastischer äußerte sich Friedrich Nietzsche (1885): „Die Falschheit eines Urteils ist uns noch kein Einwand gegen ein Urteil; darin klingt unsere neue Sprache vielleicht am fremdesten. Die Frage ist, wieweit es lebenfördernd, lebenerhaltend, arterhaltend, vielleicht gar artzüchtend ist; und wir sind grundsätzlich geneigt zu behaupten, daß die falschesten Urteile (zu denen die synthetischen Urteile a priori gehören) uns die unentbehrlichsten sind, daß ohne ein Geltenlassen der logischen

Fiktionen, ohne ein Messen der Wirklichkeit an der rein erfundenen Welt des Unbedingten, Sich-selbst-Gleichen, ohne eine beständige Fälschung der Welt durch die Zahl der Mensch nicht leben könnte – daß Verzichtleisten auf falsche Urteile ein Verzichtleisten auf Leben, eine Verneinung des Lebens wäre. Die Unwahrheit als Lebensbedingung zugestehen: das heißt freilich auf eine gefährliche Weise den gewohnten Wertgefühlen Widerstand leisten; und eine Philosophie, die das wagt, stellt sich damit allein schon jenseits von Gut und Böse."

„Weltmodelle"

Allerdings schließt das biologisch begründbare Verdikt des naiven Realismus keineswegs die Beschäftigung mit den verschiedenen, durch die Naturwissenschaften und die Naturphilosophie erarbeiteten Weltmodellen und Weltbildern aus. Solange wir deren Konstruktcharakter im Auge behalten, können sie nämlich sowohl von einer kritisch zu begründenden Wissenschaftstheorie her auf ihre Stimmigkeit mit handlungstheoretischen und daraus folgenden logischen Voraussetzungen als auch auf ihre Bewährung im praktischen Lebensvollzug des Alltags und in der Teil- bzw. Mikrowelt der Wissenschaft überprüft werden.

Und zwischen diesen beiden letzterwähnten Bereichen menschlicher Geistestätigkeit gibt es nun eine historisch durchaus nachvollziehbare Diskrepanz, die das Problem der biologischen Voraussetzungen von Kognition in einem sehr merkwürdigen Licht erscheinen läßt.

Verschiedene Physiken als Ergebnis evolutionärer Anpassungen?

In den gängigen biologischen Kognitionstheorien des deutschen Sprachraums, teilweise aber auch des angelsächsischen, wird, wie bereits ausgeführt, die newtonsche Raum- und Zeitkonzeption als die schlechthin gültige vorausgesetzt. Gerade diese Konzeption aber erweist sich im historischen Rückblick als sehr jung. Sie konnte zwar die das Mittelalter dominierende aristotelisch-peripatetische Weltsicht ablösen, war aber, wie Cassirer (1949) und Koyré (1988) zeigen, keineswegs durch einen automatischen Erkenntnisschub oder gar durch unmittelbare Evidenz der neuen Theoreme bedingt, sondern sie basiert auf einer eher komplizierten Entwicklung, die mit der Einführung platonischen Gedankenguts und einer, vom damaligen „gesunden Menschenverstand" gesehen, gar nicht so notwendigen Mathematisierung der Natur zusammenhing.

Für den Aristoteliker zählte weit mehr die scheinbar unmittelbare Wahrnehmung, und der Raum stellte sich weder als leer noch in der später geforderten dreidimensionalen Unendlichkeit dar. Das physikalische Verhalten von Gegenständen war auf gegensätzliche Eigenschaften wie etwa Warm und Kalt oder Schwer und Leicht zurückzuführen, Bewegungen auf das Bestreben, den „natürlichen Platz" einzunehmen.

So antiquiert diese grob vereinfacht dargestellte Welt des Peripatetikers nun auch erscheinen mag, sie und nicht die newtonsche ist nach wie vor auch weitgehend die Welt des Alltagsverstandes oder, im Sinne Vollmers, der uns umgebende Mesokosmos. Dieser aber, und diese Einschränkung fällt bei Vollmer unter den Tisch, ist in seiner Konstitution durch den Menschen gar nicht newtonsch. Geradlinige gleichförmige Bewegung kommt beispielsweise in unserem Lebensvollzug nicht vor, und Koyré ist im Recht, wenn er sinngemäß bemerkt, daß die newtonsche Welt auf Abstraktionen (man könnte auch sagen, auf einem besonderen Symbolismus) aufgebaut ist, auf Ereignissen, die es eigentlich nicht gibt.

Gerade diese abstrakte, völlig verfremdete und unserer Alltagserfahrung hohnsprechende Art, die Welt zu begreifen, war aber auch in der Naturwissenschaft die bislang erfolgreichste, die „evolutionär" in der Konkurrenz mit anderen Weltentwürfen bis ins 20. Jahrhundert hinein über alle anderen Ansätze dominierte. Dies allerdings nur in der Eigen- oder Mikrowelt der neuzeitlichen Physik, von der die vom Menschen empfundene Alltagswelt trotz allgemeiner Nutzung technischer Errungenschaften nur marginal berührt wurde.

Man kann sogar die Behauptung wagen, daß gerade im sogenannten Mesokosmos die vorgalileische, aristotelisch-peripatetische Physik über weite Strecken bestens funktioniert. Dies gilt wohl auch für die mythischen Weltbilder primitiver Gesellschaften, die noch nicht einmal das Stadium der „ionischen Revolution" mit der Einführung universaler Gesetzlichkeiten erreicht haben (Cassirer 1990a).

Biologische und kulturelle Entwicklung

Angesichts einer Vielzahl möglicher „Weltbilder", die alle auf der Basis einer im wesentlichen ähnlichen, in vielerlei Hinsicht identischen biologisch-neuronalen Grundausstattung ihrer Schöpfer entstanden, stellt sich die Frage der Beziehung zwischen biologisch-stammesgeschichtlicher und kultureller Entwicklung neu. Unbestritten bleibt, daß jeder psychische Prozeß, jede Wahrnehmungsfunktion, jede Verarbeitungsfunktion und damit auch jede intellektuelle Leistung nur auf der

Basis eines biologisch-neuronalen Substrats möglich ist. Dieses ist allerdings, wie der übrige Organismus auch, so komplex konstruiert, daß es sehr vielfältig genutzt werden kann.

So wie der Bewegungsapparat sehr mannigfaltig eingesetzt werden kann und Leistungen erbringt, die „evolutionär" sicher nicht „vorgesehen" waren, etwa im Sport oder bei verschiedenen Arbeitsprozessen, so nutzt auch die neuronale Ausstattung des Menschen (dies gilt in vielerlei Hinsicht auch schon für seine unmittelbaren Vorfahren und näheren Verwandten) zahlreiche Freiheitsgrade, die nur dann verstanden werden können, wenn die kulturelle Entwicklung des Menschen als eigenständig, organismische Strukturen zwar nutzend, aber im eigenen Kontext weithin unabhängig ablaufend verstanden wird.

Da die kulturelle Entwicklung schon infolge der Sprachfähigkeit des Menschen und der damit verbundenen Möglichkeit sehr differenzierter Kommunikation die Entwicklung sehr aufwendiger Traditionssysteme einschließt, ja richtiggehend zur Voraussetzung hat, sattelt sich der biologischen Basis eine eigene Entwicklung auf, die ebenso wie die biologische durch erfolgreiche Ansätze, aber auch durch Scheitern gekennzeichnet sein kann.

Verschiedene Wertesysteme

Dies betrifft nun sowohl die verschiedenen Weltmodelle, die im Laufe der geschichtlichen Entwicklung des Menschen entworfen wurden, als auch die verschiedenen Gesellschaftsformen, in denen Menschen ihr Zusammenleben organisierten, als auch den zwischenmenschlichen Umgang und das Verhalten gegenüber nichtmenschlichen Lebewesen und der „Natur" im allgemeinen.

So wie weltweit sehr unterschiedliche Raumkonzepte (Cassirer 1990b), Kausalitätsvorstellungen oder auch Organismustheorien entwickelt wurden, so unterscheiden sich auch die verschiedenen kulturell entwickelten Wertesysteme, die sowohl das Zusammenleben der Individuen einer Gesellschaft, soziale Gliederungen und Hierarchien, Familienstrukturen als auch letztlich den Umgang mit Umwelt und Natur bestimmen.

Die behutsame Nutzung natürlicher Ressourcen, die etwa archaische Jäger-und-Sammler-Gesellschaften kennzeichnete und noch immer kennzeichnet, steht wohl in krassem Gegensatz zur brutalen Ausbeutung sowohl regenerierbarer als auch nichtregenerierbarer Energiereserven, Bodenschätze und biologischer Reserven. Dabei gibt es aber keinerlei Evidenzen dafür, daß sich die Träger dieser verschiedenen Kulturen genetisch voneinander signifikant unterscheiden. Die Tatsache, daß zahlreiche Menschengruppen den Übergang von einer Kulturform in die andere in kürzester Zeit, innerhalb von einer oder zwei Generationen, schafften, spricht eindeutig für die überaus variable und formbare Natur der Menschheit, der zwar bestimmte basale Verhaltensweisen wie etwa die Sexualität oder das Aufzuchtverhalten weitgehend gemeinsam sein mögen, die aber ansonsten für zahlreiche grundverschiedene Lebensformen offen ist. Beispiele brauchen hier wohl kaum aufgezählt zu werden, es möge der Hinweis auf jene Kontroversen genügen, die die ethischen Positionen der katholischen Kirche in der Gegenwart auslösen, soweit sie noch mit mehr als verständnislosem Achselzucken registriert werden. Von den Konflikten, die das hautnahe Zusammenleben Angehöriger verschiedener Kulturen auslöst, gar nicht zu reden.

Diese Sicht wird durch die Ergebnisse, die F. de Waal (2000) zur Diskussion stellt, unterstützt, der aufzeigt, daß es Ansätze zu moralischem Verhalten auch bei den nächsten Verwandten des Menschen, unter den Menschenaffen, gibt. Wobei aber diese Ansätze, die in vielem menschenähnlich wirken, ebenso durch Sozialisationsprozesse mitgeprägt sind wie bei unserer Spezies.

Zweckrationalität und Werthaltungen

Diese Prämisse führt zu der Konsequenz, daß es weder das „Gute" an sich gibt, wie Platon vermutete (Cassirer 1925), noch Rationalität an sich. Beide erweisen sich als abhängig von den jeweils gültigen Wertesystemen und den auf ihnen aufbauenden Zwecksetzungen. Das „Gute" schlechthin ist rational nicht zugänglich, und über Rationalität kann eigentlich nur auf der Basis von weitgehend wertfreier Einsicht in verschiedene Abläufe in der Gesellschaft oder der Natur sowie von bestimmten Handlungszielen und ihrer mehr oder weniger effizienten Durchsetzung gesprochen werden. Diese für die Durchsetzung von Zwecken zur Anwendung kommende Rationalität, die Zweckrationalität, unterliegt keinerlei ethischen Beschränkungen. Die illegale Ablagerung von toxischen Substanzen beispielsweise kann ebenso rational geplant und durchgeführt werden wie der Bau einer Biokläranlage.

Ethik und ethisches Verhalten sowie Rationalität und rationales Handeln sind also nur im jeweiligen kulturellen und gesellschaftlichen Kontext zu verstehen. Bei der Mannigfaltigkeit der Kulturen und Wertesysteme mag es daher als schier unlösbare Aufgabe erscheinen, gemeinsame Zielsetzungen für eine Bewältigung jener schon globale Ausmaße annehmenden ökologischen Krisen zu erarbeiten, die für das menschliche Leben bestandsgefährdend zu werden beginnen.

Ein grundlegender Wertekanon für alle?

Andererseits aber kann derzeit eine Entwicklung beobachtet werden, die eventuell Anlaß zu Hoffnung gibt, nämlich die weltweite Aufweichung ehedem starrer ideologisch-weltanschaulicher Positionen und die Etablierung von parlamentarischen Staatsformen, die, wenn schon nicht immer als demokratisch einzustufen, doch ein bescheidenes Maß an Korrekturmöglichkeiten durch qualifizierte Mehrheiten garantieren, wenn politische, wirtschaftliche und auch ökologische Entwicklungen die Gefahr massiver Beeinträchtigung der Lebensqualität und der Entfaltungsmöglichkeiten von Teilen der Menschheit oder bestimmter Sozietäten heraufbeschwören.

Darin liegt auch die Chance, zu einem Minimalkonsens darüber zu kommen, was nun als unabdingbarer Wert für eine qualifizierte und ausschlaggebende Mehrheit gelten kann.

G. Szczesny (1974) fordert in seinem Konzept des „qualitativen Humanismus" eine Art ethischen Minimalkanon, der das Zusammenleben der Menschen und die möglichst störungsfreie Entfaltung jenseits von Unterdrückung und Zwangsbeglückung durch ideologisch bestimmte Wertesysteme und ihre Vertreter gewährleisten soll. Daß weitgehende Einigkeit über die Vorteile eines gewaltfreien oder -armen Zusammenlebens, der möglichst umfassenden Vermeidung körperlichen und psychischen Leids, einer Umwelt ohne gesundheitliche Risiken für die in ihr Lebenden und der Vermeidung allzu krasser sozialer Unterschiede erzielt werden kann und sollte, bedarf, obwohl aus allgemeingültigen ethischen Gesetzen nicht ableitbar, kaum einer Begründung. Schon gar nicht in einigermaßen demokratischen Gemeinwesen, in denen Vertreter anderer Auffassungen kaum mehrheitsfähig sein dürften. Dies um so weniger, als ein solcher Minimalkanon, der fast ausschließlich pragmatischen Überlegungen folgt, auch der ständigen kritischen Auseinandersetzung bedarf. Diese aber ist, wenn die Partner oder Kontrahenten miteinander und nicht aneinander vorbei reden wollen, wieder nur unter Beachtung bestimmter Mindeststandards von Folgerichtigkeit im Diskussionsduktus und damit von Rationalität im weitesten Sinne möglich.

Es muß uns aber bewußt bleiben, daß auch solche, wohl allgemein akzeptable Minimalkanons nicht aus ewigen Gesetzen, aus dem „Guten an sich" und ähnlichen religiösen oder weltanschaulichen Positionen resultieren, sondern einzig und allein aus pragmatischen Überlegungen einer grundsätzlich demokratisch verfaßten Gesellschaft, die natürlich, schon aus Gründen der geistigen Mobilität, auch andere Überlegungen zuläßt, diese aber durch Mehrheitskonsens von der Realisierung fernhält. So gesehen, kann sogar ein Maximum an ideologischer, weltanschaulicher und religiöser Vielfalt garantiert werden.

Damit aber wird die Entscheidung zwischen irrationalen Intentionen und Zielen, die einer gewissen, das Wohl der Mehrheit verfolgenden pragmatischen Rationalität folgen, vertieft. Diese pragmatische Rationalität ist in der derzeitigen Situation noch am ehesten in den Naturwissenschaften westlichen Zuschnitts gegeben, wodurch anderen Ansätzen nicht prinzipiell ihre Legitimität abgesprochen werden soll.

In Verbindung mit einem ethischen Konsens im oben angesprochenen Sinne kann ein solcher pragmatischer wissenschaftlicher Rationalismus auch noch am ehesten dazu beitragen, die Umweltproblematik in einer nun einmal übervölkerten, übertechnisierten Welt wenn schon nicht zu lösen, so doch zu mildern. Eine solche Grundeinstellung, die man mit dem Kürzel der weitgehend ideologiefreien Humanisierung umschreiben könnte, impliziert nämlich weitgehend den behutsamen Umgang mit der Natur und ihren Ressourcen.

Ethik und Moral, auch das adäquate Verhalten der Umwelt gegenüber, sind uns also nicht in die Wiege gelegt. Der großen Mühe und schier übermenschlichen Anstrengung, hier für die Mehrheit gangbare Wege zu suchen und uns selbst, als Spezies, die oben konstatierte Gefährlichkeit zu nehmen, so daß der Fortbestand sowohl von Menschheit als auch Organismenwelt insgesamt gesichert bleibt, müssen wir uns wohl unterziehen.

Fazit

Eine kritische Untersuchung der „menschlichen Natur" zeigt uns die Angehörigen unserer Spezies so wie auch andere Lebewesen als im biologischen Sinne autonome Organismen, die nach eigenen, intern bestimmten Bedürfnissen ihre Umwelt konstruieren und sie gemäß ihren organismischen Voraussetzungen nutzen.

Autonomie meint, daß weitgehende Selbstbestimmung möglich ist und daß die Außen- und Umwelt in Wechselwirkung mit den Organismen steht, ohne sie zu dominieren oder gar im Zuge der Evolution im darwinistischen Sinne zu prägen. So wie andere Organismen ist auch der Mensch keine Blaupause seiner Umwelt.

Bei ihm kommt es durch die Evolution eines leistungsfähigen Nervensystems und die damit verbundenen gesteigerten bzw. neu auftretenden Anlagen, etwa die Entstehung eines hellen Bewußtseins, zur Etablierung von inneren Welten, die mit der äußeren Wirklichkeit nicht isomorph sind, im günstigen Falle aber mit ihr so weit korrespondieren, daß kompetentes, zweckrationales Handeln möglich wird.

Diese immer stärkere Emanzipation von den Zwängen der Außenwelt schafft die Voraussetzung für kulturelle und zivilisatorische Entwicklung, die nur mehr einer biologischen Basis aufgesattelt ist, sich aber von dieser immer mehr freispielt. Diese Tatsache bedingt einerseits eine Vielfalt von kulturellen Entwicklungen, andererseits belegt sie, daß allgemein verbindliche ethische Normen nicht naturgegeben, sondern kulturell bedingt und daher mannigfaltig und oft konträr sind.

Literatur

Betzig, L. (1997) (Hg.): Human Nature: A Critical Reader. – New York.

Campbell, D. (1974): Evolutionary epistemology. – In: Schilpp P. (Hg.): The library of living philosophers: 14 I and II. The philosophy of Karl Popper. Open Court, Lasalle, pp. 413–463.

Campbell, D. (1984): Evolutionary epistemology. – In: Radnitzky G., Bartley, W. (Hg.): Evolutionary epistemology, rationality and the sociology of knowledge. Open Court, Lasalle.

Cassirer, E. (1925): Die antike Philosophie. – In: Dessoir, M.: Die Geschichte der Philosophie. – Wiesbaden: Fourier. 553–630.

Cassirer, E. (1949): The Problem of Knowledge. Philosophy, Science, and History since Hegel. – New Haven und London: Yale University Press.

Cassirer, E. (1990a): Philosophie der symbolischen Formen. 3 Bde. – Darmstadt: Wiss. Buchges.

Cassirer, E. (1990b): Versuch über den Menschen. – Frankfurt a. M.: S. Fischer Verlag.

Darwin, Ch. (1899): Über die Entstehung der Arten durch natürliche Zuchtwahl. – Stuttgart: Schweizerbart'sche Verlagsbuchhandlung.

Darwin, Ch. (1906): Das Variieren der Tiere und Pflanzen im Zustand der Domestikation. 2 Bde. – Stuttgart: Schweizerbart'sche Verlagsbuchhandlung.

de Waal, F. (2000): Der gute Affe. Die Ursprünge von Recht und Unrecht bei Mensch und Tier. – München: dtv.

Edlinger, K. (1992): Nervensysteme als integrale Bestandteile mechanischer Konstruktionen. – In: Gutmann, W. F. (Hg.): Die Konstruktion der Organismen I. Kohärenz, Energie und simultane Kausalität. Aufs. u. Reden. Senckenb. Naturf. Ges. 38, 131–155.

Edlinger, K. (1994a): Das Spiel der Moleküle. Reicht das Organismusverständnis des molekularbiologischen Reduktionismus? – Natur u. Museum 124/6, 199–206.

Edlinger, K. (1994b): Morphologische Determinanten bei der Bildung von Nervensystemen. – Biol. Zentralblatt 113, 137–144.

Edlinger, K. (1995): Organismen: Genarrangements oder Konstruktionen? Eine Replik auf E. Mayr und die Synthetische Theorie. – Biol. Zentralblatt 114, 160–169.

Edlinger, K., W. F. Gutmann u. M. Weingarten (1989): Biologische Aspekte der Evolution des Erkenntnisvermögens. Spontaneität und synthetische Aktion in ihrer organismisch-konstruktiven Grundlage. – Natur u. Museum 119(4): 113–128.

Edlinger, K., W. F. Gutmann u. M. Weingarten (1991): Evolution ohne Anpassung. – In: W. Ziegler (Hg.): Aufsätze u. Reden. Senckenb. Naturf. Ges. 37.

Gutmann, W. F. (1988a) The hydraulic principle. – Amer. Zool. 28, 257–266.

Gutmann, W. F. (1988b): Die Evolution hydraulischer Konstruktionen. Konstruktive Wandlung statt altdarwinistischer Anpassung. – Frankfurt a. M.: W. Kramer.

Gutmann, W. F. u. K. Bonik (1981): Kritische Evolutionstheorie. – Hildesheim: Gerstenberg.

Gutmann, W. F. u. M. Weingarten (1987): Autonomie der Organismischen Biologie und der Versklavungsversuch der Biologie durch Synergetik und Thermodynamik von Ungleichgewichtsprozessen. – Dialektik 13, 227–234. Köln: Pahl-Rugenstein.

Haeckel, E. (1906): Lebenswunder – Gemeinverständliche Studien über Biologische Philosophie. – Stuttgart: Kröner.

Kant, I. (1976a): Kritik der Urteilskraft. – Stuttgart: Ph. Reclam. (Orig. 1790)

Kant, I. (1976b): Kritik der reinen Vernunft. – Stuttgart: Ph. Reclam. (Orig. 1787)

Koyré, A. (1988): Galilei. Die Anfänge der neuzeitlichen Wissenschaft. – Berlin: Wagenbach.

Koyré, A. (1980): Von der geschlossenen Welt zum offenen Universum. – Frankfurt a. M.: Suhrkamp.

Lorenz, K. (1941): Kant's Lehre vom Apriorischen im Lichte gegenwärtiger Biologie. – Blätter dt. Philosophie 15, 94–125.

Lorenz, K. (1965): Über tierisches und menschliches Verhalten. 2 Bde. – München: Piper.

Lorenz, K. (1977): Die Rückseite des Spiegels. Versuch einer Naturgeschichte menschlichen Erkennens. – München: dtv.

Nietzsche, F. (1885): Jenseits von Gut und Böse. – Zitate aus Nietzsches Werken in 2 Bd., Lizenzausgabe Gütersloh: Bertelsmann Verlag.

Popper, K. u. K. Lorenz (1985): Die Zukunft ist offen. – München: Piper.

Reichholf, J. (1993): Der schöpferische Impuls. – München: Dt. Verlagsanstalt.

Riedl, R. (1980): Biologie der Erkenntnis. Die stammesgeschichtlichen Grundlagen der Vernunft. – Hamburg: Parey.

Riedl, R. (1985): Die Spaltung des Weltbildes. Biologische Grundlagen des Erklärens und Verstehens. – Hamburg: Parey.

Riedl, R. (2000): Strukturen der Komplexität. Eine Morphologie des Erkennens und Erklärens. – Berlin u. a.: Springer.

Roth, G. (1987a): Erkenntnis und Realität: Das reale Gehirn und seine Wirklichkeit. – In: S. J. Schmidt (Hg.): Der Diskurs des radikalen Konstruktivismus. – Frankfurt a. M.: Suhrkamp. 229–255.

Roth, G. (1987b): Die Theorie H. R. Maturanas und die Notwendigkeit ihrer Weiterentwicklung. – In: S. J. Schmidt (Hg.): Der Diskurs des radikalen Konstruktivismus. – Frankfurt a. M.: Suhrkamp. 256–286.

Roth, G. (1994): Das Gehirn und seine Wirklichkeit. – Frankfurt a. M.: Suhrkamp.

Schaxel, J. (1922): Theorienbildung in der Biologie. – Jena: G. Fischer.

Spencer, H. (1901): Grundsätze einer synthetischen Auffassung der Dinge. – Stuttgart: Schweizerbart'sche Verlagsbuchhandlung.

Szczesny, G. (1974): Das sogenannte Gute. Vom Unvermögen der Ideologen. – Reinbek b. Hamburg: Rowohlt.

Uexküll, J. v. (1973): Theoretische Biologie. – Frankfurt a. M.: Suhrkamp.

Uexküll, J. v. (1983): Streifzüge durch die Umwelten von Tieren und Menschen. – In: J. v. Uexküll u. G. Kriszat: Streifzüge durch die Welten von Tieren und Menschen. Bedeutungslehre. – Frankfurt a. M.: S. Fischer. 23–103.

Vollmer, G. (1975): Evolutionäre Erkenntnistheorie. – Stuttgart: Hirzel.

Vollmer, G. (1985/86): Was können wir wissen? I, II. – Stuttgart: Hirzel.

Vollmer, G. (1997): Biophilosophie. – Stuttgart: Reclam.

Wallace, A. R. (1891): Der Darwinismus. Eine Darlegung der Lehre von der natürlichen Zuchtwahl und einiger ihrer Anwendungen. – Braunschweig: Vieweg.

Wilson, E. O. (1975): Sociobiology: The modern synthesis. – Cambridge/Mass.

Wuketits, F. (1998): Naturkatastrophe Mensch. Evolution ohne Fortschritt. – Düsseldorf: Patmos.

ÖKOLOGIE UND POLITIK

Rupert Riedl

Wachstumsbedingungen aus der Ausstattung der Kreatur

Aus einem Vortrag im Rahmen des AGEMUS-Seminars 1996 und Zitaten aus dem Buch „Die Ursachen des Wachstums" zusammengestellt von Gerhard Pretzmann

Die Einsicht, daß es angeborene Anschauungsformen, angeborene Hypothesen gibt, hat die „Evolutionäre Erkenntnistheorie" entstehen lassen. Die menschlichen Strukturen an Verstand und Vernunft haben, aus der Säugetiergeschichte ererbt („theriomorph"), eine unreflektierte, ratiomorphe Grundlage und („kulturomorph") einen reflektierten, rationalen Überbau.

Viele Gesetze der tieferen Schichten unserer komplexen Zusammensetzung reichen durch die höheren hindurch: die der Chemie in die Lebensprozesse, die der Biologie in die Psyche, die der Psychologie ins Sozialverhalten und bis in die Konditionen einer Kultur. Freilich kann die Psyche nicht zur Gänze biologisch erklärt werden und auch die Biologie nicht ganz aus der Chemie. Denn in jeder Schicht kommen neue Systembedingungen dazu. Aber der biologische, also ererbte Hintergrund ist, wenn auch keine ausreichende, so doch eine notwendige Erklärung für menschliches Handeln.

Unter den Bedingungen des Ausschlusses alles Nichtangepaßten war der frühe Mensch in seinem kognitiven und sozialen Verhalten zureichend angepaßt. Die Verankerung erblicher Leistungen ist aber ein sehr langsamer Prozeß über viele Jahrtausende. In der kurzen Zeit kultureller Prozesse sind diese Anlagen nicht zu verändern. Sie haften an uns wie ein Schicksal und sind von den neuen Anforderungen unserer Zivilisation überrannt worden – von dem Umfang, in dem wir uns heute anmaßen, in die Welt einzugreifen, überfordert. Veränderbar sind diese Anleitungen nicht. Sie lassen sich nur durch Erfahrung übersteigen (Riedl 1995). Daß entgegen dem Entropiesatz immer wieder Ordnung entsteht, beruht auf offenen Systemen; von Energie und Materie durchflossen, können sie in sich Ordnung aufbauen, wenn sie eine größere Menge an Unordnung in ihr Milieu abführen (Schrödinger 1944). Wir können nur durch Zerstörung von Ordnung existieren. Das erzeugte Chaos muß ebenso reibungslos abgeführt werden, wie fortgesetzt neue Ordnung geschaffen werden muß. Dem ist alle Kreatur und die ganze Biosphäre unterworfen. Im künstlichen Wachstum unserer Gesellschaft wird dies auf die Probe gestellt.

Wachstum der Populationen

Das Selektionsgesetz (Wallace 1855, Darwin 1859) geht von der Einsicht in die im Prinzip ungebremste Reproduktionsrate der Arten aus. Sie ist besonders hoch bei Parasiten, aber auch Fische legen 5–9 Millionen befruchtete Eier im Jahr (Flindt 1985). Bei der Strategie von Aufwand und Pflege (Pianka 1974) ist diese Rate wesentlich geringer, bleibt aber immer noch so enorm, daß die Biosphäre – ohne Einwirkung des Milieus – schon nach Jahrzehnten in Organismen erstickt wäre. Das Mehrfache bis Millionenfache an Nachkommen geht vor erfolgreicher Vermehrung zugrunde (Odum 1989, Cockburn 1991).

Diese „Verwüstung" an immerhin geschaffener Ordnung in der Natur ist durch die Mechanismen der Evolution begründet. Die Ursache der Überproduktion steckt in der Unsicherheit des Reproduktionserfolges der Folgegeneration. Die Erhaltung des Lebens ist eine unsichere Sache. Dieses bleibt, vom physikalischen Gleichgewicht so fern, nur „todgeweiht": Unfälle, Unbilden, Verstümmelungen drohen. Im Tierreich (Vorteil, vorgeformte Energie zu erneuern) ist auch das Gefressenwerden eine wohl eingerichtete Konsequenz. Dabei ist das so gräßlich wirkende Räuber-Beute-Verhältnis durchaus nicht eine biologische Grenze des Populationswachstums: Dezimierung der Beutetiere führt zu einem drastischen Reduzieren der Räuberanzahl, denn die letzten Beutetiere werden nicht mehr gefunden. Das Zahlenverhältnis der Räuber und Beutetiere pendelt sich ein. Zum definitiven Aussterben einer Art führt dagegen die so harmlos wirkende Konkurrenz; sei es um identische Ressourcen, Licht, Futter, Beutetiere, um sichere Lebensräume – oder was immer die tüchtigeren oder aggressiveren Individuen der einen Art auch dem letzten Individuum der untüchtigeren entziehen können.

Katastrophen aller Art, Hunger, Vertreibung, Unterdrückung sind die Hauptfaktoren, welche nicht nur die Größe der Populationen stabilisieren. Es sind auch die Hauptgründe, die zum Aussterben ganzer Populationen und Arten führen.

Unsere Art existiert noch, aber Hunger, Vertreibung, Unterdrückung und Aussterben ganzer Populationen hat auch unsere Spezies stets erlebt, und wir erleben das auch heute.

Fortsetzung in den soziokulturellen Bereich

Daß gerade der frühe Mensch unter beträchtlichem Eliminationsdruck gestanden haben muß, wird allgemein angenommen, daher die Erweiterung der Reproduktionsfähigkeit und -bereitschaft über den ganzen geschlechtsreifen Lebenszyklus (Morris 1968, de Waal 1982).

Zu den Einflüssen auf die Reproduktionsbedingungen zählt das Begattungsprimat der höchstrangigen Männchen, das Element eines Ehrenkodex werden konnte, wie sich ein solcher wohl noch in den Vorrechten griechischer Götter, in Harems und im „ius primae noctis" gehalten haben mag.

Paarung wie Kinderschar wurden zur Paradoxie von „Privilegien". Der Begriff „Kindersegen" selbst mag somit tiefe Wurzeln haben (Bezig 1986, Hernegger 1982). Das hat mit dem Selbstwertgefühl zu tun. Allerdings reicht diese Frage schon in den Kulturbetrieb. Kindersegen, nicht nur aus Gründen des Prestiges, sondern auch als Arbeitskraft oder erstrebte Versorgung, ist ein eigenes Thema.

Wachsen der Ansprüche

Im Bereich der Tiere ist dieses Wachsen sehr begrenzt. Gewiß können größere Bauten und weitere Einzugsgebiete von Vorteil sein; aber mit ihnen vergrößert sich auch der Aufwand, so daß ein Optimum bald erreicht ist. Das erweist sich beim Menschen ab Einsetzen der Hochkultur als völlig anders. Was sich aber im Tierreich vorbereitet, direkt in die Populationen des Menschen fortsetzt und dort stark auf die Hebung der Ansprüche wirkt, ist die Rangordnung (de Waal 1982). Im Übergangsstadium zum Menschen müssen die Ansprüche des Individuums bereits zugenommen haben. Mit Erfindung der Waffen und der Bekleidung entstand so etwas wie nicht sofort konsumierbarer Besitz. Solange die Ressourcengrenzen nicht erreicht sind, drängen auch die genetischen Adaptierungsmechanismen auf eine Zunahme der individuellen Tüchtigkeit.

Es besteht kein Zweifel, daß alle Individuen einer Gruppe, sofern sich nur eine Möglichkeit andeutet, sogleich auf das Erreichen eines höheren Ranges drängen (Lorenz 1963). Das bedarf fortgesetzter Umsicht und Auseinandersetzung: Die Tüchtigeren sollen sich reproduzieren. Besseres Futter und besserer Schlafplatz mögen frühe Belohnungen gewesen sein. Begehrlichkeit ist wohl auch schon für den Frühmenschen anzunehmen; später, in den frühen Kulturen, läßt eine Anlage aus Rangstreben und Begehrlichkeit einen Mechanismus erstehen, der dann erst wirklich effektiv die Ansprüche der Individuen ganzer Populationen immer wieder hochgetrieben hat. Sind diese für die meisten erreicht (egalisiert), wird das für einige der Anlaß sein, sich eine weitere Ebene der Ansprüche einzurichten usw.

Überforderung der psychischen Ausstattung in der Hochkultur

Was unsere solidarischen Programme (Freundschaft, Pflege, Kooperation) stört, ist die Anonymität in der Massenkultur. In der Masse wird die Kreatur anonym und belanglos. Mit seinen hierarchischen Positionen, die er im Betrieb, im Club, in der Sippe haben mag, durchquert der Mensch volle Straßen oder Bahnhofshallen, für sich allein und für alle anderen ohne Belang.

Für einen psychisch gesunden Mann ist es kaum möglich, ein weinendes Kind zu schlagen; vorausgesetzt, daß er das verzweifelte, tränenüberströmte Gesicht direkt vor sich hat. Die Fernwaffen schalten diese Hemmung aus (Lorenz 1978). Vom Bombenflugzeug aus kann er beliebig viele zu Tode kommen lassen. Die Täter bleiben so anonym wie ihre Opfer.

Das Feindbild: Ein Volk kann leichter angegriffen werden, wenn es zu Untermenschen stilisiert wird. Die Unkenntnis der anderen erleichtert die Indoktrination. Befehlsnotstand: Die persönliche Ferne des Befehlsgebers verhindert, erspart aber auch die Verhandlung über Verantwortlichkeit.

Anonymität im Alltag: Dem kleinen Handwerksmeister sind Marie, die schwanger ist, und Franz, der Schulden abzahlt, nicht anonym. Er kann sie nicht entlassen. Aber die „Stockholder" in New York können die Entlassung Tausender beschließen, wenn ihre Firmen in London oder Hongkong rote Zahlen schreiben. Hier ist die Anonymität in Wahrheit die grausamste, denn vor dieser Belanglosigkeit finden wir uns wehrlos.

Vier angeborene Hypothesen

Die Irreleitungen durch vier angeborene Hypothesen plagen uns in allen Größenordnungen.

1. Die „Hypothese vom anscheinend Wahren" läßt uns annehmen, daß mit der Bestätigung einer Reihe von Prognosen die Bestätigung der Folgeprognose wahrscheinlicher wird. Dieses Programm ist unverzichtbar, weil sich wiederholende Koinzidenzen selten von zufälliger Art sind (Wahrnehmung von Gesetzlichkeiten). Die unerlaubte Extrapola-

tion aus der „empirischen Wahrheit" ist die wesentlichste Falle des Empirismus (Riedl 1992). Sie verleitet gegebenenfalls zu nachgerade beliebigen Extrapolationen.

2. Die „Hypothese vom Vergleichbaren" läßt erwarten, daß man im Gleichen bestimmter Objekte das Ungleiche weglassen, das gedachte Gleiche aber hinzufügen darf. Das ist für die Bildung von Kategorien oder Klassenbegriffen erforderlich. Merkmale komplexer Systeme sind nicht beliebig kombinierbar (Riedl 1987). Dies schließt aber aus, sich Phasenübergänge zwischen verschiedenen Qualitäten vorstellen zu können oder das Auftreten neuer Qualitäten schon durch quantitative Änderungen. Wechselzusammenhänge sind nicht geläufig, und es wird erwartet, daß dieselben logischen Operationen in jeder Größenordnung zum gleichen Resultat führen. Und es ist leicht zu übersehen, daß dies nicht für die weiteren Folgen gilt.

3. Die „Hypothese von den Ursachen" suggeriert uns, daß gleiche Phänomene dieselben Ursachen haben. Diese Einstellung ist in den meisten Fällen jeder anderen Hypothese überlegen, beinhaltet aber fehlerträchtige Vereinfachungen. Systemzusammenhänge werden nicht vorhergesehen, Vorbedingungen und Wirkungsfolgen werden übersehen, und rekursive Kausalität (Beeinflussung der Ursache durch die Wirkung) wird nicht erwogen.

4. Die „Hypothese vom Zweckvollen" verleitet zur Annahme, daß gleiche Zustände oder Ereignisse demselben Zweck entsprechen könnten; zur Annahme, daß Zwecke aus der Zukunft wirken und daher nicht in den Kreis der Ursachen gehören könnten. Weiters führt unsere Anthropomorphie zur Einstellung, außer unserem Handeln sei alles zwecklos. Erwartet man nicht, daß Subfunktionen oder Substrukturen zum Aufbau und zur Erhaltung einer Oberstruktur beitragen, folgt der kolossale Irrtum, daß nicht die Menschheit die Erhaltung der Biosphäre verantwortet, sondern daß die Erde für unsere Zwecke geschaffen sei. Die Ignoranz gegenüber Umwelt- und Wachstumsproblemen ist die Folge.

Der szientistische Reduktionismus versucht, die Welt allein aus den Kräften zu verstehen. Diese stellen zwar eine notwendige Erklärung dar, nicht aber eine zureichende. Denn Material-, Form- und Erhaltungsbedingungen sind Systemen gleichfalls immanent (Riedl 1978, 1985).

Auch die Sprache führt zu Irreleitungen, alle menschlichen Sprachen gehen auf eine gemeinsame Struktur zurück (Lenneberg 1972), immer mehr Universalien verweisen auf ein gemeinsames Erbe. Ihre Aufgabe, Kommunikation, hatte andere Selektionsbedingungen als die bisher besprochenen. Nicht Korrespondenz mit dem Milieu (Anpassung), sondern Kohärenz mit den Artgenossen (Erkennen und Mitteilen) ist verlangt. Es geht um Eindeutigkeit und Widerspruchsfreiheit im System.

Mitteilungen haben nur Symbolcharakter. Worte, Buchstabenfolgen, stehen für Klassen von Dingen, ohne Ähnlichkeiten mit ihnen zu haben. Die Eindeutigkeit macht den Ausdruck von Übergängen schwierig. Das sprachgelenkte Denken ist daher in ein Schachtelsystem geraten. Die resultierende definitorische Logik suggeriert die Erwartung, Wahrheiten gewinnen zu können, die über die im Schluß angenommenen Voraussetzungen hinausgehen. Dies ist die Falle des Rationalismus, der unerlaubten Extrapolation. Vernunft und Verstand sind ungleich in ihrer Herkunft, wie sie widersprüchlich werden in ihrer Konfrontation. Unsere Kulturen operieren einmal empirisch, einmal rational, ohne aus den Fallstricken beider Denkformen herauszukommen. Was ineinander übergeht, wird getrennt, was sprachlich naheliegt, zusammengeworfen.

In den meisten unserer Entscheidungen aber haben wir uns einer dritten, einer „kollektiven Wahrheit" verschrieben. Sie tritt am reinsten in all jenen Fällen auf, in denen niemand etwas wissen kann; und man richtet sich nach der Meinung aller.

Literatur

Betzig, L. (1986), Despotism and Differential Reproduction. de Gruyter
Bower, O. H., Hilgard, E. R. (1983), Theorien des Lernens. Cona
Cockburn (1991), An Introduction to Evolutionary Ecology. Blackwell
Darwin, C. (1859), The Origin of Species by means of natural Selection. Murray
de Waal, F. (1982), Unsere haarigen Vettern.
Dörner, D. (1975), Wie Menschen eine Welt verbessern wollten und sie dabei zerstörten. Bild der Wissenschaften, S. 298
Eibl-Eibesfeldt, I. (1970), Liebe und Haß. Piper
Eibl-Eibesfeldt, I. (1984), Die Biologie des menschlichen Verhaltens. Piper
Eibl-Eibesfeldt, I. (1987), Grundriß der Vergleichenden Verhaltensforschung. Piper
Eibl-Eibesfeldt, I., Sütterlin, Ch. (1992), Im Banne der Angst. Piper
Flindt, R. (1985), Biologie in Zahlen. Fischer
Foppa, K. (1965), Lernen, Verhalten, Gedächtnis. Kiepenheuer und Witsch
Frieling, H. (1939), Tiere als Baumeister.
Hass, H. (1986), Abenteuer unter Wasser. Herbig
Hernegger, R. (1982), Psychologische Anthropologie. Beltz
Kant, I. (1787), Kritik der reinen Vernunft. Suhrkamp
Lenneberg, E. (1972), Die biologischen Grundlagen der Sprache. Suhrkamp
Lorenz, K. (1963), Das sogenannte Böse. Borotha-Schöler
Lorenz, K. (1973), Die Rückseite des Spiegels. Piper
Lorenz, K. (1973), Die acht Todsünden der zivilisierten Menschheit. Piper
Lorenz, K. (1978), Vergleichende Verhaltensforschung. Springer

Lorenz, K. (1992), Die Naturwissenschaft vom Menschen. Piper

Lubin, Y. et al. (1977), Foodresources of Anteaters. Biotropica 9, (1), 8.26

Malthus, Th. (1817), An Essay on the principle of Population. Murray

Morris, D. (1968), Der nackte Affe. Droemer-Knaur

Odum, E. (1989), Ecology. Sinauer Ass.

Pianka, E. (1974), Evolutionary ecology. Harper & Row

Popper, K. (1935), Logik der Forschung. Springer

Riedl, R. (1978), Über die Biologie des Ursachen-Denkens. Mannheimer Forum, 5.9

Riedl, R. (1980), Biologie der Erkenntnis. Parey

Riedl, R. (1985), Die Spaltung des Weltbildes. Parey

Riedl, R. (1987), Begriff und Welt. Parey

Riedl, R. (1992), Wahrheit und Wahrscheinlichkeit. Parey

Riedl, R. (1994), Mit dem Kopf durch die Wand. Klett-Cotta

Riedl, R. (1995), Deficiencies of Adaption in Human Reason. Evolution and Cognition 1(1) 5.27

Riedl, R. und Delpos, M. (Hg., 1996), Die Evolution im Spiegel der Wissenschaften. Vienna Univ. Press

Riedl, R. und Delpos, M. (Hg., 1996), Die Ursachen des Wachstums. Kremayr und Scheriau

Schiefenhöve, O. und W. (1978), Vorgänge bei der Geburt eines Mädchens und Änderungen der Infantizid-Absicht. Homo 29 (2) 8.121

Schrödinger, E. (1944), What is life? Cambridge Univ. Press

Shaw, J. H. und Carter, T.-S. (1980), Giant anteaters. Nat. Hist 89, (10), 8.62

Spencer, H. (1850), A system of synthetic philosophy.

Stephens, D. und Krebs, J., Foraging Theory. Princeton Univ. Press

Vester, F. (1994), Ökolopoly.

Vollmer, G. (1979), Evolutionäre Erkenntnistheorie. Hirzel

Wallace, A. R. (1855), On the Law which has regulated the Introduction of New Species. Ann. Mag. Nat. 16, 8.184

Gerhard Pretzmann

Wissenschaft und Ideologie

Wissenschaft ist nicht mehr, als sie – von Menschen, nicht von Engeln gemacht – eben nur sein kann; aber auch nicht weniger. Wir dürfen nicht übersehen, daß das Leben des Menschen grundsätzlich auf Erkennen und Anwenden der Erkenntnis hin aufgebaut ist. Eine Lebensform, die vor einer planmäßigen Nutzung der Natur (Ackerbau) angesiedelt ist, die der Jäger und Sammler, konnte vergleichsweise nur von einem Promille der heute lebenden Menschen praktiziert werden. Die Erweiterung der Existenzbasis hatte eine „Wissensexplosion" zur Voraussetzung, die – in geometrischer Beschleunigung – zum heutigen Zustand führte. Entscheidend war die Entwicklung wissenschaftlich-technischer Forschung der Neuzeit.

Die Erfolge dieser Entwicklung führten zu einem unbegrenzten Optimismus hinsichtlich der zu erwartenden Fortschritte, der – trotz der Kriegs- und Krisenkatastrophen des 20. Jahrhunderts – bis über die Jahrhundertmitte anhielt. Man erwartete die Überwindung aller Krankheiten, ständig wachsenden Wohlstand, das Vertrauen in die behandelnden Ärzte und ihre dem Laien nicht mehr einsichtige Kunst wurde auf alle Probleme übertragen.

Dieses ehrfurchtsvolle Bild, das der Laie – analog seiner Einstellung dem Hausarzt gegenüber – auf die Universität und die gesamte Wissenschaft übertrug, hat in den letzten Jahrzehnten eine kräftige Einbuße erlitten; nicht nur, daß heutzutage aus allen Bevölkerungsschichten Söhne und Töchter an die Universitäten kommen und hier hautnah erleben, daß auf diesem Boden ebenso hart und verbissen um Positionen, Ansehen und Karriere gekämpft wird wie überall in der Gesellschaft, sondern daß in diesem Kampf auch die Einflußnahmen von Politik und Herkunft ihre negativen Rollen spielen.

Ein wichtiger Umstand mag wohl auch die Tatsache sein, daß durch die Konfrontation mit bestimmten Ergebnissen („Aufklärung") eine Entbindung aus der Einbettung in eine naive Religiosität erfolgte, die gewisse Härten der Realität leichter ertragen ließ. Wohl vorwiegend über unbewußte Kanäle wird auf diese Verunsicherung reagiert.

Daß die Nutzanwendungen aus Ergebnissen dcr Forschung zunehmend gefährlicher werden, ist allgemein bekannt geworden und trägt wesentlich zum Unbehagen der Gegenwart bei. Vor allem aber ist es die Zusammenwirkung dieser Gefährlichkeit mit dem Einfluß von Machtstrukturen auf Forschung und Anwendung – sei es die Steuerung der Forschungsrichtung, sei es die Beeinflussung „wissenschaftlicher" Gutachtertätigkeit –, wobei durch Einseitigkeit, Abhängigkeit, gelegentlich sogar durch direkte Bestechung erschreckende und unter Umständen auch folgenschwere Fehler zustande kommen.

Jede Entwicklung stößt an Grenzen, und wie in der Evolution das Leben Krisen und Entwicklungsprobleme löst, zeigen uns die Ergebnisse der Evolutionsforschung: durch neue Organisationsstrukturen (Photosynthese, Erschließung neuer Lebensräume).

Auch in der Frage Wissenschaft und Gefahr kann die Problematik nur durch neue Organisationsstrukturen der Forschung, wie Hebung der Bedeutung der Biologie, der Ökologie, bessere Information der Öffentlichkeit, (nachvollziehbares) Gutachterwesen, fachübergreifende Kooperation und ähnliche Maßnahmen sowie Präzisierung einer Wissenschaftsethik, gelöst werden.

Vorwegnehmend sei gesagt, daß in der menschlichen Praxis die Grenzen der Grundhaltungen (Objektivität und Voreingenommenheit) nicht scharf sind: Die Diskussion über die Bedeutung und Funktionsweise von Paradigmen hat dies aufgezeigt. Dennoch ist zumeist der Unterschied zwischen einer fundierten wissenschaftlichen Studie und einem ideologischen Pamphlet sehr deutlich. Diese scheinbare Aporie liegt in unserer Methode zu kategorisieren.

Weiters muß hier auch angemerkt werden, daß wohl über weite Bereiche der Kennzeichnung von Wissenschaftlichkeit Konsens besteht, daß aber dennoch Unterschiede, unterschiedliche Schulen der Wissenschaftstheorie koexistieren (etwa im kritischen Realismus, im radikalen Konstruktivismus).

Für die Praxis bedeutet dies, zwischen Fakten und Behauptungen zu unterscheiden. Obwohl nach der Falsifikationstheorie diese Unterscheidung grundsätzlich nicht möglich ist, kann man dennoch – pragmatisch – diese Begriffe verwenden. Ein Beispiel: Wenn jemand in seiner Wohnung in Wien einschläft, kann er sehr intensiv träumen, er sei in Prag. Nach dem Erwachen wird er einige Sekunden lang verwirrt sein, das Faktum, daß Prag ein Traum war, aber schnell erkennen. Rein rational-logisch wäre das gar nicht möglich.

Nachdem das heliozentrische System durch Kopernikus publiziert war, war es für die Mehrzahl der Zeitgenossen, die davon erfuhren, eine kühne Behauptung, eher Phantasie; für Galilei, Giordano Bruno, Kepler und wenige andere aber nach einigen Beobachtungen nicht nur eine abstrakte Überlegung, sondern Faktum, wie für uns heute auch: Jedes andere Modell (etwa die Hohlwelttheorie) scheitert an unzähligen Widersprüchen. Die grundsätzliche Wissenschaftlichkeit des heliozentrischen Systems liegt, auch nach der strengen Erkenntniskritik Poppers, darin, daß „Falsifizierbarkeit" im Prinzip besteht; eine andere

Erklärung der Beobachtungen und Erfahrungen mit unzähligen kausalen Bezügen (etwa die Mondlandung) ist aber praktisch unmöglich.

Was hier Schwierigkeiten bereitet, ist der sehr unterschiedliche Kenntnisstand der einzelnen Menschen. Für viele Angehörige von Naturvölkern geht die Sonne immer noch auf und unter. Deutlich wird das bei der Frage des Intelligenzgrades von Lebewesen. Auch Tierliebhaber, die sich sehr viel mit ihren Lieblingen beschäftigt haben, kommen sehr leicht zu völlig falschen Entscheidungen, wenn sie nicht die Ergebnisse der Verhaltensforschung hinsichtlich angeborener Handlungsweisen berücksichtigen.

Daß es Instinkte gibt, ist eine sehr alte Formulierung, die wissenschaftliche Analyse aber eine sehr junge Disziplin. Ohne die Kenntnis der Methodik, der Ergebnisse im speziellen und der allgemeinen Schlußfolgerungen stehen die Vorstellungen allerdings auf einer unzureichenden Basis.

Ob ein Kasten offen oder versperrt ist, ist leicht feststellbar. Die Behauptung: „Der Kasten ist offen" kann wahr sein oder falsch. Die Öffnung nicht als Verifikation zu sehen, bedarf einiger theoretischer Verkrampfungen.

Wenn aus einer normalerweise versperrten Wohnung etwas geholt werden soll, besteht die theoretische Möglichkeit, daß sie irrtümlicherweise offen gelassen wurde. Kein Mensch würde aber Zeit aufwenden, diese äußerst unwahrscheinliche Möglichkeit lange zu diskutieren.

Der größte Teil unserer alltäglichen Handlungen beruht auf hoher Wahrscheinlichkeit. Eines der wissenschaftlichen Instrumente dafür ist die Statistik. Die Auswertung statistischer Daten aber ist eine mögliche Fehlerquelle. Statistische Koinzidenzen haben kausale Ursachen, aber die Statistik selbst gibt noch keinerlei Auskunft über die Art des Kausalnexus: Wenn Sie Brot einkaufen gehen, geschieht das zu 99 Prozent beim Bäcker um die Ecke, bei einem Prozent Mißerfolg. Die 99 Prozent beruhen auf der Gewinnabsicht von Ladenbesitzer und Zulieferer, den Vorgängen der Erzeugung und Lieferung etc.; das eine Prozent beruht auf: nicht geliefert, vorzeitig ausverkauft, Urlaub, Konkurs usw. Die Relation von etwa 99:1 ergibt sich aus der Praxis.

Was hier natürlich mit zu berücksichtigen ist, ist die Konsequenz, die gegebenenfalls aus unwahrscheinlichen, aber möglichen Folgen entstehen kann. Wenn es sich um die wahrscheinlich schnellste Verkehrsverbindung handelt, ist das unwahrscheinliche Ereignis eines etwas längeren Aufenthaltes kein großes Malheur. Wenn sich aber bei einem Medikament auch nur ein Prozent sehr schädlicher Nebenwirkungen ergibt, ist dieses Risiko nicht tragbar.

Wird eine nachgewiesenermaßen andersartige Folge eines Ereignisses, in welchem Prozentsatz auch immer, in einer Bekanntgabe unterschlagen, handelt es sich zumindest um Unwissenschaftlichkeit. Wissenschaftlichkeit fordert auch die Angabe des Sicherheitsgrades der jeweiligen Ansichten, vor allem aber auch das Zitieren andersartiger wissenschaftlicher Schlußfolgerungen. Erfolgt diese Verheimlichung absichtlich, handelt es sich um Ideologie, insbesondere dann, wenn diese Unwahrheit bzw. Teilunwahrheit aus politisch-weltanschaulichen Gründen erfolgt. Ein beliebtes Mittel in ideologisch verzerrten Redewendungen ist etwa die Formulierung: Herr XY holt sich Schützenhilfe bei NN. Das entspricht dem feinen Unterschied von „Terrorist" und „Freiheitskämpfer". Ideologische Verzerrungen werden oft mit den Schlagwörtern des „kleineren Übels" oder „der Zweck heiligt die Mittel" zu rechtfertigen versucht. Diese Einstellung ist die Ursache von weit größerem Übel, das in der Regel auf „fromme Lügen" folgt. So ist z. B. der Hinweis auf Arbeitsplätze absolut kein Argument für umweltschädigende Aktivitäten, sondern eine grobe Vermischung verschiedener Funktionsebenen.

Ursachen ideologischer Verbiegungen sind kurzfristiges Denken, überwertige Ideen und persönliche Profilierungssucht, fallweise auch erzwungenes Mitläufertum. Die Folgen sind offensichtlich: die Gegensätze werden verschärft. In der Geschichte der Menschheit hat noch keine Bücherverbrennung etwas erreicht, aber die Aufschaukelung von Gegensätzen trägt Mitschuld am Absinken politischer Moral.

Ein guter Teil gegensätzlich orientierter Wertvertretungen beruht auf gegenseitigen Mißverständnissen, Vorbireden; das wird durch ideologisch bedingte Unterstellungen und Verleumdungen von jenen gefördert, die sich davon Vorteile erwarten.

Vor allem ist die funktionelle Trennung von Orientierung und Bewertung und sinnvolle Reihung eine Voraussetzung für den Erfolg: Realitätsblindheit verhindert gerade die mögliche Annäherung an die angestrebten Ziele. Daher ist die Forderung nach Objektivität in der Forschung niemals überholt. Die großen Fehler, gerade auch z. B. im Umweltschutz, sind dadurch zustande gekommen, daß zugunsten von Firmenstrategie- und Karriereinteressen die Objektivität verbogen wurde.

Hans Peter Aubauer

Die Menschenrechte Ungeborener

1. Die Expansion der Menschenrechte Lebender

Das Recht des lebenden einzelnen gewinnt immer mehr an Bedeutung. Rechte Ungeborener werden hingegen ignoriert. Angeborene, unveräußerliche Naturrechte des Menschen, wie das Recht auf Leben, Freiheit und Streben nach Glückseligkeit, sollten erstmalig die amerikanischen Kolonisten des 18. Jahrhunderts vor der Ausbeutung durch das englische Mutterland schützen.[1] Dessen Gesetze reichten dazu nicht aus. Derartige „Menschenrechte" leiteten ihren Ursprung und ihre Gültigkeit nicht mehr vom Staat ab, und sie sollten seinem Zugriff entzogen werden.

Unabdingbare individuelle Rechte im Gegensatz zu menschenverachtenden staatlichen Gesetzen wurden auch in der während der Französischen Revolution am 3. 9. 1791 beschlossenen „Déclaration des droits de l'homme et du citoyen" zu einem zentralen Programmpunkt.[2] Dort wurde der Grundstein zu späteren „Erklärungen der Menschenrechte" gelegt, wie jener zentralen, die am 10. 12. 1948 von der Vollversammlung der Vereinten Nationen beschlossen wurde. Während die französische Menschenrechtserklärung noch mit 17 Rechten auskommt, sind es in der Erklärung der UN 30, in der am 4. 11. 1950 vom Europarat beschlossenen und für den „Europäischen Gerichtshof für Menschenrechte" verbindlichen „Konvention zum Schutze der Menschenrechte und Grundfreiheiten" 66 und in der am 22. 11. 1969 beschlossenen „American Convention on Human Rights" bereits 82.

Heute ist die Vielfalt der „Menschenrechte" unübersehbar geworden. Sie versuchen alles und jedes grenzenlos zu schützen. Menschenrechte werden zunehmend auch eingefordert, wenn dadurch staatliche Souveränitäten, Verfassungen und sogar das Völkerrecht verletzt werden. Allein deren Auswirkungen auf die potentiell zukünftig Lebenden und deren Menschenrechte kümmern niemanden.

2. Der Konflikt zwischen den Menschenrechten Lebender und denen Ungeborener

Dies wäre kein Problem, wenn gegenwärtiges und künftiges Leben nicht miteinander in Konflikt gerieten. Das ist aber vor allem seit der „industriellen Revolution" zunehmend der Fall: Bis spätestens zur Mitte des 19. Jahrhunderts blieb der Gesamtverbrauch an Ressourcen, also das Produkt aus Bevölkerungsdichte und individuellem Verbrauch, weitgehend auf das Angebot aus erneuerbaren Quellen und damit die Naturbelastung auf die ökologische Tragfähigkeit begrenzt. Seither wurden, beginnend mit Kohle, zunehmend massiv begrenzt vorhandene Bodenschätze ausgebeutet. Dadurch stieg der Energie- und Materialverbrauch weit über das dauernd aufrechterhaltbare erneuerbare Angebot. Die Belastung der Natur überschritt die durch die „ökologische Tragfähigkeit"[3, 4] gekennzeichnete Grenze. Sobald diese Tragfähigkeit aber überschritten wird, sinkt sie, etwa durch eine geringer werdende Primärproduktion. Ablesbar ist dies beispielsweise an der abnehmenden Vielfalt an Tier- und Pflanzenarten, an der zunehmenden Erosion und Verwüstung der Böden sowie an der sinkenden Stabilität der Gleichgewichte des Klimas.

Mit abnehmender „Tragfähigkeit" der Ökosysteme sinkt aber deren Fähigkeit, menschliches Leben zu tragen, oder die Anzahl der Menschen, die dauernd in ausreichendem Wohlstand überleben können. Im Durchschnitt entzieht daher ein Lebender immer mehr Ungeborenen die zukünftige Existenzbasis – in den reichen Ländern, weil der durchschnittliche individuelle Ressourcenverbrauch zu hoch ist, in den armen Ländern, weil die Bevölkerungsdichte zu hoch ist. Und mehr kann man die Rechte eines anderen nicht einschränken, als ihm die Existenzmöglichkeit zu rauben.

Dabei hilft der Einwand nicht, daß für diese Aussage nicht genügend wissenschaftliche Beweise vorliegen. Denn nach dem Vorsorgeprinzip würde schon genügen, daß die durch die Ausbeutung der Bodenschätze zunehmende Belastung der Ökosysteme das Abnehmen ihrer Tragfähigkeit wahrscheinlich macht.

Der Kern des Konfliktes zwischen gegenwärtigem und künftigem individuellem Leben kann mit Hilfe eines „Umweltraumes" beschrieben werden, der jedem Bürger in gleichem Ausmaß zur Verfügung steht. Er entspricht der Gesamtmenge an Ressourcen, die er jährlich verbrauchen darf. Diese Menge folgt aus dem dauernd aufrechterhaltbaren Ressourcenangebot erneuerbarer Quellen einer Region, dividiert durch die Anzahl der in ihr lebenden Bürger. Wenn die Lebenden diesen ihnen zustehenden Umweltraum überschreiten, indem sie zusätzlich zu den erneuerbaren Ressourcenquellen auch begrenzt vorhandene Ressourcenvorräte ausbeuten, reduzieren sie einerseits den für die Ungeborenen verfügbaren Umweltraum. Andererseits entziehen sie so den Ungeborenen Ressourcen und erschweren damit deren Möglichkeit, einen für sie kleiner gewordenen Umweltraum zu überschreiten.

3. Grundsätzliche Ungleichheiten zwischen Geborenen und Ungeborenen

Berücksichtigt werden müssen dabei drei grundsätzliche Benachteiligungen der Ungeborenen:

1. Lebende können in das Leben der Ungeborenen eingreifen, die Ungeborenen jedoch nicht in das der Lebenden. Zukünftig Lebende können nicht an jenen gegenwärtigen Entscheidungen teilnehmen, die ihr Leben intensiv verändern, und sie können sich gegen die Zerstörung ihrer natürlichen Lebensgrundlagen nicht wehren.

2. Rechtliche Vereinbarungen und ethische Systeme werden üblicherweise dadurch einsichtig und durchsetzbar, daß sie mehr oder weniger kleinere Übel darstellen: Sie befrieden das Zusammenleben von Menschen, die einander potentiell schaden könnten. Ein Verstoß gegen sie kann direkt durch jene geahndet werden, die dadurch Schaden erleiden. Fehlendes oder ungeeignetes Recht bringt gewalttätige Auseinandersetzungen, die weniger attraktiv sind als mögliche Beschränkungen der eigenen Freiheit durch das Recht. Es gilt, die Freiheit des einzelnen dadurch zu sichern, daß sie dort begrenzt wird, wo die Freiheit des anderen beginnt. Zu Unrecht in ihrer Freiheit Eingeschränkte können sich oft direkt dagegen wehren. Verstöße gegen die Menschenrechte Ungeborener können von diesen aber grundsätzlich nicht geahndet werden.

3. Üblicherweise wird das Verschulden auch entsprechend dem Schaden abgeschätzt, den es angerichtet hat. Sobald aber Lebende den Ungeborenen die Existenzgrundlagen entziehen, senken sie die Anzahl der Geschädigten. Daraus könnte der Fehlschluß abgeleitet werden: Ohne Geschädigte kein Schaden. Ein Fehlschluß, da etwa der Hauptgeschädigte einer fahrlässigen Tötung der Getötete ist. Eine derartige Tat kann nicht dadurch gerechtfertigt werden, daß dieser nach der Tötung gar nicht mehr existiert.

4. Existieren individuelle ethische Normen für gegenwärtig und künftig Lebende?

Einige Normen können auf künftiges Leben angewandt werden, auch wenn sie ohne Rücksicht auf dieses in der Geschichte der Ethik entwickelt wurden: 1785 postulierte Immanuel Kant in seiner „Grundlegung zur Methaphysik der Sitten": „Handle so, daß du auch wollen kannst, daß die Maxime deines Handelns allgemeines Gesetz werde." Sein formales Postulat ist auf zukünftiges Leben eher anwendbar als auf gegenwärtiges: Denn es ist nicht einfach, vor jeder beabsichtigten

Handlung das Szenario einer Welt herzuleiten, in der alle so handeln, wie man es selbst im Moment beabsichtigt, dann zu beurteilen, ob man bzw. die anderen sich in einer derartigen Welt wohl oder unwohl fühlen würde(n), und aus diesem Urteil abzuleiten, ob man die beabsichtigte Handlung setzen soll oder nicht. So wenig ich weiß, was lebende Menschen im Detail wollen, so sehr weiß ich hingegen, daß Menschen künftig vor allem eines wollen: leben. Daher darf ich alles andere eher, als ihnen die Chance dazu zu entziehen. Mit keiner Handlung darf ich dazu beitragen, die natürlichen Lebensgrundlagen zu beeinträchtigen, indem ich mehr Ressourcen verbrauche, als mir zustehen, oder die Natur mehr belaste, als sie aushält.

Albert Schweitzer argumentiert 1963: „Die fundamentale Tatsache des Bewußtseins des Menschen lautet: ‚Ich bin Leben, das leben will, inmitten von Leben, das leben will.' Der denkend gewordene Mensch erlebt die Nötigung, allem Willen zum Leben die gleiche Ehrfurcht vor dem Leben entgegenzubringen wie dem seinen. Er erlebt das andere Leben in dem seinen. Als gut gilt ihm, Leben zu erhalten, Leben zu fördern, entwickelbares Leben auf seinen höchsten Wert zu bringen, als böse: Leben vernichten, Leben schädigen, entwickelbares Leben niederhalten. Dies ist das denknotwendige, universelle, absolute Grundprinzip des Ethischen.“[5] Schweitzer durchbricht dabei die Enge der bisher ausschließlich auf menschliche Interessen beschränkten ethischen Diskussion. Seine ethische Norm der „Ehrfurcht vor dem Leben" verhilft direkt dem außermenschlichen Leben, den Tieren und Pflanzen, zu ihrem Recht, damit aber indirekt dem Leben Ungeborener: Denn deren Interessen können nur gewahrt werden, wenn die Belastung der Natur auf ihre verkraftbare Grenze abgesenkt wird. Dies kann jedoch nur gelingen, wenn ihr zu ihrem Eigenrecht, unabhängig von ihrem Nutzen für den Menschen, verholfen wird.

Hans Jonas erweitert 1979 das Kantsche Postulat auf die Beeinträchtigung von kommendem durch gegenwärtiges Leben: „Handle so, daß die Wirkungen deiner Handlung mit der Permanenz echten menschlichen Lebens auf Erden verträglich sind.“[6] Heute würde „Permanenz" mit „Nachhaltigkeit" (engl.: sustainability) übersetzt werden. Nachhaltig ist eine Handlung aber nur dann, wenn sie zur Absenkung des Ressourcenverbrauches auf das Ausmaß beiträgt, das einem zusteht.

J. Bentham (1748–1832) postuliert wie Kant ein formales Kriterium als Richtschnur für ein ethisch gutes Verhalten: die größtmögliche Glückseligkeit der größten Anzahl von Menschen.[7, 8] Auch dabei ist die Anwendung auf künftiges Leben einfacher als auf gegenwärtiges: Denn die Lebenden beeinträchtigen oder fördern ihre Glückseligkeit durch ihren Umgang miteinander („how they treat one another"). Wobei das Ausmaß an „Glückseligkeit" nur sehr schwer quantifiziert werden kann, auch mit den von Bentham dafür vorgeschlagenen Methoden. Geborene und Ungeborene haben aber keinen direkten Kontakt. Sie leben nicht gleichzeitig. Geborene senken hingegen die Anzahl Ungeborener, einerseits dadurch, daß es zu viele von ihnen gibt, und andererseits dadurch, daß sie zu viele Ressourcen verbrauchen.

5. Anwendung des Utilitarismus auf gegenwärtiges und künftiges Leben

Sobald ein Lebender im Mittel mehr als einem noch nicht Lebenden die Existenz verunmöglicht, entfernt man sich immer weiter vom utilitaristischen Ziel, möglichst viele Chancen („options") für möglichst viele (gegenwärtig und zukünftig lebende) Menschen zur Gestaltung ihres Lebens zu schaffen. Diesem Ziel kommt man nur näher, sobald die Absenkung der ökologischen Tragfähigkeit in einer Region und damit der Anzahl der Menschen, die in ihr überleben kann, beendet wird. Dazu muß aber die Belastung der regionalen Ökosysteme durch den Menschen auf ihre Tragfähigkeit abgesenkt werden. Dies kann wiederum nur erreicht werden, wenn der Verbrauch von Ressourcen reduziert und an deren dauerhaft mögliches Angebot aus erneuerbaren Quellen angepaßt wird. Auf Dauer kann der Verbrauch sowieso das erneuerbare Angebot nicht überschreiten. Je früher aber auf die Ausbeutung von in ihrer Menge begrenzten Bodenschätzen verzichtet wird und der Ressourcenverbrauch auf das in seiner Leistung (Menge pro Zeit) begrenzte Angebot aus sich erneuernden Quellen beschränkt wird, um so höher kann der dauerhaft aufrechterhaltbare Wert dieses Ressourcenverbrauches sein. Denn in vielen Fällen sinkt das dauernd aufrechterhaltbare Ressourcenangebot („sustainable resource"-Angebot), sobald es vom Verbrauch überschritten wird: beispielsweise durch die Erosion und Verwüstung von Böden, Destabilisierung von Ökosystemen, Störung klimatischer Gleichgewichte, Emission von Schadstoffen in die Umwelt etc. Im wesentlichen sinkt dadurch die Nettoprimärproduktion oder die Menge an Biomasse, die Pflanzen auf einer gegebenen Fläche aus dem Sonnenlicht gewinnen können.

Wichtig ist in diesem Zusammenhang die Bevölkerungsdichte: Denn der individuelle materielle Verbrauch ergibt sich aus dem Gesamtverbrauch, dividiert durch die Bevölkerungszahl. Wenn die Bevölkerungsdichte sinkt, etwa weil die Geburtenrate in der Region niedrig und die Zuwanderung klein oder negativ ist, kann der individuelle

Verbrauch weniger abnehmen als der gesamte. Je weniger Menschen in einer Region leben, um so größer kann die Material- und Energiemenge sein, die jeder von ihnen verbrauchen kann, ohne die Natur zu schädigen. Ein relativ hoher individueller materieller Wohlstand kann mit einer Absenkung des Verbrauches von Ressourcen auf deren dauerhaft mögliches Angebot bzw. mit einer Absenkung der Belastung der regionalen Ökosysteme auf deren Tragfähigkeit verbunden werden. Je stärker die Bevölkerungszahl in einer Region daher abnimmt, um so größer kann die Zahl der Menschen sein, die in ihr auf Dauer überleben kann.

Es existiert somit kein grundsätzlicher ethischer Gegensatz zwischen „wenigen reichen" und „vielen armen" Menschen: Eine Abnahme der Anzahl der Menschen in einer Region ermöglicht über eine Vergrößerung ihres Naturanteils nicht nur eine Vermehrung ihres materiellen Wohlstandes, sondern auch eine Anhebung der Anzahl der Menschen, die zukünftig in den Genuß dieses höheren Wohlstandes kommen können.

Weltweit können nur dann möglichst viele Menschen auf diesem Planeten leben, wenn der individuelle Ressourcenverbrauch in den reichen Ländern auf den Weltdurchschnitt gesenkt wird und überall die Bevölkerungsdichte verringert wird – in den reichen Ländern durch eine Beschränkung der Zuwanderung, in den armen Ländern durch eine der Geburten. Dies ist gegenwärtigen Trends genau entgegengerichtet: Unter der Flagge des „ethisch Guten" wird in den armen Ländern der Verbrauch und in den reichen Staaten die Bevölkerungszahl angehoben.

Tatsächlich hilft dies vorübergehend vielen lebenden Menschen, aber auf Kosten eines Vielfachen ungeborener Menschen; vorübergehend, da die Gefahr von Verteilungskämpfen um immer knapper werdende Naturressourcen zunimmt. Der durch die Naturzerstörung immer kleiner werdende Umweltraum wird zwangsläufig auf immer mehr Menschen aufgeteilt werden müssen. Dies fördert die Entstehung von Kriegen.

6. Menschenrechte für Geborene wie Ungeborene, Menschenrechtsgrenzen und Menschenpflichten Lebender

Die Menschenrechte der Lebenden müssen direkt oder durch „Menschenpflichten" dort begrenzt werden, wo sie mit den Menschenrechten der Ungeborenen in Konflikt geraten. Dies stimmt mit dem Ziel des „sustainable development" überein, das im Brundtland-Report (1987) auf folgende Weise definiert ist: „... A development, that meets the needs of the present without compromising the ability of future generations to meet their own needs ..."[9] Diese „ability" (Fähigkeit) ist der ökologischen Tragfähigkeit proportional. Grob gesagt, kann die Tragfähigkeit wiederum der Gesamtmenge an Ressourcen proportional gesetzt werden, die dauernd zur Verfügung stehen.

Schon die „Déclaration des droits" beschreibt zum Unterschied von allen späteren Menschenrechtskatalogen in ihrem Artikel 4 präzise auch die Grenzen individueller Freiheit: „Die Freiheit besteht darin, alles tun zu können, was einem anderen nicht schadet. Also hat die Ausübung der natürlichen Rechte jedes Menschen keine Grenzen als jene, die den übrigen Gliedern der Gesellschaft den Genuß dieser nämlichen Rechte sichern. Diese Grenzen können nur durch das Gesetz bestimmt werden."[10]

Ohne klare Grenzen der individuellen Freiheit des einen dort, wo sie mit der Freiheit des anderen bzw. der anderen in Konflikt gerät, wird diese selbst widersinnig.

Übereinstimmend mit diesem Artikel 4, begrenzen Kant, Schweitzer, Jonas und Bentham daher die individuelle Freiheit dort, wo sie die natürliche Existenzbasis der Mehrheit der Menschen, also jener, die in Zukunft leben könnten, bedroht. Folgende neue Formulierungen zentraler Menschenrechte könnten dies berücksichtigen:

Forderung	Quelle	Ursprüngliche Formulierung	Neue Formulierung
1	10. 12. 1948 Artikel 1	Alle Menschen sind frei und gleich an Würde geboren. Sie sind mit Vernunft und Gewissen begabt und sollen einander im Geist der Brüderlichkeit begegnen.[11]	Alle Menschen sind und werden frei und gleich an Würde und Rechten geboren: Sie sind mit Vernunft und Gewissen begabt und sollen aufeinander im Geist der Brüderlichkeit Rücksicht nehmen, insbesondere die Lebenden gegenüber den Ungeborenen.
2	10. 12. 1948 Artikel 3	Jeder hat das Recht auf Leben, Freiheit und Sicherheit der Person.[12]	Jeder hat das gleiche Recht auf Leben, Freiheit und Sicherheit der Person sowie unversehrte natürliche Lebensgrundlagen, ob schon oder potentiell erst zukünftig geboren.
3	3. 9. 1791 Artikel 4	Die Freiheit besteht darin, alles tun zu können, was einem anderen nicht schadet. Also hat die Ausübung der natürlichen Rechte jedes Menschen keine Grenzen als jene, die den übrigen Gliedern der Gesellschaft den Genuß dieser nämlichen Rechte sichern. Diese Grenzen können nur durch das Gesetz bestimmt werden.[13]	Menschenrechte sind nicht grenzenlos. Ihre Grenzen liegen dort, wo sie dieselben Rechte anderer schmälern, etwa von Menschen, die zukünftig geboren würden, bliebe die natürliche Existenzbasis ungeschmälert.

Forderung	Quelle	Ursprüngliche Formulierung	Neue Formulierung
4	19. 12. 1966 Artikel 11 10. 12. 1948 Artikel 25	Jeder hat das Recht auf einen angemessenen Lebensstandard für sich und seine Familie, einschließlich angemessener Nahrung, Kleidung und Wohnung, und zur ständigen Verbesserung der Lebensbedingungen.[14, 15]	Jeder Mensch hat das Recht, seine Bedürfnisse (einen angemessenen Lebensstandard für sich und seine Familie, einschließlich angemessener Nahrung, Kleidung und Wohnung) befriedigen zu können, jedoch nur insofern er die Chancen zukünftig lebender Menschen intakt läßt, dieselben Bedürfnisse ebenso befriedigen zu können.
5	16. 12. 1966 Artikel 2	Alle Völker können für ihre eigenen Zwecke frei über ihren natürlichen Reichtum und ihre Hilfsquellen verfügen ohne Schaden gegenüber irgendwelchen Verpflichtungen, die aus internationaler wirtschaftlicher Zusammenarbeit entstehen, die auf dem Grundsatz wechselseitigen Nutzens und internationalen Rechts beruht. Auf keinen Fall können die Völker ihrer eigenen Unterhaltsmittel beraubt werden.[16]	Jeder Mensch hat das Recht, natürliche Ressourcen zu nutzen, aber nur so, daß er dabei die Möglichkeiten nicht einschränkt, daß dieselben Ressourcen von allen potentiell in Zukunft lebenden Menschen ebenso genutzt werden können.
6	18. 10. 1981 Artikel 13	Jedermann hat das Recht auf Fürsorge, wenn er keine ausreichenden Mittel hat.[17]	Jedermann hat das Recht auf Fürsorge, wenn er keine ausreichenden Mittel hat, aber nur in einem Ausmaß, das künftige Möglichkeiten nicht einschränkt, ebenso Mittel für sozial Bedürftige bereitstellen zu können.
7			Eltern haben das Recht, Kinder in die Welt zu setzen, aber nur, wenn sie alle Lasten selbst tragen, die diese Kinder dem Leben jener Kinder aufladen, die in Zukunft geboren werden.
8			Jeder ist verpflichtet, alle Lasten und Kosten restlos selbst zu tragen, die er verursacht.
9			Jeder hat das Recht, an dem Nutzen zu gewinnen, den er gegenwärtig und potentiell zukünftigen Lebenden bringt.
10			Niemand hat das Recht, durch sein Handeln die natürlichen Lebens- und Produktionsgrundlagen zu beeinträchtigen oder auch nur zu gefährden, und niemand darf darin behindert werden, sie zu bewahren.

ad 1) Die dritte Spalte enthält den ersten Artikel der „Allgemeinen Erklärung der Menschenrechte" (UNO-Erklärung)[18], die vierte eine Formulierung, die die mögliche Existenz zukünftiger Generationen berücksichtigt. „Möglich", weil es an den vorherigen Generationen liegt, ihnen die Existenzbasis zu entziehen oder nicht. Nicht nur die bereits, sondern auch die zukünftig noch Geborenen sind mit Vernunft und

Gewissen begabt. Sowohl die einen als auch die anderen sind frei und gleich an Würde. Der Geist der Brüderlichkeit soll nicht nur das Miteinander der Lebenden durchströmen, sondern vor allem die Ungeborenen aus ihrer Unterdrückung durch die Lebenden befreien.

ad 2 und 7) Das Recht auf Leben, Freiheit und Sicherheit der Person darf nicht, wie in der UNO-Erklärung, nur bereits Lebenden zugebilligt werden (dritte Spalte von Punkt 2), sondern muß auch für die Ungeborenen gelten (vierte Spalte); wobei mit „Ungeborenen" all jene gemeint sind, die potentiell in Zukunft geboren werden könnten. Ein bereits Geborener hat nicht mehr Recht auf sein Leben und eine natürliche Lebensbasis als jeder, der künftig geboren werden könnte – auch wenn die Lebensbasis der Ungeborenen und nicht die der Geborenen gefährdet ist.

Ein in die Welt gesetztes Kind kann mehr Tod als Leben bedeuten. Ein Elternpaar mag unverändert das Recht haben, einem Kind das Leben zu schenken, jedoch nicht mehr. Die Forderung nach Chancengleichheit zwischen gegenwärtigem und künftigem Leben verpflichtet die Eltern jedoch, jene extrem hohen Lasten restlos selbst zu tragen, die sie mit der Geburt von zwei oder mehr Kindern den Ungeborenen aufladen.

ad 3) Grenzenlose Menschenrechte können die rechtliche Ordnung zerstören, wenn versucht wird, sie mit Waffengewalt, mit bewußt in Kauf genommener Tötung unschuldiger Menschen und unter Bruch des Völkerrechts durchzusetzen, wie dies etwa 1999 am Balkan geschah.

Grenzenlose Menschenrechte erwecken die gefährliche Illusion, die Freiheit und Rechte des einzelnen seien unermeßlich. Er brauche sich diese nur zu holen, auch auf Kosten jener, die dazu nicht in der Lage sind, wie etwa die Ungeborenen. Grenzenlose Menschenrechte entsprechen der gegenwärtigen Verherrlichung von Konsum und „Selbstverwirklichung".

ad 4 und 5) Hier wird die materielle Versorgung direkt angesprochen. Die begrenzt vorhandenen und die erneuerbaren Ressourcen stehen sowohl den Ungeborenen als auch den Lebenden zur Verfügung. Wenn beispielsweise die Erdölvorräte unter Beibehaltung der gegenwärtigen Verbrauchsrate in ca. vierzig Jahren erschöpft sein werden, müßte die Verbrauchsrate auf weniger als das Hunderttausendstel gesenkt werden, damit sie sowohl von den gegenwärtig als auch von den künftig Lebenden in gleichem Ausmaß genutzt werden kann. Die Ausbeutung sich erneuernder Rohstoffquellen hingegen müßte auf ein Ausmaß verringert werden, das ihre Regenerationsfähigkeit wieder gewährleistet.

ad 6) Der Schutz jener, die sich nicht selbst helfen können, ist ein wichtiges Menschenrecht. Hilflos sind aber nicht nur Lebende, wie etwa Behinderte, sondern vor allem Ungeborene. Die letzteren können sich überhaupt nicht artikulieren und sind doch in der überwiegenden Mehrheit. Die Fürsorge lebender Hilfloser ist unverzichtbar. Sie muß aber mit einer Minderung des materiellen Wohlstandes Lebender und darf nicht mit zukünftigem Elend erkauft werden.

ad 8) Ein wesentliches Übel ist die „Tragödie der Allmende"[19] (auch als „Gefangenendilemma" oder „Soziale Falle" in Diskussion): Wenn beispielsweise in der jüngeren Geschichte ein Dorfbewohner ein zusätzliches Weidetier auf die allen gemeinsame Weide, die Allmende, sandte, hatte er den ganzen Nutzen des Tieres. Der vom Tier angerichtete Schaden hingegen wurde auf alle Dorfbewohner aufgeteilt. Das Ergebnis war der Zusammenbruch einer durch zu viele Tiere überlasteten Weide, die dann keinem der Dorfbewohner zur Verfügung stand. Wobei es ohne Wirkung blieb, wenn ein Dorfbürger auf die Entsendung eines Weidetieres verzichtete. Denn dann entsandte der Nachbar ein weiteres Tier.

Ein Großteil der etwa durch Verbrauch oder Konsum verursachten Kosten wird auf die Gesellschaft abgewälzt und damit externalisiert. So verursachen etwa Energieverbrauch und Verkehr Schadkosten, die ein Vielfaches ihrer tatsächlichen Kosten ausmachen und von der gegenwärtigen und der künftigen Gesellschaft getragen werden müssen. Gegenwärtiges Recht stützt auf allen seinen Ebenen die Tragödie der Allmende. Durchbrochen werden kann sie nur durch strikte Anwendung des Verursacherprinzips. Es entspricht der „Internalisierung" der externalisierten Kosten.

ad 9) Das Verursacherprinzip kann nur vollständig wirken, wenn nicht nur alle Kosten ihrem Verursacher zugerechnet werden, sondern auch aller Nutzen und alle Gewinne.

ad 10) Gegenwärtiges Recht fördert nicht nur die Zerstörung der natürlichen Grundlagen künftigen Lebens und künftiger Produktion. Es diskriminiert auch jene, die sich für deren Bewahrung einsetzen. Vor allem die EG- und im speziellen die EU-Verträge in ihrer Amsterdamer Fassung orientieren sich praktisch ausschließlich an den „vier Verkehrsfreiheiten"[20], die nur wirtschaftlichen Interessen dienen, ohne Rücksicht auf Ungeborene oder die Natur. Von einer unabänderlichen Einengung des Lebensraumes sind unermeßlich viele Menschen betroffen. Daher darf sie nicht einmal wahrscheinlich werden.

7. Ein mit den Menschenrechten verträglicher Rechtsrahmen

Es genügt nicht, dem einzelnen Rechte und Pflichten zuzumessen, so-lange der ihn umgebende Rechts- und Werterahmen diese nicht absi-chert; solange jene gewinnen, die sie verletzen, auf Kosten jener, die sie erfüllen. Ursachen dafür sind vor allem drei Übel, die im Rechts- und Werterahmen fest verankert sind:

1. Die Natur wird allein unter dem Aspekt des Nutzens für den Men-schen und als unzerstörbare, unendlich ergiebige Ressourcenquelle angesehen. Man meint immer wieder, Kompromisse zwischen ihrer Bewahrung (bzw. der Erhaltung der ökologischen Tragfähigkeit) und kurzfristigen Wirtschaftsinteressen schließen zu müssen.

2. Zukünftige Generationen existieren nicht.

3. Die Natur ist immer noch ein „freies Gut". Sie und ihre Ressour-cen stehen wie eine Allmende oder eine Gemeindeweide all jenen zur Nutzung zur Verfügung, die genug Geld dafür haben. Die dabei ange-richteten Schäden werden auf die gegenwärtige und die künftige Allge-meinheit abgewälzt.

Besonders „demoralisierend" wirkt sich dabei die immer mehr um sich greifende Tragödie der Allmende aus: Gewinne werden immer mehr privatisiert und Verluste sozialisiert. Umweltverträgliche Güter beispielsweise sind wesentlich teurer als umweltschädliche, weil die Umweltschadkosten auf die Allgemeinheit abgewälzt werden. Die Zer-störung der Natur wird immer billiger und einfacher, ihre Bewahrung immer kostspieliger und aufwendiger. Wirtschaftliche Instrumente wie die Handelsfreiheiten[21] werden zu allem anderen übergeordneten Zielen. Eine besonders verhängnisvolle Dynamik geht dabei von der Kombination der Handelsfreiheiten von Gütern und Kapital mit einem Verkehr aus, der immer billiger wird, weil er immer mehr seiner Kosten auf die Gesellschaft abwälzt. Alle Natur und sogar die Mitmenschen werden zu einer Allmende, die all jenen zur Verfügung steht, die aus-reichend Geld haben. Und es haben oft nur jene ausreichend Geld, die sowohl die Natur als auch die Menschen am rücksichtslosesten aus-beuten.

Um Abhilfe zu schaffen, müssen folgende Punkte im Rechtssystem, d. h. in den multilateralen wie bilateralen internationalen Verträgen und in den Verfassungen, als Zielbestimmungen verankert werden: Men-schenrechte und -pflichten, wie sie hier vorgeschlagen werden, ein Ver-ursacher- und ein Vorsorge- bzw. Sicherheitsprinzip sowie einklagbare subjektive Eigenrechte der kommenden Generationen, der Tiere, aber auch der Pflanzen.

Zum Verursacherprinzip: Eine Allmende bleibt nur unversehrt, wenn entsprechend dem Verursacherprinzip (Menschenrecht Nr. 8, siehe Tabelle) jeder konsequent mit den Kosten der Beseitigung all jener Schäden konfrontiert wird, die er selbst verursacht. Nur dann wird er sich um eine Vermeidung dieser Schäden bemühen, schon weil sie einen Bruchteil der Beseitigung kostet. Darüber hinaus werden nur dann Dienste an der Allmende oder der Gemeinschaft verrichtet werden, wenn diese auch abgegolten werden, zumindest mit ausreichender Anerkennung (Menschenrecht Nr. 9).

Zum Sicherheitsprinzip: Jonas wies 1984 darauf hin, daß die immer weiter in die Zukunft und in das künftige Leben hineinreichende Macht des Menschen auf der einen Seite und seine Fähigkeit, diese Macht richtig abzuschätzen, auf der anderen Seite immer weiter auseinanderklaffen:[22] Einerseits muß der Mensch eine zu seiner Macht proportionale Verantwortung tragen, andererseits kann er die Auswirkungen der Machtausübung wegen der Komplexität der Bio- und Technosphäre nur sehr begrenzt vorhersehen. Im Zweifel über die Höhe möglicher Umweltauswirkungen muß daher immer deren obere Grenze angenommen und zur Basis von Entscheidungen werden: Analog zum Grundsatz „in dubio pro reo" (im Zweifel für den Angeklagten) der Rechtsprechung soll der Grundsatz „in dubio pro securitate" (im Zweifel für die Sicherheit) gelten.

Zum Vorsorgeprinzip: Die Gefahr und die Wahrscheinlichkeit des Auftretens irreparabler Schäden an den natürlichen Lebensgrundlagen (quantifizierbar in Form der ökologischen Tragfähigkeit) müssen entsprechend dem Sicherheitsprinzip und der ethischen Gleichberechtigung aller Menschen von vornherein ausgeschlossen werden. Dazu gehört es, drohende Gefahren vorausschauend zu erkennen und vorbeugend auch durch ein Vetorecht einer zu legitimierenden Institution zu vermeiden.

Im Hinblick auf reparable Schäden muß jedenfalls die Vermeidung Vorrang vor der Reparatur haben. Entsprechend einem ökologisch-ökonomischen Optimum soll die Summe aus den zur Vermeidung und zur völligen Behebung der Schäden notwendigen Kosten möglichst klein sein.

Zu den Eigenrechten der kommenden Generationen, der Tiere und Pflanzen: Subjektive, einklagbare Rechte für Pflanzen? Ist das nicht skurril übertrieben? Antwort gibt eine grundlegendere Überlegung: Der Mensch darf nicht zerstören, was er nicht aufbauen kann. Pflanzliche Ökosysteme sind aus einem Millionen Jahre andauernden Selektionsbzw. Bewährungsprozeß hervorgegangen, den Menschen nicht simulieren können. Der Geno- und Phänotyp einer Tier- oder Pflanzenart geht bei einer Ausrottung unwiederbringlich verloren. Schutz gegen die Ausbeutungsgier immer neuer Menschengenerationen bieten nur die vorgeschlagenen Eigenrechte. Dies entspricht auch dem, was über die Evolution des Lebens bekannt ist: Keine Art ist zur ausschließlichen Ausbeutung durch eine andere Art entstanden oder „erschaffen" worden. Jede Art hat nur insofern eine Existenzberechtigung, als sie andere nicht nur leben läßt, sondern mit ihnen so kooperiert, daß alle zusammen aus dem begrenzten Ressourcenangebot möglichst viel Nutzen ziehen können. Wobei „Nutzen" als Energieumsatz definiert werden könnte. Insofern hat auch die Menschheit keine Existenzberechtigung, solange sie andere Arten nur unter dem Aspekt des Nutzens für sich selbst sieht und behandelt; keine Existenzberechtigung, weil sie sich selbst, entsprechend den ökologischen Erkenntnissen, auf diese Weise um ihre Weiterexistenz bringt.

Auch Kant schlägt eine Brücke zwischen menschlichen und außermenschlichen Interessen: Er findet Tierquälerei allein aus dem Grund verurteilenswert, weil sie dazu beitragen könnte, daß das Mitgefühl am Leiden „im Menschen abgestumpft und dadurch eine der Moralität, im Verhältnisse zu anderen Menschen, sehr diensame natürliche Anlage geschwächt und nach und nach ausgetilgt wird"[23]. Übereinstimmend argumentiert Meyer-Abich: „Es ist eine Frage der Menschenwürde, wie wir mit den Tieren und Pflanzen umgehen."[24]

1992 formulierte Peter Pernthaler den Gesetzesvorschlag einer Verfassungszielbestimmung, der die Eigenrechte kommender Generationen und der Natur absichern soll. Er ist im Anhang angegeben.

8. Schlußbemerkung

Die hier beschriebenen ethischen und rechtlichen Grundlagen unterscheiden sich gravierend von jenen, die im Bewußtsein verankert sind und dem gegenwärtigen Rechtssystem zugrunde liegen. Daraus zu schließen, daß sie utopisch sind und, wenn überhaupt, erst weit in der Zukunft verwirklicht werden könnten, wäre jedoch ein verhängnisvoller Irrtum. Die absolute Zahl der durch die Zerstörung der natürlichen Lebensgrundlagen Betroffenen wächst sehr stark an. Der Verteilungskampf um immer knapper werdende Naturressourcen verschärft sich. Daher besteht nur die Wahl, den Lebensstil den hier unterbreiteten Vorschlägen raschest anzupassen oder Veränderungen des Lebensstils aufgezwungen zu bekommen, die weitaus drastischer sind: Veränderungen durch Kriege, die der Verteilungskampf auslöst.

Anhang: Gesetzesvorschlag einer Verfassungszielbestimmung von Peter Pernthaler[25]

Rechte:

1. Der Staat anerkennt und schützt die Rechte der Natur. Unter Natur sind Mensch, Tiere, Pflanzen und unbelebte Natur zu verstehen. Der Staat anerkennt und schützt Menschenrechte der künftigen Generationen.
2. Mensch, Tiere, Pflanzen und die unbelebte Natur haben das Recht auf eine würdige Existenz in ihrem angestammten Lebensbereich, auf Erhaltung und Pflege ihrer Existenzgrundlagen, auf Erhaltung von Artenreichtum und -vielfalt.
3. Mensch, Tiere, Pflanzen und die unbelebte Natur haben das Recht, daß alles staatliche Handeln und seine Folgen im voraus auf die ökologische Verträglichkeit geprüft werden.
   a) Mensch, Tiere, Pflanzen und unbelebte Natur haben das Recht, daß alles staatliche Handeln, das ihren Bestand gefährdet, unterlassen wird.
   b) Mensch, Tiere, Pflanzen und unbelebte Natur haben das Recht, daß bei mehreren Möglichkeiten des staatlichen Handelns die umweltverträglichste gewählt wird.
   c) Mensch, Tiere, Pflanzen und unbelebte Natur haben das Recht, daß mit der Natur möglichst schonend und erhaltend umgegangen wird.
4. Zur Wahrung ihrer Rechte haben Mensch, Tiere, Pflanzen, unbelebte Natur und die künftigen Generationen das Recht auf rechtliches Gehör und Zugang zum Gericht.
5. Die Rechte der Natur (Artikel 2, 3, 4) und die Menschenrechte künftiger Generationen werden durch gesetzliche Vertreter, die Umweltprokuratoren, wahrgenommen.

Pflichten:

1. Jeder achte das Recht der Natur auf eine würdige Existenz. Jeder achte die Menschenrechte künftiger Generationen.
2. Jeder hat die Pflicht, im Rahmen seiner Möglichkeiten und nach Maßgabe der Gesetze an der Erhaltung der natürlichen Existenzgrundlage von Mensch, Tieren, Pflanzen und unbelebter Natur mitzuwirken.
3. Jeder hat die Pflicht, sich im voraus über die möglichen Umweltfolgen seines Handelns zu informieren und gegebenenfalls den Rat von Umweltsachverständigen einzuholen.

a) Handlungen, die Mensch, Tiere, Pflanzen und unbelebte Natur in ihrem Bestand gefährden, sind zu unterlassen.

b) Bei mehreren Möglichkeiten des Handelns ist die umweltverträglichste zu wählen.

c) Jeder hat mit Mensch, Tieren, Pflanzen und unbelebter Natur möglichst schonend und erhaltend umzugehen.

Anmerkungen

[1] Erklärung der Unabhängigkeit der Kolonien von England vom 4. Juli 1776.

[2] Ihr Artikel 1 („Die Menschen werden frei und gleich an Rechten geboren und bleiben es ...") entspricht dem Artikel 1 der nach den Wirren des 2. Weltkrieges am 10. Dezember 1948 von der Vollversammlung der Vereinten Nationen beschlossenen „Allgemeinen Erklärung der Menschenrechte": „Alle Menschen sind frei und gleich an Würde und Rechten geboren."

[3] Robert E. Ricklefs, Ecology, W. H. Freeman and Company, New York 1990.

[4] Neil A. Campbell, Biologie, Lehrbuch, Spektrum Akademischer Verlag, Heidelberg 1997.

[5] Albert Schweitzer, Die Ehrfurcht vor dem Leben, C. H. Beck, München 1988.

[6] Hans Jonas, Das Prinzip Verantwortung, Suhrkamp, Frankfurt 1984, Zitat Verantwortung: Seite 35.

[7] Friedrich Jodl, Geschichte der Ethik als Philosophischer Wissenschaft, Phaidon Verlag, Essen, Reprint d. 4. Aufl. von 1929, Band II, Seite 392 ff.

[8] Johannes Messner, Ethik, Tyrolia-Verlag, Innsbruck 1955.

[9] Brundtland-Report, World Commission on Environment and Development 1987, Our Common future, New York 1987, Oxford University Press.

[10] In der Originalsprache: „La liberté consiste á pouvoir faire tout ce, qui ne nuit pas á autrui: ainsi l'exercise des droits naturels de chaque homme n'a de bornes que celles, qui assurent aux autres membres de la société la jouissance des ces mème droits. Ces bornes ne peuvent être déterminées que par la loi."

[11] Artikel 1 der UNO-Resolution (Universal Declaration of Human Rights) 217 A (III) vom 10. Dezember 1948.

[12] Artikel 3 der UNO-Resolution.

[13] Artikel 4 der am 3. September 1791 beschlossenen „Déclaration des droits de l'homme et du citoyen".

[14] Artikel 11 des „Internationalen Übereinkommens über die wirtschaftlichen, sozialen und kulturellen Rechte" vom 19. Dezember 1966.

[15] Artikel 25 der UNO-Resolution vom 10. Dezember 1948.

[16] Artikel 2 des „Internationalen Übereinkommens über die zivilen und politischen Rechte" vom 16. Dezember 1966.

[17] Artikel 13 des I. Teils der „Europäischen Sozialcharta" vom 18. Oktober 1981.

[18] UNO-Resolution (Universal Declaration of Human Rights) 217 A (III) vom 10. Dezember 1948.

[19] G. Hardin, The tragedy of the commons, Science, 162, 1243–8 (1968).

[20] Christoph Thun-Hohenstein, Der Vertrag von Amsterdam, Manz Verlag, Wien 1997.

[21] Die vier „Grundfreiheiten" bilden das Rückgrat der Europäischen Verträge. Es sind die Freiheiten des Handels von Kapital, Gütern und Dienstleistungen sowie der Niederlassung von Personen.

[22] Hans Jonas, Das Prinzip Verantwortung, Suhrkamp, Frankfurt 1984.

[23] Immanuel Kant, Metaphysik der Sitten, 2. Teil, I, § 17, CD-ROM, Directmedia Publishing GmbH, Berlin 1998.

[24] Klaus Michael Meyer-Abich, Wege zum Frieden mit der Natur, Deutscher Taschenbuch Verlag, München 1986.

[25] Peter Pernthaler, K. Weber u. N. Wimmer, Umweltpolitik durch Recht – Möglichkeiten und Grenzen, Manz Verlag, Wien 1992.

Hans Peter Aubauer

Voraussetzungen einer umweltverträglichen Wirtschaft

Die „Notwendigkeit" einer „nachhaltigen Entwicklung"[1] ist in aller Munde. Dennoch entwickeln sich Wirtschaft und Gesellschaft von einem „nachhaltigen" Zustand immer weiter weg, und dies mit zunehmender Geschwindigkeit. Einem „nachhaltig" bewirtschafteten Forst wird bekanntlich nicht mehr Holz entnommen, als in ihm nachwächst, im Gegensatz zum Raubbau in Sibirien oder in den Regenwäldern. Wie beim Raubbau liegen aber der Energie- und der Stoffverbrauch bereits über dem Zehnfachen des nachhaltigen Niveaus nachwachsender bzw. erneuerbarer Rohstoffquellen. Wobei dieses Niveau immer mehr sinkt, weil die überlasteten Ökosysteme zusammenbrechen, wofür das Artensterben als Indikator dienen kann. Immer mehr droht daher ein Zusammenbruch des Verbrauches von einem ansteigenden momentanen zu einem sinkenden nachhaltigen Verbrauch.

Grund dafür ist u. a. ein Hinwegtäuschen über unabänderliche Naturgesetze durch jene, die an der Fortsetzung gegenwärtiger Trends gewinnen – auf Kosten der gegenwärtigen und der künftigen Allgemeinheit wie der natürlichen Schöpfung. Aus Naturgesetzen sollen hier daher einige Voraussetzungen einer natur- bzw. umweltverträglichen Wirtschaft abgeleitet werden.

1. Entscheidende Naturgesetze

Der Zeitaspekt: Es sind keine natürlichen Gründe erkennbar, warum die Menschheit nicht mehrere Milliarden Jahre auf diesem Planeten leben könnte. Erst dann würde das „Lebensende" der Sonne oder der Verlust von Wasserstoff an das Weltall allem Leben ein Ende setzen.

Das „demokratische Dilemma": In der bisherigen Geschichte einschließlich der Gegenwart hat nicht mehr als ein Millionstel jener Menschen gelebt, die potentiell zukünftig auf der Erde leben könnten.[2] Dennoch sind wir im Begriff, dieser gewaltigen Mehrheit von künftigen Menschen innerhalb der nächsten zwanzig bis dreißig Jahre die natürliche Existenzgrundlage zu entziehen. Und dies, indem wir uns auf „Mehrheiten" berufen, gegen deren Interessen ein Ende der Naturzerstörung angeblich undurchsetzbar sei.

Die „ökologische Tragfähigkeit": In der Natur kann ein Biotop nur eine bestimmte Individuenzahl einer Art dauernd tragen. Sie entspricht der ökologischen Tragfähigkeit.[3] So kann eine Tierart nur von dem leben, was andere Arten an Biomasse liefern. Für den Menschen entspricht die ökologische Tragfähigkeit dem nachhaltigen Angebot erneuerbarer Rohstoffquellen. Sie begrenzt den dauernd möglichen Gesamtverbrauch oder das Produkt aus der Menschenanzahl und dem individuellen Verbrauch an Energie und Stoffen sowie die Bodennutzung.

Biodiversität der Ökosysteme: Die Ökosysteme sind so überlastet, daß die Vielfalt der Arten oder „Biodiversität"[4] in ihnen schwindet. Das komplexe wie empfindliche Kooperationsgefüge zwischen den Arten wird zerstört. Die Anpassungsfähigkeit der Ökosysteme an die stetig wechselnden natürlichen Anforderungen sinkt. Das erneuerbare Rohstoffangebot und damit die ökologische Tragfähigkeit sowie ihre Fähigkeit, Menschen dauernd zu tragen, nehmen ab.

Das Überschreiten der ökologischen Tragfähigkeit: Spätestens bis zur „industriellen Revolution" war auch die Menschheit, wie jede andere Art, im wesentlichen an das Angebot erneuerbarer Rohstoffquellen bzw. an die ökologische Tragfähigkeit gebunden.[5] Weil seither aber auch die begrenzt vorhandenen Bodenschätze, insbesondere fossile Energie, ausgebeutet werden, konnte der Gesamtverbrauch vorübergehend auf mehr als das Zehnfache des Angebotes erneuerbarer Rohstoffe bzw. der ökologischen Tragfähigkeit angehoben werden. Beispielsweise ist die zur dauernden Bereitstellung des Verbrauches der Niederländer erforderliche Fläche bereits vierzehnmal so groß wie die Fläche ihres Landes. Ihr Gesamtverbrauch liegt vierzehnfach über der ökologischen Tragfähigkeit.[6]

Die Verminderung der ökologischen Tragfähigkeit: Weil die Naturbelastung über der ökologischen Tragfähigkeit liegt, sinkt diese nahezu überall dramatisch:

- Die Endprodukte des Verbrauches der Bodenschätze senken die Tragfähigkeit: Material bleibt erhalten. 1 kg „verbrauchter" Rohstoff wird in mindestens[7] 1 kg Emissionen oder Abfall verwandelt. Emissionen (z. B. CO_2, FCKW) stören das Strahlungsgleichgewicht der Atmosphäre. Sie beeinträchtigen die Ökosysteme der Gewässer und Böden, die zudem mit Abfall geschädigt werden.
- Zu viele Menschen reduzieren Lebensräume: Nicht nur die Menschheit, auch die 320.000 Pflanzen- und ca. 10 Millionen Tierarten benötigen einen Lebensraum. Dessen Vernichtung verursacht das Artensterben zu ca. einem Drittel.[8, 9]
- Zu viele Menschen stören Lebensräume: Störungen von Flora und Fauna u. a. durch die Jagd verursachen zu einem weiteren Drittel das Artensterben.

- Faunenverfälschung: Drittens reduziert das Einbringen fremder Arten die Vielfalt (ebenfalls zu ca. einem Drittel).
- Bodendegradation: Nicht nur die Ökosysteme, auch die Böden werden zerstört, etwa durch Bauten. Weltweit sind bereits 38 % der Acker-, 21 % der Grünland- und 18 % der Wald- bzw. Savannenflächen durch Erosion degradiert. Gründe dafür sind die Abholzung der Wälder, die Überweidung und die Intensivierung des Ackerbaus.[10]
- Verschwendung: Genau jene beschränkt vorhandenen Bodenschätze, die der heutigen Menschheit das Überschreiten der ökologischen Tragfähigkeit ermöglichten, werden der zukünftigen Menschheit durch Verschwendung entzogen. Die unermeßlich große Mehrheit der Menschen, die potentiell auf diesem Planeten leben könnten, wird damit nicht nur mit einer drastisch reduzierten ökologischen Tragfähigkeit, sondern auch mit dem Entzug jeglicher Möglichkeiten konfrontiert, diese Tragfähigkeit zu überschreiten.

Ökologische Nischen: Auf Dauer kann eine Art in der Natur nur innerhalb einer eigenen „ökologischen Nische" überleben, die die Konkurrenz zwischen ihr und anderen Arten um dieselben Ressourcen vermeidet. Denn nach dem ökologischen „Konkurrenzausschlußprinzip" ist dies auf Dauer unmöglich. Die auch nur ein wenig überlegenere Art würde andere verdrängen.[11] Durch ihre biologische und technische Überlegenheit dringt die Menschheit hingegen in nahezu alle ökologischen Nischen ein, verdrängt deren Arten in die Auslöschung, senkt die ökologische Tragfähigkeit und verringert damit die eigene Überlebenschance.

Auch die Menschheit kann, wie jede andere Art auch, nur innerhalb einer eigenen ökologischen Nische überleben. Dies ist die wesentlichste Voraussetzung einer umweltverträglichen Wirtschaft und erfordert eine radikale Umkehr gegenwärtiger Trends, womit vor allem zweierlei gemeint ist:

- Der Bedarf an Energie und Stoffen muß so abgesenkt werden, daß er allein mit nachwachsenden Rohstoffen bzw. mit Sonnenenergie befriedigt werden kann.
- Die Belastung der Ökosysteme muß auf deren Tragfähigkeit verringert werden.

Je länger mit der Verwirklichung dieser beiden Schwerpunkte zugewartet wird, um so weniger Menschen können sich künftig auf diesem Planeten ihres Daseins erfreuen und um so erbärmlicher wird ihre materielle Ausstattung.

2. Ein Reduktionsplan

„Optimaler" Wechsel der Rohstoffbasis: Wenn man davon ausgeht, daß ein zukünftiges Menschenleben nicht weniger wertvoll als ein gegenwärtiges sein soll, folgt die Notwendigkeit eines Wechsels der Rohstoffbasis. Damit ist der „optimale" Wechsel von der Nutzung sowohl begrenzter als auch erneuerbarer Rohstoffe (vorletzte Zeile der nachfolgenden Tabelle) zur Nutzung ausschließlich der letzteren gemeint (letzte Zeile).

Rohstoffe	Fossile Rohstoffe	Mineralische Rohstoffe	Nukleare Rohstoffe	Biogene Rohstoffe
Begrenzte Menge, unbegrenzter Strom (Probleme mit Abfall und Emissionen; Strom = Rohstoffverbrauch pro Zeit)	●	●	●	
Unbegrenzte Menge, begrenzter Strom				●
Gegenwärtige Rohstoffbasis	●	●	●	●
Nachhaltige Rohstoffbasis				●

Zweierlei soll dadurch ausgedrückt werden:

1. Eine Absenkung des Verbrauches von Energie, Stoffen und Biomasse sowie der Bodennnutzung auf das Angebot erneuerbarer bzw. nachwachsender Rohstoffquellen der ökologischen Tragfähigkeit. In Industrieländern wie Österreich bedeutet dies eine Reduktion des Energie- und Stoffverbrauches auf höchstens ein Zehntel der gegenwärtigen Werte sowie der Bodennutzung auf höchstens die Hälfte.

2. Dieser „geordnete Rückzug" des Verbrauches sollte innerhalb einer „optimal" langen Periode erfolgen. Wobei mit „optimal" eine Periode gemeint ist, die so lang ist, daß der Rückzug demokratisch und möglichst „verlustarm" erfolgen kann, aber auch so kurz, daß die ökologische Tragfähigkeit „nicht zu sehr" absinkt. Präziser ausgedrückt, geht es darum, währenddessen möglichst viele Gewinne zu machen, aber nicht auf Kosten künftiger Gewinne: Die Summe sowohl der gegenwärtigen als auch der künftigen Gewinne soll möglichst groß sein. Abschätzungen zeigen das Optimum bei nicht mehr als 30 Jahren.[12]

Ein Reduktionsplan für den Verbrauch von Energie und Stoffen: Aus einer Reduktion auf 1/10 innerhalb von 30 Jahren folgt die Notwendigkeit, den Energie- und Stoffverbrauch jährlich um mindestens 7,4 % abzusenken: $(1-7,4/100)^{30} = 1/10$.

Ein Reduktionsplan der Naturbelastung: Bereits 40 % der Biomasse oder biogenen Rohstoffe, die Pflanzen mittels Photosynthese und der

Sonne produzieren, werden allein von Menschen genutzt und damit der Natur als Ressource entzogen.[13] Dies gilt auch für Österreich. Zur Beendigung des Artensterbens dürfen dagegen nicht mehr als etwa 20 % der Biomasse anthropogen genutzt werden. Aus einer Verminderung der Eingriffe in die Ökosysteme bzw. der Bodennutzung auf die Hälfte innerhalb dreier Jahrzehnte folgt der Plan einer jährlichen Reduktionsrate von mindestens 2,3 %: $(1-2,3/100)^{30} = 1/2$.

Existiert ein Optimum der Bevölkerungsdichte? Ein Mensch existiert auf Kosten mehrerer künftig lebender, sobald der Gesamtverbrauch und die Naturbelastung der Bevölkerung in einer Region über der ökologischen Tragfähigkeit liegen. Dann sinkt die Anzahl der Menschen, die gegenwärtig und zukünftig von den Ökosystemen der Region getragen werden können.

Wenn überdies der gesamte Verbrauch laut Plan jährlich um 7,4 % sinken soll, dann muß der individuelle Verbrauch um (7,4 + V) % reduziert werden, wenn sich die Bevölkerungszahl in der Region jährlich um V % verändert. Je mehr die Dichte der Bevölkerung daher wächst, um so stärker muß sich diese materiell einschränken. Wenn jetzt und zukünftig in einer Region möglichst viele Menschen leben sollen und ihr materieller Standard möglichst hoch sein soll, dann müßte ihre gegenwärtige Dichte durch Einschränkung der Geburten wie auch der Einwanderung stark verringert werden. Warum müssen alle Menschen gleichzeitig leben? – Wie soll dann aber der große Bevölkerungsanteil der Pensionisten finanziert werden? Nicht mit Steuern auf Arbeit, sondern auf den Ressourcen (Details im 6. Punkt).

3. Modifizierte wirtschaftliche Ziele

Wozu ist die Wirtschaft eigentlich da? Wem soll sie dienen? Die übliche utilitaristische Antwort lautet bekanntlich: „Das Ziel der Wirtschaft ist die Schaffung von möglichst viel Wohlbefinden für möglichst viele Menschen." Wobei sich „Wohlbefinden" als Befriedigung folgender menschlicher Grundbedürfnisse präzisieren ließe:[14]

- Absicherung des Lebensunterhaltes (u. a. Bereitstellung von Nahrung, Wohnraum, Kleidung, Mobilität etc.)
- Vertrauen in die Lebensumstände
- Beteiligung/Mitbestimmung an der Gestaltung der Lebensumstände
- Identifikation der eigenen Person, auch mit den Lebensumständen (u. a. Heimat)
- Anerkennung durch die Mitmenschen

- Zuneigung durch Nahestehende
- Freiheit

Grundsätzlich existieren keine Konflikte zwischen diesem utilitaristischen Ziel und der Bewahrung der Umwelt, jedoch ein eklatanter Gegensatz zur gegenwärtigen Wirtschaft:

- Weil die ökologische Tragfähigkeit global, aber nahezu überall auch regional sinkt, wird einer unermeßlich großen Menschenzahl die Chance entzogen, überhaupt zu existieren, geschweige denn ihre Grundbedürfnisse zu befriedigen.
- Gegenwärtige Gewinne werden mit einem Vielfachen künftiger Verluste erkauft. Ein Mensch lebt auf Kosten sehr sehr vieler Menschen in Zukunft! Die Wirtschaft entfernt sich damit immer weiter von ihren Zielen weg.
- Die Wirtschaft polarisiert immer mehr zwischen Arm und Reich, zerstört die eigenen Produktionsgrundlagen, verschärft damit den Verteilungskampf um immer knapper werdende Naturgüter, provoziert hierdurch künftige Konflikte und beseitigt die eigene Gestaltungsfreiheit: es drohen massive politische Beschneidungen des wirtschaftlichen Freiraumes, die üblicherweise unvernünftig sind.

Wie können daher die Naturgesetze des 1. Punktes in den Wirtschaftszielen so berücksichtigt werden, daß der Gestaltungsfreiraum sowohl für die Betriebe als auch für die Bürger möglichst groß wird bzw. bleibt? Dazu genügt es, die bisherigen makroökonomischen Ziele leicht zu modifizieren: Da Wohlstand nur individuell erlebt werden kann, sollte statt eines möglichst großen Sozialproduktes eher ein maximales Sozialprodukt pro Kopf bzw. ein möglichst großer individueller Beitrag dazu angestrebt werden. Ergänzt um die übrigen Ziele (ein hohes Beschäftigungsniveau, Preisstabilität auf freien Märkten, ein außenwirtschaftliches Gleichgewicht und „Einkommensgerechtigkeit"), entstünde ein neues Zielbündel.[15]

Dieses Zielbündel müßte dem Reduktionsplan des 2. Punktes unterworfen werden:[16] Wann immer ein Ziel des Bündels in Konflikt mit dem Plan gerät, hat dieser absoluten Vorrang. Das gilt vor allem für das Wirtschaftswachstumsziel. Damit würde nicht das Wirtschaftswachstum bekämpft, sondern ausschließlich seine negativen Umweltauswirkungen. Denn auch aus wirtschaftlichen Gründen ist die Begrenzung des Wachstums dann gerechtfertigt, wenn es seine eigenen künftigen Grundlagen untergräbt, weil es die ökologische Tragfähigkeit senkt.

Dazu müßte jedoch der Vertrag der Europäischen Union vor allem in seinen Artikeln 95, 175 und 176 verändert werden.

Ein dem Naturverbrauchsreduktionsplan des 2. Punktes unterworfenes Wirtschaftswachstum entspricht einem „qualitativen Wirtschaftswachstum", das bisher erfolglos, weil mit untauglichen Mitteln angestrebt wurde. Der Reduktionsplan gibt die „äußere Leitplanke" an, bis zu der die Umweltbelastung gehen darf. Innerhalb der „Leitplanke" ist die wirtschaftliche Freiheit und Gestaltungsmöglichkeit maximal. Ein Ignorieren der Leitplanke vergrößert möglicherweise gegenwärtige Gewinne und Freiheit, jedoch auf Kosten eines Vielfachen künftiger Freiheiten/Gewinne, so daß deren Gesamtausmaß sinkt.

Dem Reduktionsplan könnte entgegengehalten werden, er wäre „nicht durchsetzbar". Damit würde aber implizit behauptet, der ökologische Kollaps mit seinem unermeßlichen Elend wäre unvermeidbar, so daß jede Bemühung dagegen fruchtlos bliebe:

- Erstens wäre dies als Schutzbehauptung jener unakzeptabel, die an den gegenwärtigen Trends auf Kosten aller anderen gewinnen.
- Zweitens würden die Folgen eines Zusammenbruches die negativen Auswirkungen seiner Vermeidung um ein Vielfaches übertreffen.
- Drittens kann der Reduktionsplan des Verbrauches und der Belastung sehr wohl verwirklicht werden: Dazu muß die wirtschaftliche Eigendynamik aus ihrer Konfrontation mit dem Plan befreit und in seine Richtung umgelenkt werden. Damit sind Veränderungen der rechtlichen und ökonomischen Rahmenbedingungen gemeint, denen die Betriebe und Bürger ausgesetzt sind; Veränderungen, die bewirken, daß es in deren eigenem Interesse liegt, ihre Naturnutzung entsprechend dem Plan abzusenken. Auf diese Weise kann die heilsame Wirkung der „unsichtbaren Hand" wiederhergestellt werden.

4. Wiederherstellung der „unsichtbaren Hand"

1779, zu Beginn der „industriellen Revolution" Englands, beschrieb Adam Smith die „unsichtbare Hand":

„Jeder einzelne ist bemüht, sein Kapital so einzusetzen, daß das damit erstellte Produkt den höchstmöglichen Wert hat. Im allgemeinen ist er weder bestrebt, das öffentliche Wohl zu fördern, noch weiß er, inwieweit er es fördert. Er hat lediglich seine eigene Sicherheit im Auge, seinen eigenen Gewinn. Dabei wird er jedoch von einer unsichtbaren Hand geleitet, die dafür sorgt, daß er einem Ziel dient, das nicht Teil seines Anliegens war. Indem er sein eigenes Interesse verfolgt, dient er oft dem Wohl der Gesellschaft besser, als wenn er dies von vornherein beabsichtigt hätte."[17]

In der Wirtschaftswissenschaft nennt man als Voraussetzungen der Gültigkeit dieser „unsichtbaren Hand" einerseits die Existenz eines „vollkommenen Wettbewerbes" und andererseits das Fehlen „externer Effekte"[15]. Da die Transportkosten keine Rolle mehr spielen und andere Handelsbarrieren vordringlich abgebaut werden, nimmt die Vollkommenheit des Wettbewerbes tatsächlich zu. Jedoch nur vorübergehend. Denn die verschärfte Konkurrenz verdrängt die Vielzahl kleiner Anbieter zugunsten weniger großer, weltweit verflochtener Firmen. Sie reduziert sich selbst.

Damit ist eine Voraussetzung der „unsichtbaren Hand" nicht erfüllt. Vor allem aber sind die „externen Effekte" seit der industriellen Revolution in das Unermeßliche gewachsen:

• Die Naturschätze werden immer noch so genutzt, als ob ihr Angebot unbegrenzt wäre. Bekanntlich sinken die Ressourcenpreise derzeit immer mehr, bis auf den Rohölpreis.
• Es werden Schäden an der Natur verursacht, die nicht wiedergutzumachen sind. Die auf die Allgemeinheit abgewälzten bzw. „externalisierten" Kosten ihrer Behebung steigen damit in das Grenzenlose.

Der „unsichtbaren Hand" kann also nur Wirkung verliehen werden und damit die gegenwärtige Wirtschaftspolitik der „Deregulierung" und der „Handelsfreiheiten" nur gerechtfertigt werden, wenn zumindest vier Voraussetzungen erfüllt sind:

• Erstens: Die Preise von Gütern und Dienstleistungen müssen alle Kosten enthalten, die zur Beseitigung der Schäden erforderlich sind, die durch ihren Kauf verursacht wurden.
• Zweitens: Die Preise müssen die gesamte, also auch die künftige Nachfrage der Mehrheit aller Menschen nach begrenzten Naturgütern widerspiegeln.
• Drittens muß sich der Käufer vor einem eventuellen Kauf einfachst über die Umweltschäden informieren können, die er mit seinem Kauf verursacht, und wie er sie möglichst verringern kann. Denn erst dann kann er die Verantwortung für seinen Kauf übernehmen.
• Viertens muß der Produzent die volle Verantwortung für die Umweltfolgen der von ihm auf den Markt gebrachten Produkte übernehmen, deren Hauptverursacher er ja ist.

5. Das zentrale Paradoxon

Wie soll dies geschehen? In der Umweltökonomie werden in diesem Zusammenhang vor allem Details von Auflagen, Abgaben und Zertifikaten diskutiert,[18, 19] ohne genügend Gewicht auf folgendes Paradoxon zu legen:

- Der Produktionsfaktor Natur (bzw. Boden) ist besonders knapp.
- Der Produktionsfaktor Arbeit ist dagegen durch ein Überangebot bzw. durch Arbeitslosigkeit gekennzeichnet.
- Der Verbrauch und die Belastung von Natur pro Kopf wachsen, während die pro Kopf verfügbare Natur abnimmt.
- Im absurden Gegensatz dazu wird Arbeit sehr hoch besteuert, als ob sie knapp wäre, und bleiben der Verbrauch und die Belastung der Natur als „freie Güter" praktisch unbesteuert, als ob ihr Angebot unbegrenzt wäre. Beispielsweise beträgt das Verhältnis von Energie- zur Arbeits-/Einkommensbesteuerung gegenwärtig etwa 1 zu 20.[20]
- Da daher Arbeit zu teuer und Natur zu billig ist, löst der Einsatz des dritten Produktionsfaktors Kapital vor allem „Rationalisierungen" aus, die den Einsatz von Arbeit reduzieren, obwohl ein Überangebot besteht und diese den Einsatz von Natur steigern, obgleich sie immer knapper wird: Das Mißverhältnis von zu teurer Arbeitskraft und zu billigem Naturverbrauch zwingt die Betriebe zu einem weiteren Wachstum der Arbeitsproduktivität und zu einer Abnahme der Ressourcenproduktivität. Der von einer Arbeitskraft verursachte Ressourcen- und Naturverbrauch nimmt rasch zu. Weil die Märkte aber inzwischen voll gesättigt sind und der Naturraum immer knapper und damit teurer wird, verursacht dies scheinbar unaufhaltsam Arbeitslosigkeit, auch in wachsenden Wirtschaften. Überdies wächst die Naturzerstörung scheinbar unvermeidbar.

6. Kostengerechte Preise: Umkehrung des Kostenverhältnisses der Produktionsfaktoren Arbeit und Natur

Eine Wirtschaft ohne Besteuerung der Arbeit und des Mehrwertes: Eine jährliche Absenkung des Verbrauches von Energie und Stoffen um 7,4 % sowie der Eingriffe in die Ökosysteme um 2,3 % ist nur mit ihrer ausreichenden stufenweisen Verteuerung erreichbar: In einer konservativen Schätzung müßten der Stoff- und der Energieverbrauch jährlich um mindestens 7,4 % und die Bodennutzung um jährlich 2,3 % teurer werden.[21] Zunächst wäre dies mit einer schrittweisen Umlagerung der Besteuerung des Produktionsfaktors Arbeit sowie der Mehrwertsteuer auf den Produktionsfaktor Natur möglich. Die Gesamtbesteuerung und die Belastung der Wirtschaft blieben dabei unverändert. Der Wegfall der Besteuerung von Arbeit und Mehrwert könnte folgendes bewirken:

- Die Arbeitskosten könnten ohne Absinken des Reallohnes drastisch reduziert werden.
- Nach einigen Jahren müßte sich Vollbeschäftigung einstellen, während der Naturverbrauch deutlich abnehmen würde. Statt der Arbeitsproduktivität würde die Ressourcenproduktivität wachsen. Pro Arbeitsplatz würde weniger Natur verbraucht bzw. belastet. Damit wären auch die auf einen Beschäftigten anfallenden Umweltkosten niedriger. Strengere Umweltnormen könnten zusätzlichen Gewinn und nicht, wie gegenwärtig, Verluste bringen. Umwelttechniken und -wissen böten große und wachsende Marktchancen. Vor dem Hintergrund eines immer engeren Naturraumes würden wesentlich mehr Arbeitsplätze entstehen als verlorengehen.
- Es gibt keinen Grund, warum der Wechsel der Besteuerung von einem Produktionsfaktor (Arbeit) zu einem anderen (Natur) die Wirtschaft belasten sollte, wenn dies ohne Anhebung der Gesamtbesteuerung erfolgt. Im Gegenteil: Der sowohl pro Wertschöpfung als auch pro Beschäftigten sinkende Ressourcenverbrauch und die damit zusammenhängende Umweltentlastung würden Kosten senken und zusätzliche Gewinne bringen.
- Die „Schwarzarbeit" müßte nicht mehr diskriminiert und kriminalisiert werden. Denn der Unterschied zwischen ihr und der geregelten Arbeit verschwände. Jeder könnte ohne viel administrativen Aufwand „sein eigener Unternehmer" werden. Die Wirtschaft würde durchgehend liberaler, anpassungsfähiger und weniger bürokratisch werden.
- Gefördert würde insbesondere gewinnbringende Arbeit, die aus begrenzt vorhandenen natürlichen Gegebenheiten den größten Nutzen zieht.
- Das Sozialprodukt würde so erzeugt, daß die dabei angerichteten Naturschäden und der Rohstoffeinsatz minimal wären.
- Aus allen Möglichkeiten, die Umwelt zu schützen, würden jene ausgewählt, die die größten wirtschaftlichen Gewinne und das größte Wirtschaftswachstum bringen. Und dies nicht nur kurzfristig, sondern für alle Zukunft.
- Es würden die kurzfristigen wirtschaftlichen Gewinnmöglichkeiten ausgeschöpft, ohne die langfristigen zu gefährden und ohne die natürlichen Lebensgrundlagen zu beeinträchtigen.

- Auf keine andere Art und Weise könnte der Freiraum der Betriebe und Bürger auf Dauer größer sein.
- Jenen Branchen, die pro Wertschöpfung mehr Ressourcen als im Durchschnitt verwenden, könnten diejenigen Ressourcenabgaben zurückgezahlt werden, die sie mehr als durchschnittlich bezahlen. Dies jedoch unter der Voraussetzung, daß sie ihren spezifischen Ressourcenverbrauch[22] auf den Durchschnitt absenken, was den gesamten Verbrauch an Ressourcen senken würde. Das würde auch sie zu Gewinnern machen. Damit würden praktisch alle aus einem Wechsel von der Besteuerung der Arbeit und des Mehrwerts zu einer Besteuerung des Naturverbrauches bzw. der Naturbelastung Vorteile ziehen.
- Die Finanzierung der Pensionen und des Sozialsystems könnte von der Anzahl der Beschäftigten und deren Einkommen entkoppelt und damit sicherer werden. Denn der Rohstoffverbrauch eines (mittleren) Bürgers und Arbeitsplatzes und deren Naturbelastung würden auf das ununterschreitbare Notwendige gesenkt. Dieses ist aber eine viel sicherere Besteuerungsbasis als das Einkommen.[23]

Eine negative Besteuerung der Arbeit und des Mehrwertes: Der Wechsel der Besteuerungsbasis von Arbeit/Mehrwert zur Natur könnte aber den Rohstoffverbrauch und die Naturbelastung möglicherweise nicht ausreichend reduzieren. Dann bestünde die Möglichkeit, mit dem Aufkommen einer Naturbesteuerung die Arbeit und den Mehrwert mit negativen Steuern zu belegen bzw. sie finanziell zu fördern. Wobei die Mittel sowohl auf den Arbeitgeber als auch auf den Arbeitnehmer aufgeteilt werden könnten. Dies ergäbe:

- Die Arbeitskosten könnten bei steigendem Reallohn weiter abgesenkt werden. Über die Vollbeschäftigung hinaus könnte das Realeinkommen wachsen.
- Gefördert würde vor allem die Mehrwert schaffende Arbeit, die Lebensquelle der Wirtschaft.
- Wenn die Rückzahlung der Naturbesteuerung nicht proportional zu den Einkommen[24], sondern degressiv zu ihnen erfolgte, würden vor allem die sozial Schwachen gewinnen. Viele Vorteile eines „Grundeinkommens" könnten an die Notwendigkeit zur Arbeit gebunden werden.
- Das Wachstum der Wirtschaft würde direkt von dem der Naturzerstörung entkoppelt: Denn das erstere würde mit Mitteln gefördert, die aus einer Besteuerung des letzteren stammen.

- Kapitalinvestitionen würden nicht der Umweltzerstörung und Arbeitslosigkeit, sondern vorwiegend der arbeitsintensiven Effizienzsteigerung der Naturnutzung dienen.
- Die Wirkung der „unsichtbaren Hand" wäre insofern wiederhergestellt, als sich der Konsument nicht direkt um das Gemeinwohl der Gesellschaft kümmern müßte, wohl aber alle Lasten selbst tragen würde, die er gegenwärtig auf Gesellschaft, Natur und Zukunft abwälzt.
- Die natürlichen Grundlagen des „Produktionsstandortes" Österreich, vor allem aber auch sein Lebensraum für Menschen, Fauna und Flora, blieben intakt.

Internationale Harmonisierung? Der Wandel von der Besteuerung zu einer Förderung gewinnbringender Arbeit mit den Mitteln einer Naturbesteuerung sollte sicherlich innerhalb eines möglichst großen Wirtschaftsraumes angestrebt werden, um „Wettbewerbsverzerrungen" zu vermeiden und global möglichst wirksam zu sein; zumindest innerhalb der Europäischen Union, da ein Großteil des Außenhandels ihrer Mitgliedstaaten untereinander stattfindet. Wenn dies aber nicht gelingt? Wie würde ein Alleingang Österreichs dessen „Wettbewerbsfähigkeit" verändern? Der Wechsel der Steuerbasis (von der Arbeit zur Natur) ohne Anhebung der Steuerquote würde die Qualität des „österreichischen Produktionsstandortes" auch dann nicht beeinträchtigen, wenn diese Änderung allein hierzulande durchgeführt würde. Praktisch alle der oben erwähnten Vorteile würden auch für einen „Alleingang" gelten, denn er würde einen schrittweisen Austausch der Produktionsweisen auslösen: energie- und stoffeffiziente sowie bodensparende Produktionsweisen würden aus dem Ausland nach Österreich verlagert. Gleichzeitig würden jene Erzeugungsarten, die überdurchschnittlich viele Rohstoffe benötigen bzw. die Natur schädigen, in das Ausland verdrängt. Auf dem Weltmarkt werden die Kosten des Rohstoffverbrauches sicherlich zunehmen,[25] die der Naturschädigung steigen schon heute. Je niedriger daher in einem Land der Verbrauch und die Schädigung an einem Arbeitsplatz sind, um so leichter läßt er sich sichern. Österreich hätte die Chance, zu einem Marktführer in der rasch wachsenden Marktlücke der Umwelttechniken und des Umweltwissens zu werden.

Wenn der Übergang zu einem umweltgerechten nachhaltigen Zustand auf gewinnbringende Weise bewältigt werden kann, würde er nachgeahmt und könnte den ganzen Globus erfassen. Die internationale Harmonisierung ergäbe sich von selbst. Ein Hauptgrund für die wachsenden Konsumansprüche in armen Ländern und für ihr Abweichen von einer bisher weitgehend nachhaltigen Lebensweise ist das verhängnisvolle Vorbild, das die reichen Industriestaaten abgeben. Sie erwecken immer noch den trügerischen Eindruck, Wohlstand könnte nur durch Umweltzerstörung und auf Kosten anderer entstehen.

Ökozölle? Als Folge der Steuerumlagerung würden Güter, die bei Herstellung, Vertrieb, Nutzung und Entsorgung die Umwelt mehr als durchschnittlich schädigen und Schadkosten verursachen, besonders teuer. Ihr Preis enthielte ja diese gegenwärtig auf die Gesellschaft abgewälzten „externen Kosten". Umweltverträgliche Produkte hingegen wären wesentlich billiger. Der Preis würde wieder über alle Kosten Aufschluß geben und damit die „unsichtbare Hand" ermöglichen. Was hilft dies aber, wenn weiterhin „schmutzige" Produkte billig importiert würden, die die „sauberen" heimischen vom Markt verdrängen könnten?

Dies müßte mit Abgaben auf „schmutzige" Importe verhindert werden. Sie wären einerseits preisgleich mit „schmutzigen" heimischen Produkten. Andererseits könnte eine Belieferung Österreichs durch „ausgewanderte schmutzige" Produktionsweisen unterbunden werden. Derartige Abgaben wären mit dem EU-Vertrag konform, wenn Artikel 30 weiterentwickelt würde.

Tanktourismus? Gescheitert ist die Auflösung der Konflikte zwischen Wirtschaft und Umwelt vor allem an raffinierter Desinformation, wie etwa dem „Schreckgespenst des Tanktourismus": Jenseits der Staatsgrenzen billigerer Treibstoff motiviere zu „Tankfahrten", die mit Auslandseinkäufen verbunden würden. Ein massiver Kaufkraftabfluß wäre die Folge.

Daß Einkäufe jenseits der Grenzen seit deren Öffnung häufiger vorkommen, sollte nicht überraschen und muß in keiner Weise durch unterschiedliche Treibstoffpreise ausgelöst werden. Auch würde eine geeignete Naturbesteuerung des großen Flächenbedarfes (Details im 8. Punkt) des Verkehrs (etwa über das „Road-pricing") Einkaufsfahrten in das Ausland verlustbringend machen.

Wäre eine Umweltbesteuerung sozial gerecht? Schwächerverdienende geben zwar absolut weniger für den Energie- und Stoffverbrauch sowie die Bodennutzung aus, nicht immer jedoch relativ zu ihrem Einkommen. Umweltsteuern könnten sie überdurchschnittlich belasten. Dies würde dadurch unterbunden, daß die oben skizzierte Herabsetzung vorhandener Steuern in konstanten Beträgen und nicht proportional zu diesen erfolgt. Zumindest ein Teil des Aufkommens der Umweltbesteuerung würde dazu verwendet, die Steuern jedes Bürgers um ein und denselben Betrag zu senken. Sozial Schwächere könnten so wesentlich mehr gewinnen als mit bisherigen Transferzahlungen.

Als Gedankenexperiment sei angenommen, das ganze Aufkommen aus einer Energieabgabe würde durch die Anzahl der Bürger geteilt und an jeden von ihnen in gleichem Ausmaß zurückgezahlt bzw. zur Absenkung seiner Steuern verwendet. Dann würde jemand, der durchschnittlich viel an Energie verbraucht, durch eine noch so hohe Energieabgabe nicht zusätzlich belastet. Seine Energieausgaben würden zwar drastisch zunehmen. Genau entsprechend dieser Zunahme würden aber auch seine Steuern sinken. Diejenigen, die mehr als im Durchschnitt verbrauchen, würden hingegen jene subventionieren, die unter dem Durchschnitt liegen. Entsprechend einem „Bonus-Malus-System" wäre der finanzielle Anreiz, den Verbrauch unter den Durchschnitt zu senken, sehr groß. Dies würde den Durchschnitt selbst reduzieren und den gewinnbringenden Wettkampf um einen niedrigeren Verbrauch verschärfen. Enthaltsamkeit in der Naturnutzung würde als Leistung gefördert und nicht, wie derzeit, bestraft. Die Schwächerverdienenden würden davon profitieren, da sie die Natur weniger als durchschnittlich belasten bzw. verbrauchen.

7. Produktinformation und -verantwortung

Derzeit liefern nicht nur die Preise falsche Signale, auch die Produktinformation: An kaum einem „im Regal stehenden" Produkt ist ablesbar, unter welchen Umständen es hergestellt wurde, wie es am besten genutzt, repariert, wiederverwertet oder entsorgt werden kann. Zusammen mit der Werbung geht es vor allem darum, vor einer Kaufentscheidung mit falschen Preisen und fehlender sowie irreführender Information zu täuschen.

Der „unsichtbaren Hand" entsprechend, müßte der Käufer hingegen über den Preis und ausreichende Information in die Lage versetzt werden, die Auswirkungen seines Kaufes zu überblicken und alle Kosten zu tragen, die er derzeit auf die gegenwärtige und die künftige Allgemeinheit abwälzt.

Aber auch jene, die Produkte auf den Markt bringen, müssen ihre Verantwortung tragen, etwa bezüglich des Stoffstromes, den sie mit materiellen Gütern auslösen. Er belastet die Umwelt wie die Zukunft dreifach. Erstens durch seinen Beitrag zur Ausbeutung erschöpflicher Naturgüter. Zweitens durch den Abfall und drittens durch die Emissionen, die die Biosphäre belasten.

Bevor ein Importeur oder heimischer Produzent daher ein Produkt auf den Markt bringen darf, müßte er überzeugend aufzeigen, wie der von ihm verursachte Stoffstrom im Kreislauf geführt werden kann, und er hätte die Verantwortung dafür zu übernehmen, u. a. für alle Umweltschäden „seines" Produktes zu haften.

Beispielsweise müßte er seine Erzeugnisse zurücknehmen, sobald diese weder genutzt noch repariert werden können.[26] Denn allein er hat das technische Wissen, um von ihm verkaufte Produkte wieder zerlegen und in neuen Produkten wiederverwerten zu können. Allein er weiß, wie unverwertbare Restteile seiner Erzeugnisse so in die Umwelt eingebracht werden können, daß sie dort keinen dauernden Schaden anrichten. Und wenn er es nicht weiß, darf er sein Produkt nicht auf den Markt bringen.

Nur unter diesen Voraussetzungen würde er sich all dies schon bei der Konstruktion und Herstellung seiner Güter, also vor der Markteinführung, ausreichend überlegen. Vor der Entscheidung über den Kauf eines Produktes müßte sich der Käufer über zumindest vier Dinge informieren können:

- Über die Höhe der Umweltschäden während dessen Erzeugung, Transport, Nutzung und Rückführung in die Biosphäre am Ende der Nutzungsdauer.
- Über die Umstände, unter denen das Produkt seinen höchsten Nutzen abgibt, und wie hoch dieser Nutzen ist (u. a. die mittlere Nutzungsdauer, der eventuelle Energie- und Stoffverbrauch etc.).
- Über die Reparaturmöglichkeiten des Produktes.
- Darüber, wo das Produkt am Ende seiner Nutzungsdauer gegen ein Pfand zurückgegeben werden kann, das wesentlich höher ist als die mit der Rückgabe verbundenen Kosten. Finanziert werden könnte dieses Pfand mit einer Besteuerung des Rohstoffstromes an seiner Quelle (etwa proportional dem Gewicht), also dort, wo Produkte erstmalig in den nationalen Wirtschaftsraum eintreten.

Als Gedankenexperiment würde es in der Folge genügen, unbrauchbar gewordene Produkte, etwa eine Waschmaschine, einfach an einen öffentlichen Ort zu stellen. Denn dies würde einen Wettlauf jener auslösen, die die Maschine an die angegebene Adresse zurücktragen wollen, um die Pfandprämie (proportional dem Gewicht) zu kassieren. Das Geschäft mit „Altmetall" und „Altwaren" würde wieder blühen und vielen Beschäftigung bringen. Die Müllentsorgung würde sich mit der Kraft der „unsichtbaren Hand" von selbst „marktwirtschaftlich" regeln. Der Stoffdurchsatz durch die Wirtschaft und der Anfall sowohl zu trennenden als auch unverwertbaren Mülls wären minimal.

8. Schutz der vom Boden getragenen Ökosysteme

Die ungestörten Lebensräume von Fauna und Flora müssen verdoppelt werden, wenn das Sterben der biologischen Basis der menschlichen Existenz bzw. das Artensterben enden soll.[27] Im Gegensatz dazu wird die lebentragende Humusschicht durch Bauten und Erosion immer rascher beseitigt. Es hat Jahrhunderte und Jahrtausende gebraucht, bis sie unter unberührten Ökosystemen (vor allem Wäldern) entstanden ist. Fruchtbare Böden werden sehr bald zum knappsten Gut menschlichen Überlebens werden, auch wenn sie gegenwärtig überflüssig erscheinen. Überflüssig, weil eine naturferne industrielle Landwirtschaft scheinbare Überschüsse produziert. Scheinbar, weil diese mit Hilfe nur begrenzt vorhandener fossiler Energie entstehen.

Die Reduktion der Bodennutzung um 2,3 % pro Jahr (laut Punkt 2) wäre erst dann marktwirtschaftlich verträglich, wenn diese Nutzung ausreichend verteuert würde. Im 6. Punkt wurden einige der mannigfachen Möglichkeiten erwähnt, wie dies aufkommensneutral geschehen könnte. Eine Abgabe auf die Bodennutzung könnte proportional zum Aufwand bemessen werden, der erforderlich wäre, den ursprünglichen Zustand, insbesondere die Humusschicht, wiederherzustellen. Die Abgabe würde somit vor allem auf die von Bauten oder Straßen belegten Flächen eingehoben. Die großen landwirtschaftlichen Flächen könnten weitgehend besteuerungsfrei bleiben. Auf diese Weise würden genügend Mittel zur Verfügung stehen, um Überlebensräume für die vielen bedrohten Arten zu schaffen.

9. Keine Alternativen?

Die hier diskutierte Internalisierung „externer" Kosten erscheint als schönes, aber an der „Wirklichkeit" scheiterndes theoretisches Konzept, auch wenn sie alternativlos bleibt.

Bei genauerer Betrachtung stellt sich die „Wirklichkeit" jedoch als jene mächtige Minderheit heraus, die immer mehr auf Kosten der Allgemeinheit gewinnt. Sie wehrt sich gegen die Internalisierung, weil diese etwas unterbindet, das offensichtlich immer mehr zur wirtschaftlichen Tugend wird: die Privatisierung der Gewinne und Sozialisierung der Verluste. Je später es gelingt, diese Minderheit zu entmachten und sich aus ihrer Propaganda zu befreien, um so mehr drohen unsteuerbare Konflikte.

Anmerkungen

1 engl.: „sustainable development".

2 Ein Integral der Bevölkerungszahl über die Zeit zwischen 10.000 v. Chr. und der Gegenwart ergibt eine Größenordnung von 10^{12} Mannjahren. Eine Menschheit von nicht mehr als einer Milliarde Menschen, die künftig eine Milliarde Jahre leben könnte, ergibt 10^9 mal 10^9 oder 10^{18} Mannjahre: $10^{18}/10^{12} = 10^6$.

3 Eugene P. Odum, Fundamentals of Ecology, W. B. Saunders & Co., Philadelphia 1971, Seite 183.

4 Die Biodiversität D ist als $D = -\sum [(n_i/n).\log(n_i/n)]$ definiert, wobei n die Gesamtzahl der Individuen und n_i die Individuenzahl der i-ten Art bezeichnet: Herder Lexikon der Biologie, Spektrum Akademischer Verlag, Heidelberg 1994, 3. Band, Seite 2.

5 Hans P. Aubauer, Das Verbrauchswachstum der Menschheit, in: Rupert Riedl (Hg.), Die Ursachen des Wachstums, Verlag Kremayr & Scheriau, Wien 1996, Seite 126.

6 Mathis Wackernagel et al., Our Ecological Footprints, New Society Publishers, Gabriola Island, BC, 1996.

7 Mindestens, weil sie Verbindungen mit Umweltmedien eingehen können.

8 Walter V. Reid et al., Keeping Options Alive, World Resources Institute, 1989, Seite 40.

9 Der Fischer Weltalmanach 1997, Fischer Taschenbuch Verlag, Frankfurt/Main 1996, Seite 1143.

10 ebd., Fußnote 33, Seite 1131.

11 Robert E. Ricklefs, Ecology, W. H. Freeman and Company, New York 1973, Seiten 459, 445.

12 Mit Hilfe der Zeitkonstanten der Klimastörungen sowie des Artensterbens.

13 Peter M. Vitousek et al., Human Appropriation of the Products of Photosynthesis, in: BioScience, Juni 1986.

14 Überarbeitung eines Vorschlages von Manfred Max-Neef (Rektor der Universidad Austral de Chile): subsistence, participation, protection, security, freedom, identity, anticipation, understanding, affection/love, trust.

15 P. A. Samuelson und W. D. Nordhaus, Volkswirtschaftslehre, Bund-Verlag, Köln 1987, S. 141 f.

16 Hans P. Aubauer, Lösung der Zielkonflikte einer CO_2-Reduktion, in: Jahresbericht 1993 der Österreichischen CO_2-Kommission, Akademie für Umwelt und Energie, Laxenburg bei Wien 1994, Seite 379.

17 Adam Smith, Der Wohlstand der Nationen, Deutscher Taschenbuch Verlag, München 1990.

18 Alfred Endres, Umweltökonomie, Wissenschaftliche Buchgesellschaft Darmstadt, 1994.

19 Dieter Cansier, Umweltökonomie, Gustav Fischer Verlag, Stuttgart 1993.

20 Hans P. Aubauer, Eine natur- wie wirtschaftsverträgliche Energiesteuer, Wirtschaftspolitische Blätter, 5/1995, Seite 382.

21 Entsprechend einer Langfristpreiselastizität von -1.

22 Pro Wertschöpfung.

23 In dem Ausmaß, in dem der Natureinsatz schwindet, bliebe die Arbeitsbesteuerung aufrecht.

24 In konstanten Prozentsätzen.

25 Zumindest langfristig.

26 Er muß für diese Zurücknahme auch dann sorgen, wenn er vom Markt verschwindet – etwa durch die Finanzierung einer Versicherung, die einen Entsorger bezahlt.

27 Gegenwärtig sind 13 % aller Säugetierarten, 12 % aller Vogelarten, 4 % aller Reptilienarten, 3 % aller Fischarten und 7 % aller Pflanzenarten ausgestorben oder bedroht. 39 % des Artensterbens sind auf die Einführung fremder Arten, 36 % auf die Vernichtung der Lebensräume und 23 % auf die Jagd zurückzuführen (siehe Brundtland-Report, vorangegangener Beitrag, Fußnote 9).

Arthur Spiegler

Selbstbegrenzung – ein kategorischer Imperativ für den Homo sapiens

Dem Menschen kann die Veränderung der Natur und seiner Umwelt grundsätzlich nicht zum Vorwurf gemacht werden, denn er tut dies, wie jedes andere Lebewesen auf dieser Erde, notwendigerweise (von Mikroben über Flechten, die die Gesteine abbauen, über die Pflanzen, die ihren Standort einrichten und gegen andere verteidigen, und die Tiere bis zum Menschen).

Will der Mensch allerdings dem von ihm selbst entworfenen Bild als „Homo sapiens", als sich selbst reflektierendes Lebewesen, gerecht werden, muß er die daraus erwachsende Verpflichtung, sein Tun zu hinterfragen und dafür Verantwortung zu übernehmen, einlösen. Dieser, wie ich meine, ebenso schlüssige wie verpflichtende Ansatz soll im folgenden näher ausgeführt und durch Beispiele erläutert werden.

Für alle Lebewesen regelt die „Natur", von der wir – wie das „Ökologische Manifest" sagt – ein Teil sind, die Lebensumstände. Wir sind auf dieser unserer physischen Welt und in unseren Tagen, ob es uns nun recht ist oder nicht, in ein System von „Fressen und Gefressenwerden" und in ein komplexes System von miteinander negativ oder positiv gekoppelten Regelkreisen eingepaßt. Davon sei hier die Rede.

Früher, auf einer niedrigeren soziokulturellen Evolutionsstufe, war auch der Mensch allein und auf das direkteste von diesen naturgegebenen Regelungen abhängig, und er hatte noch nicht die Fähigkeiten entwickelt, sie nennenswert zu manipulieren. Das heißt, die Anzahl der Individuen „Mensch" war von den Lebensumständen, vor allem durch die natürliche Begrenzung der Nahrungsmittel, durch frühe Sterblichkeit, Kämpfe und Naturereignisse, bestimmt. Ob das in solcher Weise naturverbundene Dasein das goldene war, wie manche rückbezogene Phantasten behaupten, sei dahingestellt. Heute werden diese Regulative – wie mir scheint, zu Recht – von der zivilisierten Menschheit geächtet. Gegen Hunger und die Folgen von „Naturkatastrophen" wird karitative Hilfe geleistet, die meisten der aus der Geschichte berüchtigten Seuchen sind weitgehend aus der Zivilisation verbannt, die frühe Sterblichkeit der Erwachsenen und jene der Kinder wurde mit Erfolg bekämpft, und das gegenseitige Auffressen gilt ebenfalls nicht als schicklich. Nur gegen Kriege und Greuel sowie Elend in großen Bereichen unserer Welt setzen wir uns noch mit viel zu wenig Erfolg ein.

Eine der Folgen des Fortschrittes ist als „Bevölkerungsexplosion" bekannt, ein sehr junges Phänomen in der Entwicklungsgeschichte der

Menschheit. Dieses Phänomen gründet weniger auf der hohen Geburtenrate als auf der Verringerung der Kindersterblichkeit und auf der steigenden Lebenserwartung in weltweiter, statistischer Sicht. Eine solche schließt bekanntlich weder aus, daß einzelne früh sterben, noch daß Bevölkerungsgruppen oder ganze Ethnien, im Elend lebend, aussterben. Die große und weiter exponentiell wachsende Bevölkerungsmenge blieb nicht ohne Wirkung auf die Trag- und Ertragsfähigkeit unseres Planeten Erde und seiner Ökosysteme, wobei die Wirkung noch verstärkt wird durch die Steigerung der zivilisatorischen Ansprüche unserer „Wohlstandsgesellschaft". Dabei sollte spätestens seit dem „Ersten Bericht des Club of Rome" bekannt sein, auch wenn er in Einzelheiten seiner Prognosen irrig war, daß es ein unbegrenztes Mengenwachstum, ein „Immer mehr von demselben", auf der gegebenen Erde mit ihren beschränkten Ressourcen nicht geben kann.

Daraus läßt sich folgern, daß wir zwar die von der Natur gegebenen Regelungen bis zu einem gewissen Grad manipulieren und ausweiten, nicht aber uns gänzlich aus ihnen davonstehlen können. In größerer Individuenzahl und etwas später als bisher stoßen wir unvermeidlich und nicht minder schmerzvoll von neuem an die Grenzen unserer physischen Bedingtheiten. Wollen wir diese Schmerzen vermeiden oder zumindest wesentlich verringern, so müssen wir uns freiwillig, aus Einsicht und aus Solidarität mit den Mitmenschen und den Mitgeschöpfen, eine Selbstbegrenzung auferlegen. Daraus folgen zwei kategorische Imperative für ein künftiges qualitätvolles Leben der Menschheit: 1. Begrenzung der Geburten, des Bevölkerungswachstums, und 2. Begrenzung unserer Ansprüche.

Mit der Aufforderung zur Einsicht und der Akzeptanz dieser kategorischen Imperative zur Sicherung unserer Lebensqualität und der unserer Nachkommen ist das Wesentlichste bereits gesagt, alles Weitere dient zur Erläuterung. Das oben Gesagte gibt den Hintergrund und die Grundlage für die Ethik der Lebensführung sowohl des einzelnen als auch der Gesellschaft und all ihrer Teilaspekte, wie z. B. der Wirtschaft, der Wissenschaft – jeder kann weitere Beispiele anführen. Es bildet ferner den Bezugsrahmen für alle Überlegungen zur Nachhaltigkeit, Umwelt- und Sozialverträglichkeit sowie für den Umgang mit dem Mitmenschen, mit anderen Lebewesen und der Natur und Umwelt im allgemeinen. Zugleich ist es eine moderne Formulierung so althergebrachter Tugenden wie Teilen oder Bescheidenheit oder anderer Lebensrichtlinien, wie sie in fast allen Religionen enthalten sind.

Man kann auch nicht sagen, daß es nicht schon Schritte in diese Richtung gäbe. Eher mag erstaunen, daß dies von immer mehr führenden Persönlichkeiten aus der Wirtschaft und dem höheren Management zu hören ist. Sogar praktische sektorale Beispiele dafür gibt es schon, und wie es scheint, in zunehmendem Maße. Die zugehörigen Fachausdrücke lauten: Bettenstopp im Tourismus, Begrenzungen von Touristen in bestimmten Gebieten (von Pisten bis zu Inseln), Erschließungsstopp, autofreie Täler oder Gemeinden, auch die fallweise verordneten Obergrenzen öffentlicher Einkommen fallen darunter, und jeder wird – hoffentlich – weitere Beispiele anführen können.

Freilich kann man – und das vermutlich zu Recht – sagen, daß diese Zeichen zu selten sind, zu spät oder zu hoch ansetzen, daß die Begrenzungen schon auf einem viel früheren Niveau hätten einsetzen sollen. Aber man soll nicht zuviel verlangen, freiwilliges Umdenken braucht seine Zeit. Und wenn die „Apokalyptiker" recht behalten, so werden wir es ja erleben. Dann lernt der Mensch eben, allerdings viel schmerzhafter, aus „trial and error", wie die Verhaltensforscher sagen.

Diese scheinbar zutiefst menschliche Verhaltensweise, meistens nur aus böser Erfahrung zu lernen, beleuchtet der nach jeder Katastrophe unvermeidbar erschallende Ruf: „Muß denn immer erst etwas passieren, damit etwas geschieht?" Aus der Erfahrung ist diese rhetorische Frage – fast – mit einem klaren „Ja" zu beantworten. Ich wünsche mir sehr, daß diese Gesetzmäßigkeit des menschlichen Verhaltens von führenden Köpfen der Verhaltensforschung und der Psychologie auf öffentlichkeitswirksame Weise diskutiert wird. Ist diese Verhaltensweise vielleicht viel tiefer in uns verankert, als wir wahrhaben wollen? Denn das Auffinden des/der tatsächlich Schuldigen nach jedem Anlaßfall allein kann ja weder in gesellschaftlicher Betrachtung noch in der Aufarbeitung des Problems der Weisheit letzter Schluß sein!

Zur selbstgewählten Begrenzung und zum Teilen gehört auch der freiwillige Geld- und Ressourcentransfer von „entwickelten" zu „weniger entwickelten" Ländern und Bevölkerungen. Auch dafür gibt es bereits Beispiele (z. B. Selbstbesteuerungsgruppen), regionale (Geldfluß von Tourismusträgern zu [Berg-]Bauern) und weltweite Ansätze und Beispiele (Schuldenerlassung für die „dritte Welt"). Letztere sind zur Zeit noch am wenigsten entwickelt und akzeptiert, und es wäre in diesem Zusammenhang an eine weltweite Entschuldungsaktion gegenüber der dritten und vierten Welt anläßlich des Eintritts in das dritte Jahrtausend zu denken. Auch und gerade das wäre ein guter, signalgebender Beitrag zur Versöhnung von Ökonomie und Ökologie, gründend auf Vernunft, aber getrieben von der richtigen Emotion, um nicht zu sagen Spiritualität, ohne die kein großes Problem der Welt nachhaltig gelöst werden kann.

Das Scheitern des Weltwirtschaftsgipfels in Seattle, dessen Ziel es war, die Liberalität der Handelsbeziehungen weiter auszubauen, ist auch unter diesen Aspekten – und somit als Erfolg – zu sehen.

Es gibt übrigens eine Art Spiegel der Geschichte unseres gesellschaftlichen und umweltbezogenen Verhaltens mit zeitlicher Tiefenwirkung, den es lohnt, öfter und eingehender zu befragen: unsere Landschaften! In ihnen, in ihren Strukturen, Bildern und Charakterzügen finden wir nicht nur große Teile unseres kulturellen Erbes, sondern ebenso die Spuren unserer Entwicklung und Werthaltungen sowie die Auswirkungen des persönlichen und gesellschaftlichen Verhaltens; und sie bieten gute Beispiele dafür, was Nachhaltigkeit bedeutet. Landschaften und insbesondere Kulturlandschaften sind – je stärker zivilisatorisch geprägt, um so mehr – durch spezifische, „dissipative" Strukturen und ihr ökologisches Gleichgewicht gekennzeichnet, die zu ihrer Aufrechterhaltung des energetischen und gestalterischen Eintrages durch den Menschen bedürfen. Sie sind in Koevolution mit dem Menschen entstanden, und ihre Wurzeln gehen bis in urgeschichtliche Epochen zurück, als Teile der Menschheit seßhaft wurden und begannen, neben dem Jagen das Land zu bestellen. Daher sind (Kultur-) Landschaften ein weltweites Phänomen, und sie sind im wesentlichen bis heute von der Landwirtschaft geprägt.

Die Notwendigkeit der Landbewirtschaftung zur Ernährungssicherung sowohl des einzelnen wie der Gesellschaft prägte über Jahrtausende das Gesicht der vom Menschen bewohnten oder benutzten und damit gestalteten Landschaften. Mit ihnen eng verbunden sind die Ausdrucksformen unterschiedlicher Religionen und Kulturen im Alltag und für feierliche Anlässe (dies gilt für Europa ebenso wie für die Gebiete der hinduistischen, buddhistischen sowie anderer Religionen). Auch heute noch typische und oft dominierende landwirtschaftliche Prägungen sind die Feld-, Flur- und Waldgrenzen, Terrassierungen sowie ländliche Orts- und Kleinstadtbilder. Heute wäre es noch möglich, einen Bildband über die signifikanten, von unterschiedlichen Bewirtschaftungen geprägten Kulturlandschaften der Welt herauszugeben, ehe sie dem Wandel der Zeiten zum Opfer gefallen sind.

Es ist leicht einsehbar, daß eine Landbewirtschaftung und damit die Landschaft, in der ein Bauer einen Städter oder Nichtbauern ernährt, anders aussieht als die heutige der „entwickelten" Länder, wo das Verhältnis 1:10 übersteigt. Es wird auch ebenso einsichtig sein, daß Landschaften, deren Bewohner und Nutzer sich vor jedem zu fällenden Baum und jedem zu erlegenden Tier entschuldigen, anders aussehen als jene, in denen Boden, Pflanzen und Tiere Handelswaren sind und wo

Jagdtourismus zum guten Ton mancher Kreise zählt. Und so, wie das Landschaftsbild Auskunft über die Art der Landbewirtschaftung gab und gibt, kommen auch die anderen, sich stets wandelnden, individuellen und gesellschaftlichen Werthaltungen und die mit ihnen verbundenen Verhaltensweisen in den Landschaften zum Ausdruck.

Es würde zu weit führen, auf die Vielfalt und die regionalen Details der landwirtschaftlichen Entwicklungsschritte und die Auswirkungen des Verhaltens der Wohlstandsgesellschaft einzugehen, es seien nur beispielhaft die wichtigsten angeführt: die Seßhaftwerdung, die Nutzung der Tierkraft, der eiserne Pflug, die Wald-/Weidetrennung im späten Mittelalter, der Einsatz des Düngers aus der Tierhaltung und schließlich in jüngster Zeit der massive Einsatz von betriebsfremden Energien (von Agrochemikalien bis zur Mechanisierung der Bauernwirtschaften). Jeder dieser Schritte änderte das Verhältnis Mensch – Umwelt – Natur entscheidend! Zu diesen landwirtschaftlichen Entwicklungen kamen jene des Bergbaus, der Siedlung, des Verkehrs, der Industrie und letzlich des Tourismus sowie der Wohlstands- und Freizeitgesellschaft. Dies alles findet man in den Landschaften: Der Wert, den eine Gesellschaft dem Reisen, dem Schifahren und Golfspielen sowie dem dazugehörigen spezifischen Verhalten einräumt, findet sich in Form von Hotels – aber auch Urlaub am Bauernhof –, in der Anlage von Schipisten und Golfplätzen mit allen ihren Konsequenzen, nicht wertend gemeint, wieder.

Eine selbstgewählte Begrenzung der Nutzungsansprüche an unsere Umwelt, die Landschaften, könnte uns vor einigen „Naturkatastrophen" bewahren. Anlaß ist die nicht seltene Ausweitung der Siedlungsgrenzen bis in gefährliche Gebiete. Als Begrenzungsversuch können die „Gefahrenzonenpläne" angeführt werden, die in den letzten Jahrzehnten in Österreich und einigen anderen Alpenländern eingeführt worden sind. Ihre Wirkung ist aber sowohl von ihrer rigorosen Einhaltung als auch von den – in gewissen Zeitabständen erforderlichen – Nachorientierungen abhängig.

Was haben die eingangs erwähnten Imperative für ein qualitätvolles Weiterleben und die weitere Entwicklung unserer Gesellschaften mit dem Schutz der Landschaften, dieser Spiegel unserer Werthaltungen und Verhaltensweisen, zu tun? Der erste Imperativ, die Beschränkung der Geburtenrate für die heimischen und europäischen Landschaften, vielleicht nur wenig oder nicht direkt; die Begrenzung unserer Ansprüche hingegen sehr viel, wie oben schon ausgeführt wurde, aber abschließend noch einmal zusammengefaßt werden soll. Zuvor allerdings noch eine Grundsatzbemerkung: Im Gegensatz zur Erhaltung eines Monuments, das durch die Schutzmaßnahmen seinen Zustand unverändert bzw. (möglichst) originalgetreu erhalten soll, bedeutet Schutz der Landschaft deren weitere dynamische, d. h. von den natürlichen und menschlichen Prozessen gesteuerte Entwicklung unter bestimmten Wertprämissen. In aller Kürze formuliert, heißt das: Wandel im Einzelnen bei Erhaltung ihres Wertes im Gesamten. Diese Gratwanderung gilt es zu bewältigen!

Wo also kommt der „Begrenzungsimperativ" beim Landschaftsschutz zum Tragen? Immer wenn Siedlungsgrenzen festgelegt und eingehalten werden, wenn statt verstreuten Einzelobjekten (Typ „Einfamilienhaus mit Garten") verdichtete Bauweisen gewählt werden (z. B. Reihenhäuser) oder bei der Althaussanierung an Stelle von Neubauten; ferner bei touristischen Erschließungsbegrenzungen, bei Verzicht auf volle individuelle Zugänglichkeit mittels des privaten PKWs („autofreie Zonen"); bei teilweisem oder gänzlichem Verzicht auf intensiven, quasi-industriellen Landbau (z. B. ÖPUL-Programme); bei allen selbstauferlegten Maßnahmen in Richtung qualitativer Entwicklungen, wie sie z. B. in der modernen Naturparkstrategie oder in den Erschließungszonen der Nationalparks zum Tragen kommen. Es gibt eine nahezu unüberschaubare Vielfalt an größeren oder kleineren diesbezüglichen Entscheidungsmöglichkeiten auf allen Handlungsebenen: der Privaten, der Gemeinden, der Regionen, der Länder und Europas. Für viele dieser Entscheidungen gibt es auch schon finanzielle Hilfen. Alle diese Strategien haben um so mehr Chancen, weiter ausgebaut zu werden – auch das ist ein Aspekt eines „qualitativen Wachstums" –, wenn sie die Akzeptanz der Gesellschaft finden. Darunter ist auch zu verstehen, daß Politiker sich nicht Sorgen machen müssen, Wählerstimmen zu verlieren, wenn sie diese Strategien unterstützen.

Hier schließt sich der Kreis unserer Überlegungen. Das „Prinzip Selbstbegrenzung" kann als „roter Faden" gelten, der eine notwendige Lebensmaxime gerade in Zeiten des größten Fortschritts und des größten partiellen Wohlstands darstellt. Dieses Prinzip kann nur bis zu einem gewissen Grad von Behörden verordnet werden und ist auch nur dann optimal wirksam, wenn es verstanden und akzeptiert wird. Es wirkt am besten, wenn es aufgrund von Einsicht und Solidarität freiwillig entwickelt und durchgeführt wird. Dann ist es eines der viel zu wenigen Beispiele wirklichen und nachhaltigen Fortschritts, zunächst von einzelnen und dann der ganzen Gesellschaft. Denn immer bestimmen auf entscheidende Weise Geist, Gedanken und Einsichten die Materie und das Handeln der Menschen – auch wenn es manchmal anders zu sein scheint.

Gerhard Pretzmann

Verantwortungsethik

Auf Max Weber geht die Unterscheidung von Gesinnungs- und Verantwortungsethik zurück. Weber dachte dabei an Entscheidungsträger von Organisationen, etwa Politiker, Unternehmer, Vorsitzende, die die Pflicht haben, die Folgen ihrer Entscheidungen für ihre Organisation zu verantworten. Diese Verantwortung geht über die reine „Gesinnungsethik" – im guten Glauben gehandelt zu haben – hinaus. Der Begriff der Verantwortungsethik wurde insbesondere mit der Entwicklung des Umweltbewußtseins wieder hervorgehoben, um Politiker auf diese komplexe Verantwortungssituation hinzuweisen. Dieser Begriff ist nun weiter zu konkretisieren. Da es zumeist nicht nur eine Spitzenposition und die Basis gibt, sondern ein hierarchisches System von Entscheidungsträgern, ist mit einer mehr oder weniger ausgeprägten Weisungsgebundenheit zu rechnen, d. h., es gibt jeweils übergeordnete Instanzen, die bestimmte Richtlinien, Rahmenbedingungen, Aufgabenzuweisungen vorgeben. Subjektiv könnte sich der Betroffene völlig auf eine „Befehl ist Befehl"-Einstellung berufen (die mit seiner Gesinnung gänzlich im Einklang stehen kann). Eine reine Gesinnungsethik könnte hier zu Entscheidungen Anlaß geben, die der Einsicht in eine bestimmte Situation widersprechen. Dies gehört insbesondere im militärischen und im Sicherheitsbereich zu den strikten Grundsätzen, da von der Logistik her die unbedingte Befehlseinhaltung in den meisten Fällen wichtiger ist als die Ausnahmen positiver Folgen einer Befehlsmißachtung. Gerade in Grenzfällen der Beurteilung von Kriegsverbrechen ist der Befehlsnotstand ein gewichtiges Argument. Die Weisung, den Betrieb eines Atomkraftwerkes unbedingt aufrechtzuerhalten, kann zu schwerwiegenden ökologischen Katastrophen führen. Hier wäre die Verantwortungsethik einer Gesinnungsethik der unbedingten Befehlsausführung vorzuziehen.

Ein weiterer Gesichtspunkt ist die Information als Voraussetzung für fachlich richtige Entscheidungen. Hier wäre die Verpflichtung des Entscheidungsträgers zu fordern, durch eigene Qualifikation, durch sorgfältige Recherchen die nötigen Informationen selbst zu erarbeiten bzw., wenn das nicht möglich ist, rechtzeitig entsprechende Experten heranzuziehen.

In Grenzfällen kann ein Widerspruch zwischen Experten auftreten. Die Entscheidung hat dann nach dem geringeren Risiko zu erfolgen; im Beispiel des Atomkraftwerkes für das Abschalten, denn der mögliche wirtschaftliche Schaden ist das kleinere Risiko im Verhältnis zum großen einer radioaktiven Verseuchung, auch wenn die Wahrscheinlichkeit für letzteres viel geringer sein sollte.

Im Sinne einer Verantwortungsethik ist auch die Mithaftung für Schäden, die durch Fehlentscheidungen entstehen, wenn selbstverschuldete mangelhafte Information, zu hohe Risiken oder blinder Gehorsam – oder gar persönlicher Vorteil – nachgewiesen werden können. Denn nur so ist Verantwortungsethik real durchsetzbar.

Die Notwendigkeit einer Verantwortungsethik liegt in der heutigen Situation begründet, daß bei immer mehr Können technisch-wissenschaftlicher Art auch die Möglichkeit von Schäden und die Unvorhersagbarkeit synergistischer Effekte steigen, so daß wir die Aussage der Madame de Staël (1779), wonach die steigende Fähigkeit auch eine stärkere Moral erfordert, voll bestätigt finden.

Realisierung von Verantwortungsethik

Verantwortungsethik, die über die Unterscheidung von Gesinnungsethik (Max Weber) hinausgeht, erfordert eine Konkretisierung der moralischen und rechtlichen Vorgaben, die Entscheidungsträgern zu stellen sind.

Politikern, Managern und Medienleitern sind folgende konkrete Aufträge verbindlich zu erteilen:

A) Grundprinzipien

Vorrang: Als Existenzgrundlage für die Zukunft hat die Umweltpolitik Vorrang vor Finanz- und Steuerpolitik, Energie-, Wirtschafts- und Verkehrspolitik.

Vorsorge: Bei der Planung von Projekten ist darauf zu achten, daß auch die späteren Folgen und indirekten Auswirkungen berücksichtigt werden. Das gilt insbesondere für die Erstellung von Umweltverträglichkeitsprüfungen. Um künftige Flexibilität zu gewährleisten, sollen die Wirkungen möglichst reversibel sein.

Sicherheit: Im Hinblick auf die immer weitreichenderen Auswirkungen heutiger technischer Möglichkeiten sollte grundsätzlich Risikominimierung angestrebt werden. Das gilt vor allem für die Freisetzung von Strahlung und genmanipulierte Lebewesen. Das Recht auf Leben und körperliche Unversehrtheit kann nicht verfügbar sein. Stets ist auch die Möglichkeit verbrecherischen Mißbrauchs zu berücksichtigen

Verursacher: Jeder Schadensverursacher soll für die Behebung des Schadens aufkommen. Die Beweislast ist vom Verursacher zu tragen. Nicht mehr reversible Schäden sind angemessen zu entschädigen.

Kompetenz: Bei der Einrichtung von Leitungs- und Entscheidungs-
strukturen ist im Zuge der Postenbesetzung darauf zu achten, daß die
spezifische Kompetenz gegeben ist.

Offene Planung: Alle von Projekten Betroffenen sind rechtzeitig zu
informieren. Das Recht auf Einsichtnahme muß – insbesondere bei
Umweltfragen – allen Betroffenen sowie fachlich Kompetenten offenstehen. Umweltfragen müssen Vorrang vor Amts- oder Betriebsge-
heimnissen erhalten.

Nachsorge: Bei sehr breit gestreuten Verursachern sowie bei Altlasten hat die Allgemeinheit so schnell wie möglich die Schadensbesei-
tigung durchzuführen.

B) Informationspflicht

Der zuständige Entscheidungsträger hat sich rechtzeitig die für seine
Maßnahmen nötigen Informationen zu besorgen, insbesondere hinsichtlich der unter den Grundprinzipien aufgelisteten Gesichtspunkte.
Nötigenfalls sind die erforderlichen Fachleute in den Entscheidungs-
vorgang einzubeziehen, wobei darauf zu achten ist, daß Abhängigkeiten vermieden werden. Gibt es unter Fachleuten Meinungsver-
schiedenheiten, sind die Betroffenen zu informieren. Diese müssen die
Möglichkeit erhalten, auch eigene Fachkräfte einzubinden. Bei Groß-
projekten überregionaler Bedeutung ist die Diskussion öffentlich zu
führen.

C) Haftung

Bei Verletzung der Grundprinzipien und/oder der Informationspflicht
sollen die Entscheidungsträger persönlich für die gegebenenfalls entstandenen Schäden haften. Analog der Verkehrsordnung sollte für Politiker und hochrangige Manager eine Haftpflichtversicherung eingeführt
werden. In der Handhabung sollten ein sehr hoher Selbstbehalt einerseits und ein persönlicher Haftungshöchstbetrag andererseits eingerichtet werden.

Langzeitökonomie

Ein wesentlicher Mangel unserer Zeit ist die vorherrschende Orientierung auf kurzfristige Ziele, vor allem in der Politik – durch die Ausrichtung aller Kräfte auf die jeweils nächste Wahl; aber auch in der Wirtschaft erfolgt die Orientierung nach der jeweiligen Marktsituation und

besonders in Richtung einer möglichst ausgedehnten Nutzung bestehender Investitionen, zum Teil unter dem Druck, aufgenommene
Investitionskredite zurückzahlen zu müssen. Die Konkurrenzsituation
verhindert vielfach Umweltinvestitionen durch einzelne Produzenten;
daher war die Intervention beim Gesetzgeber zunächst stets – weil einfacher – eher auf Verzögerung ausgerichtet als auf volkswirtschaft-
lichen „Lastenausgleich".

Analog dazu trachten Konzerne und Banken, ihre Gewinne unter
Auslastung eigener Unternehmungen zu optimieren, ohne an nationale
Wertverluste im Zuge ihrer Bau- und Produktionsvorhaben zu denken.

Faktisch ist dies ein Zehren vom Kapital, das unsere Nachkommen
zu spüren bekommen werden. Es ist daher legitim, darüber nachzudenken, welche institutionellen Einrichtungen zu schaffen wären, die im
Namen unserer nachfolgenden Generationen deren berechtigte Ansprüche auf Erhaltung von Kulturgütern, Landschaften und Lebensräumen wahrnehmen. Für jeden Minderjährigen werden im Falle von
Erbschaften Nachlaßverwalter eingesetzt, die für die Wahrung des Ver-
mögens zu sorgen haben. Es ist nicht einzusehen, daß unser Natio-
nalvermögen, das allen unseren Nachkommen gehört, ungestraft ver-
geudet werden darf.

Wir haben damit eine Herausforderung unseres bestehenden parlamentarischen Systems: Wird es möglich sein, in den gegebenen Strukturen die berechtigten Interessen kommender Generationen wirkungs-
voll durchzusetzen; wird es möglich sein, die Verantwortlichen und
Machthaber zur Einsicht und zu rechtzeitigen Konsequenzen anzuhal-
ten?

Wenn sich dies als nicht realisierbar herausstellen sollte, wird es
nötig sein, neue Verantwortungsregulative zu institutionalisieren. Das
könnte ein Rat unabhängiger Fachleute sein, der, analog zum österreichischen Bundesrat, die Möglichkeit hat, unzureichende Gesetze an
den Nationalrat mit entsprechenden Verbesserungsvorschlägen zurück-
zuweisen. Im Falle eines Beharrungsbeschlusses des Nationalrates sollte die Möglichkeit bestehen, das Problem (unter gesichertem Medien-
gleichgewicht!) öffentlich zu diskutieren und anschließend einem
Volksentscheid zuzuführen.

Ein Hauptproblem in der Diskussion ist die Frage des Wachstums.
Hier ist die Situation so, daß ein großer Teil des gegenwärtig praktizierten Wachstums nicht auf konkrete Konsumbedürfnisse, sondern auf
Auslastung bestehender Produktionsstrukturen und auf Gewinnmaxi-
mierung ausgerichtet ist. Angesichts der Grenzen möglichen quantitativen Wachstums ist diese Automatik grober Unfug. Wachstum an

Wertschöpfung ohne mehr Energieverbrauch, ohne steigende Umweltbelastung ist jedoch noch lange möglich (qualitatives Wachstum), erforderlich ist lediglich eine Umlenkung der Kapitalströme in neue Investitionsrichtungen. Das ist durch ein – aufkommensneutrales – Steuersystem mittelfristig erreichbar, kurzfristig müssen allerdings bestimmte Tendenzen durch Verbote abgewehrt werden. Entscheidend sind aber langfristig kanalisierende Gesetze, die eine Selbstregulierung der Wirtschaft in eine gewünschte und tolerierbare Richtung herbeiführen.

Die Grenzen für eine sanfte Technik und qualitatives Wachstum sind noch lange nicht erreicht. Letztlich sind sie durch die Begrenzung der Solarenergie gegeben. Langfristig bedeutet das, daß die Grenzen des möglichen individuellen Verbrauchs durch die Zahl der gleichzeitig lebenden Menschen gegeben sind.

Sicherung des Weltfriedens, Reduktion der Bevölkerungszahl und Umstellung auf ökologieverträgliche Technik sind die drei großen Aufgaben der Gegenwart und der mittelfristigen Zukunft, die eine erfolgreiche weitere Kulturevolution ermöglichen würden, in der die großen Ziele der Menschheit angestrebt werden können.

Peter Weish

Kernenergie und Verantwortung [1]

Verantwortung zu übernehmen heißt, für die Folgen seines Handelns persönlich einzutreten. Das bedeutet, daß nur Handlungen verantwortet werden können, deren absehbare Folgen die Lebensdauer des Verursachers (oder Mitverursachers) nicht übersteigen. Das Ausmaß der Folgen darf außerdem die Größenordnung dessen nicht überschreiten, wofür ein Mensch vernünftigerweise eintreten kann. Irreversible Folgen, die Leben und Gesundheit künftig lebender Menschen beeinträchtigen, sind daher nicht zu verantworten. Wer zur moralischen Selbstentlastung die Verantwortung an verantwortungsfrei agierende Systeme abgibt, macht sich schuldig.

Verantwortung[2] kann ebensowenig zugewiesen wie delegiert werden, sie erwächst einzig und allein aus der individuellen Einsicht in die Folgen des Handelns (oder Nichthandelns). Das setzt natürlich sowohl ein ökologisches als auch ethisches Bewußtsein voraus, das nicht bei jedermann gegeben ist. Wer ohne Einsicht in die Konsequenzen folgenschwere Handlungen setzt bzw. duldet, handelt demnach verantwortungslos und befindet sich im Zustand ökologischer und ethischer Unzurechnungsfähigkeit. Ein jeder ist verantwortlich für die absehbaren Folgen seines Denkens und Handelns. Um dieser Verantwortung gerecht werden zu können, haben viele Generationen um das Höchstmaß an persönlicher Freiheit für den einzelnen gerungen. „Nur wer den ganzen Horizont seiner Umwelt überschauen und dem eigenen Gewissen folgend leben kann, vermag aus eigener Entscheidung sittlich zu handeln."[3]

Strahlenwirkung und Statistik

In der Biosphäre freigesetzte Radioaktivität dringt in Stoffkreisläufe der Nahrungsketten ein und wird über den gesamten Zerfallszeitraum des betreffenden Radionuklids wirksam. Die Abschätzung von Verteilung, Anreicherung und die resultierenden Strahlungsdosen sind Gegenstand der Radioökologie, die mit komplizierten Rechenmodellen operiert. Es liegt in der Natur der Spätschäden, daß sie erst nach einer langen Latenzzeit auftreten. Das gilt in besonderem Maße für die Folgen von Erbänderungen, die in Form von Erbkrankheiten weit in die Zukunft reichen.

Die Strahlenspätschäden werden auch als „stochastische" Effekte bezeichnet, weil sich ihr vermehrtes Auftreten nach Bestrahlung mit Gesetzen der Statistik beschreiben läßt. Eine ursächliche Zuordnung im Einzelfall ist nicht möglich. Dieser in der Natur der Sache liegende

Umstand erleichtert es den Verursachern zusätzlicher Strahlenbelastung – und der damit unvermeidlich mitverursachten strahlenbedingten anonymen Kranken und Toten –, der Verantwortung auszuweichen. Gerade in dieser Problematik wird deutlich, was Verantwortungsethik bedeutet. Sie erfordert eine sachliche und konsequente Auseinandersetzung mit nicht leicht zu durchschauenden molekularbiologischen, genetischen und strahlenmedizinischen Erkenntnissen, anstelle eines Festhaltens an gesinnungsethischen Bekenntnissen und einer Bewußtseinsverweigerung gegenüber den Konsequenzen einer befürworteten oder geduldeten lebensschädigenden Technik. Freisetzung von Radioaktivität, als deren Folgen unvermeidbare anonyme Krankheits- und Todesfälle auftreten, ist daher als fahrlässige Tötung anzusehen.

Die Grenze von Mehrheitsentscheidungen

Kritikern der Kernenergie wird bisweilen vorgehalten, die Kernenergiepolitik sei aufgrund parlamentarischer Mehrheitsentscheidungen zustande gekommen, und wer sie nicht respektiere, sei kein guter Demokrat. Die Regel „Mehrheit entscheidet" muß jedoch mindestens drei Bedingungen genügen:

Die Mehrheitsregel kann erstens nur akzeptiert werden, wenn eine Basis ausreichender Gemeinsamkeiten besteht, die dem politischen Streit entzogen sind. Deshalb mutet der Verfassungsstaat dem Bürger das Risiko des Grundsatzes „Mehrheit soll entscheiden" auch nur unter der Bedingung zu, daß es einen Bereich des Unabstimmbaren gibt, der politischer Verfügung entzogen ist. Zu dem politisch Unverfügbaren gehört das Recht auf Leben und körperliche Unversehrtheit.

Die Mehrheitsregel ist zweitens dem Gedanken der Mäßigung verpflichtet. Das heißt, jede der im politischen Streit konkurrierenden Kräfte muß die Chance des demokratischen Wechsels haben. Die Minderheit von heute ist die potentielle Mehrheit von morgen. Deshalb müssen Entscheidungen von der Mehrheit von morgen revidierbar sein.

Daraus folgt aber drittens für das Funktionieren der Mehrheitsregel das Postulat der Revidierbarkeit. Das Mehrheitsprinzip droht seine Geltung zu verlieren, wenn es um einen Typus politischer Entscheidungen geht, der Folgen zeitigt, die unrevidierbar sind und unabsehbare Auswirkungen in die kommenden Generationen hinein haben. Energiepolitische Entscheidungen, die diese Bestimmungen außer acht lassen, tragen dazu bei, der Mehrheitsregel als Element des Demokratieprinzips die politisch-ethischen Grundlagen zu entziehen.[4]

Robert Spaemann drückt diesen Sachverhalt so aus: „Die Entfesselung radioaktiver Strahlung schafft einen Umstand, der durch keinerlei spätere Entscheidung wieder ungeschehen gemacht werden kann. Die kommenden Generationen haben das Faktum als ein unveränderliches Datum in ihr Leben aufzunehmen. Wer sich mit diesen künftigen Generationen in einer geschichtlichen Solidarität weiß, kann daher einen solchen Mehrheitsentscheid nicht einfach akzeptieren, weil er ihn als Überschreitung der Kompetenz einer Mehrheit betrachten muß, die doch gegenüber den Betroffenen stets in der Minderheit bleibt."

Dazu kommt noch ein weiterer wichtiger Aspekt: Spaemann hat außerdem auf die bedeutende Rolle des Staates hingewiesen, die ihm in der Vermeidung von Unternehmungen zukommt, die unverantwortliche Neben- und Spätwirkungen erwarten lassen: „... so ist es vor allem Aufgabe des Staates, die Verantwortung für die Nebenfolgen zu tragen, zu definieren und zu verteilen. Ja, dies ist seine wichtigste Aufgabe überhaupt. Für den Staat gilt nicht, wie für das Individuum, daß das Handeln durch partielle Blindheit gegen entferntere Folgen ermöglicht wird. Der Staat hat, im Unterschied zum Individuum, die Pflicht, so weit zu sehen, wie es unter Zuhilfenahme aller in einer bestimmten Epoche zur Verfügung stehenden Mittel möglich ist. Gerade deshalb kann er sich selbst nicht, ohne seine eigentliche Aufgabe zu verfehlen, als Verwirklicher von ‚Zielen', von ‚Programmen' verstehen wollen. Er kann seiner primären Aufgabe, die unerwünschten Nebenfolgen menschlicher Zweckhandlungen zu neutralisieren, nur genügen, wenn er nicht selbst als der größte Realisierer von Zwecken auch die größten und dann von niemandem mehr kontrollierten Nebenfolgen produziert."[5]

Bewertungskriterien von Technik

Die Atomenergie als unverantwortliche technische Fehlentwicklung erweist die Notwendigkeit einer gesellschaftlichen Kontrolle der Technik. Es sind allgemeine Bewertungskriterien aufzustellen, die auf alle Formen der Technik anzuwenden sind, denn die Kernenergie ist zwar eine klar erweisbar inakzeptable Technik, bei weitem jedoch nicht die einzige.

Technik nach Maß des Menschen: Technik nach dem Maß des Menschen muß seiner Fehlbarkeit Rechnung tragen, d. h., sie muß auf Fehler bei Konstruktion, Bau oder Bedienung eines Geräts oder einer Anlage gutartig reagieren (Fehlertoleranz). Wie die Erfahrung zeigt, sind im Bereich der Kerntechnik wiederholt als Folge anerkannter technischer Mängel oder unvorhersehbarer Bedienungsfehler schwere

Pannen mit z. T. weitreichenden Folgen für Mensch und Umwelt aufgetreten. Das gleiche trifft in ähnlicher Weise auch für den Bereich der chemischen Großindustrie zu. Es wäre aber falsch, die Kernindustrie mit den Gefahren der chemischen Industrie zu rechtfertigen oder umgekehrt; vielmehr ist eine kritische Bewertung auf alle Bereiche der Technik auszudehnen.

Überschaubarkeit: Entscheidende Voraussetzungen für die verantwortungsvolle Anwendung und Beherrschung einer Technik sind ihre Überschaubarkeit und die Möglichkeit, ihre Folgen abschätzen zu können. Verantwortungsethik wird dadurch überhaupt erst möglich.

Flexibilität: Technik als Werkzeug menschlicher Zweckhandlungen darf nicht zum Selbstzweck entarten und Zwang auf menschliches Handeln ausüben. Anpassungsfähigkeit an geänderte Ziele und Lebensumstände ist daher ein wichtiges Merkmal verantwortbarer Technik. Die Wirkungen sollten möglichst reversibel, der Vergänglichkeit des Menschen angepaßt sein und nicht unwiderruflich in ferne Zukunft reichen. Künftige Generationen sollen nicht in ihren Entfaltungsmöglichkeiten behindert werden.

Möglichkeiten des Mißbrauchs: Zur Beurteilung einer Technik reicht es nicht aus, nur anzunehmen, sie würde stets nach besten Kräften zum allgemeinen Wohl angewendet. Auch die Folgen ihres verbrecherischen Mißbrauchs sind angemessen mitzubedenken. Ein potentiell folgenschweres Unternehmen ist nicht aus einem Teilbereich heraus zu verantworten. Man darf eine Technik nicht nur wegen einiger (vielleicht nur vermeintlicher) Vorteile befürworten, sondern muß sie mit allen Gefahren und Langzeitfolgen akzeptieren oder ablehnen. Eine verantwortliche Position muß umfassend sein. Die Erreichung des Ziels einer „inhärenten Sicherheit", wonach „schwerwiegende Unfälle aus naturgesetzlichen Gründen ausgeschlossen bleiben", ist im Bereich der Kerntechnik nicht abzusehen. Daran ändern auch Fortschritte in Teilbereichen nichts. Es ist ethisch fragwürdig, die riskante Realität mit (unsicheren) Zukunftskonzepten zu rechtfertigen. Daß technokratisch-bürokratische Systeme unflexibel und wenig innovativ sind, daß Systemzwänge moralische Erwägungen erschweren oder sogar verhindern, ist kein Geheimnis. Verantwortung an solche Strukturen zu delegieren, ist ebenfalls problematisch. Woher soll der Impuls zur Überwindung schlechter Technik kommen, wenn der Staat diese Systeme unter seinen Schutz stellt und Andersdenkende ausgrenzt oder gar kriminalisiert?

Umwelt- und Sozialverträglichkeit

Im Umweltschutz wurden einige allgemeine Prinzipien aufgestellt. Die wichtigsten davon sind: Zunächst das Sicherheitsprinzip, das verlangt, im Zweifel über mögliche negative Umweltauswirkungen deren obere Grenze anzunehmen. Analog zum Grundsatz „in dubio pro reo" (im Zweifel für den Angeklagten) der Rechtsprechung soll der Grundsatz „in dubio pro securitate" (im Zweifel für die Sicherheit) gelten. Das Vorsorgeprinzip baut auf dem Sicherheitsprinzip auf und bezweckt, das Auftreten irreparabler Gesundheits- und Ökosystemschäden von vornherein auszuschließen, indem riskante Unternehmungen nicht zugelassen werden. Das Verursacherprinzip sieht vor – im Sinne der Verantwortungsethik –, jeden Verursacher von Gesundheits- und Ökosystemschäden zur Verantwortung zu ziehen. Um es wirksamer zu machen, ist schon mehrfach die Umkehr der Beweislast vorgeschlagen worden, wie sie bereits in der japanischen Rechtsprechung verwirklicht ist.

Wendet man die genannten Bewertungskriterien auf die Kernenergie an, so zeigt sich in aller Deutlichkeit, daß diese Technik den Änderungen nicht entspricht. Sie ist nicht tolerant gegenüber Fehlern, sie ist zu kompliziert, um überschaubar zu sein, sie ist unflexibel, und ihr Mißbrauch hätte beispiellose Folgen. Das Verursacherprinzip ist angesichts der zeitlich und räumlich weitreichenden Folgen nicht anwendbar, was bedeutet, daß das Vorsorgeprinzip in Kraft treten muß. Die Liste böser Erfahrungen mit der Atomenergie ist lang. Sie beginnt beim Krebstod Madame Curies, dem Knochenkrebs zahlreicher Leuchtzifferblatt-Malerinnen, dem Lungenkrebs von Uran-Bergleuten und reicht – wenn man von Hiroshima und Nagasaki absieht – bis zu den vielfältigen Zwischenfällen und technischen Pannen in Kernanlagen. In vielen Fällen ist man mit Glück und nur knapp einem folgenschweren Unfall entgangen (beispielsweise Fermi-Reaktor in Detroit 1966, Browns Ferry in Alabama 1975 und Three Mile Island in Harrisburg 1979).

Der Unfall von Tschernobyl ist der bisher größte Industrieunfall. Das direkte Schadensausmaß umfaßt mehr als 1.000 Verletzte, von denen 31 kurzfristig ihren Strahlenschäden erlegen sind. Mehrere Ortschaften und Kleinstädte mußten aufgegeben und 135.000 Menschen evakuiert werden. Große Landstriche sind auf unabsehbare Zeit für die Landwirtschaft unbrauchbar. Die finanziellen Kosten – allein in der ehemaligen Sowjetunion – sind enorm. In mehr als 20 europäischen Ländern wurden aufgrund der radioaktiven Kontamination Restriktionen im Bereich der Ernährung verfügt.

Aber die großräumigen Langzeitfolgen sind schlimmer. Die Schätzungen der tödlichen Krebsfälle bewegen sich zwischen weniger als 1.000 und etwa 500.000, wobei die optimistischen Schätzungen einer kritischen wissenschaftlichen Überprüfung nicht standhalten. Dazu kommen noch die Erbschäden kommender Generationen als derzeit kaum quantifizierbare Hypothek für die Gesundheit.

Bei der kritischen Betrachtung der Kernenergie ist zu bedenken, daß angesichts der vielschichtigen Krise, in der wir uns gegenwärtig befinden, in vielen zivilisatorischen Bereichen tiefgreifende Korrekturen notwendig sind. Eine vergleichende Folgenabschätzung verschiedener Technologien ist die Voraussetzung einer sachlichen Bewertung, nicht nur der Kernenergie.

Viele bei der kritischen Auseinandersetzung mit der Kernenergie gewonnene Erkenntnisse sind auch in anderen Bereichen anzuwenden, mit dem Ziel, Technik und Wirtschaft umweltverträglich und verantwortbar zu machen.

Ähnliches gilt für die Sozialverträglichkeit. Dieser Begriff ist zwar nicht leicht zu definieren, doch ist für den Bereich der Kernenergie eine eindeutige Aussage zur Abschätzung möglich. Eine Technik, deren gewaltsame Durchsetzung gegen protestierende Bürger beispiellosen Polizeieinsatz erfordert, die Katastrophenvorsorge und Überwachungsmaßnahmen notwendig macht, die gegen den Willen großer Bevölkerungsteile durchgesetzt werden muß, kann nicht als sozial verträglich bezeichnet werden.

Anmerkungen

[1] Kurzfassung eines Referats, gehalten am 25. Juni 1993 beim AGEMUS-Seminar in Würting/OÖ.

[2] Der Begriff wird nicht streng im Sinne Max Webers verwendet, der unter Verantwortungsethik eher die Ethik in der Politik gemeint hat, im Sinne von: „Der Zweck heiligt die Mittel."

[3] Gerhard Helmut Schwabe, Ehrfurcht vor dem Leben – eine Voraussetzung menschlicher Zukunft. In: O. Schatz (Hg.), Was bleibt den Enkeln? Die Umwelt als politische Herausforderung. Styria Verlag, Graz o. J.

[4] Tschernobyl – Folgen und Folgerungen, 30 Thesen zum Verhältnis Technologie und Politik. Eine Stellungnahme der Forschungsstätte der Evang. Studiengemeinschaft Heidelberg, Okt. 1986. Evang. Pressedienst Nr. 46a/8.

[5] Robert Spaemann (1979), Technische Eingriffe in die Natur als Problem der politischen Ethik. Scheidewege 9, 476–479.

Bernd Lötsch

Der erste ethische Fortschritt seit 2000 Jahren

Weder Bücher wie das vorliegende noch fallweise Erfolge im Naturschutz können darüber hinwegtäuschen, daß ein krasser Widerspruch zwischen den politischen Bekenntnissen zur Nachhaltigkeit und den weiterlaufenden globalen Trends besteht.

Umwelttechnische Fortschritte haben die klassischen Umweltnoxen Ruß, Gestank, Abwasserkloaken und Müllgebirge zunächst – Gott sei Dank – unter die Schmerz- und Schreigrenze des Bürgers gedrückt. Aber sie konnten den Zerstörungsprozeß natürlicher Systeme nicht aufhalten. Ob wir mit alldem zurechtkommen, ist eine offene Frage. Meine Hypothese ist: es hat Sinn zu arbeiten. Dennis Meadows schrieb mir auf die Frage, ob er angesichts der globalen Entwicklung noch eine Chance sehe, als Widmung in seine „Neuen Grenzen des Wachstums": „Hope for the best, prepare for the worst." (Hoffe auf das Beste, sei auf das Schlimmste gefaßt.)

Ob der Markt als allwissender Selbstregulator das Problem lösen kann? Der Markt hat kein Ethos. Die wichtigsten Dienstleistungen natürlicher Systeme von Atemluft- bis Trinkwasserregeneration sind niemandes Eigentum, somit ohne Preis und ohne Schutz in der Weltwirtschaft – *unowned, unpriced and unprotected in the global economy*, so das World Resources Institute.

Der Markt scheint nur „den Preis von allem zu kennen und den Wert von nichts". Doch mit der Natur ist es wie mit der Gesundheit: ihr Wert wächst erst dann ins Unermeßliche, wenn sie schwindet. Und so könnte es dereinst unserer industrieerkrankten Biosphäre im Ganzen so gehen wie vielen ihrer Topmanager im Einzelnen, welche die erste Hälfte ihres Lebens mit ihrer Gesundheit hinter dem Geld herjagen, um in der zweiten Hälfte des Lebens mit ihrem Geld hinter der Gesundheit herzulaufen. Bloß kann man erloschene Arten nicht mehr zurückkaufen.

Worauf will ich hinaus? Der herkömmliche Umweltschutz ist als Wasser- und Lufthygiene, Ozon-, Klima- und Chemiepolitik nichts anderes als erweiterter menschlicher Überlebenswille, globale Präventivmedizin, kein neues Ethos, sondern bestenfalls ein ärztliches. Seit uns der Astronautenblick auf das verletzliche „Life Support System" des einsamen Mutterraumschiffs Erde eine kopernikanische Wende in unserem ökologischen Selbstverständnis brachte, könnte dies bestenfalls zur Überwindung aller Nationalitätengrenzen für ein kollektives Überleben führen, ein ökologisches Weltbürgertum, welches einzelstaatliche Patriotismen (einst als Tugend in den Schulen und Kasernen gelehrt) endgültig aufheben müßte. Doch selbst dabei denkt die

Menschheit nur an sich. Umweltethik jedoch ist noch viel mehr. Sie kündigt sich als eine nie dagewesene geistesgeschichtliche Wende an, von der erst die wenigsten Menschen begriffen haben, wie fundamental und fast religiös sie ist. Unsere bisherige Ethik, unsere Religionen, humanitären Philosophien von Moses bis Mohammed, von Platon bis Kant, von Hippokrates bis Henri Dunant, von Jesus bis Marx, sie alle sind eine Ethik zwischen Mensch und Mensch und/oder eine Ethik zwischen Mensch und Gott. Hier ist alles Wesentliche gesagt, wenn auch nicht getan.

Den Wert der Wildnis aber sahen sie nicht.

Das Existenzrecht auch der scheinbar unnützesten Mitgeschöpfe anzuerkennen, den Schutz der Evolution, die zweckfreie Bewunderung der aufregenden Schönheit, der reizvollen Vielfalt und verblüffenden Angepaßtheit der Arten an ihre natürlichen Umwelten zum Prinzip gesellschaftlichen Handelns zu machen, eine neue Schöpfungsethik, Nutzungsverzicht als Wiedergutmachung an der Natur – *das* wäre der erste wirkliche ethische Fortschritt seit 2000 Jahren; Sakralisierung letzter Restnatur, Nationalparks als heilige Haine des 21. Jahrhunderts. Als „Sanctuaries", als Heiligtümer, empfand sie das junge Nordamerika, als Kathedralen der amerikanischen Zivilisation. „America's best idea" nannte sie der britische Botschafter und Historiker James Bryce 1913. Und als den bedeutendsten Beitrag der Vereinigten Staaten zur Kultur dieser Welt sehen wir sie heute – wir stehen dabei auf den Schultern von Naturphilosophen, Bürgerrechtskämpfern und Poeten wie Henry David Thoreau („in wildness is the preservation of the world") oder John Muir („in God's wildness lies the hope of the world") und amerikanischer Künstler wie Albert Bierstadt und Thomas Moran, der mit seinen Bildern die Kongreßabgeordneten 1872 überzeugte, daß man Naturwunder wie die Geysire und die Lower Falls des Grand Canyon of the Yellowstone als *nationales Erbe* beiseite legen müsse. (Eben dies führte zum Begriff „National"-Park, obwohl gerade Wildnis nichts „Nationales" erkennen läßt, wie dies Kulturlandschaften auszeichnet – ein altes Mißverständnis bei Nationalparkprojekten in Europa. Hochrangige Kulturlandschaften hingegen mußten dann oft – nicht minder irreführend – als „Natur"-Parks ausgewiesen werden.)

Amerikas Nationalparks wurden für die jungen Vereinigten Staaten zu „Kronjuwelen der Demokratie" nach den Schrecken des Bürgerkriegs. Doch selbst Heiligtümer der Wildnis bedürfen des Menschen – sie fanden einen ihrer Hohepriester in Stephen Mather, dem weltgewandten, wohlhabenden, menschlich gewinnenden Geschäftsmann, der ab 1916 unter großen Opfern an Vermögen und Gesundheit das Nationalparkservice schuf. Aus wildniserprobten Armeekundschaftern (Army Scouts), Staatsförstern, Jägern und Stierbändigern entwickelte Mather durch Bildung, Motivation, Auswahl der Besten und Disziplin einen Beruf, der 80 Jahre später laut Umfragen zu einem der beliebtesten und angesehensten der Vereinigten Staaten geworden ist. „Die Ansprechperson für eine Frage, einen Notfall oder eine Beschwerde ... die freundliche, vertrauensvolle und kenntnisreiche Person, die unser Nationalparkwesen repräsentiert ..." – so der Ranger im Bewußtsein der amerikanischen Öffentlichkeit.

Und in der Tat erwächst uns mit dem Wildnisschutz die Notwendigkeit zur Schaffung eines – für Europa relativ neuen – Berufsbildes, welches auf dieses Ethos einzuschwören ist. Der jahrtausendalte Ärzteeid gibt Anhaltspunkte, wie ein Beruf mit naturwissenschaftlicher Erfahrungsgrundlage zugleich auf einen ethischen Kodex verpflichtet werden kann. Allerdings zeigt der hippokratische Eid, wie sehr ein humanitäres Berufsethos durch medizinische Fortschritte und durch einen zum Bersten übervölkerten Erdball auch dem Wandel unterliegen kann. So verbot die antike Urfassung den Hippokrates-Jüngern noch jegliche chirurgische Eingriffe (solche waren nur dem Feldscher auf dem Schlachtfeld erlaubt, doch der war kein Arzt) und schloß per Eid auch Abtreibungen aus. Dennoch hat er mit seinem Grundsatz „primum nil nocere" – vor allen Dingen dem Patienten nie mehr zu schaden als zu nützen – ein ärztliches Ethos begründet, das bis heute aktuell ist, weil es manch fragwürdiges klinisches Experiment unterbinden kann.

Wir haben im Rahmen zweier europäischer Projekte zur Ausbildung von Nationalpark- und Schutzgebietsorganen versucht, die Struktur des hippokratischen Eides auf diese Schlüsselberufe des künftigen Naturschutzes anzuwenden. Der Nationalpark-Ranger hat im Unterschied zum Arzt nicht nur den Menschen als Patienten, sondern zwei Schutzbefohlene: den Besucher *und* das Naturerbe.

„Hippokratischer Eid" für Ranger

Ich schwöre,
- die mir anvertrauten Gebiete und die mir anvertrauten Menschen nach meinem besten Vermögen und Urteil vor allem zu schützen, was ihnen schaden könnte;
- angesichts einer übernutzten und zunehmend denaturierten Biosphäre das Lebensrecht der Wildnis zu vertreten;
- die Eigenart und Unverwechselbarkeit gewachsener Kultur-Natur-Wirkgefüge zu verteidigen;

- kritikfähig gegenüber Ansprüchen zu bleiben, welche die Natur durch technische Manipulation „verbessern" wollen oder die Schaffung von „Lebensräumen aus zweiter Hand" als Vorwand für die Zerstörung hochrangiger Primärnatur mißbrauchen;
- mich um eine Optimierung von Naturschonung und dem legitimen Wunsch des Zivilisationsmenschen nach Naturerleben zu bemühen – jedoch im Zweifelsfall für die geschützte Natur;
- Sorge für die Unversehrtheit der Natur und der mir anvertrauten Menschen zu tragen – jedoch im Zweifelsfall für menschliches Leben;
- die mir anvertrauten Menschen mit Sorgfalt, Einfühlung und Geduld zu behandeln – niemals diskriminierend in bezug auf Religion, Hautfarbe, Geschlecht und Fähigkeiten;
- niemals einen Gast vor anderen bloßzustellen oder peinlich zu belehren, schon aus dem Wissen, daß es sich der Naturschutz nicht leisten kann, auch nur einen möglichen Freund zu verlieren;
- mich in Kleidung und Verhalten der Tatsache würdig zu erweisen, daß ich mit der Schutzgebietsidee und der Wildnisethik einen der bedeutendsten ideellen Fortschritte unserer Kultur zu repräsentieren habe;
- über Äußerungen von Gästen diskret zu schweigen (wenn sie nicht für einen weiteren Personenkreis geeignet sind) bzw. die Vertrautheit, die das gemeinsame Naturerleben zwischen Naturführer und Exkursionsgast erzeugen kann, nicht zu mißbrauchen;
- mich in der Interpretation von Natur- und Kulturwerten stets um Wahrheit und fachliche Richtigkeit zu bemühen und mein Wissen weiterzuentwickeln;
- Berufskollegen stets mit besonderer Gastfreundschaft und Hilfsbereitschaft zu begegnen.

Ich verpflichte mich durch diesen Schwur zu Albert Schweitzers „Ehrfurcht vor dem Leben" und zu einem Denken und Handeln im Sinne der ökologischen Nachhaltigkeit, Generationenverantwortung und des höchsten Schutzes der biologischen Artenvielfalt.

Die weltweite Verwirklichung von Biodiversitätsschutz und Nationalparkidee ist vielleicht die höchste neue ethische Leistung unserer Kultur: „Nutzungsverzicht zugunsten der Natur". Deshalb ist sie schwerer durchzusetzen als milliardenteure Umwelttechnik.

Wildnis als Wert

Der Natur zu ihrem Recht verhelfen, kaum eingreifen, nichts entnehmen, das Netzwerk des Lebendigen frei entfalten lassen, voll Ehrfurcht beobachten, Natur in Ruhe lassen, auch um ihrer selbst willen – genau dazu ist der Mensch am allerwenigsten imstande. Es ist ein Schlag ins Gesicht der Technokratie, jenes totalitärsten aller Regimes, die je über Mensch und Schöpfung herrschten, über alle Ideologien und Diktaturen hinweg – denn die Technokratie ist eine Ideologie für sich, und sie trägt diktatorische Züge:

Ihre Gehirnwäsche ist die Werbung.
Ihr Kult ist der Konsum.
Ihr Glaube ist die Machbarkeit.
Ihre Kunst ist die Architektur des Brutalismus.
Ihre Raubzüge heißen Wachstum.
Ihre Macht über Menschen wirkt nicht durch Unterdrückung, sondern durch Komfort.

Die Nationalparkidee ist der weltweit wichtigste Widerstand gegen die Technokratie! „In God's wildness lies the hope of the world" (John Muir). „The battle for conservation will go on endlessly. It is part of the universal warfare between right and wrong."

Silvia Adam

UMWELTPÄDAGOGIK

„Ich sehe keine Delegation, die für die Vierbeiner spricht.
Ich sehe keinen Abgeordneten für die Adler.
Auch wenn wir uns für überlegen halten: wir sind doch nur ein Teil die-
ser Schöpfung.
Und wir müssen lernen, wo unser Platz ist – irgendwo zwischen dem
Berg und der Ameise,
irgendwo und nur dort als wichtiger Bestandteil der Schöpfung. "

Oren Lyons[1]

Einleitung

Im Leben der Indianer ...
... hatten alle Geschöpfe dieser Welt gleiches Recht auf Leben,
Nahrung, Lebensraum und Würde. Die Natur in all ihren Erscheinungsformen war vom „Großen Geist"[2] belebt und heilig. Für die Befriedigung ihrer täglichen Bedürfnisse nahmen die Indianer gerade das
Notwendige, alles, was verwendet wurde, wurde soweit als möglich
aufgebraucht. Jedes Ding wurde mit Respekt behandelt, jede Handlung
wurde mit Achtung begangen. Es entsprach ihrem Bedürfnis, mit der
Erde im Rhythmus zu bleiben.
Als Beispiel kann ein Auszug aus der Rede von TEKARONTAKE, einem
Mitglied der Mohawk[3], gelten, die er 1984 während seiner Vortrags-
reise durch Österreich, Deutschland und die Schweiz gehalten hat:
„Als die Erde mit all ihren Lebewesen erschaffen wurde, war es
nicht die Absicht des Schöpfers, daß nur Menschen auf ihr leben sollten. Wir wurden zusammen mit unseren Brüdern und Schwestern in die
Welt gesetzt, mit denen, die vier Beine haben, mit denen, die fliegen,
und mit denen, die schwimmen. All diese Lebewesen, auch die klein-
sten Gräser und die höchsten Bäume, bilden mit uns eine große Familie.
Wir alle sind Geschwister und gleich an Wert auf dieser Erde."[4]

Bildung und Krise – die philosophische Herausforderung

„Umweltkrise ist auch Bildungskrise. Zukunftsbewältigung muß mit
Bildung beginnen. Nur ganzheitliche Bildung kann die sich ausbreiten-
de Sinn- und Seinskrise unserer spätindustriellen Gesellschaft über-
winden. " (Univ.-Prof. Dr. Werner Katzmann)

NIETZSCHE postuliert die zwingende Wiederkehr des immer Gleichen, die Unfähigkeit des Menschen, aus seinem Handeln zu lernen (das Produzieren von „immer neuen Irrtümern"), und damit die Aussichtslosigkeit menschlichen Strebens insgesamt. Er hält in seinem Werk „Zarathustra" dem Endzeitmenschen den Spiegel vor. Dieser ist zu einem Menschen geworden, der Gott aus seinem Herzen vertrieben hat und nun, mangels inneren Halts, seinen Verstand zum Gott erhebt. Er konfrontiert ihn mit der Sinnleere, der Entwurzelung, in die er sich selbst hineingetrieben hat, und dem Unverhältnis zwischen seinem Wollen und seinem Können. Er läßt Zarathustra zu den Menschen sagen: „Ich beschwöre euch, Brüder, bleibt der Erde treu und glaubt denen nicht, welche euch von überirdischer Hoffnung reden. Verächter des Lebens sind es, Absterbende und selber Vergiftete, deren die Erde müde ist: so mögen sie hinfahren!" Und er fordert die Menschen auf, „sich Freiheit zu schaffen, zu neuem Schaffen, Mut zu zeigen" und letztlich „wie die Kinder wieder das heilige Ja-Sagen zu lernen zum Spiele des Schaffens".

Denker wie HUSSERL, HEIDEGGER und SPENGLER weisen auf die Krise des Menschen hin, die er durch gedankenlosen Gebrauch seiner Möglichkeiten unter Zuhilfenahme der Technik selbst ausgelöst hat. SPENGLER spricht gar vom „Untergang des Abendlandes". ADORNO und SONNEMANN verstehen die Technik bestenfalls als Stillstand, um nicht zu sagen Rückschritt in der Entwicklungsgeschichte des Menschen. Allen ist gemeinsam, daß sie kaum Hoffnung auf Rückkehr des Menschen zur Natur zulassen, keinen Frieden und keine Schönheit mehr in unser aller Zukunft.

Es ist, als ob der Mensch erst am Ende eines Jahrtausends begreift, welche Fehler ihm unterlaufen sind, und im Übergang zum nächsten Jahrtausend erstarrt abwartet, wie die Strafe dafür aussehen wird. Beantwortete die Menschheit die Wende vom ersten zum zweiten Jahrtausend mit einer Welle der Panik und Selbstmorde, scheint nun die pessimistische Resignation mit einer gehörigen Portion Selbsthaß zum Warten auf das verdiente Ende zu verdammen.

Die ökologische Krise ist nur eine Spielart einer allgemeinen Krise heutzutage. Ihr komplexes Wesen tritt in vielfältigen, nicht voneinander trennbaren Phänomenen auf, mit einer nachvollziehbaren Historie über Jahrhunderte menschlicher Entwicklung hinweg. Das Leben dieser Welt entwickelte sich durch Millionen Jahre und hatte den Raum eines gesamten Planeten für das evolutionäre Geschehen, hin zur Entwicklung der Arten und zur Anpassung an Klima, Nahrungsangebot, Umgebung und andere Anforderungen. Objektiv betrachtet, bietet die Erde einen großen Reichtum an Bodenschätzen, Tieren und Pflanzen.

BUCKMINSTER FULLER spricht von unserem „Raumschiff Erde" und meint, „daß in der Anlage des totalen Reichtums dieses Raumschiffs ein enormer Sicherheitsfaktor eingeplant wurde. Dadurch wurde dem Menschen über eine lange Zeit hinweg sehr viel Ignoranz zugestanden, und zwar solange, bis er genügend Erfahrungen gesammelt hatte, um mit dem daraus abgeleiteten System generalisierter Grundsätze das Wachstum des fortschreitenden Energiemanagements der Umwelt zu beherrschen."

In Ermangelung vorgegebener Rezepte und von Geburt an ziemlich hilflos, war der Mensch immer auf seinen Intellekt angewiesen und lernte in unerbittlichen Lektionen zu überleben. Er entdeckte nach und nach die Vorteile der Tier- und Bodennutzung. Die nomadisierenden Gesellschaften lebten (und tun dies auch heute in gleicher Weise) in einer Zweckgemeinschaft mit bestimmten Nutztieren und in weitgehender Anpassung an ihren natürlichen Lebensraum. Bis zur Stufe der Gartenbaugesellschaften⁵ stellte die Ungewißheit bei der Nahrungssuche die größte Bedrohung für die Menschen dar. Danach waren es die Klimabedingungen, die das Überleben der Gemeinschaft maßgeblich beherrschten. Die Ackerbauern und Viehzüchter bildeten überwiegend seßhafte Gesellschaften, die großes Interesse daran hatten, in den naturgegebenen Lauf einzugreifen, um die Ernte zu sichern, die Erträge zu verbessern und letztlich den Reichtum der Gemeinschaft zu vergrößern. Im Laufe von Jahrtausenden versuchten sie, die Dinge nach ihren Vorstellungen und Zielen zu gestalten.

Mit dem Beginn der industriellen Revolution hatten die Menschen erstmals die Möglichkeit, sich immer stärker von natürlichen Gegebenheiten unabhängig zu machen. In der Folge wurden die wachsenden Städte zu Zentren des kulturellen, wirtschaftlichen und politischen Lebens der industrialisierten Gesellschaften überall auf der Welt. Der „Städter" heute ist in seinem Umgang mit der Natur aus der Übung gekommen, auch Gefahren, wie Hochwasser oder Hagelschlag, sind weit entfernte Ereignisse, ebenso Hunger oder Kälte. Als Reaktion auf die Sehnsucht nach einer Erneuerung der Nähe zur Natur findet zur Zeit eine neue Naturromantik eine immer größere Zahl an Anhängern.

Doch nicht Romantik sollte die Triebfeder unserer Wiederannäherung an die Natur und in weiterer Folge unseres ökologischen Handelns sein. Statt dessen sollte uns die Erkenntnis, wie das wunderbare Energieaustauschsystem, in das wir eingebunden sind, auf unserem Planeten funktioniert, wie sinnvoll die Gesetzmäßigkeiten ablaufen, zu einer respektvollen Bereitschaft animieren, in großen Maßstäben denken zu lernen, wie man die Verhältnisse „managt", angesichts der Begrenztheit der Lagerräume unseres Raumschiffs und der steigenden Zahl der Besatzungsmitglieder. Es geht darum, allgemeingültige Gesetze und Regeln für eine bessere Lebensqualität aller Passagiere begreifen und umsetzen zu lernen.[6]

Die „Allgemeine Systemtheorie" BUCKMINSTER FULLERS besagt:

- Unsere Ressourcen sind vielfältig, aber nicht unerschöpflich.
- Die Natur hat uns bis zu einem bestimmten Punkt der Reife versorgt, wie das Ei, das ein Vogelküken umgibt. Der Sinn dahinter ist, daß ein Lebewesen nach Erreichen einer bestimmten Entwicklungsstufe seine schützende Hülle verlassen muß, um weiter zu wachsen. Gemäß den natürlichen Gegebenheiten, ist nun der Punkt gekommen, an dem wir lernen müssen, neue Wege zu gehen.
- Gefordert ist, daß wir uns von unserer naiven, auf Versuch und Irrtum gestützten Selbstbedienung lösen und beginnen, die nächste Phase der regenerativen Erhaltung zu entdecken.
- Uns bleibt nur, die Flügel unseres Intellekts auszuspannen und zu fliegen oder unterzugehen; das heißt, wir müssen sofort wagen zu fliegen, und zwar nicht nach den Faustregeln falsch konditionierter Reflexe von gestern, sondern auf der Grundlage der allgemeinen Prinzipien, die das Universum regieren.
- Sobald wir den Versuch machen, kompetent zu denken, fangen wir sofort wieder an, uns unseres angeborenen Triebes zum komprehensiven Verstehen zu bedienen.

Die Lebensrealität der Menschen in den Industriestaaten ist durch ein weitgehendes Abgekoppeltsein von natürlichen Bedingungen gekennzeichnet. Sie leben in festen Häusern mit Heizung, dichten Fenstern und Klimaanlagen, Autos erledigen schwere Transporte und lassen jedermann geschützt und rasch vorwärts kommen. Mit Flugzeugen werden problemlos Entfernungen über den halben Erdball überwunden.

Natur wird nur noch in der Freizeit, als Ausgleich zum „stressigen" Leben in der Stadt, konsumiert. Losgelöst von der Notwendigkeit, „im Kampf mit der Natur" überleben zu müssen, ist der Bezug zu ihr und zum Lebendigen verlorengegangen. In heutigen Industriegesellschaften leben Tiere in Zoos oder Bauernhöfen und als Haustiere daheim auf dem Sofa. Ihre Nahrung „erlegen" die Menschen in den Regalen der Supermärkte, Pflanzen werden wegen ihrer Schönheit und aus Sehnsucht nach ein bißchen Natur in den eigenen vier Wänden gehalten.

Wohl hat der ländliche Teil der Bevölkerung noch Kontakt zu den natürlichen Abläufen eines landwirtschaftlichen Jahres oder der Viehwirtschaft, das Interesse gilt jedoch der Natur als Ressource, die man bestmöglich nutzen möchte. Durch diese Naturentfremdung steuert die industrialisierte Welt auf unwägbare Gefahren zu.

Als Konsequenz wurden Hühnerbatterien, Schweinemast und „Turbokuh" ebenso Realität wie Hybridweizen und gentechnisch verändertes Obst. Mit der Massentierhaltung kamen der „Salmonellenskandal" und der Skandal um „Hormonkälber". Die gängige Lebens- und Wirtschaftsweise brachte das „Waldsterben" und den „sauren Regen" hervor, weiters ein enormes Bevölkerungswachstum und in der Folge Ressourcenknappheit. Tierversuche sind in der Pharma- und Kosmetikindustrie ebenso Alltag wie in der Medizin.

Langsam entsteht ein abschreckendes Bild von der Welt, die wir uns geschaffen haben, gezeichnet von den nationalen und internationalen Medien, den Umweltschutzorganisationen und zunehmend mehr Einzelpersonen, die nach einer Kurskorrektur verlangen. Der Grund ist vielfach Angst vor den Konsequenzen unseres Tuns. Kaum jemand bezweifelt heute noch die Notwendigkeit einer solchen Kurskorrektur, nur über das „Wie" sind die Vertreter der verschiedenen Interessensvereinigungen geteilter Meinung.

Industrielle Gesellschaften leben im ständigen Zwiespalt von immer zuverlässigeren Instrumenten zur Problemerkennung ökologischer Situationen bei gleichzeitig sinkender Fähigkeit zur Problemlösung. Eine allgemeine Bereitschaft, sich den Problemen unseres Planeten zu stellen, scheint allerorts vorhanden. Wo aber konkrete Maßnahmen gesetzt werden sollten, fehlen bisweilen Mut, Ideen und Mittel. Dazu kommen die unterschiedlichen Zielsetzungen der beteiligten Parteien, die wohl vorgeben, nur zum Besten der Öffentlichkeit und aus hehren Motiven zu handeln, letztlich aber doch am eigenen Standesdünkel, massiven wirtschaftlichen Interessen und letztlich an Überforderung scheitern müssen.

Notwendig wäre eine Änderung der Grundwerte der westlichen Gesellschaften und darüber hinaus eine Neudefinition der Prioritäten von Wirtschaft und Technologie. Hier liegt die Bedeutung einer sinnvollen, auf die Lösung unseres Dilemmas ausgerichteten Erziehung zum angemessenen Umgang mit der Natur und allen Mitwesen. Die Forderung indianischer Stammesvertreter, wie LYONS, nach Respektierung unserer Brüder und Schwestern, der Pflanzen und Tiere, und unser aller Mutter, der Natur, sowie nach Wiederherstellung der verlorengegangenen „Gleichberechtigung von Natur und Mensch" entspricht und entspringt der Tradition und dem spirituellen Empfinden indianischer Völker.

Der heutige Mensch besitzt wohl die Fähigkeit zur Beherrschung der Welt, gleichzeitig hat er seine Heimat und das Gefühl einer Verwandtschaft mit seinen Mitgeschöpfen verloren. Er kennt weder Verpflichtung noch Urvertrauen durch Naturbeziehung. Was er aufgrund moderner ökologischer Erkenntnisse erst langsam wiedererkennt und sich aneignet, war traditionell lebenden Völkern immer schon das Fundament, auf dem sie ihr Leben aufbauten.

Die moderne Sozial- und Friedensforschung kann durchaus auf Konzepte zurückgreifen, die jahrhundertelang zur Zufriedenheit und Gerechtigkeit für alle Beteiligten angewendet wurden. Die Wissenschaft muß nur ihr hohes Roß verlassen, dann kann sie sich Anleihen bei den Ursprungsgesellschaften holen. Stellvertretend für eine Reihe von Beispielen, seien im folgenden die gesellschaftlichen Strukturen der nordamerikanischen Indianer vorgestellt.

Der größte Teil der Ursprungsbevölkerung Amerikas war in demokratischen Gesellschaften organisiert. Dazu ein Text von Janet McCloud[7]: „Die politische Struktur indianischer Völker ist demokratisch[8] und geht von der Gleichheit aller aus. Jeder Mensch, ob jung oder alt, Mann oder Frau, hat das gleiche Mitbestimmungsrecht, Entscheidungen werden von allen gemeinsam getroffen. Jeder nimmt gleichberechtigt am Leben der Stammesgemeinschaft teil; so ist ein friedliches Miteinander gewährleistet, Autorität geht von den Ältesten auf die jungen Leute über, und selbst das Weinen des Babys bleibt nicht unbeachtet.

Das Wirtschaftssystem der indianischen Völker beruhte ursprünglich auf einem Leben in Gemeinschaft. Indianer lehnten persönlichen Grundbesitz ab und brauchten auch kein Geld, da jeder ein Anrecht auf die notwendigen Lebensgüter hatte; der Reichtum der Natur kostete nichts und war für alle da. Niemand mußte sich die Existenzberechtigung erst verdienen, aber es war die Aufgabe aller, für Unterkünfte und Nahrung zu sorgen, für die Gemeinschaft zu jagen, zu fischen, die Felder zu bestellen, Arbeit, Nahrung und Unterkünfte wurden gerecht verteilt. Es gab kein Klassensystem mit einer Kluft zwischen Arm und Reich. Erwarb eine Familie durch ihren Fleiß mehr, als sie zum Leben brauchte, dann nur deshalb, um den Überfluß in einer zeremoniellen Verteilung von Geschenken[9] wieder herzugeben. Der Reichtum wurde auf das Konto des Volkes gelegt – und die Zinsen waren Wohlwollen."

In vielen Stämmen war und ist ein natürliches Empfinden für Würde lebendig – und für Dankbarkeit und Respekt gegenüber allen Wesen dieser Erde. Dieses Talent wird nicht vererbt, es ist Teil ihrer Kultur, das Erbe des Stammes, das von einem zum anderen weitergegeben wird.

Von großer Bedeutung für das eigene Leben sind der Familienkreis und die Clanzugehörigkeit. Die Kinder wurden in Liebe in das Leben hineingeleitet. Indianer lehrten durch ihr Tun, ihre Traditionen und ihr Vorleben. So wie die Eigenarten jedes Tieres, jedes Blattes und Kiesels von den Indianern als Wille des „Großen Geistes" anerkannt wurden, so akzeptierten sie die Kinder als eigenständige Persönlichkeiten, die ihren ganz persönlichen Weg gehen mußten. Für sie hatte die Verschiedenheit der einzelnen Wesen Sinn als Bereicherung des großen Planes. Jedem Lebewesen wurde eigene Kraft zugestanden, da der „Große Geist" in allem wohnte.

„Ich fühle, daß es meine heilige Pflicht ist, zu dieser Zeit diese Botschaft weiterzugeben. Hopi und andere geistige Führer der Ureinwohner sind sehr beunruhigt über den Zustand unserer Mutter Erde und ihrer Kinder, der indigenen Völker", so THOMAS BANYACYA, einer der traditionellen Sprecher der Hopi-Indianer.[10] Ebenso sehen die Vertreter der eingeborenen Völker von Australien, Afrika und Asien die Lage der Welt heute. Sie alle erkennen in der Haltung der Industrienationen eine Bedrohung für die Erde und alle Wesen.

Die Ansicht, daß die Schöpfung eine nie versiegende Quelle für Reichtum und Wohlstand sei, entspringt der Überzeugung vom Menschen als „Krone der Schöpfung" und wird gerechtfertigt durch die alttestamentarische Forderung: „Macht euch die Erde untertan." Sie findet ihr philosophisches Instrument in der postulierten Herrschaft durch Vernunft und ihre Rechtfertigung im Naturrecht. Wahre Vernunft aber respektiert das Ganze, strebt nach Harmonie unter Berücksichtigung aller Aspekte der Realität. In den Gesellschaften der Ureinwohner hat sich das Wissen erhalten, daß sich der Mensch selbst den größten Schaden zufügt, wenn er ständig die Gesetze der Natur mißachtet. Ihre Tradition lehrt Respekt vor den Geschöpfen von Mutter Erde und das Einfügen in eine natürliche Ordnung, wodurch ein stabiles soziales und spirituelles System möglich gemacht wurde.

In der Praxis wird sich der Mensch an den Gegebenheiten orientieren und auch bewährte Rezepte adaptieren müssen. Voraussetzung für den Weg aus der Krise ist Bildung, eine Bildung des Herzens und Kultivierung des Geistes, welche Menschen hervorbringt, die zu vernetztem und vorausschauendem Denken imstande sind. Die Philosophie als Instrument der Lebensbewältigung und Sinnsuche hat dabei technischen Fortschritt und wissenschaftliche Ergebnisse zu berücksichtigen, darf nicht auf sie verzichten, hat jedoch unter Wahrung ethischer und für das Überleben des Ganzen notwendiger Prämissen zu einer kritischen Position zu finden, um die Entwicklung aller im Sinne sozialer, ökologischer, im besten Sinne humaner Ideale beeinflussen zu können. Das Ziel: Ein gutes Leben aller Wesen nach den Regeln des von Natur aus Richtigen.

Die Entwicklung von Wertvorstellungen hin zu einer Ethik in der Umweltbetrachtung

Umweltethik ist die philosophische Begründung von auf die Umwelt bezogenen Entwicklungen des Menschen und der Gesellschaft unter dem Aspekt der Verantwortung des Menschen für sich, seinen Nächsten und die Natur, um den Funktionszusammenhang Natur – Technik – Gesellschaft, wie er sich in Zeit und Raum ergibt, wissenschaftlich begründet zu überdenken und ethische Normen herauszuarbeiten, die allen an den Umweltsystemen beteiligten Faktoren – also nicht nur dem Menschen und seiner Gesellschaft – ein gleiches Existenzrecht zubilligen.[11]

Bei den Bemühungen, den Prozeß der menschlichen Naturaneignung an ethische Normen zu binden, lassen sich eine theologisch, eine philosophisch und eine wissenschaftlich-ökologisch orientierte Umweltethik unterscheiden. Strittig ist zwischen diesen Richtungen vor allem, ob eine Umweltethik für das Verhältnis Mensch – Natur spezifische Normen einführen muß, ob die bisherige anthropozentrische Fixierung aller Ethik aufgegeben werden muß und wie eine solche Ethik verbindlich zu machen ist.

MAGNUS SCHWANTJE (1877–1959), der große Vorkämpfer für Tierschutz und Vegetarismus im deutschen Sprachraum, prägte im Jahre 1902 den Begriff „Ehrfurcht vor dem Leben"[12].

Wir bräuchten für den Bereich Umwelt keine neue Ethik, wir müßten nur aufhören, unsere Mitwelt und alle Geschöpfe nach Belieben aus der vorhandenen Ethik auszugrenzen. Mit dem Ausdruck „nach Belieben" soll darauf hingewiesen werden, daß der Mensch beliebig und willkürlich entscheidet, ob und welchen Wert „etwas" hat – welche Rechte sich daraus ableiten lassen und welche Behandlung. Einerseits essen wir das Fleisch unserer toten Mitgeschöpfe, ohne darauf besonderes Augenmerk zu legen, andererseits gilt unser erwähltes Haustier als Familienmitglied, dafür ist uns keine Ausgabe zu hoch. Die Frage lautet: „Wie lange wird es noch dauern, bis wir zu der Auffassung gelangen werden, daß nicht nur wir Menschen ein großes Volk sein können, sondern zusammen mit allem Lebendigen eine große Familie?"

ALBERT SCHWEITZER[13] bringt es auf den Punkt: „Ethik ist ins Grenzenlose erweiterte Verantwortung gegen alles, was lebt. Tierschutz ist Erziehung zur Menschlichkeit." In diesem Sinne sagt EUGEN DREWERMANN[14]: „Gedenke auch unserer älteren Schwestern und Brüder, der Tiere. Verbiete dem Menschen, Tiere zu töten, um sie zu essen. Denn auch sie sind fühlende Wesen, auch in ihnen wohnt die Sehnsucht nach Leben; unsere Weggefährten sind sie auf dem gemeinsamen Weg zur Unsterblichkeit. Solange noch Menschen Tiere töten, werden sie auch Kriege führen. Solange Menschen Tiere essen, werden sie ihre unschuldigen Opfer zu Tode quälen: zu Hunderttausenden in den Labors und Massenzuchtanstalten, zu Millionen in den Schlachthöfen der Städte, zu Myriaden in den Weltmeeren. Ihr Blutstrom darf nicht länger mehr als Nahrung dienen, ihr Leib nicht länger mehr als Rohstoff, ihr Leben nicht länger mehr als Lebensmittel für uns Menschen. Verbiete uns, Herr, das tägliche Fleisch. Das tägliche Brot gib uns heute."

Konsequenterweise wird somit das Bekenntnis zum Vegetarismus als Grundhaltung eines jeden Menschen zu einem Teil jedes Umweltschutzkonzeptes. Die Gründe, die gegen das Töten von Lebewesen zu Ernährungszwecken sprechen, sind nicht nur ethische. Seltsamerweise ignorieren politische Entscheidungsträger und Meinungsmacher der Medienwelt beharrlich den Umstand, daß unser exzessiver Fleischkonsum auch energiewirtschaftliche und gesundheitsrelevante Aspekte enthält.[15]

ALEXANDER VON HUMBOLDT[16] ist einer von vielen Wissenschaftlern, die darauf hinwiesen, daß die Viehwirtschaft und der Fleischkonsum Gewohnheiten sind, die sich selbst überlebt haben und für das Überleben aller Geschöpfe auf Erden eine große Gefahr darstellen: „Dieselbe Strecke Landes, welche als Wiese, d. h. als Viehfutter, zehn Menschen durch das Fleisch der darauf gemästeten Tiere aus zweiter Hand ernährt, vermag, mit Hirse, Erbsen, Linsen und Gerste bebaut, hundert Menschen zu erhalten und zu ernähren."

Ethischer Anspruch darf sich in seiner Anwendung nicht auf Menschen allein beschränken, will er allgemein anwendbar sein. Eben diejenigen, die nicht für sich sprechen können, müßten von uns Menschen mit in Schutz genommen werden – und damit sind nicht allein Mitglieder unserer Spezies gemeint, wie behinderte Menschen oder Kinder –, besonders die Geschöpfe, die über keine Sprache verfügen, die bei den Menschen etwas gilt, benötigen Anwälte ihrer Rechte.

Wir sollten uns einmal ausmalen, wie wir im umgekehrten Fall nach Gerechtigkeit schreien würden, stünden wir vor einem Tribunal der Tier- und Pflanzenwelt, das über unser Recht in diesem Gefüge entscheiden wollte, über Zuteilung von Raum und Ressourcen usw.

LEONARD NELSON, Philosoph aus Göttingen (geb. 1927), zeigt eine notwendige Entscheidung auf, die die Menschen treffen müßten, um Gerechtigkeit an ihren Geschwistern zu üben: „Es ist der untrüglichste Maßstab für die Redlichkeit des Geistes einer Gesellschaft, wie weit sie die Rechte der Tiere anerkennt. Denn während die Menschen sich nötigenfalls, wo sie als einzelne zu schwach sind, um ihre Rechte wahrzunehmen, durch Koalition, vermittelst der Sprache, zu allmählicher Erzwingung ihrer Rechte zusammenschließen können, ist die Möglichkeit solcher Selbsthilfe den Tieren versagt, und es bleibt daher allein der Gerechtigkeit der Menschen überlassen, wie weit diese von sich aus die Rechte der Tiere achten wollen."

Ein Aspekt dieser Forderungen ist ein adäquates Menschenbild. Der Mensch als Nabel aller Dinge ist, wie die Sonne als Zentrum der Schöpfung, eine evolutionäre Sackgasse. Ein neues Menschsein erfordert eine andere Grundeinstellung:

- Durch Stehenbleiben und Lauschen geduldig und leise werden,
- bescheiden und zärtlich sein,
- im Fluß von Geben und Nehmen leben.

Umweltethik ist Ethik für eine lebenswerte Welt – sie beginnt in unseren Herzen und kann den Planeten befrieden.

In unserer Gesellschaft müßte eine Atmosphäre geschaffen werden, die weitgehend vertrauensvoll, offen und angstfrei sein sollte. Voraussetzung dafür wäre die Sensibilisierung der Bevölkerung für die subtilen, geheimen und tabuisierten Formen von Nötigung und Gewalt im Umgang miteinander, z. B.: Die Sprache, die wir Kindern, weiblichen, ausländischen und behinderten Mitgliedern der Gesellschaft gegenüber verwenden, müßte hinterfragt, die dahinterstehenden Motive offengelegt werden.

Menschen können sich mit den Ansprüchen und Rechten anderer nur dann ehrlich auseinandersetzen, wenn sie dies zuvor mit den eigenen Ängsten, Bedürfnissen und Erwartungen getan haben.

Über unsere Verpflichtungen innerhalb eines „größeren Ganzen" sagte ALBERT SCHWEITZER in seiner ersten öffentlichen Darlegung, der Predigt zu St. Nicolai in Straßburg am 23. Februar 1919: „Gut ist: Leben erhalten und fördern. Schlecht ist: Leben hemmen und zerstören. Sittlich sind wir, wenn wir aus unserem Eigensinn heraustreten, die Fremdheit den anderen Wesen gegenüber ablegen und alles, was sich von ihrem Erleben um uns abspielt, miterleben und mitleiden. In ihr besitzen wir wahrhaft Menschsein; in ihr besitzen wir eine eigene, unverlierbare, fort und fort entwickelbare, sich orientierende Sittlichkeit."

Und an anderer Stelle weist er darauf hin, daß „wir in der Welt leben und die Welt in uns lebt. Keiner maße sich ein Urteil über den anderen an. In tausend Arten hat sich die Bestimmung der Menschen zu erfüllen, damit sich das Gute verwirkliche. Was er als Opfer zu bringen hat, ist das Geheimnis jedes einzelnen."

Wir müssen uns der eingeschränkten Erkenntnisfähigkeit des menschlichen Geistes bewußt sein, immer gewahr, wieviel noch zu entdecken und zu lernen bleibt, offen sein für das, was wir noch nicht wissen.

Umweltethik im Wandel – vom Wert der Natur: Ein philosophischer Diskurs zur Bedeutung des heutigen Umweltverständnisses

Die Natur hat den Menschen immer beschäftigt, er konnte sich ihr ja nicht entziehen; zuerst als scheinbar allmächtige Gottheit oder unpersönliche Kraft, der er sich oft genug ausgeliefert fühlen mußte und die es zu besänftigen galt, später als Herausforderung für seinen Willen, seine eigene Phantasie und Kreativität, welche die Hindernisse überwinden konnte, die in der Natur ihren Ursprung hatten. Und letztlich entdeckte der Mensch den Wert der Natur: als Erholungsgebiet, als Ressourcenpool und schließlich auch um ihrer selbst willen.

Heute, an einem Kardinalpunkt menschlicher Entwicklungsgeschichte, wo das Überleben der menschlichen Art in Frage steht, ist man zunehmend darum bemüht, sowohl auf wissenschaftlicher Basis als auch im individuellen Bereich, unsere vielfältigen Beziehungen und Abhängigkeiten im Verhältnis zur Natur zu verstehen.

Die Grundidee ökologischen Denkens besteht im Erkennen der Bedeutung des Zusammenwirkens aller beteiligten Glieder eines Systems. Alles ist von allem abhängig, gleichzeitig beeinflußt es alles andere. Nicht umsonst sprechen Kritiker heute nicht allein von einer Krise auf ökologischem Gebiet, sondern von einer Krise der Wahrnehmungs- und Erkenntnisfähigkeit selbst.

PLATON hat in seinem Werk „Timaios" ausdrücklich auf den Rückschluß vom Kleinen auf das Große verwiesen: „Von der Schöpfung können wir auf den Schöpfer schließen."

Ebenso führt ALBERTUS MAGNUS aus, daß „alle kosmischen Sphären aus der Einheit des Bewegens hervorgegangen und deshalb wieder darauf zurückzuführen sind".

Naturvorstellung in der griechischen Antike[17]

Das Empfinden für die Ganzheit der Schöpfung und das Wechselwirken aller Dinge ist in der griechischen Antike bis zu PLATON vorhanden. In der Gegenwart der Natur liegt die Wahrheit. Die griechischen Philosophen sind Männer der Praxis, mit einer intensiven Beziehung zur Natur, zum Körper und dem natürlichen Rhythmus der Jahreszeiten.

Das früheste Dokument einer politischen Ökologie findet sich bei dem Vorsokratiker ANAXIMANDER (um 610–546 v. Chr.), Entdecker und Kartograph, einem Schüler des Thales[18]. Er sieht alle Dinge lebendig, entsprungen aus einer „unendlichen Substanz", alles lebt in gegenseitiger Wirkung und Abhängigkeit zueinander. Am Ende folgt das Gericht, der „ewige Ausgleich", nach einer ewigen Rechtsordnung. Der Richter ist „Chronos" – die Zeit. „Der Ursprung der Dinge ist das Grenzenlose. Woraus sie entstehen, darein vergehen sie auch mit Notwendigkeit. Denn sie leisten einander Buße und Vergeltung für ihr Unrecht nach der Ordnung der Zeit."

Wenn unser Denken dem Wesen der Natur entsprechen will, so bedeutet dies nicht zuletzt, organisch denken zu lernen, im Sinne einer Ganzheit und ihrer Teile. Das haben durch die Jahrhunderte viele Philosophen erkannt und gelehrt, und sie haben ihre Herrscher auch immer wieder in diesem Sinne beraten. HERAKLIT (um 535–475 v. Chr.) beispielsweise meinte: „Drei Grundideen hat der Geist einzusehen: die Einheit der Welt, das ewige Werden und die unabänderliche Gesetzmäßigkeit allen Geschehens." Dem Werden liegt das Element Feuer, das Licht, zugrunde. Es garantiert als Weltseele auch die Einheit in der Harmonie der Natur. Die Weltperioden kehren mit göttlicher Gesetzmäßigkeit wieder, der Mensch ist nur unbedeutender Teil des Weltenschicksals. Er kann nur durch Hineinhören in die Natur versuchen, mehr zu verstehen, entgehen kann er ihm nicht!

In der 2. Hälfte des 5. Jahrhunderts begegnen erstmals ein philosophischer Ansatz für die Gleichwertigkeit allen Lebens und die Anspruchsberechtigung auf Berücksichtigung dieser Rechte. DIOGENES VON APOLLONIA lehrte ein einheitliches Gesamtprinzip der Natur, bestehend aus Luft, Vernunft und Gott, aus dem die Vielfalt aller Dinge und Lebewesen entsteht. Aus diesem monistischen Ansatz entsteht ein Verständnis für die Variationen der Lebensformen und ihrer gegenseitigen Abhängigkeit. „Die Welt und der Kosmos sind eine Einheit. Grundlage der Welt ist der Stoff, der unvergänglich, ewig und vernunftbegabt ist. Ohne Denkvermögen dieses Stoffes ist keine Ordnung im Kosmos vorstellbar. Dieser Stoff ist Gott, der überall hingelangt und in allem ist."

Aus der Erkenntnis, daß alle Dinge zusammenhängen, kann der Mensch viel ableiten. Er kann die Mitbewohner und Mitbenutzer der Erde als seine Geschwister betrachten oder auch als Sklaven, er kann sie vergöttern oder zum Ding degradieren, welches nur durch die Aufmerksamkeit, die der Mensch ihm schenkt, Wert bekommt und Sinn nur durch seine Gebrauchsfähigkeit.

Der Gedanke des Menschen als Schöpfer und Herr über die Geschöpfe hat nur zwangsläufig den Umgang mit der Natur und ihren Wesen geprägt. Seine Wurzeln hatte dieses Verhalten im alttestamentarischen Imperativ des „Macht euch die Erde untertan" (1. Mose 1, 28) und der These vom Menschen als Krone der Schöpfung.

Daher schuf sich der Mensch ein passendes, idealisiertes Bild der Welt mit dem Instrument der Technik und der Naturwissenschaft und zerlegte die Natur, um sie diesem Bild anzugleichen. Überall nahm er sein eigenes Ab-Bild wahr und meinte, recht zu haben. Der Theologe G. ALTNER hat 1980 von einer „anthropozentrischen Perversion menschlichen Denkens und Handelns" gesprochen.

Die Vertreter der Pythagoreischen Lehre[19] konnten sich von der Vorstellung einer ruhenden Erde, die auch den Mittelpunkt der Schöpfung darstellt, lösen. Die Entwicklung verlief, von PYTHAGORAS ausgehend, über ARISTARCH VON SAMOS, der bereits um 280 v. Chr. das heliozentrische Weltbild beschrieb, über CICERO und PLUTARCH als Vermittler zu KOPERNIKUS: „Die Welt bildet eine Einheit. Um das Wesen der Dinge zu erkennen, bedarf es göttlicher Erkenntnis. Die Weltordnung wird erst durch das Prinzip der Harmonie möglich." Der Auffassung von der Notwendigkeit der Harmonie entstammen viele sozial bedeutsame ethische Grundsätze.

Die Idee der Naturbeherrschung durch Erkenntnis entstand erstmalig im 5. Jahrhundert vor Christus[20]: „Der Mensch hat als Mikrokosmos Anteil am Makrokosmos und kann diesen daher erkennen." Alle Dinge in der Natur sind demnach gleichermaßen beseelt und daher mit Sehnsüchten ausgestattet. Diese Schöpfung ist eine duale, sie bewirkt erst die Auseinandersetzung von Haß und Liebe als Ursprung der Einzeldinge, führt aber schließlich wieder zu einem Gleichgewicht der Kräfte. Letztlich kehren alle Dinge in die Einheit des „Sphairos" zurück.

Im Gegensatz zu EMPEDOKLES bezweifelt PROTAGORAS (um 485–415 v. Chr.) die objektive Erkenntnisfähigkeit des Menschen, der seinen Sinnen vertrauen muß. Aber auch er geht vom Eingebundensein des Menschen in die Natur aus, Staat und Sitte entspringen ihr, die Entwicklung von Gesellschaftsordnung und Kulturleistungen ist nur im Einklang mit ihr möglich. Der Sophist PROTAGORAS hat insbesondere den anthropozentrischen Satz geprägt, gegen dessen Auswirkungen bis zum heutigen Tag insbesondere umweltengagierte Menschen ankämpfen müssen: „Den Maßstab für alle Dinge bildet der Mensch, wofern sie sind, dafür, daß sie sind, und wofern sie nicht sind, dafür, daß sie nicht sind."

Tatsächlich wird die Auffassung von der Selbstbestimmung des Menschen, der ordnenden Kraft der Vernunft und der Verantwortlichkeit für die Schöpfung in dieser Epoche geprägt und mündet bei PLATON in der Forderung nach Einhaltung bestimmter ethischer Normen. Eine Forderung, die auf Naturrecht basiert, hat sich bis heute gehalten und wird von umweltbewegten Menschen immer wieder vorgebracht: „Rücksicht des Starken gegenüber dem Schwachen!"

Erstmals beschreibt ANTIPHON (2. Hälfte 5. Jh.) ein Prinzip der Gleichheit aller Wesen und fordert diese Rücksicht ein. Er entwirft für die menschliche Gesellschaft eine Vertragstheorie, bei der das Naturrecht die wesentliche und wirkende Kraft darstellt. In die gleiche Kerbe schlägt ALKIDAMAS AUS ELÄA (1. Hälfte 4. Jh.). Er stellt den Naturzustand über den Kulturzustand und beschreibt Sitte und Gesetz als veränderbar. Mit seinem Grundsatz: „Gott hat alle Menschen frei gelassen. Die Natur hat niemanden zum Sklaven gemacht" zeigt ALKIDAMAS ein tiefes demokratisches Verständnis.

PLATON (427–348/347 v. Chr.) postuliert eine harmonische Vernunftordnung der Welt. Die Welt wird von einer kosmischen Ordnung geleitet, sie stellt ein Ganzes dar. Alles hängt in einer unsichtbaren Harmonie zusammen. Seine Lehre von den Ideen verweist auf eine immaterielle übergeordnete Ebene, von der alles Geschaffene ausgeht. PLATON hat ebenfalls kein Vertrauen in die menschliche Fähigkeit, mit der sinnlichen Wahrnehmung zu Erkenntnissen zu gelangen – er gelangt über die Ideen von der Welt zum wahren Wesen aller Dinge.

An diesem Punkt der Geschichte wird die Physis der Wirklichkeit von der Idee über die Wirklichkeit ersetzt, die Idee wird wesentlicher als die Realität. Hier beginnt die Trennung[21] von der Körperlichkeit und der Bedeutung der Sinne als Lehrmeister – wodurch das Dualitätsprinzip erst möglich wird sowie die Entfernung des Menschen von der Selbsterfahrung der Dinge, die mit den Postulaten des Christentums, die das Sein ins Jenseits abgetrennt wissen wollen, endet: transzendiert, metaphysisch, einer fernen Gottidee zugehörig. Keine körperliche Erfahrung führt dorthin, der Körper wird zum störenden Widersacher der Erkenntnis und daher letztlich als solcher sündig. HEIDEGGER weist auf die notwendige Überwindung der Metaphysik hin, beginnend bei PLATON bis hin zu NIETZSCHE[22].

Die Anwendung der Erkenntnisse aber ist bei PLATON niemals von der Ethik getrennt, wertvoll ist nur, was dem Guten entspricht: „... obwohl das Gute selbst nicht das Sein ist, sondern noch über das Sein an Würde und Kraft hinausragt ... Dieses also, was dem Erkennenden das Vermögen hergibt, sage, sei die Idee des Guten; aber sofern sie der Erkenntnis und der Wahrheit, und zwar letzterer als erkanntseiender verstanden, Ursache allerdings ist: So wirst du doch ... nur wenn du dir jenes als ein anderes und noch Schöneres als beide denkst, richtig denken."

Diese Idee vom Guten sollte alle Wahrnehmungen leiten – und PLATON verweist erstmals auf die Notwendigkeit, auf das Unvorhersehbare Bedacht zu nehmen und erfahrene Wächter einzusetzen, die das Bestehende (Gesetz und Sitte) durch ihre unmittelbaren Entscheidungen verbessern und ergänzen können.

Diese weise Einstellung ist weit vom Machbarkeitswahn des 20. Jahrhunderts entfernt, der uns unsere Zukunft kosten kann. Noch deutlicher verweist ARISTOTELES (384–322 v. Chr.) in seiner „Nikomachischen Ethik" auf eine Tugend, die von einem Ideal des „Mittelzustandes" ausgeht („ein Zuwenig und ein Zuviel ist verderblich"), also angemessenes Handeln fordert.

Hier finden all jene Unterstützung, die im Umgang mit der Welt eine Ethik fordern, welche auf Berücksichtigung der Konsequenzen unseres Tuns gerichtet ist, welche Selbstbeschränkung fordert und Wiedergutmachung, dort, wo wir bereits Schaden angerichtet haben.

All dies ist bei ARISTOTELES immer auf die real mögliche Erfahrung durch den Menschen gerichtet, er zielt mit seinen Forderungen auf tatsächliche Einzelfälle, gleichzeitig sieht er Natur aber auch immer „auf eine Quelle bezogen", beschreibt sie als Einheit im „Seienden" („der Staat, die Familie und der einzelne Mensch ... das Ganze und die Teile"). Er ist sich der vielschichtigen Bedeutung des Naturbegriffs bewußt und versucht, ihr in seinen Naturbenennungen und -beschreibungen gerecht zu werden. ARISTOTELES sieht in der Naturerfahrung einen besonderen pädagogischen Wert für den Menschen, der durch seine sinnlichen Wahrnehmungen von der Natur lernen kann.[23]

Moderne Gedanken zur Umweltthematik verdanken wir HIPPOKRATES (460–375 v. Chr.). Er sieht und behandelt als Arzt den Menschen nur im Zusammenhang mit seiner Umwelt. HIPPOKRATES erkennt früh signifikante Wirkungen von Umweltfaktoren auf das gesundheitliche Befinden seiner Patienten und verweist auf die Berücksichtigung von Wasser-, Luft- und Bodenqualität bei der Behandlung.

In seiner wissenschaftlichen Beschäftigung mit dem Wesen der Welt kommt er zu der Überzeugung, daß alle Vorkommnisse gleicher (gleichwertiger) Natur sind und nichts ohne „Physis" (Natur) geschieht, alles aus ihr entsteht. Er gesteht der Welt zu, ohne Hilfe von Göttern aus sich selbst heraus zu existieren.

EPIKUR (341–270 v. Chr.) zeigt die Möglichkeit auf, durch die Naturwissenschaften frei zu werden von Ängsten gegenüber möglichen Bedrohungen durch Naturerscheinungen (in uns und in der äußeren Welt). Er beschreibt einen Weg aus der Angst durch die Möglichkeiten der Wissenschaft. Es ist ein Weg der „nüchternen Überlegung", des Maßes und der Ordnung, durch „Selbst-Genügsamkeit" kommt er zur Sicherheit und Freiheit.

Diese Freiheit erst erlaubt es dem Menschen, der eigenen Natur gerecht zu werden, Lust zu empfinden und letztlich Befriedigung, ohne Schaden für sich selbst und andere oder die Natur, die ihn umgibt. EPIKUR warnt: „Der naturgemäße Reichtum ist begrenzt und leicht zu beschaffen, der durch eitles Meinen erstrebte läuft dagegen ins Grenzenlose aus. Die Armut, die ihr Maß hat am Endziel der Natur, ist ein großer Reichtum. Der Reichtum, der keine Grenze hat, ist eine große Armut."

Weiters weist er auf folgendes hin: „Wenn wir also sagen, daß die Lust das Lebensziel sei, so meinen wir nicht die Lüste der Schlemmer und das bloße Genießen ... sondern wir verstehen darunter, weder Schmerz im Körper noch Beunruhigung in der Seele zu empfinden. Denn nicht Trinkgelage ... erzeugen das lustvolle Leben, sondern die nüchterne Überlegung, die die Ursachen für alles Wählen und Meiden erforscht und die leeren Meinungen austreibt, aus denen die schlimmste Verwirrung der Seele entsteht."

In den letzten 300 Jahren vor der Jahrtausendwende werden durch die Schule der Stoa die Wahrnehmung von der Welt und die Stellung des Menschen in der Natur noch einmal modifiziert. Jetzt gilt die Welt als lebendes Wesen[24], vernunftbegabt, beseelt und denkend, und alle ihre Anteile, auch der Mensch, sind nicht vollkommen, da von ihr abhängig. „Substanz ist der Urstoff aller Dinge, der in seiner Gesamtheit ewig ist; ihn durchwaltet die Allvernunft, die man auch Naturgesetz nennt" (ZENON). „Pneuma ist die Kraft, die alles zusammenhält und die Eigenschaft der Dinge begründet" (CHRYSIPPOS).

POSEIDONIOS VON RHODOS erweitert die stoische Lehre durch seine Behauptung von der besonderen Rolle des Menschen: „Der Mensch bildet das entscheidende Bindeglied zur Herstellung der Einheit der Welt, weil er gleichermaßen Anteil an der körperlichen und der vernünftigen Welt hat. Alle Wesen aber haben in verschiedenen Abstufungen Anteil an der Welt der Vernunft. Am Himmel gibt es keinen Zufall, keine Willkür, keinen Irrtum und keine Täuschung, sondern hier herrscht durchaus Ordnung, Wahrheit, Vernunft, Beständigkeit."

Die Naturvorstellung nach der Jahrtausendwende

PLUTARCH (1./2. Jh. n. Chr.) äußert sich zur grundsätzlichen Frage seiner Schüler bezüglich der Berechtigung des Tötens des Tieres durch den Menschen: „Könnt ihr wirklich die Frage stellen, aus welchem Grunde sich Pythagoras des Fleischessens enthielt? Ich für meinen Teil frage mich, unter welchen Umständen und in welchem Geisteszustand es ein Mensch das erstemal über sich brachte, mit seinem Mund Blut zu berühren, seine Lippen zum Fleisch eines Kadavers zu führen und seinen Tisch mit toten, verwesenden Körpern zu zieren, und es sich dann erlaubt hat, die Teile, die kurz zuvor noch gebrüllt und geschrien, sich bewegt und gelebt haben, Nahrung zu nennen.

Es handelt sich gewiß nicht um Löwen und Wölfe, die wir zum Selbstschutz essen – im Gegenteil, diesen Tieren schenken wir gar keine Beachtung; vielmehr schlachten wir harmlose, zahme Geschöpfe ohne Stacheln und Zähne, die uns ohnehin nichts anhaben könnten. Um des Fleisches willen rauben wir ihnen die Sonne, das Licht und die Lebensdauer, die ihnen von Geburt an zustehen.

Wenn ihr nun behaupten wollt, daß die Natur solche Nahrung für euch vorgesehen hätte, dann tötet selbst, was ihr zu essen gedenkt – jedoch mit euren naturgegebenen Mitteln, nicht mit Hilfe eines Schlachtmessers, einer Keule oder eines Beils."

APOLLONIOS VON TYANA (1. Jh. n. Chr.), Arzt, Astrologe, Philosoph und Mystiker, versucht, die Lehren des PYTHAGORAS der Nachwelt zu erhalten. Er ist, wie dieser, überzeugter Vegetarier und führt ein vorbildliches Leben, weshalb man ihn, obwohl kein Christ, über Jahrhunderte wie einen Heiligen verehrt. Er ist, wie viele große Philosophen der Antike (SOKRATES, PLATON, PYTHAGORAS, ORIGENES etc.), von der Wiedergeburt überzeugt und vom Ursache-Wirkung-Gesetz des Karma. Aus diesem Grund achtet er alle Wesen und ist Vegetarier. Die Schöpfung bildet bei ihm ein vollkommenes Ganzes, in dem alle Wesen ihren sinnvollen Platz einnehmen. Das göttliche Prinzip ist in allem Sichtbaren und Unsichtbaren zu finden. Es liegt am Menschen, durch stetes Bemühen die Wahrheit zu erlangen. APOLLONIOS entwickelt ein erstes Modell der Verantwortungsethik.

Der wichtigste Vertreter des Neuplatonismus, PLOTIN (204–270 n. Chr.), entwickelt die Idee vom übervernünftigen Ur-Einen, dessen Ordnung alles durchdringt. Das jenseitige All ist vom Prinzip der Sympathie und der Ganzheit (Geist, Gutes und Schönes) ohne Einschränkung beherrscht. Der Kosmos, ein Organismus, zu dem auch Konflikte gehören, ist geprägt vom Prinzip der Teilung und Vielheit (der Feindschaft). Kriege unter den Menschen und Aggressionen im Tierreich betrachtet PLOTIN als Austausch und Abfolge der Wesen, was letztlich doch zu Harmonie führen soll. Beide Welten verbindet eine Ordnung und Harmonie, die auch für den Menschen gilt und ihm seinen Platz im Universum zuweist. Er beschreibt die Natur als beseelten Teil unserer Welt, dem wir auch innerlich verbunden sind.

PLOTIN ist überzeugt, daß wir uns aus Unwissenheit einbilden, stark zu sein, in Wahrheit aber Teil des großen Spieles der Vorsehung sind und uns besser im Sinne einer übergeordneten Harmonie verhalten sollten, der wir in jedem Fall unterliegen.

ANICIUS MANLIUS SEVERINUS BOETHIUS, der Kanzler des Ostgotenkönigs THEODERICH, spricht noch deutlicher als PLOTIN die Warnung aus: „Es vermag sich nur das zu bewahren, was die Ordnung der Natur einhält, während das Naturwidrige untergeht."

Und heute?

Die Wende – der Beginn eines holistischen Weltbildes

Mit Beginn der siebziger Jahre des 20. Jahrhunderts war der Glaube an die Grundsätze der Aufklärung, die einseitig segensreichen Seiten des Fortschritts und die alles überwindende Macht menschlichen Geistes bereits erschüttert. Von philosophischer und politischer Seite begann eine Aufweichung, ein Infragestellen scheinbar festgeschriebener Paradigmen: Die Machbarkeit, die Unerschöpflichkeit, das Niemals-Enden-Werden des Fortschritts, das „Es wird immer besser" und das „Alle haben nur Vorteile" wurden immer beharrlicher in Frage gestellt, Grenzen aufgezeigt und auf Schwächen in unserem Glauben hingewiesen.

Das Selbstverständnis der Aufklärung von den Abläufen und Wirkungsweisen in der Natur und unseres Verhältnisses zu ihr hat sich erst im 20. Jahrhundert langsam zu ändern begonnen, als die Erkenntnisse der Quantenmechanik völlig neue Ansätze erforderten. Diese hebt hervor, daß es die von uns so selbstverständlich als objektiv gedachte Wirklichkeit, also eine Wirklichkeit, die ohne uns als Beobachter existiert, strenggenommen gar nicht gibt. WERNER HEISENBERG betont, daß unser Naturbild eigentlich nicht mehr ein Bild von der Natur beschreibt, sondern unsere Beziehung zur Natur – der Mensch begegnet letztlich wieder nur sich selbst. Es gibt keine objektive Umwelt mehr, die vom Einfluß des Betrachters getrennt zu denken ist. Der

Beobachter ist immer auch Akteur. Seine Methode verändert den beobachteten Gegenstand.

Für HEISENBERG ist vor allem „das Netz der Beziehungen zwischen Mensch und Natur" wichtig. Wir als körperliche Lebewesen sind Teil dieses Wechselspiels, und damit werden wir zu – meist unfreiwilligen – Versuchskaninchen all unserer Großversuche, die wir mit der Natur anstellen.

Während die klassische Naturwissenschaft die Natur als Summe ihrer Bestandteile sieht, hat die Quantentheorie auch hier zu einer wesentlich veränderten Einstellung geführt. Eines ihrer wesentlichen Ergebnisse: das Ganze ist mehr als die Summe seiner Teile.

Die Relativitätstheorie ALBERT EINSTEINS (nach der als bewiesen gilt, daß wir, auch in naturwissenschaftlichem Sinn, keine objektiven Erkenntnisse gewinnen können) und die Quantenmechanik brachten ein neues Verständnis von Zeit und damit von der Kausalität, da die prinzipielle Möglichkeit der Vorhersagbarkeit an sich in Frage gestellt wird. Sie zeigen, daß sich nur noch Wahrscheinlichkeiten möglicher zukünftiger Entwicklungen angeben lassen.

Im makroskopischen Bereich findet man diese modernen Erkenntnisse im Verhalten der offenen, wandlungsfähigen, sogenannten dissipativen Systeme, wie der evolutionären Entwicklung von Pflanzen und Tieren, aber auch bei gesellschaftlichen und wirtschaftlichen Entwicklungen bestätigt. Änderungen aufgrund dieser Entdeckungen in wissenschaftlichen Bereichen erkennt man beispielsweise in verschiedenen psychologisch-therapeutischen Ansätzen, in den neuen Wegen der Informatik (selbstlernende Systeme) und der Kybernetik.

Typisch für dissipative Systeme ist ihre große Komplexität und starke Vernetztheit. Sie repräsentieren ein einheitliches Ganzes, das durch seine große Vielfalt und Differenzierung gekennzeichnet ist und somit eine Struktur höchster Ordnung darstellt.

Aus all dem folgt, daß

- es keine exakten Voraussagen für Systeme hoher komplexer Ordnung geben kann[25] und
- wir immer auch betroffener Teil unserer eigenen Experimente und Untersuchungen sind.

Wenn wir ein größtmöglich angenähertes Bild von der Natur, ihren Gesetzmäßigkeiten und unseren Möglichkeiten, darin eine sinnvolle, positive Rolle zu spielen, haben wollen, müssen wir zwei verschiedene Vorgangsweisen gleichberechtigt heranziehen:

1. Exakte Betrachtung und Experiment, unter Nutzung bewährter Techniken und Instrumente, Isolierung der Bestandteile, soweit unterscheidbar, Analyse und Prüfung nach den erkannten Gesetzmäßigkeiten in aller Exaktheit sowie nachvollziehbare Darstellung der Erkenntnisse.

2. Herstellen einer ganzheitlichen Relevanz und Synthese sowie Erzeugen einer höheren Ordnung durch Integration der Teile. Wahrnehmen eines Metamusters[26], dem zwar alle Teile und Subsysteme angehören, innerhalb dessen aber unendlich viele Möglichkeiten offenstehen.

FRITJOF CAPRA sieht diese aus der Quantenmechanik abgeleitete Idee der Komplementarität schon im traditionellen chinesischen Denken umgesetzt: in der Polarität zwischen der aufnehmenden, erhaltenden, kooperativen Aktivität Yin sowie der aggressiven, expandierenden, wettstreitorientierten Aktivität Yang. Der westlichen Gesellschaft wirft CAPRA vor, systematisch das Yang überbetont und das Yin unterbewertet zu haben: „... rationale Erkenntnis galt mehr als intuitives Wissen, Wissenschaft mehr als Religion, Konkurrenz mehr als Kooperation, Ausbeutung von Naturschätzen war wichtiger als ihre Bewahrung".

In seinem Buch „Wendezeit" trifft er eine Unterscheidung zwischen der klassischen, mechanistischen und der heutigen, kybernetischen Naturwissenschaft, die er als organisch und ganzheitlich beschreibt. Die Begleiterscheinungen dieses Weges sind Technikhörigkeit und der Glaube an die Machbarkeit durch richtig gewählte Technik als Grundlage naturwissenschaftlicher Erkenntnis, wobei die Auseinandersetzung mit der Natur als Wettkampf betrachtet und durch das Bild vom scheinbar heroischen Kampf des Menschen gegen die Gewalten der ungebändigten Natur ersetzt wird und die angewandten Methoden gerechtfertigt werden.

Auf der Strecke bleiben alle Einwände, von Menschen gemacht, die „aus dem Bauch heraus" begreifen, daß bei dieser Rechnung kein Gewinner übrigbleiben kann. Ihnen wird, mit Hinweis auf die umfassend erhobenen Daten und die Unbestechlichkeit der objektiven Analyse, Irrationalität unterstellt. Immer wieder kommt der Einwand, daß an alles gedacht worden sei und es sich keiner leicht gemacht hätte, wobei noch immer der Mythos von der wertfreien Forschung gehegt wird und vernachlässigt wird (weil eben undenkbare Perspektive), daß der Denkansatz an sich möglicherweise ein falscher sein könnte, weil er die Lebenswelt und den Menschen in seinem Wesen, wie sie tatsächlich sind, ignoriert.

CAPRA meint, in der Friedens-, der Frauen- und der ökologischen Bewegung einen Weg, die integrativen Tendenzen zu stärken, erkennen zu können. Auffallend ist jedenfalls, daß gleichzeitig mit der Natur auch alle ethnischen Gruppen, die der Erde als Mutter oder als lebendes Wesen Rechte und Respekt einräumten und einen – wie man heute sagen würde – ökologisch bewußten Umgang mit der Natur pflegten, ebenso ignorant und schlecht behandelt wurden wie die Natur selbst. Als Beispiele seien hier nur die Aborigines in Australien oder die indianischen Völker Nordamerikas genannt. Nicht anders erging es den Frauen, die immer als der Erde näher und damit einige Jahrtausende lang als schwach und rechtlos gesehen worden sind. Sie alle sind Repräsentanten einer von CAPRA als „Yin-Kraft" bezeichneten Seite der Wirklichkeit.

Der Mensch – in den letzten paar tausend Jahren war dies meistens der Mann – nennt alles, was sich passiv verhält, „mein", mein Haus, mein Wald, meine Frau, mein Hund, mein Wasser, und leitet vom Besitzanspruch auch Verfügungsgewalt ab, unter der gleichzeitigen Prämisse, daß „Mann" weiß, was gut und richtig ist. Es bleibt aber abzuwarten, welchen bleibenden Einfluß die Kräfte der Integration haben und wie sie, wie CAPRA hofft, zu neuen Einsichten führen werden.

Die „sanfte Verschwörung" wird erst dann als gelungen betrachtet werden können, wenn das Göttliche im Menschen dazu geführt hat, daß eine für alle Wesen gleichermaßen gültige Ethik begründet wird, die ihnen Recht verschafft, wenn Erkenntnisse über das Leben zu einem neuen Verständnis für alles Lebendige führen und wir unsere eigenen Grenzen (sowohl die biologischen und intellektuellen als auch die uns von außen, durch Fremdanspruch gesetzten) demütig anerkennen und dies alles in der wissenschaftlichen Praxis seine Umsetzung findet. Eine neue Wissenschaft sollte jedenfalls

- den Prinzipien der Vielfalt in der Einheit und der Komplexität lebendiger, wachsender Systeme gerecht werden können,
- zu einer neuen Verantwortlichkeit finden, die auf Nachhaltigkeit der eingesetzten Energien und Wirkungen abzielt,
- Methoden und Technik gleichermaßen nach ökologischen und ökonomischen Zielsetzungen orientieren,
- in allen Abläufen und Entscheidungsstufen die notwendige vertrauensbildende Transparenz aufweisen und einen offenen Dialog mit verwandten Sachgebieten suchen sowie
- sich beständig an der Alltagswelt erproben und reflektieren und sich dadurch selbst regulieren.

Die Wissenschaft kann nicht getrennt von politischen und gesellschaftlichen Bedingungen und Reaktionen betrachtet werden. Sie ist eingebettet in diesen Bezugsrahmen aus menschlichen Werten, gesellschaftlichen Regeln und politischen Gewohnheiten. Nie war sie frei, kann es auch nicht sein, da Menschen ihre Betreiber, Nutznießer, Sponsoren, Opfer und vieles mehr sind. Selbst wenn „freie Geister" am Anfang des Erkenntnisstrebens standen, ohne Interesse an Profit oder Ruhm, am Ende fand sich immer ein Mensch, der den Erkenntnissen zu einem Zweck verhalf – und dieser war niemals wertfrei.

Wenn menschliches Handeln nun Einfluß auf Umweltbedingungen und Lebensqualität von pflanzlichem und tierischem Leben nimmt und damit auch das Leben der Menschen selbst verändert, sind besondere Ansprüche an die Protagonisten dieser Entwicklung zu stellen.

Werte als handlungssteuernde Instanzen[27]*, auch bei der Lösung von Umweltaufgaben*

Aufgaben, die sich auf komplexe Problemsituationen beziehen, deren Rahmenbedingungen noch dazu nicht völlig klar sind, verlangen vom Entscheidungsträger (Handelnden) Werturteile. Entscheidungen können hier nicht allein rational bewältigt werden. Ökologische Probleme sind hochkomplex und von gesellschaftlichen Aufgaben kaum zu trennen. Ökologisches Handeln wird nur auf der Basis von Wertentscheidungen der Handelnden realisierbar und begründbar, auch wenn der Handelnde selbst sein Vorgehen als rationales Handeln ansieht.[28]

Die moderne Schulpädagogik sieht, gleichsam den Erwartungen der Gesellschaft folgend, eine ihrer wesentlichen Aufgaben in der Werterziehung. Eine der ausdauerndsten Klagen, seit Menschen Kinder bekommen, ist die über den Verlust der Werte.[29] Die Familien fühlen sich deshalb und aus anderen Gründen schon lange außerstande, eine für sie befriedigende Werterziehung zu leisten, und haben oft das Gefühl, daß ihnen ihre Kinder entgleiten. Dies ist unmittelbar mit der Angst vor Autoritätsverlust verbunden. So wird erwartet, daß diese Lücke durch die Schule gefüllt wird und den Kindern und Jugendlichen dort erfolgreich vermittelt wird, wozu sich die Eltern außerstande fühlen.

Werte und Wertbewußtsein

Zweifellos ist „Wertentwicklung" in unserer Gesellschaft eine Folge unserer Sozialisation, insbesondere der an uns vollzogenen Erziehungsarbeit, und gleichzeitig eine Reaktion auf die stattgefundenen Einflüsse und Erlebnisse außerhalb der Gruppe. Der Begriff „Wertbewußtsein" drückt richtig aus, daß Werte ein Ergebnis kontinuierlicher Entwicklungsprozesse darstellen, währenddessen das Individuum zunehmend an Sicherheit gewinnt, bezüglich der eigenen Person und der es umgebenden Welt. Was uns beeindruckt, prägt uns und ändert unsere Sicht von der Welt und ihren Bewohnern. Dieser lebendige, interaktive Prozeß kann nie als abgeschlossen betrachtet werden.

Entwicklungsbedingungen für Werte

Für die zu behandelnde Frage sind folgende Punkte von Bedeutung[30]:

- Zu seiner Entwicklung braucht jeder Mensch ein Mindestmaß an Achtung, Wohlwollen und Anerkennung.
- Gegenseitige Anerkennung in Beziehungen ermöglicht die Entwicklung von Moralität.
- Ist dies der Fall, werden die gefundenen Regeln auch gut in dem Sinn sein, daß Menschen aus eigenem ihr Bestes geben, ihre Verantwortung und ihre Freiheit zum Wohl prinzipiell aller Menschen einsetzen. Das Prinzip der Universalisierung kann real werden.
- Erfahren Menschen keine Anerkennung, geraten sie in Abhängigkeit und unterwerfen sich äußeren Mächten, und sie werden Verhaltensweisen entwickeln, durch die sie sich Anerkennung verschaffen möchten.
- Da dies dann meist mit Aggressionen verbunden ist, ist eine mehr oder minder streitvolle Auseinandersetzung vorprogrammiert.
- Die Spiele der Macht sind äußerst subtil und laufen nur zu oft unter der Devise, für den anderen das Beste zu wollen.

Obwohl diese Muster hauptsächlich im Zusammenhang mit Kindererziehungsfragen oder schulpädagogischen Grundsätzen beschrieben werden, können sie genauso auf jedes andere Verhältnis zwischen Autorität und Abhängigen, also auch auf das Verhältnis Staat und Volk, angewandt werden.

Ansätze zur Wertentwicklung

1. Die Wertentwicklung nach LOUIS RATHS, MERRIL HARMIN und SIDNEY SIMON zielt auf die Bewußtheit von Wertvorstellungen in Wertklärungsgesprächen ab.

2. Die gerechte Schulgemeinschaft in der Tradition von LAWRENCE KOHLBERG sieht die Möglichkeit, moralisches Handeln nur in realen Situationen zu erlernen, die gegenseitige Anerkennung, Gerechtigkeit und Fairneß bieten und in denen die beteiligten Personen in echte Entscheidungsprozesse eingebunden sind.

3. Die Wertentwicklung nach KARL GARNITSCHNIG basiert auf den beiden Merkmalen der Bestimmung konkreten moralischen Handelns und Bewußtseins: (1) Welche Menschen von den ersten Bezugspersonen bis hin zu potentiell allen Menschen in Handlungsmotive einbezogen und (2) wie konkret die Merkmale der Handlungssituationen erfaßt werden (können).

Wertbesetzung allen Handelns[31] nach GARNITSCHNIG ist in den wesentlichen Stichworten folgendes:
Gut ist,

- was Lust verschafft,
- was mir oder anderen Nutzen bringt bzw. gerecht ist,
- was auf gegenseitiger Anerkennung beruht, unter Anwendung universeller ethischer Prinzipien, was auf konkreter gegenseitiger Anerkennung beruht und in direkter symmetrischer Kommunikation verläuft.

GARNITSCHNIG schreibt: „Was für das Erlangen von Lust oder Wohlbefinden gilt, gilt ähnlich auch vom Kriterium der Nützlichkeit. Der größte Zuwachs an Gütern für alle hat gegenseitige Anerkennung zur Bedingung. Also ist gegenseitige Anerkennung jenes Kriterium, das die Erfüllung aller anderen Kriterien oder Vorstellungen des Guten ermöglicht. Wir dürfen es daher mit Recht als den anderen übergeordnet ansehen."

Somit bekommt die Bedingung der gegenseitigen Anerkennung Wertcharakter; und weiters: „Daraus kann die Forderung abgeleitet werden, daß alle Regeln des Zusammenlebens aus den Bedingungen gegenseitiger Anerkennung aufgestellt werden sollten." Der Autor postuliert, daß ein gutes Zusammenleben das Ziel der Entwicklung der Individuen sowie auch der gesamten Menschheit ist und die gegenseitige Anerkennung die Bedingung für die Erreichung dieses Zieles darstellt. Er schreibt: „Zuletzt bedeutet dies, daß Menschen in selbsttätiger und selbstbestimmter Auseinandersetzung mit ihrer Umwelt zu einem guten Leben kommen (... wollen; Anm. S. Adam)." GARNITSCHNIG bezeichnet dies im Anschluß an FISCHER als „Sinn des Sinns" menschlichen Handelns.[32] Nun ist menschliches Handeln nicht allein auf andere Menschen bezogen zu fordern. Das Wesentliche von uns, was uns eigentlich zu Menschen macht, beschränkt sich nicht auf den Umgang mit anderen Menschen. Es erlangt objektive Gültigkeit, wenn es auf alles Leben angewandt wird, ich möchte dieses Lebendige als „Schöpfung" bezeichnen. Wir können stolz sein, wenn uns das Prinzip konkreter gegenseitiger Anerkennung leitet und wir zu offener lebendiger (symmetrischer) Kommunikation „ja" sagen. Sobald wir diese Einstellung jedoch auf unsere Beziehung zu Menschen beschränken, schneiden wir uns vom größten Anteil der Schöpfung ab, dem Großteil der Wesen, ihren Bedürfnissen und Rechten – und versagen uns gleichzeitig unschätzbare Gewinne.

Gerade in Bereichen, die besonders wertsensibel sind, wie z. B. die Diskussion um die Verantwortung des Menschen für die Schöpfung, kann nicht ignoriert werden, daß „Wertentwicklung geschieht, wenn Menschen in gegenseitiger Anerkennung in realen Handlungssituationen ihr Zusammenleben gestalten"[33].

In diesem Zusammenhang kann auf die dritte These zur Wertentwicklung von KARL GARNITSCHNIG hingewiesen werden, die zeigt, daß die Steigerung der Sensibilität für Handlungssituationen und die damit verbundenen Handlungserfordernisse und Konsequenzen mit einem stärker ausgebildeten moralischen Bewußtsein einhergehen.

In der Diskussion um Für und Wider des Kraftwerksbaus bei Hainburg beispielsweise kam mit aller Deutlichkeit zutage, daß es den Kraftwerksgegnern nicht allein um die Rettung eines bestimmten Biotops und die Erhaltung eines natürlichen Lebensraumes bzw. den Befürwortern nicht nur um die Sicherstellung der Stromversorgung ging. Sehr schnell wurde klar, daß hier eine Wertediskussion vom Zaun gebrochen worden war, die offenlegte, daß sich unsere Gesellschaft bereits seit langem in einer Umorientierung ihrer Werte befand, daß aber die Vertreter der technokratischen Strukturen und autoritär aufgebauten Institutionen bis dato nichts davon bemerkt haben wollten und plötzlich mit einer Volksbewegung konfrontiert wurden.

Der Wert von Schönheit, Einzigartigkeit und Vielfalt

Eine Qualität darf auf keinen Fall ungenannt bleiben: die Schönheit. Nicht die Mode oder der kulturell bedingte Zeitgeist ist hier gemeint, die wahre, unverbildete Schönheit einer natürlichen Landschaft, die unvergänglichen Harmonien einer Komposition oder die Gewalten eines Gewitters, die in Blitzen und Sturmgeheul wahrnehmbar werden.

Diese Schönheit ist es, die die Menschen zu jeder Zeit berührt, inspiriert, engagiert und eine Ahnung von Ewigkeit und Göttlichkeit verleiht. Sie wohnt als tiefe Sehnsucht in uns, und manchmal bewirkt sie, daß wir für die Verwirklichung einer Vision über unsere „menschlichen" Sehnsüchte und Begrenztheiten hinauswachsen und zu einer „über-menschlichen" holistischen Sichtweise kommen können.

Während in Hainburg die Vertreter der staatlichen und energiewirtschaftlichen Seite von einer Bedrohung für Arbeitsplätze und für die Sicherheit der Stromversorgung sprachen, mit Krisen in diesen Bereichen drohten und mit der Angst der Menschen rechneten, erklärten die Verfechter der Au-Erhaltung die Bäume zu Brüdern und ketteten sich an sie, womit sie, im ersten Augenblick rational wenig faßbar, eine neue Dimension in die Auseinandersetzung brachten. Ihr Handeln mutete zuerst wenig sachdienlich an und drohte am realpolitischen Alltag zu scheitern. Aber die Diskussion für und wider das Kraftwerk und die Au war in Wahrheit die Widerspiegelung einer Auseinandersetzung über den Wert von Leben, von Schönheit, von Einmaligkeit und ein Infragestellen der Allmacht des Menschen bzw. seiner Verantwortung für das Ganze – es ging plötzlich darum, Stellung zu beziehen und seine Wertungen offenzulegen. (Und vielen ist seither die Aussage des ÖGB-Vorsitzenden Anton Benya im Ohr geblieben, der die Au als „Dickicht" bezeichnete.)

Die Überzeugungskraft der Au-Besetzer, die weite Teile der Bevölkerung zu Sympathisanten machte, resultierte aus dem Glauben, etwas Gutes zu tun, sich für eine gerechte Sache einzusetzen, eben das moralische Recht auf seiner Seite zu haben: natürliche Ressourcen zu erhalten, Leben zu retten und letztlich damit auch den eigenen Kindern etwas Unwiederbringliches als Erbe zu hinterlassen.

Ein Fehler der Regierungs-, Gewerkschafts- und Kraftwerksvertreter war, daß sie nicht versuchten, in einer lebendigen, informativen und kommunikativen Auseinandersetzung den Konsens zu suchen, daß sie die Kraftwerksgegner als Partner in dieser Diskussion nicht respektierten (den Au-Besetzern wurden irrationales, falsches und „linkes" Denken und ein die Gesellschaft gefährdendes Handeln vorgeworfen, sie wurden zu Anarchisten erklärt) und daher nicht um Fairneß bemüht waren, sondern auf Einschüchterung durch polizeiliche Autorität und den Zorn der „arbeitenden Massen" der Kraftwerksarbeiter setzten.

Ein weiterer Fehler bestand darin, daß sich dieselben Leute auf die Autorität ihrer Positionen und Ämter verließen und dem Glauben der Bevölkerung an die Aussagen von Fachleuten zu große Bedeutung beimaßen. Ein zusätzlicher Aspekt dabei war die Spekulation mit der Abhängigkeit der Menschen von ihren Ängsten. Die Annahme, daß das

Infragestellen der Stromversorgung und der Arbeitsplätze das Sicherheitsdenken der Bevölkerung aktivieren würde, wurde nur von seiten der Gewerkschaft erfüllt.

KARL GARNITSCHNIG weist darauf hin, „daß die Klage um den Verlust an Hilfen zur Wertorientierung und das Heraufbeschwören einer Wertekrise" die Klage derer sei, die gerne eine geringere Freiheit der Individuen und lieber eine durch Hörigkeit garantierte Sicherheit haben möchten. Dahinter steht eine Angst vor Autoritätsverlust im Sinn des Rufes nach Autorität, weil man es sich und im besonderen anderen nicht zutraut, in kommunikativen Prozessen Konsens, Koexistenz, gerechte soziale Strukturen, Solidarität herzustellen. Dahinter steht auch der Zweifel an der Vernünftigkeit bzw. Vernunftfähigkeit von Menschen, aber immer der anderen.[34]

GARNITSCHNIG weist im selben Referat des weiteren darauf hin, „daß Wertklärung nur in der Beziehungsdynamik – basierend auf Anerkennung – in einer Weise möglich wird, daß die Beteiligten (im Referat wird auf Kinder und Jugendliche Bezug genommen; Anm. S. Adam) zu selbständiger, freier Entscheidung bei Beachtung mehrerer Entscheidungsmöglichkeiten und der Abwägung ihrer Folgen kommen, in der es ihnen möglich ist, zu dem zu stehen, für das sie sich entschieden haben".

Leben mit allen Sinnen

Es liegt im Wesen des Menschen, nicht nur äußere Sicherheiten zu benötigen, Disziplin und Ordnung allein vermitteln keine Geborgenheit. Der Mensch ist ein sinnliches Wesen: Spüren, Riechen, Sehen sind notwendige Voraussetzungen, damit er sich in seinem Erleben und Entscheiden sicher fühlen kann. Wohl haben sich die Menschen weitgehend von natürlichen Abläufen und Widrigkeiten unabhängig machen können. Der Preis, den sie dafür zahlen mußten, ist der einer weitgehenden Entfremdung von diesen natürlichen Abläufen.

Was bleibt, ist jedoch die Sehnsucht nach Harmonie und innerem Frieden, die jedem Menschen innewohnt, denn er ist ein in sich geschlossener Seele-Geist-Körper-Organismus, vielfach verwoben in individuelle und soziale Ansprüche an sich und die Außenwelt sowie bereits bestehende oder noch zu knüpfende, ständig sich verändernde Beziehungsmuster. Diese Erde ist seine Heimat, dort sind seine Wurzeln, er braucht sie, um seinen Standort bestimmen und sich seiner selbst sicher sein zu können.

Um zufrieden zu werden, ist das Wissen um die Möglichkeit zu freiem Ausdruck und gegenseitigem Austausch eine notwendige Voraussetzung. Ist innere und äußere Harmonie vorhanden und spürbar, so kann der Mensch wahrhaft glücklich werden. Auch die Weltgesundheitsorganisation in Genf hat Gesundheit als nicht allein körperliches, sondern auch seelisches und soziales Wohlbefinden definiert – und ökologische Belange sind vom individuellen Wohlbefinden heute kaum mehr zu trennen. Leben ist durch komplexe, einander ständig beeinflussende, sich fortwährend verändernde Strukturen gekennzeichnet, die mit wissenschaftlich-technokratisch-linearem Denken nicht erfaßbar, nicht beschreibbar sind. Hier ist 1 + 1 mehr als 2, das Ganze mehr als die Summe seiner Teile.

Ökologische Bildung als mögliche Konsequenz und Antwort auf die aktuelle Umweltsituation

„Es ist sehr wohl möglich, daß der Mensch die von ihm verursachten Veränderungen seiner Umgebung nicht überlebt." (G. R. Taylor)

Umweltrelevante Hiobsbotschaften werden täglich über die Massenmedien verbreitet, beliebig und zum Teil reißerisch werden bedrohliche Möglichkeiten aus der Endzeitsparte des „News-Pools" gezogen. Der unvorbereitet konfrontierte Bürger hat üblicherweise keine entsprechenden Mechanismen für Analyse und Bewältigung der Inhalte zur Verfügung. Die Reaktionen reichen von Unglauben über Verdrängung bis zu Panik und Weltuntergangsstimmung.

Daraus ergibt sich die Darstellung der Zielhorizonte. Alle Überlegungen, Ansätze und Modelle sollen zur Thematisierung, Vermeidung bzw. Lösung von Umweltproblemen beitragen und eine Änderung des Umweltbewußtseins über den Weg der Erwachsenenbildung herbeiführen helfen (ein Weg der Entwicklung, Förderung und Stabilisierung von Umweltbewußtsein). Eine Wende scheint möglich, wenn ein konsequentes Umdenken in den wirtschaftlichen, wissenschaftlichen, technischen, politischen und kulturellen Bereichen einsetzt. Voraussetzung ist die Einsicht und Bereitschaft jedes einzelnen zu vorsorgendem Denken und umweltgerechtem Verhalten.

Umweltbildung findet ein Leben lang statt. Dieser Vorgang ist ein dynamischer, die Wechselwirkungen zwischen der Entdeckung von Werten in der Natur und Methoden, diese zu erhalten, dem Setzen von Zielen und der Entwicklung von Verhaltensweisen, die geeignet sind, die gesteckten Ziele zu ermöglichen, lassen einen den einmal betretenen Pfad nicht mehr verlassen. Die uns umgebende Biosphäre hat unsere Kultur geprägt. Wer einmal erkannt hat, was die Natur und ihre

Wesen für das Menschsein bedeuten, wer sich die Mühe macht, die Wunderwelt des Lebens zu entdecken, wird früher oder später zum Anwalt der Rechte der Natur.

Engagement für das Gerechte und die Rolle der Bildung

Wie nüchtern oder emotional man ökologische Themen auch angeht, man kommt nicht daran vorbei, den Faktor Mensch mit seinem gesamten Wesen und all seinen komplexen Beweggründen mit einzubeziehen. Um Umweltengagement wirklich verstehen zu können, muß man sich mit einem weiteren Aspekt menschlichen Seins auseinandersetzen, der untrennbar mit den Gründen für die Entscheidung, aktiv zu werden, verbunden ist.

Der Mensch findet auf viele Weisen zu Sinn und Bedeutung in seinem Leben. Aber nichts treibt ihn so sehr an wie der Glaube an eine gerechte Sache, entstanden aus der tiefen Überzeugung, etwas Großes, Wahres und Gutes in seinem Leben gefunden zu haben. Nicht zufällig sind auf dem Gebiet der Ökologie so viele spirituell motivierte und zu Entbehrungen bereite Menschen zu finden, zu allem entschlossene Aktivisten, die auch ihre Gesundheit und ihr Leben einzusetzen bereit sind, nicht zufällig haben viele Auseinandersetzungen zwischen Umweltgruppen und Wirtschaftslobbies zeitweise den Charakter von Glaubenskriegen und Kreuzzügen – und nirgendwo sonst ist so viel mit Symbolen und Zeichen gearbeitet worden wie beim Kampf für Mensch und Umwelt, Natur und Mitgeschöpfe.

Die Themen ökologischer Auseinandersetzung werden in manchen Bereichen zum Inhalt einer neuen Heilslehre, die Erlösung durch den Frieden mit der Natur und ihren Wesen verspricht – denn immer wieder geht es beim Ringen um umweltkonformes Verhalten auch um Schuld. Das Verhalten des Menschen gegenüber der Natur, die Haltung gegenüber seinen Mitgeschöpfen gab und gibt Anlaß zu Kritik, zur Frage nach den Rechten derjenigen passiven, uns ausgelieferten Wesen und Anteile der Schöpfung, die von uns benutzt, verbraucht und zerstört werden. Der rücksichtslose Raubbau an Ressourcen, der Genozid an Arten, das Patent auf Lebewesen, die industrielle Landwirtschaft und Atombombentests stehen beispielhaft für die Themen, die die Empörung und Verzweiflung von vielen Menschen herausgefordert haben, allen voran bei indigenen Volksgruppen, Umweltschutzorganisationen und vielen kleinen Aktivistenplattformen, die ihre Rolle als alte und neue Hüter der Erde, als deren Beschützer sehen und Schlimmeres verhindern, Schuld aufzeigen und über Folgen aufklären wollen.

Die Art, in der sie das tun, ist symptomatisch für diesen besonderen Bereich: Sie setzen Zeichen, sprechen die Menschen auf bildhafter Ebene an und machen persönlich betroffen. Die teilweise aufrüttelnden Aktionen und die verwendeten Symbole haben bestimmte umweltrelevante Inhalte erstmals zum Thema öffentlicher Auseinandersetzung gemacht und dadurch überhaupt erst einen Bildungsprozeß in Gang gesetzt.

Der Bildungsbereich hat sich verändert. Immer mehr wird die so lange unbestrittene Vormachtstellung der institutionalisierten Bildung konkurriert von einer ständig wachsenden Zahl privater Bildungseinrichtungen, Informationsplattformen und Aktivistengruppen mit den unterschiedlichsten Zielsetzungen und Themenschwerpunkten. Diese wurden und werden zu Wegbereitern einer mittlerweile alltäglich gewordenen Umweltdiskussion und zu Missionaren einer neuen Einstellung gegenüber der Wirklichkeit. Ihr Einfluß auf den Gebieten der Wertentwicklung, der ökologischen Bildung und der freien Selbstbestimmung einzelner ist jedenfalls bedeutend.

Es ist eine Frage der Entscheidung für eine gemeinsame Zukunft aller Lebewesen auf diesem Planeten, eine Frage nach unserer Fähigkeit zu solidarischem Verhalten und Frieden und damit nach der Verantwortung, die jeder von uns zu übernehmen bereit ist.

EDMUND HUSSERL[35] beantwortet die Zweifel der antiken Philosophen in bezug auf die Möglichkeit des Menschen, die Welt zu erfassen und Wahrnehmungen zu verifizieren. Er sieht in der alltäglichen Lebenswelt die einzig wirkliche Welt, die erfahrene und erfahrbare Welt. Auf ihr basiert alles, auch unsere idealisierte Vorstellung, die sich in Wissenschaft, Kunst, Religion, Technik und Gesellschaft widerspiegelt. HUSSERL bezeichnet alle Menschen als Erben dieser einen lebenswahren Wirklichkeit. Er schafft den Begriff „Lebenswelt", der auf Erkenntnissen des realen Lebens gründet, auf tatsächlichen Ereignissen und Erlebnissen, die zu praktischen gelebten Erfahrungswerten führen. Diese beschreibt er als lebensweltliche Wahrheit und unterscheidet sie von der wissenschaftlichen, einer objektiven und exakten Wahrheit.

Die Wissenschaft ist wohl Teil der Lebenswelt, hat diese Wurzeln aber vergessen und beachtet die Bedürfnisse und Wahrheiten der Lebenswelt schon lange nicht mehr. Deshalb kann sie keine Antworten mehr auf die Fragen der Menschen geben. Gleichzeitig mißachtet sie die lebensweltlichen Erfahrungen als irrelevant für die Wahrheitsfindung, weil subjektiv. Tatsächlich ist es so, daß die wissenschaftliche Version der Welt zur wahren Welt erklärt wird und alle tatsächlichen Erfahrungen und Erkenntnisse an ihr gemessen werden, ein künstlicher Maßstab wird so zum „Urmaß" für die Gewichtung von Leben.

MICHAEL KALFF stellt im „Handbuch zur Natur- und Umweltpädagogik"[36] zwei Gruppen von theoretischen Ansätzen zur Ökokrise dar:

1. *Auf der Grundlage naturalistisch[37] orientierter Konzepte:* Hier wird die Ökokrise als Ergebnis der Evolution des Menschen gesehen. BERNHARD VERBEEK führt als Vertreter dieser Theorie an, daß eine Reihe von Ausstattungsmerkmalen der menschlichen Psyche, wie etwa das Rangstreben oder das Phänomen der Prägung, die sich in den Jäger- und Sammlergesellschaften zunächst bewährt hatten, für die globale Krise verantwortlich seien.

Als Ausweg schlägt VERBEEK zwei Strategien vor, die in den Dienst ökologischer Interessen gestellt werden könnten:

- Nicht der Stärkste und Schnellste hat den höchsten Rang, sondern der Sparsamste.
- Sozialpolitische Maßnahmen, z. B. in Form von Ökosteuern, sollen garantieren, daß jedes Verhalten durch natürliche Grenzen beschränkt wird, indem an den tatsächlichen Möglichkeiten des Individuums und der Gruppe Maß genommen wird.

Aber diese Lösungsvorschläge stehen unserem derzeitigen gesellschaftlichen Wertesystem entgegen. Außerdem haben die naturalistischen Ansätze ein gewichtiges Manko: sie postulieren, daß die Gene die menschliche Natur prägen; die Idee, daß die Menschen aus eigenem Willen heraus über ihr Denken und Handeln entscheiden könnten und daß *sie* die Verantwortung dafür haben und nicht die Gene, wird kaum gesehen und führt die Lösungsansätze in eine Sackgasse.

2. *Auf der Ebene sozialistischer Konzepte:* Diese sehen die Ursachen menschlichen Tuns in der Struktur der jeweiligen Gesellschaft, z. B. unserer Wirtschaftsweise oder der gesellschaftlichen Folgen des Christentums. Auch das soziologische Denken vernachlässigt die Verantwortung, die Potentiale und Möglichkeiten des einzelnen Individuums und sieht es nur als einzelnes Rädchen im Getriebe.

Pädagogik und Ethik sollen und können helfen, Ordnung in die Welt täglicher Erfahrung zu bringen. Ihre Ansprüche kommen dort zusammen, wo sie auf die Wirklichkeit und deren Bewältigung im Leben ausgerichtet sind. Diese beiden Disziplinen sind in der Philosophie verhaftet, zu deren wichtigsten Anliegen die Klärung der Frage nach dem Sinn menschlicher Existenz gehört und die darüber hinaus versucht, Richtlinien für sittlich-ethisches Verhalten zu geben und Hilfestellung, um es jedem Individuum zu ermöglichen, seinen Platz im Leben und in der Gemeinschaft zu finden.

Eine wichtige Erkenntnis ist: Wir Menschen können ohne die uns umgebende Biosphäre nicht leben – die Natur kommt auch ohne uns aus! Leben bedeutet Verbundenheit, ein Glied des Ganzen losgelöst vom Rest zu betrachten, zu bewerten und daran Handlungsmaßstäbe zu knüpfen, heißt Stückwerk zu produzieren. Peter C. Mayer-Tasch beschreibt dies folgendermaßen: „Natur denken heißt nicht zuletzt, Ganzheit und Gliedhaftigkeit zu denken, organisch zu denken."

Bildungspolitische Maßnahmen haben sich als breitenwirksame gesellschaftliche Kraft erwiesen. Umweltbildung gewinnt zunehmend an gesamtgesellschaftlicher Bedeutung. Die Wichtigkeit der Vermittlung von ökologischem Wissen an unterschiedliche Bevölkerungskreise ist, angesichts des weitverbreiteten Auftretens und der zunehmenden Komplexität von Umweltproblemen, zu einer fundamentalen Aufgabe geworden. Erwachsenenspezifische Umweltbildung ist die Voraussetzung für das Entstehen eines entsprechenden Bewußtseins sowie in der Folge für ein umweltbedachtes Handeln; Kinder- und Jugendbildung wiederum ihr äquivalentes Pendant als Frage und Echo.

Bildung im Bereich ökologischer Themen kann sich nie nur in Anliegen und Problembewußtsein in bezug auf Natur, Tiere oder Pflanzen erschöpfen, die gleichzeitige Auseinandersetzung mit grundlegenden menschlichen und gesellschaftlichen Werten ist unerläßlich. Daher muß eine ökologisch orientierte Pädagogik auch soziales, wertorientiertes, sinnliches, spielerisches und lebendiges Lernen beinhalten. Bei der Analyse des Erfahrungsbereiches Natur wird die wechselseitige Beziehung zwischen Natur und Mensch deutlich, die Beschreibung von Störungen im Naturhaushalt läßt das Ausmaß unseres Einflusses auf die Natur und der damit verbundenen Verantwortung sichtbar werden. Bedingungen und Fakten ökologischer Fragestellungen sind immer an den Kontext zur Lebenswirklichkeit gebunden, sonst bleiben sie abstrakte, tote Fakten.

Die Vermittlung ökologischer Modelle allein bewirkt keine Änderung in Einstellung und Verhalten der Menschen, die rezenten Umweltfragen brauchen die Betroffenheit der Menschen, sollen sie in ihrer wahren Bedeutung erkannt werden und zu neuen Verhaltensweisen führen.

Umweltbildung als Herausforderung

„In der authentischen Begegnung mit dem Pädagogen, der aus dem Hintergrund der Liebe lebt, wird Liebe erfahrbar und als Seinsmöglichkeit geweckt." (J. H. Pestalozzi)[38]

Der Terminus „Umweltbildung" setzt sich aus den Begriffen „Umwelt" und „Bildung" zusammen. GERHARD NIEDERMAIR[39] versteht „Umwelt" als weitgefaßt, im Sinne von „ökologischer Umwelt", und er sieht darin die Gesamtheit aller auf Organismen einwirkenden Umweltkomponenten. Unter „Bildung" versteht er eine Struktur von Fähigkeiten, Einstellungen und Verhaltensweisen.

Wesentliche Impulse kommen aus dem englischen Sprachraum. „Environmental education" hat dort eine lange Tradition und wird als Ausdruck für sämtliche pädagogischen Bemühungen zur Intensivierung des Erlebens von Umwelt und der Reflexion darüber verwendet.

WOLFGANG BEER und GERHARD DE HAAN[40] haben vier Forderungen zu den Kriterien von Natur- und Umweltpädagogik formuliert, die als konkrete Größen auch zur Evaluierung von sozioökologischer Bildung herangezogen werden können:

1. Natur- und Umweltpädagogik muß sich als Pädagogik selbst treu bleiben; im Mittelpunkt ihrer Bemühungen steht der Mensch im Bildungsprozeß.
2. Ganzheitliche Erfahrungen in und mit der Natur stehen im Vordergrund, sie unterstützen die kritische Auseinandersetzung mit dem Verhältnis Mensch – Natur.
3. Geschichts- bzw. Zeitbewußtsein ist Voraussetzung für das Überleben der Menschen. Natur- und Umweltpädagogik ist zukunftsorientierte Arbeit.
4. Die institutionellen Voraussetzungen müssen mit den hohen Forderungen einer auf Ethik ausgerichteten Natur- und Umweltpädagogik kompatibel sein.

Je früher Umweltbildung einsetzt, um so wirkungsvoller ist sie. Das Defizit, welches Erwachsene auf dem Gebiet der Wahrnehmung ökologischer Problemstellungen und Zusammenhänge mitbringen, ist zumeist die größte Herausforderung für den Umweltbildner. Im Hinblick auf die Elternrolle dieser Erwachsenen und die damit verbundene erzieherische Vorbildwirkung, welche sie auf ihre Kinder haben, sind technokratische Konsumgewohnheiten, geringes individuelles Verantwortungsgefühl und eine mangelhafte Umweltethik denkbar schlechte Voraussetzungen für das Erlernen eines Umweltbewußtseins von Kindesbeinen an.

Erwachsenenbildung ist deshalb doppelt wichtig. Erkennen die für die aktuelle Umweltlage Verantwortlichen die Notwendigkeit einer intakten Umwelt, gesunder Luft, reinen Wassers, den Wert der Artenvielfalt und lernen sie, Entfremdung von natürlicher Lebensumwelt als Mangel und Bedrohung zu empfinden, werden sie andere Entscheidungen fällen und sich verantwortungsbewußter verhalten. Danach wird es Kindern leichter fallen, durch die Prägungs- und Sozialisationsvorgänge in Familie und Gesellschaft ein auf die Lösung der Umweltprobleme ausgerichtetes Bewußtsein und eine andere Werthaltung gegenüber der natürlichen Umwelt zu entwickeln.

Die Notwendigkeit von Erwachsenenbildung ergibt sich aus der Diskrepanz zwischen der jeweiligen Qualifikation des Erwachsenen und den Erfordernissen des individuellen und gesellschaftlichen Lebens. Besonders die technologischen und wirtschaftlichen Veränderungen erfordern zunehmend Um- und Weiterbildung. Lebenslanges Lernen ist daher Bedürfnis und Notwendigkeit in der heutigen Gesellschaft und wird in zunehmendem Maße Voraussetzung für die Bewältigung des Privat- und Berufslebens. Ökologische Fragestellungen sind ein nicht wegzudenkender Teil dieses Lebens geworden.

Am Beispiel des speziellen Bildungsgutes Ökologie ist eindeutig zu beobachten, wie entscheidend der Dialog als Instrument dieses Bildungsprozesses ist. Bildung im Bereich Ökologie ist gleichzeitig soziales Training, da dieselben Fertigkeiten und Fähigkeiten Voraussetzung für Kompetenz in beiden Bereichen sind. In dem Maß, in dem wir Rücksichtnahme, Fairneß, Dialogfähigkeit, Selbstbewußtheit, Bereitschaft zu Veränderung u. ä. üben, kommen wir zu neuen Möglichkeiten im Umgang mit der Welt und ihren Lebewesen, egal, ob es Wildtiere, Menschen oder Biotope betrifft.

Mit dem Begriff „sozioökologisches Training" kann man einen Prozeß beschreiben, der für lebenslanges Trainieren innerhalb eines sozialen und ökologischen Anforderungsrahmens steht. Die Fähigkeiten und Kenntnisse, die ein Mensch erwirbt, während er sich intensiv mit seinen Nächsten auseinandersetzt, sind allgemeingültig anwendbar, egal, ob es sich um die Erhaltung eines Feuchtbiotops, die Fürsorge für einen alten Menschen oder die Form partnerschaftlichen Zusammenlebens handelt. An unserer Welt und unseren Mitbewohnern lernen wir niemals aus, und immer bleibt etwas zu tun, ich nenne dieses lebendige Lernen auch „Living Education". Innerhalb dieser Materie gibt es in Wahrheit nur einen Lehrer, die Schöpfung selbst, die Welt ist die Schulklasse, und das Leben geht darin lebenslang zur Schule – ob das mit dem Tod endet, überlasse ich an dieser Stelle den Religionstheoretikern, doch in jedem Fall rächt sich so manche kurzsichtige, egozentrische Tat schon zu Lebzeiten.

Sozioökologisches Training („Living Education") meint sowohl die kognitive Ausbildung von Wissensinhalten und Fähigkeiten im Umfeld der Ökologie als auch den affektiven Bereich der Beziehungsbildung, mit dem Ziel, (über-)lebensrelevante Werte für ein umwelt- und lebensbezogenes Verantwortungsbewußtsein zu entwickeln. Das Handeln steht im Dienst der Bewältigung ökologischer und soziologischer Aufgaben durch gerechtes und angemessenes Vorgehen.

Sozioökologisches Training ist ein Instrumentarium zur Erhaltung einer lebenswerten Welt durch Bildung einer sensiblen Beziehungsfähigkeit mit allem Lebendigen. Zusätzliche Einsichten über die Funktionalität und den Wert der Natur sowie die eigene Position in diesem Gefüge sollen ermöglicht und dadurch Impulse zur eigenen Weiterentwicklung geschaffen werden. Es steht für:

- Einüben der nötigen Feinfühligkeit für die Bedürfnisse aller Beteiligten und dadurch Stabilisierung der Beziehung Natur – Mensch.
- Gewahrsein, daß lebendige Systeme durch ständiges Sich-Verändern gekennzeichnet sind und daher alle relevanten Parameter immer wieder neu definiert bzw. ausgehandelt werden müssen.
- Kontinuierliche Ausprägung eines Bewußtseins ökologischer und soziologischer Zusammenhänge, was zu mehr und flexibleren Verhaltensweisen im Sinn einer positiven und rücksichtsvollen Beziehung führt.

Wohl kann die Gesellschaft mittels entsprechender Wertesysteme, Bildungsmöglichkeiten, sozialer und politischer Maßnahmen Voraussetzungen schaffen, Entwicklung findet aber innerhalb des Menschen statt.

Diesen Weg muß er selbst und aus Überzeugung gehen wollen. Um brauchbare Voraussetzungen für eine ökologische Erziehung zu schaffen, müssen sowohl die Beziehung Individuum – Gesellschaft als auch die Beziehung Mensch – Welt untersucht und ihr komplexes Miteinander verstanden werden. Hier kann ein sozioökologisches Training ansetzen, motivieren und betroffen machen.

Bildung in diesem Bereich braucht vor allem:

- die Einbeziehung der eigenen Lebenswirklichkeit,
- Zeichen und Symbole,
- den Dialog, die Auseinandersetzung,
- die Wertentwicklung, Normenbildung,
- Schulung der Fähigkeiten und Fertigkeiten,
- Anleitung zu freier Selbstverfügung
- und immer das Vorleben einer tiefen Liebe und Würde in allen Bereichen.

Dies fördert die Mündigkeit der Betroffenen, konfrontiert, macht sensibel, fordert heraus und gibt mehr Sicherheit für das weitere Handeln. Die auf diese Weise entstehenden Normen sind die Basis für die lebendige Auseinandersetzung mit ökologischen Inhalten und führen oft zu einem aktiven Engagement für diese Zielsetzungen. Die Berücksichtigung anderer Bedürfnisse und Interessen bewirkt einen Wertewandel, eine Umorientierung in zukunftsgerichtete Zielsetzungen und tiefgreifende gesellschaftliche Veränderungen.

Voraussetzungen und Kriterien von sozioökologischem Training

Eine ganzheitliche Pädagogik ist durch unterschiedliche Ansätze geprägt: Wie zuvor bereits aufgezeigt, findet ein ständiger komplexer Austausch zwischen Lehrendem und Lernendem statt. Beide bedingen und beeinflussen einander, bringen ihre Lebensgeschichte und ihr Wertegebäude, ihre Erwartungen an den zu erzielenden Effekt (Primäreffekt) und bestimmte Folgeergebnisse (Sekundäreffekte) in den gemeinsamen Bildungsprozeß mit ein.

„Der Weg ist das Ziel"

Die folgenden zwei Faktoren können nicht getrennt voneinander gesehen werden:

- Was bringt jeder einzelne an Vorkenntnissen, Erfahrungen, sozialer Prägung und persönlicher Befähigung und Interessen mit?
- Welches Umfeld findet er vor, und welche Möglichkeiten und Methoden werden ihm angeboten?

Lernen erfolgt daher in Zusammenhängen, unter Einfluß der religiösen und kulturellen Maßstäbe (und des Werte- und Moralgebäudes dahinter) sowie unter Berücksichtigung des ganzen Menschen bei der Wahl der Methoden.[41]

„Das Gefühl, das du spürst, ist das einzige, was zählt."[42]

Nach H. BOSSEL[43] „kann Betroffenheit als eine der zwei Säulen für eine Verhaltensänderung postuliert werden". Betroffenheit kann objektiv sein, etwa ausgelöst durch Giftmüllkatastrophen, oder subjektiv, als persönlich Betroffener oder aus dem Nachvollziehen der Betroffenheit anderer Menschen. Ursache und Folge können emotionale und kognitive Reaktionen sein. Jedenfalls löst Betroffenheit Lern-, Denk- und Handlungsaktivitäten aus und setzt auf diese Weise Veränderungen in Gang. In diesem Sinn ist es richtig und wichtig, Betroffenheit hervorzurufen. Sie fördert die Ansprechbarkeit und das Informationsinteresse des einzelnen, erhöht die Motivation und bereitet den Weg für weitere Lern- und Bildungsschritte.

Mit der anderen Seite der Reaktionsmuster muß ebenfalls gerechnet werden. Beim Betroffenen können Angst, Widerwille und Aggression hervorgerufen werden, insbesondere wenn dieser sich angesichts der Krise unter Druck gesetzt, aber hilflos fühlt. Eine zu intensive, große oder widersprüchliche Informationsflut birgt auch die Gefahr der Resignation und Passivität von seiten der Adressaten in sich. Von einer Horror- und Angstpädagogik ist daher abzuraten.

Es hat sich gezeigt, daß nur das persönlich Erfahrbare als wirklich empfunden wird. Nur das sinnlich Wahrnehmbare, das, was ich greifen und riechen kann, womit ich spielen und experimentieren kann, vermittelt mir unmittelbare Erfahrung, bekommt für mich Sinn und Wert. Doch begreifen kann ich nur, was meinem Verstand zugänglich ist. Was die Sinne übermitteln, muß dem Verständnis zugänglich werden. Je konkreter sich Umweltbelange auf den lokalen Erfahrungsbereich des Betroffenen beziehen, je vertrauter die Lebenssituation, die berührt wird, um so eher stellt sich konstruktive Betroffenheit ein. Je größer die Wahrscheinlichkeit erscheint, selbst tätig werden zu können und dadurch auch real etwas bewirken zu können, desto eher engagieren sich einzelne Menschen. Motivation und Betroffenheit arbeiten so vorteilhaft im Sinne von Gestaltungszielen zusammen.

So ist es notwendig, vom Bekannten und Vertrauten auszugehen; je mehr Bezug zum bereits Gelebten hergestellt werden kann, um so erfolgreicher wird Beziehung geschaffen. Basis jeder Bildungsmaßnahme sollte der alltägliche Erfahrungs- und Bezugsrahmen sein. Danach ist zu prüfen, ob und welche Bildungsinhalte integriert werden können und wie ein solcher authentischer Zugang zum einzelnen und zur Gruppe erzeugt werden kann.[44]

Begleitend dazu sollte eine stete, sich vertiefende Sinnesschulung die Möglichkeiten der Auseinandersetzung mit der erfahrbaren Welt verbessern. So sollte es möglich werden, die wechselseitigen Einflüsse von Mensch und Natur aufeinander auch selbst zu spüren. „Lernen muß man mit dem ganzen Körper" (FRIEDRICH ODERLIN).

Die persönliche Erfahrung ist niemals ersetzbar durch Faktenwissen. Im täglichen Leben muß erprobt werden, was vorausgesetzt wurde – nur in der Bewährung können Theorien ihren Wert entdecken. Die Erfahrung wächst ständig und ist ein guter Ratgeber, auch gegenüber allem Neuen. Integration und Aufnahme von Vorerfahrungen in das Kursgeschehen durch Gespräche und Kurzreferate ergänzen das aktuell Erlernte. Wollen Bildungsangebote gezielt und erfolgreich sein, müssen sie sich an den Wirklichkeitsauffassungen und an den Deutungsmustern der Teilnehmer orientieren. „Diese sind relativ zeitstabile und über größere Strecken stereotype Sichtweisen und Interpretationen von Mitgliedern einer sozialen Gruppe, lebensgeschichtlich entwickelt und für den alltäglichen Interaktionsbereich bestimmt ... bilden ein Rechtfertigungs- und Orientierungspotential und dienen der eigenen Handlungskompetenz."[45]

Erfahrungen an sich bilden zunächst einen Lernanlaß und in der Reflektierung erst ein Ergebnis im Sinne von Erfahrungsumbrüchen. Beim Heranziehen von Erfahrungen sollte immer auf ihren subjektiven Gehalt Bezug genommen und auf ihre individuelle Verarbeitung geachtet werden. Dies wird in Äußerungen, Haltungen und im Verhalten deutlich. Für den Lehrenden bedeutet dies die Notwendigkeit, sich durch klärende Fragestellungen und Schwerpunktsetzung innerhalb der Themengebiete auf seine Zielgruppe vorzubereiten. Innerhalb des Lernprozesses führen ständige Deutungen, Neuinterpretationen und Reformulierungen zusammen mit begleitenden Informationen zu Differenzierung, Erweiterung und Absicherung. Bewähren sich diese neuen Erkenntnisse und Erfahrungen und werden ihre inneren Funktionen verstanden, folgt die Akzeptanz durch den Adressaten.

„Spielend lernen"

Erwünscht wären mehr Raum für Wissensdurst, Neugier, Lernbegeisterung und deshalb Rücknahme der Verrechtlichung und Bürokratisierung des Bildungswesens. Lernen darf keine seelenlose, leibfeindliche Tätigkeit des Kopfes, ohne Bezug zum Ich und zum praktischen Alltag, sondern muß ganzheitliches, partizipierendes und interdisziplinäres Lernen sein. Die Berücksichtigung der Einheit und Interaktion von kognitiver, affektiver und physischer Komponente innerhalb des menschlichen Lebens ist wichtig. Dieses Zusammenspiel macht jeden Menschen zu etwas Einzigartigem. In der traditionellen Pädagogik wird jedoch die kognitive Seite zu Lasten der anderen Faktoren einseitig begünstigt und gefordert.

Die Berücksichtigung aller Elemente in Organisation, Inhalten und Ausmaß des Umweltbildungsangebotes erfaßt den Lernenden als Wesen mit sinnlicher Wahrnehmung, emotionellen Reaktionen, Problemen und degradiert ihn nicht zum Informationsempfänger oder zur Lernmaschine. An Aufgaben sollte spielerisch herangegangen werden, mit dem unbedingt notwendigen Anteil an Ernst und einem Höchstmaß an Spaß. Die erforderlichen Kriterien dafür wären:

- Flexibilität, Offenheit, Dynamik → Änderungen in den Gegebenheiten und Voraussetzungen, neue Informationen, andere Partner und Zielsetzungen sowie wechselnde Möglichkeiten und Chancen müssen wahrgenommen und genutzt werden.
- Sensibilität und Sanftheit → Bei aller Dynamik müssen Methoden, Einsatz der Mittel und Zeitrahmen an die jeweilige Problemstellung, die betroffenen Lebewesen und Schauplätze ebenso angepaßt sein wie die zu erwartenden Auswirkungen auf dieselben angemessen. Dabei haben auch die Würde, das Weltbild und die Eigenarten betroffener Menschen Bedeutung. Dieser inhaltlich, emotional und kognitiv anspruchsvolle und dichte Prozeß erfordert innere Ruhe und Abstand, um angemessene Ergebnisse zu erbringen.
- Mehrdimensionalität und Interdisziplinarität → Die relevanten Sachverhalte müssen immer in einer Gesamtschau betrachtet und bewertet werden, unter Heranziehen und gegebenenfalls Berücksichtigen möglichst vieler Faktoren und Blickwinkel. Das setzt die Zusammenarbeit unterschiedlicher Spezialisten aus vielen verschiedenen Disziplinen voraus. Erst Teamwork, unter Anwendung verschiedener Methoden und Denksysteme, ist imstande, die Barrieren eindimensionaler Denkwelten und Vorurteile zu durchbrechen, die die unterschiedlichen wissenschaftlichen Fachbereiche voneinander trennen, und es ermöglicht neue, alternative Lösungen, im Sinne der komplexen Aufgaben ökologischer Probleme.
- Zeit- und Raumbezogenheit → Ein Problem kann nur in Beziehung zu seiner Geschichte wirklich erfaßt werden. Das innere Wesen einer Situation zeigt sich nur in der Betrachtung ihres Entstehens und Werdens sowie der Abschätzung ihrer Folgen und Auswirkungen, sowohl regional als auch global. Dabei zeigen sich Erfolge oft nicht offen und sofort, viele wertvolle Erkenntnisse drücken sich nicht unmittelbar und sichtbar aus, wichtig ist jedoch der Prozeß der Entwicklung an sich. Nicht stehenbleiben, sondern vorwärtsgehen, in Bewegung bleiben, innerlich und äußerlich, das ist das Wesentliche – und dabei die Freiheit haben, auch Fehler machen zu dürfen.

Natur, Umwelt, Menschen und, dadurch bedingt, ökologische Probleme haben ihre Geschichte. Um jene Faktoren und Merkmale zu analysieren, die der Erklärung von Umweltproblemen dienen können, ist es notwendig, diese Geschichtlichkeit zu betrachten.[46] Die Wechselwirkungen zwischen natürlichem Umfeld, gesellschaftlichen Bedingungen, biologischen Gegebenheiten und historischer Entwicklung werden dadurch deutlich. Erst wenn der Betreffende in der Lage ist, diese Zusammenhänge zu erkennen, kann er seine individuelle Rolle darin verantwortlich bejahen. Erst dann ist er geschichtsfähig und kompetent, innerhalb der Ereignisse im Hinblick auf eine erwartbare Zukunft folgerichtig zu handeln.

„Wer ist weise, wer ist gut? Wer nach seinem Wesen tut.“[47]

Diese Aufforderung, nach seinem Wesen zu leben und zu handeln, hat einen inneren und einen äußeren Aspekt. Einerseits postuliert sie Authentizität und Geradlinigkeit in der Entscheidungsfindung und Erkenntnis seiner eigenen grundlegenden Motive und Werthaltungen. Andererseits fordert sie von uns aber auch, dies auf eine Weise zu tun, die unseren Anlagen, Kenntnissen und Fertigkeiten am besten entspricht.

Wer erkannt hat, daß die Auseinandersetzung mit ökologischen Problemstellungen gleichzeitig auch zu einer kontinuierlichen Lösung persönlicher und sozialer Aufgaben führt, steht in viel größerem Maße hinter seinem Tun. Zuvor ist es notwendig, persönliche Ziele zu suchen und zu artikulieren, nur hinter persönlichen Anliegen steht der einzelne voll und ganz, und nur für deren Realisierung setzt er sich, eventuell auch unter Opfern, ein. Im Laufe der Beschäftigung mit ökologischen Fragen bildet sich ein Problembewußtsein aus, welches, zusammen mit den selbstgesteckten Zielen, ein festes Fundament für zukünftiges Einschätzen und Handeln bildet. Der dabei eingesetzte persönliche Wille wird hier zum Garanten für geradliniges Vorgehen.

Nicht unwesentlich ist, daß jeder seinen persönlichen Beitrag leistet, indem er zur Lösung konkreter Aufgaben seine individuellen Vorzüge und Kenntnisse beisteuert, eben das tut, was er am besten kann. Es gibt Menschen, die besonders gut mit Kindern arbeiten können, andere sind in der Lage, komplexe Inhalte in graphischer Weise einfach und verständlich umzusetzen, wieder andere stellen mit Geschick Modelle und technische Lösungen zur Vermittlung der beabsichtigten Inhalte her. Alle sind für das Gelingen einer Sache gleich wichtig und müssen zusammenarbeiten können. Eine notwendige Voraussetzung ist dabei, daß jeder tut, was er beherrscht und worin er ein Höchstmaß an Freude findet, nachdem er sich zu einem Beitrag am Ganzen (der Gemeinschaft) entschlossen hat.

„Wir sitzen alle im gleichen Boot."

Darüber hinausgehend wird aber erst die Erkenntnis, daß die ökologische Situation jeden einzelnen Menschen betrifft, für jeden eine Aufgabe bedeutet und nur durch gemeinsames, koordiniertes Vorgehen bewältigt werden kann, dazu führen, daß tatsächlich nachhaltige Erfolge im Sinne einer friedlichen, gleichberechtigten und reifen Koexistenz zwischen Mensch und Mensch einerseits sowie Mensch und Natur andererseits eintreten können. Voraussetzungen dafür sind eine möglichst früh einsetzende Schulung des Denkens in Zusammenhängen und eine sozioökologische Gewissensbildung.

Grundlegender Parameter einer solchen Schulung ist die ehrliche Auseinandersetzung mit unseren Gefühlen, unserer Angst und unserer Liebe. Liebe ist keine Metapher, sie ist eine der stärksten Kräfte, die wir Menschen einsetzen können. Was wir lieben, dafür kämpfen wir, das schützen wir, das akzeptieren wir sogar, wenn wir es nicht verstehen können.

Um verantwortungsbewußtes Handeln möglich zu machen, ist es unabdingbar, zuvor ein Gefühl für das Gemeinsame sich entwickeln zu lassen. Dazu muß jeder das Erlebnis der Geborgenheit in der Gruppe erlebt haben. „Ich muß spüren können, wohin ich gehöre und welche Bedeutung ich dort habe." Hier hilft das Bewußtwerden, daß jeder in der Gruppe mit seinen spezifischen Fähigkeiten die Gesamtheit reicher machen kann, wenn er bereit ist, sie zur Verfügung zu stellen. Dazu gehört auch, daß es dem Leiter gelingt, zu vermitteln, daß es bei diesem Spiel nur gemeinsame Gewinner oder Verlierer geben kann.

„Denn grau ist alle Theorie."

Die Devise lautet: vom Kennen zum Können, vom Wissen zum Handeln → handlungsorientiertes Training. Die übliche Umweltbildungspraxis legt ihr Hauptaugenmerk auf die Vermittlung ökologischer Kenntnisse, während die handlungsbezogene Arbeit im Hintergrund steht. Effektiv kann Lernen aber nur sein, wenn der kognitive Prozeß der Wissensvermittlung und das praktische Handeln unmittelbar miteinander verbunden sind. Teil der sozioökologischen Bildung ist die Auseinandersetzung mit Krisenbewältigung, das Erlernen von Methoden zur Konfliktlösung und Findung bzw. Formulierung gemeinsamer Interessen und Zielsetzungen, im gleichen Atemzug können Verhaltensänderungen für den Alltag eingeübt werden.

Im Zuge dieses Prozesses werden Selbstsicherheit und Erfahrung gestärkt und sowohl Wissensausmaß als auch Handlungsspielraum größer. Daraus ergeben sich neue Antriebskräfte für weiteres Vorgehen der Betreffenden. Im Gegensatz dazu bestärken Lehrer ihre Schüler immer noch in der Auffassung, daß im Zweifelsfall das Eingreifen einer übergeordneten Autorität die beste Lösung eines Konfliktes ist. Anstatt mit allen Beteiligten die verschiedenen Bedürfnisse und Beweggründe zu klären und abzuwägen, den Spielraum auszuloten und auf Vorschläge und Kompromißangebote von seiten der Kinder zu warten, nehmen sie Angelegenheiten, in denen sich die Klasse uneins ist, in die Hand und treffen Entscheidungen „von oben".

Statt dessen wäre es für das weitere Erlernen von Konfliktbewältigungsstrategien wichtig, den heranwachsenden Kindern ein Gefühl für Selbstbestimmung zu geben, ihnen den Freiraum zu verschiedenen Möglichkeiten zu bieten und das Vertrauen in ihre Fähigkeit, eine Lösung finden zu können, zu stärken. Nur die tatsächliche Auseinandersetzung mit einer Aufgabe, gleichgültig, ob sie bewältigt wurde oder nicht, bewirkt, daß man ein Gefühl für die eigenen Möglichkeiten und Grenzen erwirbt. Herausforderungen spornen an, Mißerfolge oft noch mehr, und das Erreichen eines gesteckten Zieles macht stark und glücklich.

Auch das Umgehen-Lernen mit objektiv unveränderbaren Gegebenheiten, die sich einer persönlichen Beeinflussung entziehen, das Akzeptieren zur Zeit gegebener Tatsachen erwirbt man sich nur in der persönlichen Auseinandersetzung. Hier kann gleichzeitig Geduld geübt werden, die innere Ruhe, von der die Chinesen sagen, sie führe zu wahrem Handeln. In diesem Zusammenhang sind alle Methoden der Klein- und Großgruppenarbeit, des Teamworks mit einander abwechselnden Führungskräften und Zielsetzungen geeignet, diese Fertigkeiten zu vermitteln.

„Das Fundament der Wahrheit liegt in der Verknüpfung."[48]

Vernetztes Denken ist eine Voraussetzung zur Vermeidung und Lösung von Umweltproblemen. Da gerade Ökosysteme als lebendige, sich ständig entwickelnde, interagierende, einem Auf- und Abbau unterworfene Vorgänge hochkomplex sind, zeigt sich hier die besondere Aufgabe der Umweltbildung. Durch Aufzeigen dieser Zusammenhänge und Implikationen wird das vernetzte Denken gefördert und so dem derzeit gängigen, kurzfristig orientierten Sanierungsdenken entgegengewirkt. Umweltprobleme lösen zu wollen, erfordert jedoch langfristiges, vorsorgendes Denken, welches ökologische Gesetzmäßigkeiten und Systemzusammenhänge beachtet.

„Networking" heißt die Devise: Vernetzung in mir und mit anderen ist die wahrscheinlich konsequenteste und erfolgversprechendste Strategie für die Zukunft. Es ist für unser Überleben notwendig, zu erkennen, daß wir gemeinsam mehr und Besseres zu leisten imstande sind als jeder einzelne isoliert für sich. Erkenntnisse einzelner können, ausgetauscht und gemeinsam genutzt, kumulieren. Es ist nicht notwendig, daß jeder das Rad für sich selbst neu erfindet. Erfolge oder Ideen, in einem größeren Kreis ausgetauscht, können sich zu unerwarteten Gesamtprodukten entwickeln, die die Möglichkeiten des einzelnen nicht erlaubt hätten.

Zuvor ist es notwendig, für die Gemeinschaft konkrete Ziele zu suchen und die Regeln für gemeinsames Handeln zu formulieren. Entschlossenes Handeln einer Gruppe kann etablierte Kräfte der Gesellschaft mitunter auch provozieren. Jedenfalls erfordert vernetztes Arbeiten reife Menschen, die sich ihrer eigenen Motive und Zielsetzungen bewußt geworden sind und vor gruppendynamischen Prozessen keine Angst haben.

Die nächste Stufe der Vernetzung ist das Anerkennen unserer Abhängigkeit von natürlichen Gegebenheiten und Abläufen einerseits und das Annehmen unserer Verantwortung für diese Welt andererseits. Erst mit der Akzeptanz der Verflechtung und gegenseitigen Beeinflussung allen Lebens auf dieser Erde sowie mit einer adäquaten, konsequenten und verantwortlichen Lebensweise stellen wir uns auf die Stufe reifer Menschen, die eine friedliche und emanzipierte Lebenswelt anstreben.

Die Methode, dies zu erreichen, ist ein Lernen mit dem ganzen Menschen. Auch hier kann nur vernetzt vorgegangen werden. Die Aufgabe an jeden von uns lautet: alle Sinne bewußt für den Prozeß der Wahrnehmung und Erkenntnis heranzuziehen, zu handeln, mit der Absicht, die wahrgenommenen Aufgaben konkret in bezug auf das Erkannte und Erspürte einerseits und die zu erwartenden Folgen andererseits umzusetzen; immer darauf bedacht, daß in diesem Prozeß alle Beteiligten zählen. Das In-Verbindung-Bringen, die Synthese, ist das Ziel.

Vernetzen erfordert persönliches, ehrliches, konkretes Vorgehen, braucht Mut und ungewohnte, weil heute nicht genug geübte Strategien:

- Vermeiden von Abstrahierungen, die von der Betroffenheit wegbringen.
- Vermeiden von objektivem „Darüberstehen".
- Vermeiden von verallgemeinernden Begriffen wie Einheiten, wenn konkrete (in Wahrheit gemeinte und betroffene) Tiere, Pflanzen ausgedrückt werden sollen.

Hier wird Wissen nicht in unterschiedliche Möglichkeiten der Verarbeitung zerteilt und in viele, voneinander unterschiedliche Einheiten gesplittet. Der Gesamtbezug bleibt klar erhalten.

In-Beziehung-Setzen einzelner Fakten ist das Ziel, es geht um die Synthese so unterschiedlicher Bereiche wie Politik, Ökonomie, Gesellschaft etc. und die Herstellung von Beziehungen sowie Verbindungen mit den Gegebenheiten, Erwartungen und Forderungen im kulturellen, ideologischen, geographischen, ökologischen Kontext.

Es geht hier weniger um „richtig" oder „falsch", sondern um das Sich-Bemühen, um Weiterentwicklung und Synthese, immer mit dem Ziel eines besseren Verständnisses unserer Welt und ihrer Bewohner mit all ihren Bedürfnissen. Davon ist der immer wieder stattfindende Austausch an Erfahrungen und Gedanken, die Möglichkeit zur Kommunikation und Reflexion, auch über Fehler und Irrtümer, ein unschätzbarer Teil. Schließlich wird es dem einzelnen möglich, ohne Angst offen zu sein für das Kommende. Die prinzipielle Offenheit, die innere Flexibilität und das Grundvertrauen in die eigenen Fähigkeiten bzw. eine freundlich gesinnte Welt bewirken einen unerschütterlichen inneren Frieden und Vertrauen in die Lösbarkeit jeder Aufgabe.

Die indianischen Völker haben dafür eine Entsprechung. Sie nennen es die Aufmerksamkeit des Jägers oder wahren Kriegers: Er kann nicht wissen, woher eine potentielle Gefahr drohen, wo er auf Wasser stoßen, woher das Wild kommen wird, so muß er seine Aufmerksamkeit absichtslos schweifen lassen, gewahr sein, daß alles jederzeit eintreten kann, bereit sein, im Hier und Jetzt authentisch zu handeln. Dies gilt als die höchste Kunst, das Leben zu leben, immer wach, immer hier, gerecht den Mitgeschöpfen, der Mutter Erde und dem Himmelsgeist gegenüber.

Idealerweise führt ökologisch vernetzendes Lernen schließlich zu einem liebenden Verständnis von der Welt, deren Probleme mit weisem Denken und empfindsamem Gespür angegangen werden. Vernetzung in einem weiteren Sinn bedeutet auch Eingebundensein in den Zeitstrom. Woher komme ich – und mit mir all das, was mich umgibt? Wie wird sich das Bestehende weiterentwickeln, und welche Rolle fällt mir dabei zu?

Gerade bei der Vermittlung von Inhalten der Umweltbildung erkennt man die Notwendigkeit von Zukunftsperspektiven. Nur die Möglichkeit selbstverantwortlichen, gestaltenden Eingreifens läßt erst die notwendige Entschlossenheit zum Handeln entstehen. Zukunftspessimismus, erzeugt von Gefühlen des Nicht-handeln-Könnens, weil ohnehin „alles sinnlos geworden ist", macht jede pädagogische Zielsetzung zunichte. Dazu gehört auch, den Adressaten ihre Zukunft vorstellbar zu machen, Szenarien anzubieten und sie aufzufordern, diese (zukunftsorientiert) weiterzuentwickeln. Die Fähigkeit, komplexe Zusammenhänge zu erkennen, Folgen als Konsequenz vorhergegangener Entscheidungen und Ereignisse zu sehen und die eigene Rolle darin anzuerkennen, führt dazu, daß Zukunft als etwas Positives angesehen werden kann, in dem sich der Betreffende wiederfindet und akzeptiert. Stichworte dazu sind: Projektion, Simulation, Orientierung sowie Kommunikation und Empathie.

Zusammenfassend stellt sich „Umweltbildung" wie folgt dar:[49] Sie umfaßt sowohl die kognitive Seite der Ausbildung von ökologischen Kenntnissen und Fähigkeiten als auch die affektive Seite der Entwicklung von ökologischen Werthaltungen und Einstellungen, um den Menschen zu einem verantwortungsbewußten Umgang mit der Umwelt anzuregen und zu befähigen. Sie will Lernprozesse initiieren, die zu umweltfreundlichen präventiven Denk- und Verhaltensweisen führen und so die Entwicklung, Erweiterung und Stabilisierung von Umweltbewußtsein erreichen.[50]

Der angestrebte Sollzustand definiert sich daher wie folgt:

- Dem einzelnen sollen Qualifikationen, Wertvorstellungen, Einstellungen und Verhaltensweisen vermittelt werden, die für den Schutz der Umwelt und die Verbesserung ihrer Situation erforderlich sind.
- Vermittlung von Gefühlen für die Umwelt.
- Wecken eines Problembewußtseins bei den Adressaten, sich im gesellschaftlichen Leben in Zukunft mehr als bisher an den ökologischen Bedingungen der Erde zu orientieren.
- Entwicklung neuer Verhaltensweisen gegenüber der Umwelt, sowohl für den einzelnen als auch für Gruppen und die Gesellschaft insgesamt. Diesen sollen auch die bestehende Komplexität der Situation und ihre Bezüge zu politischen, wirtschaftlichen, kulturellen u. a. Faktoren bewußt gemacht werden.
- Vermittlung der Einsicht, daß verantwortungsvolles Handeln eines jeden einzelnen erforderlich ist, um den Bürgern die Umwelt zu sichern, die diese für ein gesundes und menschenwürdiges Dasein brauchen; Entwicklung der Bereitschaft und Kompetenz zum Handeln unter Berücksichtigung ökologischer Gesetzmäßigkeiten und Bedingungen.

Neben Aufklärung und Anleitung hat sich Umweltbildung auch mit Fragen nach Möglichkeiten und Grenzen umweltgerechten Verhaltens zu beschäftigen. Einer der wesentlichsten Schwerpunkte besteht in der Vermittlung von präventiven Umweltstrategien, wie Ressourcenschonung, Recycling, Belastungsvermeidung und Berücksichtigung ökologischer Gesetzmäßigkeiten. Dabei sind einfach umzusetzende Zielhorizonte, wie Änderung des Konsumverhaltens im privaten Umfeld, zu unterscheiden von langfristig und schwierig zu realisierenden, wie beispielsweise Schaffung politischer Voraussetzungen, die zur Vermeidung des Baus eines Atomkraftwerkes führen können.

Fest im Bewußtsein der Menschen bzw. Bürger verankerte Wertvorstellungen, Erwartungen und Verhaltensmuster sind eine besondere Herausforderung für die Umweltbildung. Hier sei nur das tradierte Wohlstands- und Konsumdenken unserer heutigen Gesellschaft genannt, welches über unterschiedliche Interessensvertretungen und Lobbies, ungeachtet der Konsequenzen und Gefahren, weiterverfolgt und verbreitet wird.

Da staatlich verordnete Verbote, öffentlich-rechtliche Manipulation über kurzfristige Vorteilsanreize oder der Aufbau von Hemmungen, wie etwa durch öffentliche Blamage oder Bestrafung, keine tiefgreifenden und anhaltenden Wirkungen zeigen, wahrscheinlich eher Widerstände hervorrufen würden, können lebenslange, das menschliche Bewußtsein formende Lernprozesse, die zur oben beschriebenen Bildung von Umweltbewußtsein führen, als die wirksameren Wege angesehen werden.

Ökologische Bildung benötigt eine wissenschaftliche Orientierung. Sie leitet zu wissenschaftlichem Denken an, vermittelt Einsicht in die Strukturen, Problemstellungen und Schlüsselkompetenzen verschiedener Wissenschaftsdisziplinen sowie auch die Kompetenz, wissenschaftliche Fragen, Methoden und Modelle auf alltägliche Probleme anzuwenden. Dies fördert die Durchschaubarkeit technisch und wissenschaftlich oft anspruchsvoller Faktoren ökologischer Fragestellungen und damit auch die Entscheidungsfähigkeit in Umweltbelangen, da die Unabhängigkeit von Experten gefördert wird. Ein wesentlicher Teil davon ist das Erlernen grundlegender Fragestellungen, um ausreichende Informationen für Gewißheiten zu erlangen.

Pädagogische Arbeit mit Kindern und Erwachsenen

Jede Meßlatte sollte hoch liegen, um eine Herausforderung darstellen zu können. Mag der Anspruch, der an Bildungswillige und -beauftragte gestellt wird, auch hoch erscheinen, sich mit weniger zufriedengeben zu wollen, hieße jedoch, Verrat an den wenigen Möglichkeiten der

Menschheit zu üben, ihre kapitalen Probleme zu bewältigen: Diskriminierung bestimmter Gruppenteile der Gesellschaft und der Menschheit, Umwelt- und Versorgungskrise, Terror und Fanatismus – sie alle sind Erscheinungsformen dieser Welt, die ihre Wurzeln in einem Mangel an intellektueller und ethischer Bildung haben.

Ich teile die Auffassung von MARCEL MÜLLER-WIELAND[51], daß es keine Unterscheidung zwischen den Kriterien einer Erziehungsarbeit mit Kindern oder Erwachsenen, Arbeitern oder akademisch geschulten Personen, Atheisten oder Christen geben kann, um nur einige Beispiele zu nennen. Bildungsarbeit ist universell und ganzheitlich. Sie basiert auf Grundwerten und kann nicht Ausfluß partieller Ansichtenwelten einzelner sein.

Ihr Ziel ist lebenslange Menschenbildung, sie gibt sich nicht zufrieden mit auf Anpassung ausgerichteter Disziplinierung, sie ist immer Ausdruck einer liebenden Grundhaltung gegenüber dem Menschen. Ihr Produkt ist ein in sich gefestigter Mensch, mit einer unverwechselbaren Persönlichkeit, imstande, aus sich selbst heraus Antworten auf die Fragen des Lebens zu finden. Der ganzheitlich gebildete Mensch kann seinem Empfinden und Spüren vertrauen, sieht aber seine Erkenntnisse und Ansichten nicht als unabänderlich an, ebensowenig wie das Bild, das ihm von der Welt geboten wird. Er hinterfragt aus Interesse an der Wahrheit des Augenblicks und der Weiterentwicklung seiner selbst und der anderen. Offenheit und die Bereitschaft, Neues mit hineinzunehmen, ohne Bewährtes achtlos wegzuwerfen, zeichnen ihn aus.

Am Beginn muß sich jeder, der mit Kindern arbeitet und sie anleitet, neue Erfahrungen zu machen, der sie in ihrer Entwicklung begleitet, die Frage stellen: „Was brauchen Kinder eigentlich?"

In der Reihe „Umwelterziehung", Ausgabe 2/97, der ARGE Umwelterziehung Wien sind die „zwölf Grundbedürfnisse des Menschen" von OTTO HERZ[52] wiedergegeben worden, die als Grundlage für die pädagogische Arbeit mit Erwachsenen, aber ebenso mit Kindern und Jugendlichen herangezogen werden können. HERZ meint: „Von der Erfüllung dieser Grundbedürfnisse in der Schule hängen Lebensgefühl, Lernqualität und auch die Quantität eines nicht nur verträglichen, sondern sich anregenden Zusammenlebens wesentlich ab."

Die zwölf Grundbedürfnisse:

- Bedürfnis nach Stille
- Bedürfnis, Lärm schlagen zu können
- Bedürfnis nach Bewegung
- Bedürfnis nach „oben" und „unten"

- Bedürfnis nach Risiko
- Bedürfnis, sich zu verstecken
- Bedürfnis, zu gestalten und zu verändern
- Bedürfnis, behaust zu sein, eine Heimat zu haben
- Bedürfnis, die Ergebnisse seines Tuns zeigen zu wollen
- Bedürfnis, Geselligkeit zu erleben
- Bedürfnis, die Elemente zu erleben
- Bedürfnis, Verantwortung zu übernehmen

HERZ[53] beschreibt den Menschen als ein Wesen, das ständig Veränderung, Herausforderung, Spannung, Neubeginn, Prüfung, Demonstrationen und Ruhe braucht, um sich selbst zu spüren, zu finden, neu zu ordnen und zu beweisen, um Gefühle zu erproben und über andere zu erfahren, aber auch um zu lernen, mit sich selbst umzugehen, die eigenen Grenzen und Möglichkeiten herauszufinden und sich und die Welt schließlich meistern zu können. Werden diese Sehnsüchte des Menschen erfüllt, kann er sich offen den Anforderungen der Schule und der Welt stellen lernen. Er kann sich sicher fühlen, dazuzugehören, wenn er seine Wurzeln sucht. Er kann sich frei fühlen, Fehler zu machen und Mißerfolge zu haben, weil er sie als Erfahrungen wahrnehmen kann, die ihm weiterhin nützen, nicht aber seine Person abqualifizieren. Ein solches Umfeld bietet den Freiraum, sich zu verstecken, zu präsentieren oder auch die Leitung zu übernehmen, entsprechend dem Selbstgefühl und der Situation, die gerade zutreffen.

Einer der bemerkenswertesten Aspekte dieses Zwölf-Punkte-Kataloges ist die Berücksichtigung der Notwendigkeit von Chaos im Leben jedes Menschen, als Pendant zur ständig geforderten Ordnung. Spielen, toben und schreien zu dürfen, wenn man es braucht, hilft dem Betroffenen zu lernen, mit den eigenen Kräften richtig umzugehen und sie kreativ zu nützen, ohne daß sie notwendigerweise zu vorgegebenen, und konkreten Ergebnissen führen müßten. Nicht zu vernachlässigen ist der therapeutische Effekt, den dieses ungezwungene und wilde Verhalten in unseren zivilisierten, disziplinierten und geregelten Lebensabläufen haben kann.

Das Spiel ist die Erlebnisfunktion des Kindes, es erfährt die Welt auf dem Spielplatz, am Schulweg, in den Lernpausen – es ist voller Lust auf diese Welt, immer neugierig und lernbereit. Das Ärgste, was wir Kindern antun können, ist, ihnen diese Lust zu nehmen. Uns ist das Gefühl für die kindliche Raum-Zeit verlorengegangen, wir wünschen, daß das Kind etwas Nützliches tut und Sinnvolles lernt. Da ist für die Spontaneität der Kinder kein Platz.

„Für das Leben lernen wir.
Mach dich bereit, Kind, das Leben lauert hinter der Schulhoftür."

Im Zusammenhang mit der Größe dieser Aufgabe, der Verantwortung der Erwachsenen und der geforderten Ernsthaftigkeit erschien das Bedürfnis nach Befriedigung der Sinne, nach Spaß und Bewegung noch bis vor kurzer Zeit als unprofessionell, ja beinahe unanständig. Nur langsam besinnen sich erwachsene Menschen verlorener Lebensqualitäten, zögerlich getrauen wir uns heute, die Forderung nach Rückkehr der Lust zu stellen. Im Zusammenhang mit emanzipatorischen Bewegungen in der politischen und gesellschaftlichen Landschaft wird die Lust am zivilen Ungehorsam geprobt und die Freude am Entdecken neuer Wege wiederentdeckt. Damit besteht die Hoffnung auf einen neuen Einklang, anstatt der Angepaßtheit an den „Mainstream" einer Leistungs- und Konsumgesellschaft.

Kinder brauchen aber andererseits immer wieder Riten, um sich gesellschaftlich zu orientieren und ihre Entwicklung bewußt zu erleben. Die Kulturen, die Rituale als Teil ihres Gemeinschaftslebens durchführen und auf diese Weise sowohl wichtige Abschnitte des individuellen oder gemeinschaftlichen Lebens als auch des Jahreslaufs bewußt begehen, geben ihren Mitgliedern die Möglichkeit, die damit verbundenen Veränderungen zu erfahren, zu begreifen und zu leben. Reste von Reife- oder Erwachsenenriten finden sich in unserer Gesellschaft in kirchlichen Kommunions- und Firm- oder in Schulabschlußfeiern. Den Hintergrund dieser Feste, die Aufnahme in den Kreis der Erwachsenen, erkennt das Kind aber kaum noch. Auch fehlen heute Gelegenheiten zu offiziellen Mutproben, wo sich heranwachsende Jugendliche beweisen können.

Erziehung ist Veränderung und – insbesondere in der Kindheit – ein Instrument der Wirklichkeitsannäherung und später der Lebensbewältigung. Die Erziehungswissenschaften haben neben der reinen Wissensvermittlung eben auch diesen besonderen pädagogischen Auftrag, Werte zu vermitteln und – besonders jungen Menschen – Hilfestellung in sittlichen Fragen und Werkzeuge zum Handeln zu geben, um Situationen, wie die ökologische Krise, beurteilen und Handlungsentscheidungen treffen zu können. Jeder Unterricht, egal, ob bewußt vom Pädagogen angestrebt oder vernachlässigter Effekt, ist immer ein Prozeß, im Zuge dessen der Lernende beeinflußt und verändert wird, sowohl durch Persönlichkeit und Methode des Lehrers als auch durch Inhalt und Ziele des vermittelten Lehrstoffes, was eine ethische Dimension einschließen muß. Dadurch findet der einzelne Mensch zu seinen Lebensprinzipien und Idealen, bezieht Stellung, kann annehmen oder ablehnen, was ihm vom Leben geboten wird, und lernt nach und nach Verantwortung zu übernehmen.

Bildungserwerb bei Erwachsenen – die Lernfähigkeit und Weiterbildungsmotivation

Lernfähigkeit wird als eine Leistungsdisposition beschrieben, „welche es dem Individuum in Gegenwart und Zukunft ermöglicht, auf den verschiedenen Gebieten der gesellschaftlichen Praxis Leistungen zu vollbringen. Diese wird ebenso durch angeborene Anlagen mitbestimmt wie durch den Prozeß der aktiven Lebenstätigkeit unter bestimmten historischen und Bildungsbedingungen."[54]

Gerade der Frage nach Motivation für Weiterbildung wird aus begreiflichem Grund im Bereich der Erwachsenenbildung mit besonderem Interesse nachgegangen. Aufgrund der Freiwilligkeit beim Besuch von Bildungsveranstaltungen im Erwachsenenbereich müssen die Motive dafür untersucht werden. „Motivation" beruht auf hochgradig organisierten kognitiven Systemen von Person-Umwelt-Bezügen.

W. KNÖRZER schreibt dazu: „Motivationsvorgänge sind als komplexe, kognitiv gesteuerte Interaktionsprozesse eines Individuums mit seiner Umwelt anzusehen."[55] Nachgewiesenermaßen wichtige Komponenten sind der soziale Status und die spezifischen Verantwortlichkeiten und Verpflichtungen des erwachsenen Menschen. Doch stellt KNÖRZER neben dem Lebensalter im besonderen die Motive und Bedingungen des Erwachsenenlernens in den Vordergrund.

In gewissem Sinne vollzieht der Mensch beim Erlernen neuer Fertigkeiten und dem Erreichen eines größeren Wissenspotentials dieselbe Entwicklung, wie sie ein Kleinkind und später der heranwachsende Jugendliche durchlaufen:[56]

1. Wahrnehmen der umgebenden Realität als Außen, unterschieden vom eigenen Ich. Dem Unbekannten wird dabei oft mit Unverständnis und Angst begegnet.
2. Zunehmende Kontrollfähigkeit durch Beschreiben und Benennen, die Zuversicht bezüglich der eigenen Fähigkeiten wächst in dem Maße, wie das Fremde vertraut wird.
3. Das Verständnis darüber, wie die Welt aufgebaut ist, wie sie funktioniert, nimmt zu. Mit dem Verstehen wird die Umwelt zur vertrauten Umgebung, in der man sich zu Hause fühlt. Jetzt wird das Außen zu einem selbstverständlichen Gebrauchsmittel und zu einem Teil der Person.

4. Ab nun begibt sich der Forschende/Lernende, gleich einem Kind, auf die Suche nach Antworten auf die Frage nach dem Warum der Existenz – der Sinn, der in den Erscheinungen des realen Alltags liegt, wird nun wichtig.

5. Werte werden ein wichtiger Bestandteil für die Handlungen, die daraus erwachsenden Prinzipien zu Leitlinien des Lebens. Die Lebensziele sind maßgeblich von den so gewonnenen Einsichten geprägt.

Bildung beim Erwachsenen soll immer Vervollkommnung des bereits in der Jugend Erworbenen sein. Dies erfordert eine grundsätzliche Offenheit, auf dem Pfad der Erkenntnis und Entwicklung weiterzuschreiten. Als Folge dieser Entwicklung handelt der reife, selbstbestimmte Mensch aus der ihm selbst entstammenden Überzeugung. Ist er in Harmonie mit seinen selbstgewählten Ansprüchen, kann man das als Erlösung bezeichnen. Die Welt und ihre Erscheinungsformen sind dann zu jeder Zeit und in jeder Situation zugänglich. Der Mensch wird zu einem Teil davon, er kann in Frieden leben.

HEIDEGGER beschreibt diesen Zustand des Seins als Gegenwart der Götter im Geviert mit den Sterblichen, der Welt und dem Himmel. Es ist der Augenblick der Ganzheit, des Heilseins, ein Lauschen der Ewigkeit, in dem es möglich wird zu begreifen, worauf es wirklich ankommt, was es braucht, damit die Dinge in Harmonie sind. Etwas Wesentliches, was der Erwachsene heute wieder lernen sollte, ist, die Dinge einfach sein zu lassen, darauf zu verzichten, einzugreifen. Dies bedingt, daß wir anerkennen, daß die Dinge recht sind, wie sie sind.

Um das zu können, muß zuvor eine Entwicklung stattgefunden haben, die uns das Spüren für uns selbst erlaubt. Wir müssen uns frei fühlen, die Dinge anzunehmen, als Geschenk, und uns anzunehmen, als liebevolle Aufgabe; Jesus sagte: „Liebe deinen Nächsten wie dich selbst."

Dazu KRAMER: „Wenn ich mich selbst kennenlerne, dann erkenne ich auch, daß das, was ich bin, ein Wesen ist, das in Beziehung steht. Im Grunde ist das, was wir sind, Teil eines Energiesystems. Es ist ein Gewahrsein, ein Gewahrsein des Hier und Jetzt, das zu der Sicht der Ganzheit und Verbundenheit der Dinge miteinander führt." Er bezieht seine Lebenserfahrungen aus direkten Erfahrungen mit der Natur und der Erde. Einer von KRAMERS Grundsätzen lautet: „Das Leben ist Bewegung", und er ist der Überzeugung, daß, wenn die Zeit gekommen ist, wenn alles stimmt, dasjenige, was passieren soll, auch passieren wird. Er erteilt jedem krampfhaften Bemühen um die Erlangung eines Zustandes eine Absage, hält den Versuch, etwas ändern zu wollen, für verkehrt. Er nennt das Gewalt gegenüber sich selbst.

KRISHNAMURTI hat uns das Vorbild für Lebenslernen gegeben: „Das Denken, der Intellekt, kann nichts lösen. Sich völlig auf das einlassen, was ist, enthebt uns jeder Dualität, demzufolge gibt es keinen Konflikt. Die Beobachtung unseres Geistes erfordert einen freien Geist, nicht einen, der ständig urteilt."

GREGORY BATESON ist Informations- und Systemtheoretiker. Er hat verschiedene Kategorien des Lernens geschaffen, die er „Learning I", „Learning II", „Learning III" nannte. Dabei beschreibt „Learning I" das, was gemeinhin unter Lernen verstanden wird, „Learning II" steht für Lernen, wie man lernt, und „Learning III" ist das Lernen über das Lernen.

Nachdem „Learning II" Lernen über Beziehungsverhalten und Rollenspiele beinhaltet, uns ein Grundverständnis der Motive und Qualitäten des eigenen Lebens in Auseinandersetzung mit der Umwelt vermittelt, kommen wir schließlich zum Begreifen eines „Ich bin"-Zustandes, der uns in einen Kontext zu Handlungen und Beziehungen stellt. Dies ist die Ebene der Individualität.

Vor „Learning III" warnt BATESON, weil es bei wenig gefestigten Menschen psychotische Zustände auslösen kann, da man darangeht, sein Selbst als irrelevant zu erkennen. Hier lösen sich zunehmend die Grenzen von innen und außen zugunsten einer Verschmelzung auf. BATESON fordert: „Jede Freiheit von der Knechtschaft der Gewohnheit muß eine tiefgreifende Neudefinition des Selbst kennzeichnen. Ebene III offenbart die Auflösung der Gegensätze, eine Welt, in der die persönliche Identität in all den Beziehungsprozessen in einer umfassenden Ökologie oder Ästhetik der kosmischen Interaktionen aufgeht."

Nur wer den Zustand des Nicht-getrennt-Seins erlebt hat, dieses intensive Erleben einer Allgegenwart, dem ist es fortan unmöglich, einem Teil der Schöpfung Schaden oder Schmerz zuzufügen, denn ihm ist bewußt, daß er dadurch sich selbst verletzen würde.

Auch als Erwachsene lernen wir im Sinne der Ganzheitlichkeit am besten, wenn wir dazu mit dem gesamten Körper arbeiten. Und aus den körperorientierten Therapierichtungen[57] kommen immer wieder Beweise dafür, daß unser Körper wie ein Speicher funktioniert. Er vergißt nicht, verzeiht keine Kränkungen und Niederlagen, erinnert sich jeder Fertigkeit, und wenn wir ihm genügend vertrauen, führt er uns, wenn wir es zulassen, lösen wir jede Aufgabe. Wir sollten lernen, wieder mehr der begrifflichen Welt zu vertrauen und uns auf persönlich gemachte Erfahrungen und unser Gespür eher zu verlassen als auf die klugen Theorien der Gebildeten, die uns davon erzählen.

VINCENT VYCINAS schreibt in „Earth and Gods"[58]: „Zu wohnen heißt, die Erde zu retten, den Himmel zu empfangen, die Göttlichen zu erwarten und die Sterblichen zu geleiten." In diesem Sinne seien alle Wesen eingeladen, in einer Welt der Ganzheit und der Freude zu leben.

Anmerkungen

[1] Ausschnitt aus der Rede, die Oren Lyons 1977 in Genf vor der UNO gehalten hat, schriftliche Wiedergabe unter dem Titel: Wer wird das Wort ergreifen; in: Tierlandschaften; Eigenverlag, 1958/59. Oren Lyons ist Angehöriger der Onondaga, einer der Nationen des Irokesenbundes. Er ist „Faithkeeper" seines Volkes und Mitglied des „Elders Circle", eines Zusammenschlusses traditioneller indianischer Führer über Stammesgrenzen hinweg.

[2] Bei manchen Stämmen wird das übergeordnete, alle Dinge mit Leben und Geist erfüllende, immer wieder schaffende Prinzip „Wakan Tanka", „Das Große Geheimnis", genannt.

[3] Die Mohawk sind neben den Oneida, Onondaga, Cayuga und Seneca eines von fünf Völkern, die sich zwischen 1559 und 1570 zum sogenannten „Demokratischen Staatenbund der Irokesen" zusammengeschlossen haben. 1722 kam der Stamm der Tuscarora hinzu. Sie lebten ursprünglich in Langhäusern, im Gebiet des heutigen Staates New York, hatten eine differenzierte politische Ordnung und trieben schon früh Handel mit den Kolonisten.

[4] Eine Danksagung wie die angeführte eröffnet Ratsversammlungen und hat den Status eines Gebetes. Dieses Gebet kann kurz sein oder, entsprechend der Bedeutung der Versammlung, auch bis zu zwei Stunden dauern. Eine der Quellen dafür: Weisheit der Indianer; Teil 1; Herder Verlag, Gütersloh 1993.

[5] Zur Kultur der Gartenbauern, Ackerbauern und Viehzüchter siehe die Arbeiten und Seminarunterlagen von Felicitas Goodman: Wo die Geister auf den Winden reiten; Bauer Verlag, Freiburg/Breisgau 1989, sowie „Traces On The Path" und andere Veröffentlichungen, die als Ergebnis ihrer linguistischen Vergleichsstudien im Rahmen ihrer Arbeit an der Dension University of Ohio entstanden sind.

[6] Im Sinne der Forderungen Fullers nach einer kosmischen Dimension des Denkens bei der Bedienung des Raumschiffs Erde.

[7] McCloud, Janet; A Warning Message; Die Ureinwohner Amerikas; in: Die Weisheit der Indianer; Orbis Verlag, München/Wien/Mödling 1995.

[8] McCloud ergänzt ebenda: „Es gab auch Ausnahmen, manche Stämme hatten eine Trennung in Ober- und Unterschicht und kannten das System der Sklaverei, wie beispielsweise die Haida (pazifische NW-Küste)."

[9] Diese Zeremonie wird „Give away" genannt und ist ein wichtiger Teil des öffentlichen, sozialen Lebens. Sie ist ein Beispiel für den Umgang der meisten indianischen Völker mit Eigentum und Stammesmitgliedern. Die Gemeinschaft stand über dem einzelnen, auch war das Teilen wichtig – ein Gegensatz zur Bedeutung von Eigentum und persönlichem Besitz bei den Weißen.

[10] Aus: Ludwig, Klemens; Flüstere zu dem Felsen; Die Botschaft der Ureinwohner unserer Erde zur Bewahrung der Schöpfung; Herder Verlag, Freiburg 1993.

[11] Diercke Wörterbuch Ökologie und Umwelt; Band 2, S. 181; Deutscher Taschenbuch Verlag, München/Westermann Schulbuchverlag, Braunschweig 1993.

[12] Zürrer, Ronald; Reinkarnation; Sentient Press, Zürich 1989.

[13] 1875–1965, Theologe und Missionsarzt; Friedensnobelpreis 1952.

[14] Geboren 1940, Theologe, Philosoph, Priester, Psychotherapeut.

[15] Über den nicht unbeträchtlichen Einfluß der Viehwirtschaft auf das Klima dieser Welt, den enormen Methanausstoß von Rindern beispielsweise, der nicht wenig zur Ent-

stehung des Ozonproblems beigetragen hat, oder das unwirtschaftliche Verhältnis zwischen Input und Output der Ernährung mittels Fleisch siehe die Berichte des „Club of Rome" oder die Forschungsergebnisse verschiedener Wissenschaftler zu diesem Thema.

[16] 1769–1859, Begründer der wissenschaftlichen Erdkunde.

[17] Die meisten Beispiele und Zitate, soweit sie nicht den Originalwerken der einzelnen Philosophen entnommen wurden, stammen aus der unvergleichlichen Arbeit „Natur denken" von Peter Cornelius Mayer-Tasch, dem ich tiefe Einsichten in die Zusammenhänge von menschlichem Denken und Handeln verdanke.

[18] Thales von Milet galt zu seiner Zeit als erster „Philosophos".

[19] Pythagoras, griech. Philosoph und Mathematiker (um 582–496 v. Chr.).

[20] Durch Empedokles von Agrigent (um 490–430 v. Chr.).

[21] Kitto, H. D. F.; Die Griechen; Prestel Verlag, München 1978.

[22] Wahl, Jean; Das Denken Heideggers und die Poesie Hoelderlins; Tournier & Constans, 1952.

[23] Diesem Sinn entsprechen die Erziehungsmethoden und die Weltauffassung indianischer und anderer, bereits vergangener Kulturen.

[24] Eine Idee, die mit dem modernen „Gaia-Prinzip" wieder aufgegriffen wurde. Siehe dazu: Lovelock, James; Das Gaia-Prinzip – Die Biographie unseres Planeten; Insel-Verlag, Frankfurt 1993.

[25] Tatsächlich ist das simplifizierende lineare Denken auch im Bereich wissenschaftlicher Forschung und technischer Lösungssuche immer noch stark verbreitet.

[26] Die Ordnung lebender, biologischer Systeme ist durch ein Höchstmaß an Selbstorganisation (autarke Kräfte und Dezentralisierung) gekennzeichnet, wobei die einzelnen Teile des Ganzen anders organisiert sind als das Ganze und mit zunehmender Verflechtung Linearität abgebaut und in ein übergeordnetes Regelsystem eingebaut wird (höhere oder Metaordnung). Dies widerspricht bisher gültigen physikalischen Gesetzen und Theorien, wie z. B. dem 2. Hauptsatz der Thermodynamik, bestätigt aber Beobachtungen innerhalb fraktaler Systeme. Weiterführende Beobachtungen machte Watzlawick, siehe dazu: Watzlawick, Paul; Menschliche Kommunikation; Piper Verlag, München 1969.

[27] Fietkau, H.-J.; Bedingungen ökologischen Handelns; Beltz Verlag, Weinheim 1984; S. 66–69; Abb. 9.

[28] ebd., S. 67.

[29] Die Klage der antiken Griechen über den Verfall der Sitten und Werte ist fast wortident mit den heutigen Ansichten über die Sinnkrise und den Verlust an Werten in unserer Gesellschaft.

[30] Karl Garnitschnig in seinem Referat „Die Voraussetzungen für Wertentwicklung" zum 6. int. Glöckel-Symposion 1995 „Erziehung in der Schule – Was ist möglich?"

[31] Garnitschnig, Karl; Werte und Wertbewußtsein; Eigenverlag, Wien 1995; S.14–15.

[32] siehe dazu: Fischer, Franz; Philosophie des Sinnes vom Sinn; Frühe philosophische Schriften und Entwürfe (1950–1956); I. Band d. nachgel. Schriften mit einer Einleitung; hg. von Heintel, Erich; Henn-Verlag, Kastellaun 1980.

[33] wie Anm. 31.

[34] Garnitschnig, Karl; Einleitungsreferat „Werte und Wertbewußtsein" anläßlich des 6. int. Glöckel-Symposions 1995.

[35] 1859–1938, Begründer der transzendentalen Phänomenologie.

[36] Günter, Albert (Hg.); erschienen im Ulmer-Verlag, Tuningen 1994, S. 16 u. 17.

[37] Im Sinne eines auf naturwissenschaftliche Befunde begrenzten Verständnisses vom Menschen.

[38] Pestalozzi, Johann Heinrich; Meine Nachforschungen über den Gang der Natur in der Entwicklung des Menschengeschlechts; aus: Auswahl aus Pestalozzis Schriften: Brühlmeier, Arthur (Hg.); Stuttgart/Bern 1977.

[39] Niedermair, Gerhard; Umweltbildung in der Erwachsenenpädagogik – Eine ganzheitliche Aufgabe; in: Malinsky, A. H. (Hg.); Schriftenreihe für Umwelt und Gesellschaft; Reihe A, Band 3; Universitätsverlag Rudolf Trauner, Linz 1991.

[40] Beer, Wolfgang und de Haan, Gerhard; Ökopädagogik; Basel 1984.

[41] Eine Theorie über die Ganzheitlichkeit des Menschen stammt von Dilthey. Sein Personenmodell definiert die unteilbare, ganze Person mit zwei Antriebszentren: ein tiefenseelisches Zentrum, das alle Triebe steuert, welche das Überleben sichern, das dazugehörige Reaktionsmuster mündet in Lust-/Unlusterfahrungen, die über die Bedürfnisbefriedigung entscheiden; und ein geistiges Zentrum.

[42] Don Juan zu C. Castaneda, als dieser ihn auffordert, ihn das Richtige fühlen zu lehren; in: Castaneda, Carlo; Reise nach Ixtlan; Fischer Verlag, Frankfurt/Main 1976.

[43] Nach Hartmut Bossel; Die vergessenen Werte; in: Brun, R. (Hg.); Der Grüne Protest; Frankfurt/Main 1978, S. 10.

[44] Die Rolle des Trainers/Vermittlers/Lehrers hat hier besondere Bedeutung:
- Er muß persönliche Betroffenheit zeigen und auslösen können und imstande sein, die eigenen Erfahrungen, Befürchtungen und Überlegungen in die Vermittlung von Bildungsinhalten einzubringen – er muß also „echt" sein. Ein Umwelttrainer, der zwei Stunden lang über die katastrophalen Auswirkungen unserer Abfallerzeugung vorträgt und anschließend mit der Getränkedose aus Alu herumläuft, ist unglaubwürdig.
- Seine Art der Vermittlung bestimmt den Rahmen, innerhalb dessen es möglich ist, Bildungsinteresse an Themen zu erzeugen, die uns selbst, die Mitwelt, ihre Geschöpfe und andere Lebensformen in komplexer Weise betreffen. Er muß also sensibel für die Materie, die Voraussetzungen seiner Schüler und die momentane Lernsituation sein sowie Mittel und Techniken angemessen einsetzen können. Dies erfordert viel Flexibilität, Sicherheit im Fachgebiet und persönliche Belastbarkeit.
- Ein solcher Trainer kann eine unmittelbare, spontane und persönliche Reaktion erzeugen und so eine lebendige wechselseitige Auseinandersetzung im Lernprozeß ermöglichen. Dies kann zu langfristigen Änderungen im weiteren Denken und Handeln führen, da sich der Blickwinkel ändert, aus dem man die Dinge in Zukunft betrachtet, und der Wert, den man ihnen dann beimißt.

[45] Arnold, R.; Deutungsmuster und pädagogisches Handeln in der Erwachsenenbildung; Klinkhardt-Verlag, Bad Heilbrunn 1985, S. 23.

[46] Als Beispiel kann hier das Waldsterben dienen: Heute ist zwar die Schadstoffbelastung erster Faktor dieses Problems, es sind jedoch auch andere, historisch bedingte Voraussetzungen maßgebend, wie die Aufforstung von Monokulturen in ehemaligen Laubbaumstandorten, die wiederum bedingt ist durch den allgemeinen Rückgang des Waldbestandes in der Zeit des Mittelalters als Folge der Energiekrisen dieser Zeit. Dazu kommen historisch gewachsene und traditionell bedingte Wohn- und Sozialstrukturen.

[47] Ernst, Paul; Gedichte und Sprüche; Müller-Verlag, München o. J.

[48] Gottfried Wilhelm Leibniz (1646–1716), Kritiker der Naturwissenschaft neuzeitlicher Prägung.

[49] siehe auch: Niedermair, Gerhard (wie Anm. 39).

[50] Nach R. R. Knirsch ist dieser Prozeß ein lebenslanges und planmäßiges Einwirken auf den Menschen mit dem Ziel, Umwelt als unteilbares Ganzes bewußt wahrzunehmen und ihn zu befähigen, umweltgerechte Entscheidungen zu treffen.

[51] Müller-Wieland, Marcel; Der Weg nach Innen, Mut zur Erziehung.

[52] O. Herz ist Pädagoge und Diplompsychologe in Nordrhein-Westfalen. Er war lange Zeit Vorstandsmitglied der Gewerkschaft für Erziehung und Wissenschaft des DGB und ist maßgeblich an der Umsetzung der Schulreform in Deutschland beteiligt. Er hat zahlreiche Publikationen zur Hochschuldidaktik, Schulreform und „Community Education" herausgegeben.

[53] Genauere Angaben zu den Grundbedürfnissen des Menschen findet man in: Herz, Otto; Landschaften und Räume sind die dritte Haut. Ausführungen bei einer Anhörung in Langenhagen/Kaltenweide in Zusammenhang mit Schul-Neubau-Plänen. Nr. 44 aus der Reihe: Informationen der Gewerkschaft Erziehung und Wissenschaft (Hg. und Verlag), 1996.

[54] Raapke, H. D.; Lernen und Didaktik in der Erwachsenenbildung; Zeitschrift für Pädagogik, Heft 5/77, S. 726.

[55] Knörzer, W.; Lernmotivation; Beltz Verlag, Weinheim 1976, S. 184.

[56] Gemeint ist das Stadium, in dem sich das Kind seiner selbst als Individuum bewußt geworden ist und erste Grenzen auszuloten begonnen hat. Dieser Vorgang des Sich-Findens inmitten einer sich ständig verändernden Umwelt setzt sich ein Leben lang fort. Das Individuum ist, je nach persönlicher Stabilität und Flexibilität, in der Lage, unterschiedlich angemessen und erfolgreich auf die Forderungen und Chancen der Außenwelt zu reagieren, und wird so immer wieder eine neue Position einnehmen, die es entsprechend befriedigt.

[57] Eine mittlerweile bekannte Therapieform, bei der seelische Probleme und Schmerzzustände mittels Blockadelösen in bestimmten relevanten Körperpartien bewerkstelligt wird, ist „Rolfing". Andere sind die „Psycho-Kinesiologie" und die Arbeiten mit „Biofeedback".

[58] aus: Nijhoff, Martinus; An Introduction to the Philosophy of Martin Heidegger; The Hague 1961. Vycinas kam aus Litauen, wo sein Vater ein „Krivis" (= Priester des alten lit. Naturgötterkultes) war, übersiedelte zunächst nach British Columbia und lebte schließlich als Schriftsteller, Philosoph und Kenner Heideggers in Vancouver Island.

Heinrich Noller

RESÜMEE

Ethik im Zeitalter der Technik

Über den heutigen Zustand

Ethik ist kein Wort für unsere Zeit. Ethik zählt nicht auf dem freien Markt und macht sich dort auch nicht bezahlt. Dort zählt Freiheit. Diese wird in der Praxis aber verstanden als Freiheit ohne Selbstbegrenzung, als unlimitierte Liberalisierung, Maximierung von Produktion, Umsatz und natürlich Gewinn. Was immer diesen Zielen dient, ist gut und wird auch gemacht. Die daraus resultierende Verschwendung bekümmert nur wenige. Auf diese Einstellung werden die Menschen heute von klein auf konditioniert, auf vielfältige Weise, ganz besonders wohl durch die Werbung.

Solche Freiheit ist Ausschluß der Ethik. Sehr wohl verträglich mit solcher Freiheit aber ist die Technik. Unsere Zivilisation ist eine der Technik, man müßte sie technikbeherrscht oder gar technikbesessen nennen. Damit meine ich: Technik ist bei uns nicht ein Instrument unter vielen, unser Denken ist so sehr von ihr beherrscht, daß für anderes darin (fast) kein Platz bleibt.

Tatsächlich haben wir guten Grund, in der Technik den großen Freund und Helfer zu sehen. Sie macht unser Leben leichter, lustiger, länger, sie überrascht uns mit immer neuen Wundern. Davon fasziniert, sind die allermeisten Menschen nur zu gern bereit, wegzuschauen vom gewaltigen Zerstörungspotential der Technik. Einige der Zerstörungen sind am Schluß dieses Beitrages zusammengestellt.

Die Befähigung des Menschen zu Eingriffen in die Natur ist im Lauf seiner Geschichte immer steiler und rascher angestiegen. In den letzten Jahrzehnten war die Geschwindigkeit geradezu atemberaubend: Auto, Flugzeug, Radio, Fernsehen, Computer, Automation, Internet, Raumfahrt, Atombombe, Atomtechnik und nun auch noch Gentechnik usw. Weit zurückgeblieben ist aber die Befähigung des Menschen, zu begreifen, was er mit diesen Möglichkeiten in seiner meist wenig behutsamen Art alles anrichtet. Wer sieht schon einen Zusammenhang zwischen seinem Auto und dem Klimaeffekt? Breiteres Unbehagen an technischen Errungenschaften ist bislang nur bei der Atombombe, der Atomenergie und – in letzter Zeit wieder – bei der Gentechnik aufgetreten.

Dringend benötigt: eine Ethik für das technische Zeitalter

Die Bischofskonferenz der USA hat schon vor einiger Zeit die Umweltkrise als moralische Herausforderung und als Angelegenheit der Ethik verstanden. Ich greife dies auf, richte aber das Augenmerk vor allem auf unseren Umgang mit der Technik. Natürlich nimmt für die Bischöfe (der USA) alle Ethik ihren Ausgang in der biblischen Überlieferung, also im Wort Gottes. Damit ist zum Ausdruck gebracht, daß es nur eine Ethik gibt, die natürlich auch für das technische Zeitalter gilt. Es könnte jedoch sein, daß es Verhaltensweisen gibt, die damals, sagen wir zur Zeit Moses, eher von untergeordneter Bedeutung waren, heute aber (über-)lebenswichtig sind. Entscheidender Unterschied zu damals, zur frühen Geschichte: Wissenschaft und Technik haben die Menschen mit überaus mächtigen Geräten, Apparaten, Maschinen ausgestattet, ich möchte sie übergreifend Werkzeuge nennen, von denen man in früheren und frühen Zeiten nicht einmal träumen konnte, weil sie ganz einfach unvorstellbar waren. Durch sie ist eine neue Qualität ins Spiel gekommen.

Was meint Ethik? Klarstellungen zu meinem Begriffsgebrauch

Ich gestehe, ich habe mir immer schwergetan mit Definitionen, und mache keinen Versuch, Ethik zu definieren. Ich verstehe sie als Richtschnur unseres Handelns und Verhaltens, als Kompaß, der uns Orientierung gibt. Ziel ist, das Zusammenleben der Menschen möglichst reibungslos und dauerhaft zu gestalten. Ich bemühe mich nicht um eine scharfe Trennung der Begriffe Ethik und Moral, ich gebrauche sie weitgehend synonym.

Am liebsten übernehme ich, was Albert Schweitzer zu Ethik gesagt hat: „Ich bin Leben, das leben will, inmitten von Leben, das leben will." Ethik meint demnach vorrangig Bewahrung des Lebens, Bewahrung der Schöpfung. Du sollst nicht töten – Frieden ist ethische Pflicht. Albert Schweitzers Satz schließt alles Leben ein, nicht nur das menschliche, fordert also auch Frieden mit der Natur. Er ist das Leitmotiv, aus ihm ergeben sich Verhaltensregeln, Orientierungen für den Alltag. Was aber geschieht heute?

Bernd Lötsch, mittlerweile Direktor des Naturhistorischen Museums in Wien, habe ich, vor geraumer Zeit schon, einen Vortrag beginnen gehört: „Wir befinden uns in Weltkrieg 3 – dem Krieg der Menschen gegen die Natur." Unsere Wirtschaft ist Krieg gegen die Natur. Wir erleben derzeit geradezu eine Explosion des Artensterbens. Gegen die

Gebote der Ethik wird schwerstens verstoßen. Wem sonst soll man dies anlasten als unserer Technik und unserem Umgang mit ihr?

Werkzeuge und ihre Entwicklung

Der Begriff Werkzeug möge hier in dem umfassenden Sinn verstanden werden, wie Ivan Illich ihn verwendet hat: Ein Bagger ist ebenso ein Werkzeug wie eine Schaufel, ein Fahrrad ebenso wie ein Flugzeug, eine Fabrikanlage ebenso wie ein Hammer, ein Computer ebenso wie ein Bleistift, eine Bank (Geldinstitut) ebenso wie ein Blatt Papier. Auch Wissenschaft und Technik mögen als Werkzeuge verstanden werden. Die Geschwindigkeit der Schaffung der Werkzeuge und deren Leistungsfähigkeit wurden mit der Zeit gewaltig gesteigert. Ursprünglich hatten die Menschen, wenn sie etwas in Bewegung setzen sollten, kaum mehr zur Verfügung als ihre eigene Muskelkraft, später diejenige von Tieren. Die Dampfmaschine, nunmehr über 200 Jahre alt, war ein gewaltiger Schritt vorwärts. Sie markiert den Beginn des Industriezeitalters. Der Verbrennungsmotor ist rund 100 Jahre alt. Atomenergie wird erst seit ein paar Jahrzehnten verwendet. Die Bereitstellung einer praktisch beliebigen Menge an Energie hat die menschlichen Möglichkeiten um viele Größenordnungen gesteigert und war eine unabdingbare Voraussetzung für den Betrieb der heutigen Maschinen, für unsere heutige Wirtschaft. Vergleichen Sie bitte mit der Zeit, als die Muskeln von Menschen und Tieren die einzige Energiequelle für mechanische Arbeit waren. Noch in meiner Kindheit hat man den Schnee weitgehend mit Schaufeln händisch weggeräumt. Heute sind schon kurz nach einem Schneefall fast alle Straßen im Land wieder geräumt. Ähnliches sehen wir beim Hausbau, beim Straßen-, Tunnel- und Kraftwerksbau, überall sind gewaltige Maschinen am Werk, Werkzeuge globaler Potenz. Denn sie vermögen, die Erde, den Globus, umzugestalten. Schon mit ihren Muskeln und mit Äxten haben die Menschen es fertiggebracht, ganze Wälder abzuholzen. Mit den heutigen Maschinen ist das ein Kinderspiel, und wie es scheint, macht es leider vielen auch noch Spaß, die Bäume so fallen zu sehen – und Spaß ist für uns ganz wichtig. Zerstörung beschränkt sich aber nicht auf die tropischen Regenwälder, sie ist allgegenwärtig und wirkt auf vielfältige Weise.

Orientierung bei Konrad Lorenz

Warum dürfen Tiere alles tun, was sie tun möchten und zu tun vermögen, warum soll es der Mensch nicht dürfen? So ähnlich soll Hans Jonas

(Prinzip Verantwortung) gefragt haben. Ein Blick auf die Evolution ist da hilfreich. Manche Tiere wurden im Lauf der Evolution mit mächtigen Zähnen, Krallen, Schnäbeln, Geweihen usw. ausgestattet. Zähne und Krallen waren nützlich für den Beutefang. Doch wurden jene Tiere damit sehr wohl auch in die Lage versetzt, den Artgenossen erheblich zu verletzen oder gar zu töten, wann immer es zum Kampf kam. Und für Kämpfe gibt es im Tierleben reichlich Anlaß. Damit es nicht zur Verletzung oder gar Tötung des Artgenossen kam, mußte die betreffende Tierart für den Gebrauch ihrer mächtigen Waffen, der mächtigen Werkzeuge im obigen Sinn, strenge Regeln, Rituale entwickeln, die dem Werkzeugwaffengebrauch Grenzen setzten. Wölfe haben eine Tötungshemmung, die dann wirksam wird, wenn der Gegner sich unterwirft (seine Unterlegenheit eingesteht). Konrad Lorenz konnte diese Leistung der Evolution nicht genug bewundern. Das mächtige Werkzeug – die mächtige Waffe – wird für das (lebenswichtige) Erlegen der Beute voll eingesetzt, nicht aber beim Kampf mit dem Artgenossen. Je mächtiger das Werkzeug, die Waffe, um so strenger sind wohl die einschränkenden Regeln, die Hemmungen, die wir, auf Menschen übertragen, als Ethik bezeichnen würden. Würde keine solche Ethik entwickelt, würden die Tiere alles tun, wozu sie in der Lage wären, dann wäre die Überlebenschance der betreffenden Art äußerst gering.

Verallgemeinerung

Ich wage sie. Lorenz weist immer wieder auf die Analogie zwischen der stammesgeschichtlichen Entwicklung von Tierarten und der kulturellen Entwicklung menschlicher Gesellschaften hin. Je mächtiger das Werkzeug, um so strenger müssen die Einschränkungen, die Hemmungen für seinen Einsatz sein. Und diese Forderung soll nicht nur für die direkte Tötung des Artgenossen gelten, sondern für alles Töten, auch die Ausrottung von Tier- und Pflanzenarten, die der Mensch durch hemmungslosen Einsatz seiner Werkzeuge auslöst.

Diesen Gedanken hat schon Madame de Staël (1766–1817) formuliert: „Wissenschaftlicher Fortschritt macht moralischen Fortschritt zu einer Notwendigkeit. Denn wenn die Macht des Menschen wächst, müssen die Hemmungen verstärkt werden, die ihn davon abhalten, sie zu mißbrauchen." Ganz im Sinn von Konrad Lorenz, lange vor ihm.

Hemmungsloser Einsatz der Werkzeuge

Was aber tun die Menschen rund um den Erdball? Sie wetteifern im hemmungslosen Einsatz ihrer übermächtigen Werkzeuge und rechtfertigen dies mit der Notwendigkeit wirtschaftlichen Wettbewerbs. Volle Entfaltung der Produktionsmittel war einst ein wichtiger Slogan und ein wichtiges Ziel im Reich des Sozialismus. Im Kapitalismus – pardon: in der freien Marktwirtschaft – nennt man das natürlich nicht so, aber man praktiziert es, unter Namen wie Wirtschaftsbelebung, Wettbewerb, Konjunktur, Steigerung der Produktivität, Effizienz usw. So wird heutige Wirtschaft dank der Technik zu einer „Megamaschine", die gigantische Mengen an Rohstoffen in unzählige Gegenstände umwandelt, die letzten Endes zu riesigen Müllbergen werden, und dieses Tun soll Jahr für Jahr noch gesteigert werden. Statt zu wetteifern im moralischen Fortschritt, wovon Madame de Staël redet, wetteifern die Menschen im Mißbrauch ihrer technischen Möglichkeiten.

Beim Menschen der Industriegesellschaft geht es meist gar nicht vorrangig um den Einsatz dieser Werkzeuge im direkten Kampf gegen einen anderen Menschen, auch nicht um den Einsatz im Krieg – wenn auch weltweit immer noch 50 % aller Wissenschaftler für die Rüstung arbeiten –, wohl aber um den wirtschaftlichen Kampf (Wirtschaftskrieg) aller gegen alle. Heraus kommen immer der hemmungslose Einsatz der Werkzeuge und der Krieg der Menschen gegen die Natur – lassen Sie mich sagen: der Krieg des Menschen gegen die Schöpfung. Eine besonders gut klingende Rechtfertigung für den hemmungslosen Einsatz der Produktionsmittel ist die Bekämpfung der Arbeitslosigkeit.

Zu den Unterschieden zwischen den Werkzeugen des Homo sapiens und denen der Tiere: Die Gefahr für den Menschen, der sich stolz Homo sapiens nennt, wird durch zwei wesentliche Unterschiede zwischen der stammesgeschichtlichen und der kulturellen Entwicklung drastisch verschärft:

1. Die menschengemachten Werkzeuge sind weit mächtiger als selbst die stärksten der Evolution.
2. In der Evolution erstreckte sich die Ausbildung der jeweiligen Waffe über sehr sehr lange Zeiträume, Zehntausende, Hunderttausende oder Millionen von Jahren. Der Evolution blieb Zeit, die den Waffen entsprechende Ethik mit- oder nachzuentwickeln. Der Mensch aber hat sich seine Werkzeuge in wenigen Jahrhunderten, die allermächtigsten in wenigen Jahrzehnten oder Jahren geschaffen, sozusagen blitzartig. Und diese Entwicklung geht beschleunigt weiter.

Die Evolution (des Menschen) hat nicht die geringste Chance, die den Werkzeugen adäquate Ethik mitzuentwickeln und im Erbgut des Menschen zu verankern. Die einzige für mich erkennbare Möglichkeit ist:

Das müssen die Menschen mit ihrem Verstand und ihrem Herzen tun. Im Zeitalter der Technik ist dies die wichtigste Aufgabe für alle des Denkens fähigen und willigen Menschen. Vor allem wäre es Aufgabe der Wissenschaft gewesen – und wäre es noch –, eine solche Ethik zu erarbeiten. Leider aber betont sie weiterhin, vielleicht etwas weniger laut als früher, ihre Wertneutralität und drückt sich damit um ihre Verantwortung für das, was sie erst ermöglicht hat.

Der Homo faber setzt so gut wie all seine Intelligenz, seine Energie und seinen Ehrgeiz weiterhin dafür ein, immer noch rascher immer noch mächtigere Werkzeuge zu entwickeln, in einem ständigen weltweiten Wettkampf mit allen anderen Menschen, eine Beschleunigung ohne Ende. Lorenz nannte dieses emsige Bemühen den Wettlauf des Menschen mit sich selbst und erachtete ihn als eine der Todsünden der zivilisierten Menschheit.

So stellen wir mit Betrübnis fest: Der Verstand des Homo sapiens/ Homo faber reicht wohl für die Entwicklung einer bewundernswerten Technik, nicht aber für die Entwicklung der dafür unabdingbaren Ethik. Hier verweigert der Mensch wie ein Pferd, das ein Hindernis verweigert, oder wie ein störrischer Esel. Seine Gedankenwelt ist (so gut wie) total von der Technik besetzt. Härter formuliert: In seinem Kopf ist Technik (und Technik und Technik) und sonst gar nichts.

Therapie – falls es eine gibt

Die Menschen haben die Naturgesetze erforscht und vermögen nun die Natur zu beherrschen. Neuerdings ist es ihnen sogar gelungen, den genetischen Code zu entschlüsseln und nach eigenem Gutdünken umzuschreiben. Worum sie sich aber kaum kümmern, das sind die Prinzipien, die in der Natur – ich meine: in der lebenden Natur – walten.

Wenn die unten aufgelisteten Prinzipien von Bedeutung sind, Gebote der Ethik, Prinzipien der Natur, dann machen die Menschen nicht nur das eine oder andere falsch, sondern so gut wie alles. Diese ethischen Prinzipien erscheinen wie unverträglich mit ihrer Zivilisation. In ihr sind so gut wie alle Weichen in die entgegengesetzte Richtung gestellt. Herausgekommen ist eine Wirtschaft, die die Umwelt zerstört und Leben vernichtet, nicht nur das von Tieren und Pflanzen. Auch das Sterben der Art Mensch hat bereits begonnen: Jeden Tag verhungern rund 100.000 Menschen (Zahlen von 1988). Das sind jene, die unsere geplünderte Erde nicht mehr zu tragen vermag. Ich wage die These, daß sie nicht trotz unserer Wirtschaft, sondern wegen ihr sterben: Opfer eines vielfältigen Mißbrauchs der Technik. Es reicht nicht aus, zur

Lösung der vielfältigen Krise eine bessere Technik einzusetzen. Ein vorrangiges Ziel muß die Bekämpfung der menschlichen Gier und Maßlosigkeit sein. Ein ganzheitlicher Ansatz ist gefragt. Wir brauchen Partnerschaft mit der Natur, um ein Modewort zu gebrauchen, anstatt ihrer Unterwerfung und der Herrschaft über sie. Wir müssen erkennen, daß unsere Erde ein begrenztes System ist, daß es Grenzen gibt, die wir nicht überschreiten können, daß wir – ein biblisches Bild – nicht von allen Bäumen essen dürfen. Selbstbegrenzung muß an die Stelle von Maßlosigkeit treten, Maßhalten an die Stelle der Maximierung von Produktion, Umsatz und Gewinn. Die wichtigste und umfassendste aller Tugenden heute ist jedoch Behutsamkeit. Wir sind aufgerufen zu behutsamem Umgang mit allem, was wir haben, mit der Natur und vor allem mit den menschengemachten Werkzeugen, die Werkzeuge globaler Potenz sind. Denn sie vermögen das Gesicht der Erde zu ändern.

Ich führe wieder das „Hirtenwort zur Umweltkrise" der Bischöfe der USA an. Sie fordern eine Änderung des menschlichen Verhaltens. Das ist wohltuend zu vernehmen: Die Bewältigung der Umweltkrise wird nicht vorrangig in neuen, sogenannten umweltschonenden Techniken gesucht. Vielmehr erinnern die Bischöfe an die alten Tugenden der Mäßigung und der Bescheidenheit. Diese sind in vielen, vielleicht allen Kulturen hervorgehoben worden. Sie sind altes Wissen, alte Ethik, die aber heute im Zeitalter der Technikbesessenheit einfach ignoriert wird. Bei Laotse („Taoteking") ist zu lesen:

Es gibt keine größere Sünde als viele Wünsche.
Es gibt kein größeres Übel, als kein Genüge kennen.
Es gibt keinen größeren Fehler, als alles haben zu wollen.

Wenn das richtig ist, dann machen wir heutigen Menschen unablässig den größten Fehler, fördern das größte Übel und begehen die größte Sünde.

Ich weiß, solche Einstellungen – Madame de Staël, die Bischöfe der USA, Laotse – sind Antithesen zum heutigen menschlichen Verhalten. In unserer Welt des freien Marktgeschreis haben sie absolut keine Chance. Ich möchte keine Katastrophenstimmung verbreiten. Ich möchte zum Nachdenken anregen und vielleicht „Antikörper" aktivieren gegen unser selbstmörderisches Tun.

Zusammenfassung in Thesenform

1. Der hemmungslose Einsatz unserer übermächtigen Technik hat weltweite Umweltzerstörung zur Folge.

311

2. Unser Wirtschaftssystem (freie Marktwirtschaft genannt) fordert und fördert diesen hemmungslosen Einsatz und ist darum ethisch nicht vertretbar.

3. Unser Wirtschaftssystem ist nicht in der Lage, allen Menschen Wohlstand zu bringen. Es verfehlt damit die Erfüllung seiner imposantesten Verheißung. Es macht zwar die Reichen reicher, zugleich aber die Armen ärmer. (Siehe dazu die vor kurzem von der Caritas plakatierte Feststellung, daß in Österreich jährlich 30.000 Menschen unter die Armutsgrenze fallen.)

4. Unsere Wirtschaft ist somit nicht nur ökologisch, sondern auch sozial unverträglich. Sie zerstört ihre eigenen Grundlagen.

5. Der Zerstörung kann nicht durch eine als umweltfreundlich bezeichnete Technik begegnet werden, zumindest nicht, solange diese dann ebenso hemmungslos eingesetzt wird.

6. Soll die vielfältige Zerstörung aufgehalten werden, so bedarf es einer tiefgreifenden Änderung von Einstellungen und Verhaltensweisen. Von grundlegender Wichtigkeit ist das ethische Gebot eines äußerst behutsamen Einsatzes der Technik.

7. Die heutige Weltwirtschaft ist eine „Megamaschine", die unserer Erde jährlich steigende Mengen an Ressourcen entreißt und diese letztendlich in Berge von Müll und unzählige Schadstoffe in Luft, Wasser und Erde umwandelt. Permanentes Wirtschaftswachstum ist darum ein grundsätzlich verkehrtes – und auch unerreichbares – Ziel.

8. Die – heute so bejubelte – Globalisierung bedeutet vermehrten internationalen Wettbewerb im globalen Zerstörungswerk.

9. Mindestforderung an eine sozial verträgliche Wirtschaft muß sein, die zum Leben unabdingbaren Güter allen Menschen verfügbar zu machen, ohne die Würde des Menschen zu verletzen. Darüber hinaus kann grundsätzlich nur so viel an Gütern verfügbar sein, wie ökologisch tragbar ist. Verschwendung ist unverantwortbar.

10. Überleben aller muß Vorrang haben vor einem immer besseren Leben für wenige.

11. Unsere Wirtschaft erhebt den Anspruch, die Welt immer noch weiter zu vervollkommnen, indem sie der ohnehin unübersehbaren Menge an Gütern immer noch weitere hinzufügt. Besser wäre eine Orientierung an dem Satz von Saint-Exupéry (sinngemäß): „Eine Sache ist nicht dann vollkommen, wenn man ihr nichts mehr hinzufügen kann, sondern wenn man nichts mehr weglassen kann." Erst innerhalb einer solchen Orientierung könnte Behutsamkeit, vielleicht die höchste und wichtigste der Tugenden, in einer Welt voll von übermächtiger Technik zu einem erstrebenswerten Ideal werden.

12. Von den Mächten, die uns zu hemmungslosem Einsatz der Technik animieren und uns blind machen gegen die weltweite Zerstörung der Schöpfung, ist die Werbung eine der stärksten und zugleich der am wenigsten wahrgenommenen. Sie spiegelt uns eine heile Welt vor, die durch Technik ständig weiter vervollkommnet wird und in der wir unbesorgt verschwenden können. Die Werbung zu zügeln, ist darum eine hohe ethische Forderung.

Mir ist bewußt, gemessen an dem, was heute geschieht, sind meine Forderungen an den Menschen, seine Verantwortung für die Schöpfung wahrzunehmen, geradezu unrealistisch. Ich meine dennoch, daß meine Darlegungen eigentlich einleuchten müßten, wenn die Menschen nur in sich hineinhorchen und wenn sie ihrem gesunden Menschenverstand vertrauen, der ihnen doch sagen müßte, daß der Weg, auf dem wir uns befinden, nicht mehr gar weit führen kann.

Mein Wunsch zum Schluß: Nach meinem Dafürhalten ist die Kirche bisher eher zurückhaltend gegen die Zerstörung der Schöpfung aufgetreten, vielleicht weil auch sie meinte, Probleme wie beispielsweise die Arbeitslosigkeit könnten nur durch Wirtschaftswachstum bewältigt werden. Ich wünsche mir ein Überdenken dieser Position, einen unüberhörbaren Einspruch gegen die immer noch brutalere Zerstörung der Schöpfung.

Schäden durch unsere Technik (die Liste ist keineswegs vollständig)

Treibhauseffekt
Ozonloch
Ausrottung von Tier- und Pflanzenarten. Befürchtung von Biologen: In den nächsten zwei Jahrzehnten stirbt ein Fünftel der Arten aus.
Vergiftung von Luft, Wasser und Erde durch zahllose Schadstoffe
Bodenverdichtung und -erosion
Ausbreitung der Wüsten, pro Jahr um 6 Mio. Hektar
Berge an giftigem Müll
Fasziniert von den Wundern der Technik, sind die meisten Menschen bereit, von deren Zerstörungspotential wegzuschauen.
Psychologische Folgen der Technik-Hörigkeit: Der (Aber-)Glaube, die Technik biete Lösungen für alle Probleme. Andere Lösungswege, z. B. die Änderung von Einstellungen und Verhaltensweisen, werden immer noch weniger in Betracht gezogen.

Prinzipien, an denen sich jeder Umgang mit der Natur, auch die Gentechnik, orientieren müßte (nach Christine von Weizsäcker, Peter Kafka und anderen):

Prinzip der Langsamkeit
Prinzip der Vielfalt
Prinzip der Rückholbarkeit
Prinzip der Fehlerfreundlichkeit
Prinzip der möglichst geringen Tiefe des Eingriffs in Zusammenhänge
   und Abläufe der evolutionären Natur

Am Wuppertal-Institut für Klima, Umwelt, Energie (Direktor: Ernst U. von Weizsäcker) vertritt man damit übereinstimmende Prinzipien, genannt die „vier E":

Entschleunigung
Entflechtung
Entkommerzialisierung
Einfachheit

In unserer Zivilisation, ganz besonders im Bereich der Gentechnik, sind so gut wie alle Weichen ziemlich genau in die zu den obigen Prinzipien entgegengesetzte Richtung gestellt.

DIE AUTOREN

Silvia Adam
Geboren 1959 in Wien. Studium der Pädagogik/Sonder- und Heilpädagogik, Schwerpunkt Erwachsenenerziehung und Medienpädagogik. Seit 1978 Tätigkeit am Naturhistorischen Museum Wien (u. a. Öffentlichkeitsarbeit und Mitarbeit an Projekten). Engagement für ökologische und soziale Anliegen, Projekte mit Kindern und Jugendlichen, Kurse mit kreativen und künstlerischen Schwerpunkten für Erwachsene.

Hans Peter Aubauer
Geboren 1939, Physiker, aufgewachsen auf einem Bergbauernhof, Studium der Experimentalphysik an der Technischen Universität Wien, der Theoretischen Physik an der Universität Chicago, Forschungen am Max-Planck-Institut für Metallforschung in Stuttgart, Habilitation über Festkörperphysik. Zugang zum Thema Umweltethik über Erfahrungen in ertragsarmer Landwirtschaft und in lebensfeindlichen Großstädten, durch Forschung und Lehre an der Universität Wien über die komplexen Mensch-Natur-Wechselwirkungen, Zusammentreffen mit Konrad Lorenz in Tübingen und mit Biologen in Wien sowie interdisziplinäre Forschung in Laxenburg. Engagement in österreichischen und internationalen Umweltkonflikten.

Erwin Bader
Geboren 1943 in Schladming. Studium der Politikwissenschaft, Psychologie, Philosophie und Biologie an den Universitäten Graz und Salzburg 1964–1972, Dissertation „Der Staatsbegriff im Denken von Karl Marx". Lektor an der Universität Salzburg 1973–1975, Wissenschaftlicher Sekretär im Projektteam „Geschichte der Arbeiterbewegung" 1974–1975, freiberuflicher Politikwissenschaftler. Studium der Religionspädagogik in Wien, katholischer Religionslehrer AHS/BHS 1977–1997, Assistent an der Universität Wien 1982. Vogelsang-Staatspreis für Geschichte der Gesellschaftswissenschaften 1992, Habilitation für christliche Sozialphilosophie 1993. Abgewiesene Anfechtung der EU-Volksabstimmung beim VfGH und beim EUGH 1994. Erster Vorsitzender des Universitätszentrums für Friedensforschung 1995, ao. Univ.-Prof. am Institut für Philosophie 1997. Bücher: Karl Vogelsang (1990), Christliche Sozialreform (1991), Karl Kummer (1993); Mitherausgeber: Wiener Blätter zur Friedensforschung (seit 1995); Mitautor u. a. in: Zukunft Österreich, hg. v. G. Witzany (1998), Konservativismus in Österreich, hg. v. R. Rill/U. Zellenberg (1999).

Karl Edlinger

Geboren 1951. Studium der Zoologie, Botanik und Erdwissenschaften in Wien. Dissertation über Mollusken (Weichtiere). Nach Studienabschluß Gymnasiallehrer, seit 1994 am Naturhistorischen Museum Wien. Beschäftigung mit systematischen Fragen, Evolutionstheorie und Organismuslehre. Aktive Mitarbeit bei der Senckenberger Arbeitsgruppe Phylogenetik, enge Kooperation mit W. F. Gutmann. Arbeiten über Organismus- und Evolutionstheorien, stammesgeschichtliche Rekonstruktionen, Erkenntnistheorie, Systemtheorie. Lehrbeauftragter an der Universität Wien.

Helmut Kinzel

Geboren 1925 in Weidling/Niederösterreich. Studium der Botanik und Chemie an der Universität Wien, 1951 Promotion. 1957 Habilitation (Pflanzenphysiologie), 1961 ao. Professor, 1973 o. Professor, Leitung des Pflanzenphysiologischen Institutes Althanstraße. Etwa 100 Fachpublikationen, vier Fachbücher, darunter „Stoffwechsel der Zelle" und „Pflanzenökologie". Gründungsmitglied des Forums Österreichischer Wissenschaftler für Umweltschutz. Mitglied der Österreichischen Akademie der Wissenschaften sowie mehrerer internationaler wissenschaftlicher Gesellschaften. 1993 emeritiert.

Bernd Lötsch

Geboren 1941, Studium der Biologie und Chemie an der Universität Wien, 1970 Promotion zum Dr. phil. mit einer biochemischen Dissertation zum pflanzlichen Mineral- und Säurestoffwechsel. Von 1966 bis 1973 Assistent am Institut für Pflanzenphysiologie der Universität Wien, experimentelle Arbeiten zur pflanzlichen Biochemie; seit 1970 enge Zusammenarbeit mit dem FWU München und dem IWF Göttingen, Produktion von Hochschulunterrichts- und Forschungsfilmen; seit 1969 in Umweltfragen engagiert. 1973 Aufbau des Instituts für Umweltwissenschaften und Naturschutz, zuerst Boltzmann-Gesellschaft, dann Akademie der Wissenschaften; Habilitation an der Universität Salzburg (1973), lehrt Humanethologie an der Universität Wien. Umweltberater von Konrad Lorenz (1974–1989) und von Verbänden (ÖNB, WWF, B.U.N.D). Als Biologe Engagement für lebensgerechte Stadtgestaltung und Verkehrslösungen. Durch Aktivität und Medienpräsenz in zahlreichen Umweltkonflikten bekannt (Biolandbau, Kernenergie, Neusiedler See und Auenschutz, Hainburg-Krise, Ökologiekommission „Natur freikaufen" für den Auen-Nationalpark etc.). Seit 1994 Generaldirektor und Neugestalter des Naturhistorischen Museums Wien. Publikationen über Stadtökologie, Energie und Umwelt, Nationalparkfragen. Nationale und internationale Preise für Umwelt und Audiovisuelle Medien.

Heinrich Noller

Geboren 1920 in Langenburg/Baden-Württemberg; 1937 Matura; Studium der Chemie an der Technischen Universität Stuttgart, Diplom 1951; Doktorat (1954) und Habilitation (1960) an der Universität München. Ab 1969 Vorstand des Institutes für Physikalische Chemie der Technischen Universität Wien; 1989 Emeritierung. Engeres Fachgebiet (Forschungsgebiet): Heterogene Katalyse; rund 150 Publikationen. Gastprofessuren und Auslandsaufenthalte seit 1964, hauptsächlich in Venezuela, weiters in Argentinien, Brasilien, Chile, Kolumbien, Mexiko. Vorstandsmitglied im Forum Österreichischer Wissenschaftler für Umweltschutz.

Gerhard Pretzmann

Geboren 1929 in Wien. Studium an der Universität Wien (Zoologie, Paläontologie); Philosophikum. Publikationen über Systematik, Ökologie, Verhaltensforschung, Paläontologie, Evolutionstheorie, Naturphilosophie; zwei Monographien, drei Sachbücher. Beruflich tätig am Naturhistorischen Museum Wien und am Hygiene-Institut der Universität Wien. Sammelreisen nach Vorderasien und Südamerika. Tätigkeit in der Volksbildung. Aktivist im Natur- und Umweltschutz. Leitung der Arbeitsgemeinschaft Evolution, Menschheitszukunft und Sinnfragen am Wiener Naturhistorischen Museum.

Rupert Riedl

Geboren 1925 in Wien. Studium der Medizin, Anthropologie und Zoologie an der Universität Wien. Unterwasserstudien in der Adria. 1958 Habilitation, 1960 ao. Professor in Wien, 1966 Visiting Professor, 1967 Professor für Zoologie und Marinewissenschaft an der Chapel-University (North Carolina/USA). Ab 1971 Vorstand des Institutes für Zoologie an der Universität Wien. 1990 Gründung des Konrad Lorenz-Institutes für Evolutions- und Kognitionsforschung in Altenberg/Niederösterreich. Publikation von 15 Büchern, über 100 Arbeiten in verschiedenen wissenschaftlichen Zeitschriften. Gründung der Zeitschriften „Marine ecology" und „Evolution and Cognition". Goldenes Ehrenzeichen der Stadt Wien. Mitglied der Jugoslawischen Akademie der Wissenschaften, des Museum of Natural History/New York, Gründungsmitglied, langjähriger Präsident und Ehrenpräsident des Forums Österreichischer Wissenschaftler für Umweltschutz sowie Ehrenpräsident des Club of Vienna.

Johannes Michael Schnarrer

Geboren 1965 in Sohland/Spree (Sachsen); nach Gesellenbrief als Tischler Abitur in Magdeburg/Sachsen-Anhalt (1987), danach Studium der Philosophie, Theologie, Ethik, Politikwissenschaft und Ethnologie in Erfurt/Thüringen (Dipl.-Theol. 1992), Cambridge/Massachusetts (Harvard und Weston Jesuit School of Theology, S.T.L. 1994), Münster und Wien (Dr. theol. 1996, Dr. phil. 1998, jeweils mit Auszeichnung); Professor an der Universität Karlsburg und Inhaber des Lehrstuhls für Ethik und Sozialwissenschaften (seit 1997); Hoover-Fellow am Centre for European Ethics (Kath. Universität Leuven/Belgien); Mitglied der AAR, der Görres-Gesellschaft und Vorstandsmitglied der Internationalen Johannes-Messner-Gesellschaft sowie des Vereins zur Förderung der katholischen Sozialethik in Mittel- und Südosteuropa; (Gast-)Vorlesungen auf vier Kontinenten; Leopold-Kunschak-Preis 1997 und Papst-Leo-Preisträger 1998/1999; Verfasser einschlägiger Bücher und Artikel.

Arthur Spiegler

Geboren 1936 in Wien. Studium an der Universität Wien (Hauptfach Geographie, Nebenfächer Geologie und Meteorologie). Nach Verlags- und Lehrtätigkeit freiberuflicher Geograph (Geographisches Büro), daneben Tätigkeit für die Alpenschutzkommission, Generalsekretär des Forums Österreichischer Wissenschaftler für Umweltschutz, derzeit überwiegend Tätigkeit im Landschaftsbereich auf europäischer und nationaler Ebene.

Peter Weish

Geboren 1936 in Wien. Studium der Biologie, Chemie und Physik an der Universität Wien. 1966–1970 Mitarbeiter am Institut für Strahlenschutz im Reaktorzentrum Seibersdorf. Von 1969 an kritische Auseinandersetzung mit den gesundheitlichen und gesellschaftlichen Aspekten der Atomenergie. Zahlreiche Veröffentlichungen zu diesem Thema, z. B. „Radioaktivität und Umwelt" (1974, 3. Aufl. 1986) oder der Beitrag „Radioaktivität als Krankheitsfaktor" im Rahmen der „Systemanalyse des Gesundheitswesens in Österreich". Neben einem starken Engagement gegen die Atomindustrie Beschäftigung mit zahlreichen Fragen in den Bereichen Umweltschutz, Umwelterziehung, Naturschutz sowie Entwicklungszusammenarbeit, einerseits auf wissenschaftlicher Ebene, andererseits auf gesellschaftlicher Ebene im Rahmen der „Ökologiebewegung". 1992 Habilitation an der Universität Wien für das Fach Humanökologie mit der Arbeit „Beitrag der Humanökologie zur Technikbewertung am Beispiel der Kernenergie". Lehrtätigkeit an der Universität Wien, der Wirtschaftsuniversität und der Universität für Bodenkultur. Mitarbeit bei verschiedenen Organisationen, wie Forum Österreichischer Wissenschaftler für Umweltschutz (Präsident), Anti Atom International (Vorsitzender), Ökobüro, sowie Gremien, z. B. Forum für Atomfragen (Beratungsgremium des Bundeskanzlers). 1997 Mitproponent und Sprecher des Gentechnik-Volksbegehrens.